MI VIDA Y MI CARCEL CON PABLO ESCOBAR

VICTORIA EUGENIA HENAO

MI VIDA Y MI CARCEL CON PABLO ESCOBAR

**EL TESTIMONIO
DE LA ESPOSA
DEL NARCO MÁS
PELIGROSO
DEL MUNDO**

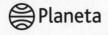 Planeta

Obra editada en colaboración con Editorial Planeta – Colombia

Diseño de portada: Departamento de Diseño Grupo Planeta
Fotografía de portada: © Familia Marroquín Santos
Fotografías de cuadernillos: Propiedad de la familia Marroquín Santos

© 2018, María Isabel Santos Caballero

© 2018, Editorial Planeta Colombiana S. A.- Bogotá, Colombia

Derechos reservados

© 2019, Editorial Planeta Mexicana, S.A. de C.V.
Bajo el sello editorial PLANETA M.R.
Avenida Presidente Masarik núm. 111, Piso 2
Colonia Polanco V Sección
Delegación Miguel Hidalgo
C.P. 11560, Ciudad de México
www.planetadelibros.com.mx

Primera edición impresa en Colombia: noviembre de 2018
ISBN: 978-958-42-7441-0

Primera edición impresa en México: febrero de 2019
ISBN: 978-607-07-5594-1

Impreso en los talleres de Litográfica Ingramex, S.A. de C.V.
Centeno núm. 162-1, colonia Granjas Esmeralda, Ciudad de México
Impreso en México –*Printed in Mexico*

A mis hijos Juan Pablo y Manuela, por su valor y resiliencia
al soportar la atroz violencia generada por su padre
y los horribles encierros en su niñez.

A mi nuera Ángeles, a quien siento como otra hija que Dios me
dio; por su afecto y lealtad incondicional.

A mi nieto Juan Emilio, que me da la fuerza e inspiración
necesarias para sobreponerme a todo; por esa mágica conexión
de plenitud con mi vida.

A mis padres, mi familia, mis maestros, mis amigas y amigos,
y a quienes me escucharon cada noche y leyeron mis escritos
respetando mi silencio y mis lágrimas.

Gracias a todos por su amor ilimitado y constante.

ÍNDICE

PRÓLOGO

"¿Cómo hizo para dormir con ese monstruo?", me preguntó una de las víctimas de mi marido, Pablo Escobar. "¿Era cómplice o víctima? ¿Por qué no hizo nada? ¿Por qué no lo dejó? ¿Por qué no lo denunció?".

Probablemente esas preguntas son las mismas que miles de personas se hacen sobre mí. La respuesta es: porque lo amaba; y aunque a muchos les parezca insuficiente, la verdad es que esa fue la razón por la que estuve a su lado hasta el último día de su vida, a pesar de que infinidad de veces no estuve de acuerdo con sus acciones y sus decisiones.

Conocí a Pablo Escobar cuando yo tenía escasos doce años y él veintitrés. Fue el primer y único amor de mi vida. Me casé con él por la Iglesia, convencida de que los votos matrimoniales se cumplen. Me criaron en medio de una cultura paisa machista en la que a las mujeres se les enseñaba a seguir a sus maridos sin preguntar.

Crecí moldeada por Pablo para ser la esposa y la madre de sus hijos, para no preguntar o cuestionar sus comportamientos y hacerme la de la vista gorda. Terminé el bachillerato después de tener a mi primer hijo y de ahí en adelante mi vida giró en torno a mi esposo hasta el día que murió.

Soporté amantes, desplantes, humillaciones, mentiras, soledades, allanamientos, amenazas de muerte, atentados terroristas, intentos de secuestro de mis hijos y hasta largos encierros y exilios. Todo por amor. Por supuesto hubo muchos momentos que me hicieron dudar si debía continuar o no. Pero no fui capaz de dejarlo, no solo por amor sino también por miedo, impotencia y por la incertidumbre de no saber qué sería de mi vida y la de mis hijos sin él. Temí incluso la posibilidad de que el hombre más peligroso de Colombia pudiera hacerme daño si me alejaba de él.

En 1984 —cuando nuestra situación se puso muy complicada por el asesinato del ministro de Justicia, Rodrigo Lara Bonilla— y durante los nueve años siguientes sentí pánico porque Pablo no midió las consecuencias de sus actos y mucho menos los efectos sobre su propia familia. La sinrazón en la que cayó no permitía cuestionamientos ni reproche alguno, y, a pesar de ello, tampoco tuve la fuerza necesaria para abandonarlo cuando muchos sí lo hicieron.

Cada día de aquellos años de finales de los ochenta y principios de los noventa fue una cuestión de vida o muerte para todos los colombianos, rehenes de una guerra que también nos incluyó a mis hijos y a mí; esquivar la barbarie desatada por mi marido fue todo un reto.

Un coche bomba con setecientos kilos de dinamita explotó en la puerta de nuestro hogar mientras dormíamos. Así comenzó la feroz guerra narcoterrorista con nosotros como objetivo principal de los enemigos de mi marido. Sobrevivimos de milagro, pero a partir de ahí ya no hubo otra opción que esperar las decisiones de Pablo de cómo movernos, cuándo y hacia dónde.

Cuando pude darme cuenta de lo distante que había estado de la realidad tan cruel que nos escondía, ya era demasiado tarde. Era muy joven, ingenua y ciega ante la realidad y por eso sucumbí; muchas veces anduve muy cómoda, pero siempre fue desde la ignorancia de quien no tiene derecho a mirar, opinar, decidir, elegir ni preguntar.

Los últimos tiempos de Pablo fueron muy solitarios; estaba rodeado de muchos hombres, pero de pocos amigos. Su voracidad y ambición desmedida lo llevaron a perder el control de todo. Pensaba solo, definía solo, se hizo dueño de nuestras vidas y se apropiaba con violencia de la vida de todo aquel que se atravesaba en su camino. No tuve la fuerza suficiente para confrontarlo, aunque muchas veces le recriminé su actuar. Nunca escuchó.

Mi vida y la de mi familia dieron un giro total con su muerte. A partir de ahí tuve que negociar nuestras vidas con sus enemigos, concertar con el Estado una salida, cambiar legalmente nuestras identidades, buscar un país que nos acogiera y ver cómo sacaba adelante a mis hijos y a mi nuera.

El amor por ellos develó fuerzas que no conocía y ello me permitió hacer cosas que nunca pensé. Pero también me di cuenta de que, sin importar lo que hiciéramos, mis hijos y yo seguiríamos siendo identificados como la familia de Pablo Escobar y cargaríamos hasta la tumba toda clase de prejuicios sociales.

Juan Pablo Escobar, hoy Sebastián Marroquín, decidió darle la cara al mundo en 2009 con el documental *Pecados de mi padre*, en el que pidió perdón por los crímenes de Pablo. Al publicar sus libros *Pablo Escobar, mi padre* y *Pablo Escobar in fraganti*, quiso contar nuestra historia con la única intención de que no se repita, que no sea ejemplo de nada. El coraje de mi hijo me impulsó a seguir su camino, y con su ayuda decidí también contar lo que sentí y viví en aquellas épocas.

Me llevó veinticinco años ponerme de pie, salir del encierro y vencer el miedo para contar con mis palabras cómo fue mi vida al lado de Pablo Escobar. A pesar de los años que viví con él, fue a raíz de las investigaciones que hice para este libro que empecé a dimensionar y a entender cabalmente lo que aconteció en nuestras vidas. Para llegar a esto tuve que vencer el miedo a que me juzguen mal y convivir con las incertidumbres de las muchas personas que me pidieron que no lo hiciera, que dejara las cosas así. Pero considero que asumí un camino sin retorno porque quería dejar atrás tantos años de silencio. Contar mi historia se convirtió en una necesidad para mí.

Ahora, con la mirada que da la distancia y la sabiduría de los años, he vuelto a ver esa película con detenimiento y me doy cuenta de mis responsabilidades e irresponsabilidades, de mis aciertos y desaciertos.

La investigación de campo para desarrollar este libro me sirvió para descubrir que no sabía muchas cosas de mi marido; al punto de que en muchos pasajes de la historia lo desconozco por completo y en otros francamente me siento horrorizada.

Cuando terminó de leer el texto, mi hijo comentó que creía saber casi todo sobre su padre, pero reconoció que este libro cambiará, para mal, la imagen y visión que tuvo de él.

Este proceso ha sido doloroso y no exento de lágrimas porque me ha llevado a cuestionar muchas de mis decisiones y a reflexionar sobre lo que hice y dejé de hacer. Escribir ha sido una catarsis, un viaje a profundidad para indagar sobre esta historia, que ha desgarrado el alma y el corazón de miles de familias.

En este tiempo he comenzado a recorrer, una por una, la memoria de las personas que sufrieron el horror de la guerra del narcotráfico. Siento tristeza y vergüenza infinitas por el enorme dolor que generó mi marido y al mismo tiempo lamento que sus acciones hayan dejado graves secuelas en mis hijos y también sobre mí.

Muy pocos me reconocen como María Isabel Santos. No me miran como mujer, sino como la extensión en el tiempo de la maldad de mi marido. Me cuestionan por sus actos, sin que importen mis esfuerzos ni mi lucha como madre cabeza de familia. El pasado nos persigue y el fantasma de Pablo no nos deja en paz. Soy, y ojalá no suceda más a partir de ahora, "la viuda de Pablo Escobar".

A través de las más de quinientas páginas de este libro los lectores encontrarán una mujer muy diferente a la que han retratado los medios de comunicación, las películas o las series de televisión. Soy un ser humano que ha avanzado en un proceso de transformación, consciente de que mis hijos y yo somos portadores perennes de un apellido asociado inexorablemente al mal.

Aunque la ley protegiera mi derecho como esposa a no denunciar al padre de mis hijos, sé que no me alcanzará esta vida para pedir perdón por no haber abandonado y denunciado a mi propio esposo. Estuve enamorada de él, y en virtud de eso hice todo lo que estuvo a mi alcance para cuidar de mi familia y de mi matrimonio. Es probable que resulte incoherente pedirle comprensión al lector durante el relato de una historia que es, ya de por sí, incomprensible.

Solo quien ha amado de la manera ciega e incondicional como yo lo hice, como devota esposa y madre, quizá pueda vislumbrar desde mi perspectiva personal e íntima cómo sucedieron unos hechos que hoy con desgarro me atrevo a revelar. Pido con humildad y respeto ser escuchada como individuo y como mujer. No inicié este camino para buscar que me exoneren.

Pablo Escobar no es ningún modelo a seguir; el falso héroe que recrean las series de cine y televisión me motivó a salir a contar la verdad, sin medias tintas, para evitar la repetición a toda costa.

Este libro pretende ser además el resultado de una introspección sin precedentes en la vida matrimonial de Pablo Escobar, a un cuarto de siglo de su muerte. Y es a su vez una bitácora de un viaje sin retorno a las profundidades más oscuras de su ser y de mi vida al lado del hombre más buscado, del criminal más despiadado de la Colombia del siglo pasado. Por todo esto, por lo que él hizo, pido perdón.

VICTORIA EUGENIA HENAO

EPÍGRAFE

Mi relación astral
con la familia de Pablo Escobar

4 de diciembre de 1994

—Aló. ¿Con quién? —pregunté desde mi celular.

—Con la viuda —contestaron al otro lado de la línea.

—¿La viuda? ¡Cuál viuda! —respondí secamente pensando que era una broma.

—Con la de quien dijiste en la revista *Semana* que iban a matar.

Pero esta historia comenzó unos dos años atrás; cuando, dictando seminarios de astrología en la Fundación Santillana —dirigida por el expresidente Belisario Betancur—, me interesé por conocer la carta astral de los principales personajes del país, entre ellas la de Pablo Escobar Gaviria.

Él había nacido un 1° de diciembre de 1949 —apenas un mes y tres días antes que yo—. Eran las 11:55 de la mañana de aquel día, cuando a doña Hermilda Gaviria le nacía su tercer hijo. Con esos datos yo podía interpretar el libreto de su vida.

Desde el punto de vista de la astrología, la carta natal es como una carta de navegación del alma, como un libreto de cualquier actor, y en este caso el actor era Pablo Escobar. Obviamente no voy a describir todos los símbolos de su carta, pero sí los que interesan para este relato.

Pablo Escobar era Sagitario ascendente Piscis, una de las combinaciones más difíciles del zodiaco. A Sagitario se le reconoce como el signo de la mente superior... para lo que sea. Y a Piscis se le distingue por ser el de las profundidades marinas, en aquellas en donde se hacen las cosas que la persona quiere que nadie se entere. Sagitario-Fuego y Piscis-Agua, no podían hacer sino un corto circuito en algún momento de su existencia.

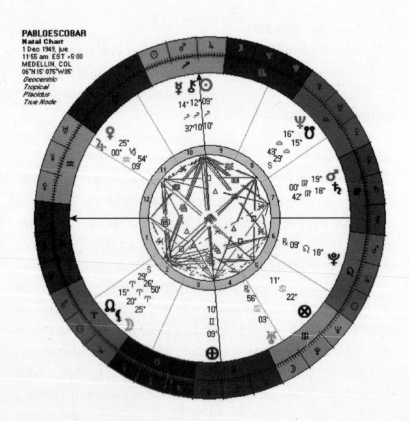

Pero también había nacido con la más bella de todas las conjunciones: Venus-el amor y Júpiter-el benefactor en la Casa 11, la del altruismo y las ayudas al prójimo. Asimismo, había nacido con la peor de todas: Marte-la guerra al lado de Saturno-la muerte en la Casa 7, la de la sociedad y los rivales conocidos.

No le ayudaba mucho el haber nacido con la Luna en conjunción a la Luna Negra en la Casa 2, la del dinero, y en el signo Aries regido por el sangriento Marte. Ese aspecto me parecía muy arriesgado a la hora de buscar la seguridad material. Así se lo expliqué al Nobel Gabriel García Márquez cuando años después me entrevistó para su libro *Noticia de un secuestro*, publicado por el grupo editorial Norma en mayo de 1996.

3 de julio de 1992

Gracias a que desde los catorce años llevo un detallado diario de mi vida, que luego me serviría como astrólogo, dice en él para aquel día: "Me reuní en casa de María Jimena Duzán con varios amigos". Con la periodista María Jimena Duzán me une no solo una amistad de más de cuarenta años al momento de escribir este texto, sino lo que ella había escrito acerca de la muerte de Luis Carlos Galán, quien consultaba los astros con el mismo astrólogo que lo hacía ella: conmigo. Parece que a Luis Carlos no le sirvió de mucho. Pero libreto es libreto. Los amigos de aquella noche eran funcionarios del gobierno que siempre estaban atentos a lo que decían los astros, desde cuando se había hecho el proceso de paz con el M-19. Con ellos aún sostengo la amistad desde más de treinta años atrás.

Aquella noche les tenía una noticia poco agradable. Según mis cálculos, Pablo Escobar estaba próximo a escaparse de la cárcel. Les dije.

—¿Por qué? — preguntó uno de ellos sentado en un sofá de color pardo.

—Pues porque Júpiter-el benefactor está transitando sobre el Saturno natal de Pablo Escobar; y si Saturno representa la muerte y el encierro, Júpiter le ha de abrir las puertas —y así fue.

Justamente, el 22 de julio de aquel año, 1992, Pablo Escobar se escapó de la cárcel La Catedral, donde estaba recluido. Júpiter, como levantando el dedo pulgar, había cruzado por sobre Saturno, el del dedo pulgar hacia abajo. Igual que como en los estadios romanos, en donde la posición del pulgar del emperador decidía si el gladiador vivía o moría.

No viene al caso narrar cómo hizo para escaparse ni en dónde permaneció durante todo el tiempo que duró su fuga.

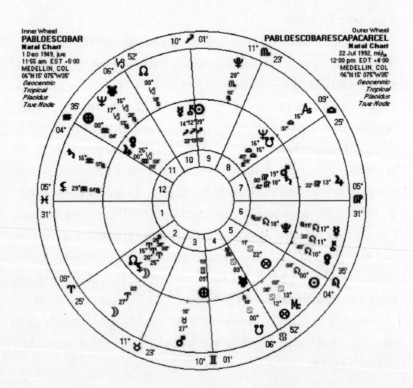

4 de mayo de 1993

En abril del año siguiente María Jimena me llamó para decirme que querían entrevistarme en la revista *Semana* para saber quién iba a ser el próximo presidente de la República y qué iba a suceder con Pablo Escobar. Efectivamente, aquel día salí en la carátula de *Semana* diciendo dos cosas: que el próximo presidente sería Ernesto Samper, quien gobernaría con una protección especial contra los enemigos ocultos porque tenía a Júpiter, el protector, en la Casa 12, la de los enemigos ocultos. Pero esa es otra historia.

Y a quienes me entrevistaron también les dije que Pablo Escobar tenía una cita con la muerte antes de terminar el año. Lo que él pensó y dijo cuando leyó la revista lo narra su hijo Juan Pablo Escobar en su libro *Pablo Escobar, mi padre*, publicado por la editorial Planeta en noviembre de 2014.

Recuerdo que el padre Rafael García-Herreros —Capricornio— insistió infatigablemente para lograr contactarse con Escobar y convencerlo de volver a la cárcel, pero jamás lo logró. Entonces me dije: yo también soy Capricornio, y la cabra no descansa hasta llegar a la meta; de pronto puedo contactarme con él. Entonces organicé un seminario de astrología que dicté en Medellín el 10 de agosto de aquel 1993. Habían pasado tres meses desde la publicación de la revista *Semana*, y pensaba que Escobar debía estar muy interesado en saber de dónde había sacado yo la sentencia fatídica de su muerte antes de terminar el año. "De pronto manda a buscarme", me dije.

Pero no. Por más publicidad que se le hizo al evento —después sabría por boca de su viuda—, jamás se enteraron de que yo hubiera estado dando dicho seminario.

1° de diciembre de 1993

Corría el tiempo, y a finales de año, el mismo día en el cual cumplía cuarenta y cuatro años Pablo Escobar, el presidente César Gaviria me invitó a un almuerzo en la Casa de Nariño en honor a la Premio Nobel de la Paz, la guatemalteca Rigoberta Menchú. Al fin y al cabo soy antropólogo de profesión y ella indígena de nacimiento.

Lo importante de la sincronización de dicho almuerzo con la fecha de nacimiento de Escobar es que, durante el agasajo, Ricardo Ávila, amigo y secretario privado del presidente, me dijo a quemarropa: "Sus cábalas son carreta, ya es diciembre y nada que muere Escobar". Así lo narra el periódico *El Tiempo* del 5 de diciembre. Ante la queja le contesté que esperara un

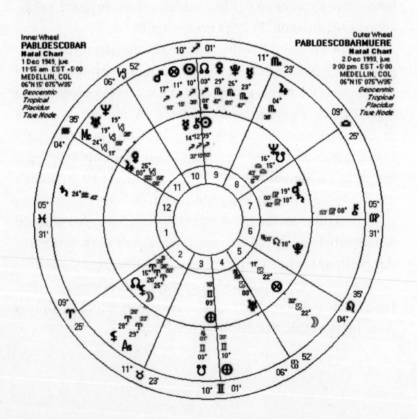

poco, pues el año no se había terminado. Y no tuvo que esperar sentado, al siguiente día Pablo Emilio Escobar Gaviria fue dado de baja o se suicidó. Cualquiera de las dos encajaba en el veredicto final.

¿De dónde había sacado la predicción? Interpretando los símbolos astrales, líneas atrás mencioné que Saturno es la muerte y la Casa 12 el sector de los enemigos ocultos, pero también lo es de los sitios de reclusión. Si él no volvía a la cárcel, moriría. Así lo dictaminaba Saturno cruzando por esa parte de su carta astral, lo cual haría más o menos cada treinta años.

Obviamente, había otros factores astrales que podían ayudar al pronóstico, pero para no entrar en detalles, el más importante era este cruce de Saturno por el sector de la cárcel, el hospital o el cementerio. Yo mismo había vivido una gran tragedia personal seis años atrás, cuando había tenido este mismo aspecto en mi carta astral; de modo que sabía por qué tenía ese presentimiento negativo acerca de la muerte de Pablo Escobar.

Así pasó, entonces, un año lleno de entrevistas que me hicieron en programas de televisión o distintos autores y periodistas para escribir diferentes libros, periódicos y revistas. Y un día cualquiera sonó mi celular.

4 de diciembre de 1994
—Aló. ¿Con quién? —respondí.

—Con la viuda —contestó una voz femenina al otro lado de la línea.

—¿La viuda? ¡Cuál viuda! —respondí secamente pensando que era una broma.

—Con la de quien usted dijo en la revista *Semana* que iban a matar.

En ese momento comprendí de quién se trataba. Quería que le hiciera la carta astral a ella y a sus dos hijos. Quería saber qué iba a ser de su vida. La viuda, que vivía en un departamento al norte de Bogotá no lejos de donde yo vivo, me dio la dirección y me dirigí hacia allá.

Me abrió la puerta una mujer de voz ronca y algo apagada a quien en su rostro se le notaban de lejos las penas que arrastraba. Me sorprendió ver, sentado en la sala de su vivienda, un lejano pariente de mi familia materna de apellidos Londoño White.

Lo que le dije acerca de las cartas astrales de ella y sus hijos y de qué debían hacer lo narra al pie de la letra su hijo Juan Pablo en el libro que ya cité. El muchacho, de diecisiete años por aquel entonces, vio en su carta natal que si seguía los pasos de su padre, Saturno también cruzaría por su propia Casa 12 en algún momento de su vida. Era mejor no darle la opción para que se repitiera la historia de su padre.

Astralmente había algo curioso en la carta natal de toda la familia, incluyendo el difunto. En astrología hay una cruz que se conoce con el nombre de la Cruz Mutable, compuesta por los signos Géminis-Manuela, Virgo-la viuda, Sagitario-Escobar y Piscis-Juan Pablo. Todos pertenecían a ella y, por lo tanto, la ley kármica de Saturno golpeaba parejo y sin anestesia a cada uno de ellos.

Pero, para este libro que escribe su viuda, lo que me interesa narrar es aquello que ella me contó sobre lo que sucedió cuando, un año atrás, su marido había leído la revista *Semana* con la fatídica predicción astral.

Según me dijo, Escobar mandó a varias personas a buscarme sin jamás encontrarme, ni ellos volver a saber qué había sucedido con las personas encargadas de hallarme. Como le dije cuando me lo contó, me parecía extraño que Escobar no hubiera dado conmigo, siendo que él manejaba toda una red de contactos para ubicar a quien quisiera. ¡Quién se iba a poder esconder de Pablo Escobar!

—Tan exacto era lo que iba a suceder —le dije— que ni él pudo ir contra el veredicto de Saturno. Yo mismo viajé a Medellín a dictar un seminario de astrología para que, cuando él lo supiera, me mandara a llevar a su lado para decirle personalmente lo que decía su carta astral.

—Jamás nos enteramos —contestó ella.

No voy a contar el mar de amarguras por las cuales me dijo que había navegado su existencia en el último año, porque seguramente las ha de narrar en este libro con sus propias palabras. Desde entonces, a partir de nuestra entrevista astral, la vida nos ha puesto una serie de citas no programadas por nosotros, pero sí por el destino. Como aquella invitación que me hizo la embajada de Colombia en Panamá para que, el 22 de agosto de 2015, expusiera algunos de mis libros y diera una conferencia sobre qué era verdaderamente la astrología. Y al preguntar al organizador por cuáles otros conferencistas iban, me dijo que el hijo de Pablo Escobar daba una conferencia acerca del libro que había escrito sobre su padre; y que la dictaba exactamente en el mismo salón que la daba yo y, más aún, enseguida de la mía. Ni él ni yo sabíamos algo al respecto.

Al enterarme de ello cambié el tema de mi plática. Entonces proyecté sobre la pared blanca del recinto, atestado de gente sentada hasta en el piso, más o menos la misma historia —pero en imágenes— que he escrito en este breve texto, para que la plática de Juan Pablo fuera una prolongación de la mía. Hacía veintiún años que no nos veíamos y el muchacho de aquel entonces había crecido a su manera.

Nos dimos un gran abrazo y luego llamamos a su madre a Buenos Aires para contarle de nuestro gran encuentro, luego de tantos años de no vernos. Desde entonces no hemos dejado de encontrarnos de vez en cuando. Como cuando una fría noche de octubre de 2017 nos tropezamos de sorpresa caminando por la calle 81 con 10ª en Bogotá. Ella, aprovechando que iba con su editor, me lo presentó mientras me pedía el favor que le escribiera el texto que me correspondía astralmente en la vida de su familia, para publicarla en el libro que estaba escribiendo.

Pues bien, mi querida viuda, tal como me lo pediste, así lo hice y aquí está.

MAURICIO PUERTA*

---

* Mauricio Puerta es un reconocido astrólogo colombiano. Antropólogo y arqueólogo de profesión. Es el astrólogo de cabecera de presidentes, políticos, empresarios, banqueros y figuras del *jet set* internacional.

CAPÍTULO 1

La despedida final

Han pasado veinticinco años desde aquel doloroso momento, y cada vez que lo recuerdo se me hace un nudo en la garganta. Es mediados de agosto de 1993 y Pablo, nuestros hijos Manuela y Juan Pablo y su novia Andrea estamos escondidos en una caleta conocida como la casa azul. Mi marido y yo sabemos que la despedida final habrá de llegar más temprano que tarde porque nuestra situación es insostenible. En los últimos días le hemos dado largas a la decisión y buscamos cualquier excusa —como mi cumpleaños número 33 que está próximo, o una posible visita familiar— para evadir lo inevitable. Por aquellos días, más que nunca, la muerte asoma a la vuelta de la esquina.

La casa azul está situada en el sector de El Poblado, por la ruta Las Palmas, y desde allí se aprecia una hermosa vista de Medellín. Pablo había llegado a comienzos de agosto anterior, luego de escapar por enésima vez de la feroz cacería de las autoridades y de sus enemigos, el grupo clandestino Perseguidos por Pablo Escobar, los Pepes, que por poco lo localizan en una de las tres caletas que él frecuentaba por el sector de Belén Aguas Frías, en las comunas suroccidentales de la capital de Antioquia.

Pero el nuevo escondrijo no estaba listo del todo y por eso Pablo se empecinó en contratar un obrero que pintara las paredes del azul claro que tanto le gustaba. El afán de que la caleta estuviera impecable y con sabor a hogar lo llevó a descuidar su propia seguridad y a correr el riesgo de permitir que un extraño hiciera el trabajo durante dos semanas, mientras él permanecía encerrado en una habitación.

Ya en ese momento mi marido se había quedado prácticamente solo, pues su otrora poderoso ejército había desaparecido. Tras fugarse de la cárcel de La Catedral en julio de 1992, sus enemigos habían eliminado uno a uno a sus hombres de confianza y otros, para salvarse, lo abandonaron y se entregaron a la justicia. Ahora contaba con Gladys y su esposo, *el Gordo,* una pareja de confianza que colaboraba en algunos menesteres de la casa, así como con Alfonso León Puerta, *el Angelito,* uno de los últimos sicarios que lo acompañaba y quien hacía las veces de guardaespaldas y mensajero.

Manuela, Andrea, Juan Pablo y yo llegamos a la casa azul con vendas en los ojos, luego de permanecer escondidos durante varias semanas en una caleta situada también por el sector de Belén Aguas Frías. Una vez que estuvimos reunidos en el nuevo refugio, me sorprendí cuando Pablo hizo un relato de la manera como había sido pintada la vivienda.

—Pablo, estás loco, cómo hacés eso, por Dios —fue lo único que supe decirle, y él me miró con una risa socarrona.

Es que el color azul claro siempre fue una obsesión de mi marido: así estaba pintada la pequeña habitación que ocupó durante su niñez en la finca de sus padres en la vereda El Tablazo, municipio de Rionegro, oriente de Antioquia. Los rastros de azul claro aún se notan en un pequeño cuarto a la entrada de la casa. Años después, a finales de los sesenta, cuando los Escobar Gaviria llegaron al barrio La Paz de Envigado, donde habríamos de conocernos, Pablo pintó de azul claro su habitación, así como los entrepaños que hacían las veces de biblioteca. Más adelante, cuando ya era muy adinerado, hizo pintar de azul claro un sector de la hacienda Nápoles conocido como Nápoles viejo y un campero Jeep Nissan Patrol en el que solía pasear por los alrededores del municipio de Puerto Triunfo. Obviamente, en su ropero no podían faltar varias camisas y camisetas de ese color. También recuerdo que le encantaban los tonos azul claro del cuadro *La marina*, pintado por el artista de Yarumal, Antioquia, Francisco Antonio Cano, que yo había comprado y que estuvo expuesto en una de las paredes del edificio Mónaco.

La casa azul sería nuestro último escondite, al que se accedía después de pasar dos puertas: la primera, corrediza, accionada a control remoto y pintada de color verde oscuro para que se confundiera con los árboles y la vegetación. Una vez que ingresaba, el visitante no podía bajar de su vehículo porque se encontraba de frente con un enorme perro pastor alemán y un ganso furioso de plumaje blanco al que le decíamos Palomo. Ese animal había llegado a la casa azul porque —según Pablo— era más peligroso que un perro y había que alimentarlo desde lejos porque era muy irascible. *El Gordo* compró el ganso en la plaza minorista de Medellín por treinta mil pesos.

Después de pasar la puerta verde y de sortear al perro y al ganso, se abría un segundo portón, azul oscuro, de tres metros de altura. Alrededor del lugar se levantaban postes con alambre de púas que conformaban una especie de barrera para entorpecer la eventual llegada de intrusos.

Nuestra habitación era oscura y desapacible y estaba compuesta por una cama matrimonial con mesitas de noche a lado y lado, y varios libros, entre ellos *El vendedor más grande del mundo*, de Og Mandino; *Vivir, amar y aprender*, de Leo Buscaglia; y *Tus zonas erróneas*, de Wayne Dyer. Allí también se encontraba un texto sobre ejercicios para la memoria, que Pablo me regaló y lo tuve conmigo durante mucho tiempo porque la dedicatoria que escribió era muy divertida: "Para mi burrita Victoria, que de lo único que se acuerda es de mí". A veces, antes de quedarme dormida, Pablo se sentaba a la cabecera y yo leía frases que él escuchaba en silencio.

Por lo general me acostaba a media noche muy agotada, pero me despertaba continuamente sobresaltada por el miedo y la horrible sensación de abrir los ojos y ver un fusil apuntándome a la cara, como había sucedido en numerosas ocasiones. Esta pesadilla de levantarme asustada, de no poder conciliar el sueño profundamente, habría de acompañarme hasta el año 2015 cuando logré superar este trauma, luego de más de dos décadas de intenso trabajo con especialistas de varias disciplinas y retiros espirituales.

Entre tanto, y como era su costumbre desde hacía años, Pablo llegaba a dormir a la madrugada, casi siempre después de las cuatro de la mañana. Pero a diferencia de otras épocas en que las trasnochadas tenían que ver con sus negocios o sus mujeres, el otrora poderoso jefe del cártel de Medellín debía esperar el amanecer porque le tocaba hacer la guardia de su propia caleta.

Mientras mi marido dormía profundamente, me levantaba a las siete de la mañana para bañar y darle el desayuno a Manuela. Luego, hacia las diez, encarnaba el papel de profesora de español, para que la niña, que entonces tenía nueve años y cursaba cuarto de primaria, no se retrasara académicamente. Andrea le enseñaba matemáticas, geografía, historia y estética. Mientras tanto, a Juan Pablo le enviaban copia de los cuadernos del mejor alumno de su antiguo colegio, así como una lista de las tareas y ejercicios que debía desarrollar en cada materia. Esa fue la única manera que se me ocurrió para no interrumpir del todo la educación de mis hijos, pues desde hacía cerca de seis años habían dejado de asistir a un colegio normal.

Recuerdo que la educación de Manuela y Juan Pablo se complicó el día que Pablo me citó a la hacienda Nápoles y me notificó que por razones de seguridad no podían volver al colegio.

—Lo que me estás diciendo es imposible, míster. Eso no va a ocurrir; la educación de nuestros hijos está por encima de cualquier cosa —le dije, pero su respuesta me dejó sin argumentos.

—Tata, aceptas mi decisión o ¿prefieres ver a tus hijos desaparecidos, secuestrados o muertos?.

Parar en seco y cancelar los estudios de Manuela y Juan Pablo era impensable y me parecía una locura aceptar que la guerra nos arrebataba el único espacio que mis hijos tenían para aprender, para comunicarse con chicos de su edad. En ese momento me quedé aturdida y le dije a Pablo:

—Míster, prestame el teléfono que tienes instalado en el Jeep, porque voy a encontrar la solución a este problema.

Llamé a la directora de la escuela de niñas de La Paz y le pedí ayuda porque sabía que tenía buenas conexiones y podría lograr que Manuela y Juan Pablo estudiaran en casa, autorizados por la Secretaría de Educación de Medellín. Presentamos los documentos necesarios y en un mes y medio Manuela tenía seis profesores que le enseñaban inglés, español, matemáticas, educación cívica, teatro, canto y cultura general. El caso de Juan Pablo lo resolví con varios maestros que me habían dado clase en el Liceo La Paz —donde estudié

bachillerato— y aceptaron ir a nuestro departamento a dic-
tarle clases de varias materias. Ellos tenían que llenar quince-
nalmente las boletas que enviaba la Secretaría de Educación
para legalizar los avances académicos.

Mientras vivimos en departamentos o casas el asunto era
manejable, pero en la clandestinidad —que fue la mayoría
del tiempo— las cosas se complicaban demasiado y por eso
Andrea y yo debíamos hacer el papel de profesoras. Como sucedía en la casa azul, donde me encargaba de darle una clase
diaria a la niña.

Una vez que terminaba la improvisada cátedra, sobre las
once de la mañana me iba a la cocina a prepararle a Pablo el
desayuno-almuerzo, que invariablemente consistía en arroz,
huevo frito, carne de res asada, rebanadas fritas de plátano
maduro, arepa, ensalada —de remolacha, principalmente,
con un poquito de tomate picado, limón y sal—, y un vaso de
leche, según él vital para fortalecer los huesos. Aparte de su
menú diario, de vez en cuando le encantaba comer pequeñas
porciones de arroz con leche, banano, mazamorra y arepa de
mote con quesito y mantequilla.

Con todo, casi siempre Pablo fue cuidadoso del exceso de
comida y mantener su peso era prioritario, aunque la vanidad
lo llevaba a controlarlo de una manera muy curiosa: una vez
que se levantaba poco antes del mediodía, sacaba una cuerda
de un cajón, se medía la cintura y hacía un nudo en el tope;
al día siguiente repetía la operación y confirmaba si el nudo
seguía en el mismo sitio o había que correrlo hacia adelante
o hacia atrás. Pese a su obsesión con el peso, era evidente que
en esta última etapa de su vida estaba pasado de kilos debido
al estrés y la soledad.

La rutina de Pablo seguía luego con la lectura de los periódicos *El Tiempo, El Colombiano* y *El Espectador*, que Gladys

o *el Gordo* salían a comprar todas las mañanas; los ojeaba y estaba pendiente del reloj para no perderse los noticieros de televisión de las 12:30 del mediodía. Era muy molesto porque cambiaba de canal constantemente pues no quería perderse las noticias que hablaban sobre él. De acuerdo con la gravedad de lo que dijeran los informativos, Pablo y yo nos sentábamos a conversar sobre los pasos que deberíamos dar con respecto a nuestra seguridad y la de nuestros hijos.

Ya en ese momento la guerra había pasado a un segundo plano porque Pablo había perdido la capacidad de ordenar atentados terroristas y ahora casi todo lo que decían sobre él estaba relacionado con su eventual segundo sometimiento a la justicia, con las condiciones de seguridad que exigía, así como la garantía de que nosotros viajáramos a otra nación en calidad de exiliados.

La casa azul tenía un estacionamiento espacioso en el que podían estacionarse hasta una decena de vehículos, pero ante la escasez de visitas se convirtió en una especie de zona de recreación, un espacio multiusos que además servía de cancha de futbol y de basquetbol. Dado que los días eran largos y las noches eternas, y como no podíamos salir, nos vimos forzados a inventar un mundo ideal. Por eso, con alguna frecuencia y para aprovechar el sol, nos poníamos el traje de baño y nos bañábamos con una manguera que tenía buena presión. A Pablo le encantaba disfrutar de esos instantes porque lo relajaban. Esa era otra manera de escapar de nuestra dura realidad.

La rutina diaria incluía sostenerle el espejo para afeitarse. Luego le hacía la manicura y la pedicura. Ahora bien, durante los años en que compartimos la vida en familia, siempre fui la peluquera de mi marido. Muchas veces le dije que conocía personas capacitadas que podían ir a casa a cortarle el pelo, pero nunca aceptó. Menos mal que Pablo tenía un estilo definido de corte, fácil de hacer. Recuerdo que a medida que yo iba quitando, él se alisaba con una peineta negra y luego cogía entre los dedos algunos pedacitos de pelo que sentía que le sobraban y me decía: "Corte aquí, mi amor". Debo reconocer que el resultado no era el mejor y el cabello de mi marido se veía trasquilado, disparejo, pero él se sentía cómodo así.

Hasta el último día que estuvimos juntos y aun en los peores momentos, Pablo mantuvo una costumbre que se convirtió en una desesperante manía: bañarse y lavarse los dientes durante cerca de dos horas. Todos los días. No exagero. Durante ese tiempo, que parecía eterno, usaba el hilo dental y lo pasaba diente por diente muchas veces, con toda la calma del mundo, y luego se cepillaba infinidad de ocasiones con un cepillo Pro para niños.

—Míster, dejá de ser tan exagerado... dos horas para bañarse y lavarse los dientes es demasiado.

—Tata, debo cuidarlos mucho porque no tengo la posibilidad de ir a un odontólogo... no puedo imaginar siquiera que me dé un dolor de muela.

En efecto, Pablo nunca tuvo problemas con su dentadura, pero yo sí. Una de esas veces fue justamente en la casa azul, un día que amanecí con un terrible dolor de muela. Ir con mi odontólogo de cabecera era inevitable y muy contra su voluntad mi marido no tuvo otra opción que aceptar. Claro, bajar a la ciudad era muy arriesgado, pero al mismo tiempo lo veía como una oportunidad para tomar un poco de aire, ver gente, observar algo distinto a las cuatro paredes de la caleta donde estábamos escondidos.

La visita al odontólogo en el centro comercial San Diego, en el suroriente de Medellín, también incluía a Manuela y a Andrea, que al menos por un rato se distraían del duro encierro. Las tres salíamos de la casa con anteojos negros y pañoletas y caminábamos con la mirada hacia abajo para que nadie nos reconociera. Y mientras el odontólogo hacía su trabajo, Andrea caminaba con Manuela por los alrededores, pero muertas del susto. La sensación de zozobra por esos pocos minutos de libertad era muy fuerte porque sentíamos que seríamos secuestradas o que alguien llegaría a atacarnos a balazos. No podía estar tranquila un segundo.

No es errado afirmar que quien más sufría con el encierro era Manuela. La niña quería ir con la abuela Nora, con sus primos, con sus amiguitas del colegio, ir a montar a caballo, en fin, hacer las cosas normales de una menor de su edad, pero su padre era estricto en mantenernos alejados del mundo exterior por cuestiones de seguridad. Solo excepcionalmente y cuando Manuela llegaba al límite de la desesperación, Pablo accedía a dejarla ir el fin de semana con una de sus profesoras.

Por esa razón, entre todos debíamos esforzarnos para hacerle más llevadero el día a día a la niña. Una de las cosas que se nos ocurrió fue pegar estrellas fluorescentes en el techo de nuestra habitación para que Manuela las viera cuando se acostara en la cama con Pablo y conmigo. Ella era especialmente cariñosa con su papá y de vez en cuando, antes de quedarse dormida, le decía: "Cuando no pueda verte o no estés conmigo, papá, ¿te puedo buscar en las estrellas mirando al cielo?".

Apenas se quedaba dormida la pasábamos a una cama improvisada al lado de la nuestra. Así se sentía acompañada. En muchas ocasiones también, en las madrugadas, y cuando la zozobra hacía trizas la tranquilidad en la casa, Manuela y Pablo iban a la cocina a freír mortadela en una cacerola y la comían con arroz y Coca Cola. Hoy todavía ella conserva esa costumbre y de vez en cuando le pide a alguien que venga de visita a Buenos Aires desde Colombia, que le traiga mortadela de esa marca porque acá no se consigue. Nunca olvidó que la comía con refresco al lado de su papá.

Recuerdo que una vez, mirando las noches estrelladas en la casa azul, descubrimos con Manuela un astro de color azul cobalto, muy especial, que sobresalía en el firmamento. Veinticinco años después esa estrella aún acompaña a mi hija a cada lugar donde se encuentre; y en sus noches de insomnio, en la soledad del balcón de su casa, con el dolor que lleva en lo más profundo de su corazón, siempre la busca para hablar con Pablo.

Aun cuando Pablo siempre fue muy callado, yo sentía la soledad de mi marido. Se le notaba cierta impotencia por haberse quedado solo, sin en quien confiar. ¿Cuándo debíamos salir corriendo de nuevo? No lo sabíamos. Solo estábamos pendientes de unas muy pocas posibilidades: entregarse —proceso de negociación que estaba en manos de uno de sus abogados, quien mantenía contacto directo con la fiscalía y con algunos funcionarios del gobierno del presidente César Gaviria— y que nosotros saliéramos del país.

Por aquellos días de incertidumbre Pablo me dijo que estaba pensando hacer los arreglos necesarios para traer a su madre, a quien no veía hacía varios meses y extrañaba. Se trataba de una operación riesgosa y era necesario traerla con los ojos vendados, pero se empecinó en llevarla a cabo con un par de hombres de su entera confianza, al tiempo que empezó a preparar una habitación de la casa azul para hospedarla.

Finalmente, ella llegó y trajo varios platos de comida paisa que nos comimos con agrado. Luego pasaron varias horas en las que hablamos de diferentes temas, al cabo de los cuales Pablo dijo:

—Mamá, tenemos una habitación muy especial para vos; llevamos varios días ordenando este espacio, que espero podamos compartir.

Silencio sepulcral. Doña Hermilda lo miró a los ojos y respondió:

—Pablo, no puedo quedarme... tengo que ir a visitar a Roberto este domingo a la cárcel.

Él la observó en silencio, bajó la mirada y replicó:

—Madre, tienes más oportunidades de ver a Roberto que a mí; conoces muy bien la complejidad de la situación.

—Sí, Pablo, comprendo, pero tengo que ir a visitar a Roberto. Esa es mi decisión y mi deseo.

Yo estaba sentada en un extremo de la mesa y al escuchar las palabras de mi suegra sentí que mi corazón se partía en mil pedazos. No entendía por qué ella no podía acompañar a su hijo durante una semana, conociendo las dificultades por las que atravesaba. Ella se fue y Pablo se quedó con un sabor amargo.

—Mi madre puede ver a Roberto cada vez que quiera, pero a mí no —dijo sin poder ocultar la amargura.

—Así es la vida, mi amor —respondí y luego lo abracé por un largo rato.

Ese episodio me marcó muy fuertemente y hoy todavía lo recuerdo con nostalgia, porque mi suegra no le dio la oportunidad a su hijo de hablarle de su incierto futuro.

En la casa azul pasaban los días y las noches y seguíamos esperando una carta, una buena noticia, pero también que de un momento a otro rompieran las puertas y aparecieran los verdugos que acabarían con nuestras vidas. Las cartas iban y venían y Pablo mostraba cierto optimismo, pero la intuición me decía que el panorama era más que negro y así se lo hacía saber.

—Pablo, nos están engañando, eso de tu entrega no va a suceder... a vos no te dejan entregar de nuevo; prefiero que nos quedemos acá y que nos maten a tus hijos, a vos y a mí. Es lo mejor que nos puede pasar. Vámonos todos de este mundo. Esto es insostenible.

Lo cierto es que con el paso de los días era evidente que a Pablo se le acababan los argumentos para convencerme de que habría luz al final del túnel. Él sabía que de alguna manera yo estaba en lo cierto porque se había sobrepasado en La Catedral y la copa empezó a llenarse y llenarse hasta que sus excesos no le dejaron otra opción al gobierno que ordenar su traslado a otro sitio. Eso desencadenó su fuga y el escenario adverso que ahora vivíamos. Él era tan consciente de que la situación se agravaba con el paso de las horas, que en un momento dado, y en medio de su gran preocupación, me dijo:

—Mi amor, andate para otro país, y si te podés casar hacelo lo más pronto posible; lo importante es que puedas conseguir la residencia en otro lugar y tener un nuevo apellido para vos y para nuestros hijos. Es la única manera como los podemos salvar y te prometo que cuando me sea posible voy a agarrar un barco y te voy a buscar en cualquier parte del mundo donde te encuentres.

Las palabras de mi marido sonaron dramáticas y muy reales, pero las lágrimas no me permitieron hablar. En el fondo sabía que algo teníamos que hacer y ese algo incluía buscar la manera de sobrevivir en otro lugar, aunque ya no estuviéramos juntos.

Por aquellos días observé que Pablo empezó a salir de la casa con mayor frecuencia a contemplar el colorido y la belleza de Medellín y el valle de Aburrá. Se veía nostálgico y su mirada se perdía en el horizonte pues ese era su único contacto con el exterior, con lo poco de vida que aún le quedaba.

Pero es que además Pablo tenía una preocupación adicional: la progresiva falta de dinero. Una mañana escuché un comentario que le hizo a *Angelito* en el sentido de que solo le quedaban unos cuantos millones de dólares en efectivo, según él, para "recuperarnos y ganar esta guerra". Imaginando las enormes cantidades de dinero que Pablo llegó a manejar y la manera como lo gastaba, no era de extrañar que en realidad le quedaran muy pocos recursos. Siempre fue así. Con él, los dólares se esfumaban en minutos.

Aun cuando en septiembre de 1993 el poder de Pablo era prácticamente cosa del pasado, el hecho de seguir prófugo lo hacía igualmente peligroso para el Estado y para los Pepes, que lo buscaban como si fuera el primer día. Por eso eran tan importantes las cartas, el único medio seguro para comunicarse con su abogado y con los pocos hombres que le quedaban en la calle. De esa manera logró mantener un sistema infalible que consistía en circularlas por cuatro o cinco casas o departamentos en Medellín, donde las recogían cada cuatro horas. El correo era reunido en la noche en el último de los lugares escogidos y llevado a la casa azul. Por exigencia de Pablo, toda la operación se realizaba en la noche, con horarios exactos. Cualquier retraso indicaba que algo había sucedido y que era hora de correr, como ya había sucedido varias veces en el pasado.

Aunque parezca increíble, Pablo recibía todos los días alrededor de cincuenta cartas: muchas de ellas de su abogado, de su hermano Roberto, de su madre, de las profesoras de Manuela y de Juan Pablo, y también de sus hombres detenidos en cárceles. Esos mensajes llegaban de manera diferente, los llevaban distintos mensajeros y nunca se repetía la misma ruta. Por eso era muy difícil que los rastrearan.

Pablo se sentaba en el escritorio después de las cuatro de la tarde, se quedaba largas horas leyendo las cartas, y luego

respondía las que le interesaban. Obviamente hacía énfasis
en los mensajes firmados por su abogado, quien le refería los
avances en sus acercamientos con la fiscalía y el gobierno.
Y según el nivel de estrés del momento, acudía a otra de sus
viejas costumbres, la de rasgar la punta de las hojas de papel
carta, hacer pequeñas bolitas y lanzarlas al césped a través de
la ventana. Otras veces se las comía.

—Tranquila, Ula —así me decía Pablo en broma porque
desde hacía rato me tocaba cocinar, limpiar y planchar, como
lo hacía Eulalia, una antigua empleada del servicio domés-
tico—, que mi abogado está ayudando con la salida de ustedes del país. Esa es una de las condiciones para entregarme.
El fiscal De Greiff se comprometió a conseguirles refugio
y luego yo me entrego.

Pese a la expectativa por la negociación y el relativo optimismo de Pablo, los días pasaban muy lentamente en la casa
azul y el estrés iba en aumento porque las noticias que llegaban de la calle indicaban que el Bloque de Búsqueda y los
Pepes seguían más activos que nunca buscando a mi marido.
Los allanamientos eran cosa de todos los días y se volvieron
frecuentes los rumores en el sentido de que la gente cercana
a nosotros estaba en desbandada.

Por esos días Pablo me sorprendió al contarme que una de
las posibles salidas a nuestra situación era escondernos en la
selva y por eso había comprado unas tierras muy valiosas en
un lugar que no especificó. Agregó que estaba en el proceso
de instalar las redes de energía eléctrica y que la única persona que sabía la localización exacta del lugar era su hermano
Roberto, quien estaba detenido y no representaba riesgo alguno para la seguridad de su proyecto. Pero más asombrada
quedé cuando dijo que uno de sus planes era irse para allá con
la guerrilla. Ahí me di cuenta de que estaba muy preocupado

y que su situación realmente estaba llegando a un callejón sin salida. Era evidente que mi marido estaba buscando opciones para salir de la encrucijada, pero su revelación me dejó bastante intranquila. ¿Qué suerte correría Pablo? ¿Cuántos años podría estar en la selva? ¿Cuál guerrilla? ¿Nosotros con él en la selva? Esas preguntas se sumaron a los ya muchos interrogantes que me agobiaban día tras día.

—Pablo, yo no soy la persona adecuada para acompañarte al monte. No tengo la valentía para empuñar un fusil ni para estar a tu lado en un enfrentamiento. ¿Cómo vamos a llevar dos niños a sufrir en la selva? ¿Qué va a pasar con ellos? Me parece una locura. Esa no es una posibilidad para nosotros.

Los días seguían entre preguntas sobre cuáles podrían ser nuestras alternativas, pero la encrucijada no nos llevaba a respuestas posibles y el desasosiego seguía apoderándose de mí.

En medio de ese entorno tan complejo habría de llegar mi cumpleaños número 33. Era el 3 de septiembre de 1993. Durante muchos años celebramos en familia cada vez que alguno de nosotros cumplía un año más de vida, pero este fue sombrío, triste, presagio de malas cosas. Atrás habían quedado las grandes celebraciones, las fiestas fastuosas, los salones repletos de invitados, los regalos ostentosos.

Aun así, me sorprendí gratamente cuando encontré sobre la mesa del comedor un pastel de cumpleaños delicioso de la conocida repostera Pepita, seis botellas de fina champaña Dom Perignon y varios regalos. Pregunté cómo habían llegado esas cosas hasta ahí y recordaron que el día anterior Pablo había violado las reglas de seguridad y organizado con Andrea la manera de bajar a Medellín con la excusa de recoger el correo, pero me ocultaron que en realidad habían ido a traer las cosas para mi cumpleaños.

Según me contaron en ese momento, Andrea salió de la casa azul con *el Angelito* y llevaba los ojos vendados, de la misma manera como habíamos llegado, para que no identificara el lugar donde nos escondíamos en caso de que la detuvieran. A ella le produjo un gran susto encontrarse de frente con un retén militar, pero por fortuna no los hicieron detener para requisarlos. Luego, *Angelito* la dejó en el estacionamiento de un edificio donde Pablo tenía escondido un vehículo en el que Andrea iría a recoger las cosas, y quedaron de encontrarse a una hora determinada en un lugar cercano, una vez que ella dejara el vehículo de regreso en el estacionamiento. Por instrucciones de Pablo, Andrea sabía que *Angelito* solo la esperaría tres minutos y si no llegaba se iría.

El tiempo era muy justo y Andrea tuvo que correr para recoger los encargos, pero no contaba con el hecho de que los paquetes eran muy pesados pues contenían el pastel, las seis botellas de champaña, el correo, los regalos y otras cosas más. Los minutos pasaban y Andrea empezó a angustiarse porque si no se encontraba con *Angelito* a la hora indicada, quedaría a la deriva en Medellín.

—Señor, ayúdame, no voy a llegar. Los brazos no me alcanzaban, no sabía cómo agarrar las bolsas —recordó Andrea al relatar el drama que vivió.

Hasta que se encontraron en forma providencial:

—Estaba a punto de desfallecer cuando de pronto llegué al lugar de encuentro, justo cuando *Angelito* había prendido el automóvil para arrancar. Cuando subí al coche empecé a ver lucecitas y me desmayé.

Por suerte nada pasó, pero mi cumpleaños estuvo a punto de terminar en tragedia.

Dos días después habríamos de tener el único rato de alegría de esta última etapa de nuestras vidas. Y sucedió por cuenta del futbol, un deporte que muy poco me ha atraído, aunque debo confesar mi simpatía por el Deportivo Independiente de Medellín. Un día inolvidable porque fue quizá la última vez que vi alegre a Pablo. Esa tarde del 5 de septiembre de 1993 la selección de Colombia goleó de visitante 0-5 a la de Argentina en la etapa final de su clasificación al mundial de Estados Unidos que se jugaría el año siguiente. Fue un pequeño momento de felicidad en el que celebramos y gritamos a rabiar los goles del Tino Asprilla, de Freddy Rincón y del Tren Valencia.

Esos noventa minutos hicieron que Pablo olvidara la dramática situación que vivíamos. Fue efímero, pero valió la pena. La celebración y repercusiones del triunfo colombiano durarían varios días y la pequeña sala de televisión de la casa azul sería el sitio de encuentro de ese momento tan especial.

Pero como no hay plazo que no se cumpla, la llegada de una nueva carta del abogado habría de sellar nuestro futuro como familia. Fue el sábado 18 de septiembre de 1993 cuando Pablo leyó con atención el mensaje y de repente se puso de pie, se acercó y me dijo que fuéramos a hablar a solas a una de las habitaciones del segundo piso.

Lo seguí sin preguntar, pero sentí que mi corazón empezó a latir con más intensidad. Eran las tres de la tarde de un día soleado.

—Mi amor, alisten maletas que se van a vivir a Altos con la protección del Estado —dijo Pablo en tono grave, pero con cierto aire optimista.

—No, Pablo, no me voy. Estoy segura de que es una trampa —respondí como una ráfaga, como sabiendo de antemano que el anuncio de la separación habría de llegar y que yo me iba a negar de tajo.

—Pero ¡cómo se te ocurre decir eso! Vos sabés que después de tanta carta y tanto diálogo el acuerdo más importante era el de garantizar la vida de ustedes y ya lo logré.

—Pablo, por favor, no nos separemos. Nos están engañando con la promesa de un exilio; para mí todo esto es falso, es una estrategia para llegar a vos... no van a cumplir, nos van a matar.

Pablo me miró como si se le fuera a acabar la paciencia. Estaba pálido y me asustó verlo respirar con dificultad. Soltaba bocanadas de aire y no se quedaba quieto un segundo.

—Te tienes que ir, mi amor. Quieras o no, te tienes que ir. No voy a ser tan irresponsable de seguir viviendo con ustedes. ¿No entendés que el día que nos caigan acá nos matan a todos?

—No importa que nos maten a todos. Será lo mejor que nos pueda pasar; que nos maten a todos juntos y que esta historia termine acá de una vez por todas. Además, tu gente nos va a sacar los ojos, Pablo; no quiero imaginar la ola de violencia que nos falta por vivir. Ellos nos van a matar después de que vos mueras —repliqué una vez más, pero ya no pude contener el llanto.

—Es una irresponsabilidad lo que estás diciendo. Tenemos dos hijos y la novia de Juancho. Tenemos que lograr que respeten sus vidas —respondió, pero esta vez su rostro reflejaba una profunda tristeza.

Yo lloraba y lloraba. Me había casado a los quince años por la Iglesia católica. Me había casado para toda la vida, profundamente enamorada de Pablo. Sabía que su desmesura de los últimos años nos había metido en esta locura descomunal, pero también sabía y sentía con profundo dolor que tenía que dejar al padre de mis hijos justamente para salvarlos a ellos. Por eso entendí que no había nada que hacer. Era un hecho: el momento de la separación, el momento de la despedida definitiva había llegado. Luego, él hizo un comentario que sonó a punto final:

—Tata, les van a buscar un país, así que vete tranquila. Ya te lo he dicho: si en algún país te puedes casar con alguien, hazlo para obtener una nacionalidad. Pero te prometo que cuando salga de esto tomo un barco y atravieso los océanos que sean necesarios hasta encontrarlos, mi amor... donde estén.

Durante unos segundos Pablo y yo nos sumimos en un extraño silencio que pareció una eternidad. En esos instantes pensé que no sabía cómo iba a continuar mi vida sin él. ¿De dónde iba a sacar fuerzas para seguir adelante y sobrevivir con mis hijos? De pronto, Pablo rompió el letargo y fue al grano:

—Ya es la hora, Tata, no le demos más vueltas a esta situación; te pido por favor que empieces a empacar y te vayas con los niños a Altos, donde estarán seguros.

Antes de salir de la habitación acordamos decirle a Manuela que nos íbamos de viaje a un sitio muy lindo, pero sin su papá. Con Juan Pablo no había problema porque entendía perfectamente la complejidad del momento. Debíamos esperar algunas horas para movernos en la oscuridad. Durante ese tiempo la casa azul se transformó en un lugar aún más triste porque sabíamos que la fuerza del destino nos conducía a un alejamiento definitivo. A medida que se ocultaba el sol en el horizonte, sentía que mi corazón podía estallar. No alcanzaba a imaginar cómo sería mi vida sin Pablo, quién le contaría cuentos a Manuela antes de dormirse y quién le cantaría a la niña *La donna è mobile* (La mujer es voluble), la ópera clásica de Giuseppe Verdi.

Los cerca de veinte años que estuve al lado de Pablo pasaron en forma vertiginosa frente a mis ojos, como en una película. Toda mi vida a su lado había sido como un galope desenfrenado. Las cosas habían sucedido de manera tan rápida que yo nunca había tenido el espacio para reflexionar sobre esta locura. Fueron tan pocos los años de tranquilidad. Fueron muchos más los años huyendo o escondida. Esta era la encrucijada más dolorosa de mi vida... tener que dejar al amor de mi vida justo ahora que el mundo estaba sobre él. Qué realidad tan dura. Qué difícil tomar la decisión de dejarlo. Pero al mismo tiempo tenía que sacar la fuerza necesaria para no mirar hacia atrás y, a cambio, mirar hacia adelante para salvar a nuestros hijos. No obstante, hasta el último minuto traté de evitar la separación, y por ello hice un nuevo intento para detener nuestra tragedia. Volví a hablar con él.

—No quiero dejarte solo, mi amor. Prefiero que nos maten —insistí—. De verdad prefiero que nos maten a todos juntos al mismo tiempo —le dije con lágrimas en los ojos y la voz entrecortada. Él me miró con tristeza y en ese momento sus ojos se humedecieron. Yo solo pensaba que dada la situación en la que estábamos, así nos entregáramos, el riesgo de morir era el mismo.

—Tuvimos dos hijos, pero uno de los dos tiene que hacerse cargo de ellos, de educarlos, de buscar un espacio posible para que algún día sus vidas encuentren un sentido —respondió.

Mis lágrimas no fueron suficientes. Pablo me abrazó muy fuerte pero no dijo una sola palabra más. Teníamos que separarnos. Finalmente, sobre las once de la noche, llegó el momento de partir. Mientras *el Angelito* y *el Gordo* acomodaban en la cajuela del coche las pocas cosas que podíamos llevar, empezamos a despedirnos.

Nos paramos al lado del vehículo como en una especie de fila: Pablo me dio un gran abrazo, prolongado, tierno, afectuoso. Luego me acarició la cara y el pelo, como había hecho siempre, me miró con ternura y me dijo con la voz entrecortada:

—Te quiero mucho, Tata. Gracias por cuidar a nuestros hijos. Vas a tener suerte, te va a ir muy bien.

Se quedó en silencio y entonces fui yo quien lo abrazó por largo rato. El último abrazo de nuestras vidas. Luego se despidió de Juan Pablo con un entrañable apretón seguido de un beso en la mejilla. Cuando se acercó a Manuela empezó a llorar. Nunca lo habíamos visto sollozar y eso hizo más dolorosa y dramática la despedida. Instantes después miró a Andrea, pero no pudo decirle nada porque estaba muy consternado. Tres días después le envió una carta a Altos, tratando de excusarse: "Chila: un saludo muy especial. Mucho le agradezco por todo. No tuve fuerzas para decirle nada cuando se fue. La valoro muchísimo. Cuente siempre conmigo".

De camino hacia el garaje, Pablo dio una última instrucción:

—A los del CTI [Cuerpo Técnico de Investigación] que los van a recibir en Altos, entréguenles estas direcciones sobre los Pepes. Ellos dicen que no los han atacado porque no tienen buena información. Ahora la van a tener.

Subimos al Chevrolet Sprint que Juan Pablo manejaría y partimos. Él nos siguió detrás en otro coche, acompañado por *el Angelito*, hasta la calle empinada que va hacia el edificio Altos. Antes de voltear a la izquierda y nosotros a la derecha, pitó un par de veces y luego se perdió en las penumbras de la noche. Fue la última vez que lo vi.

Le quedaban 75 días de vida.

***

Después de despedirse de nosotros aquella noche del 18 de septiembre de 1993 Pablo regresó con *Angelito* a la casa azul.

Pero ¿qué pasó con él después de que nosotros nos fuimos para el edificio Altos?

Encontré la respuesta en Gladys y *el Gordo*, la pareja que trabajaba para nosotros en aquella época. Hablé con ellos en julio de 2017, cuando realizaba la investigación para este libro. Están separados desde 1997, pero cada uno por su lado accedió a reunirse conmigo para contarme detalles inéditos de lo que hizo mi marido durante esas siete semanas que permanecieron juntos.

De acuerdo con su relato, Pablo estaba muy afectado por nuestra partida.

—Nos dolió mucho verlo así, patrona. Dejó de comer dos días y no volvió a afeitarse. La barba le creció rápidamente. Por las noches salía a mirar el cielo y se cogía la barba con la mano izquierda. Se veía desesperado —explicó Gladys.

El Gordo, por su parte, me contó que con el paso de los días la falta de dinero era ya un problema muy serio y por eso Pablo decidió que no se iba a quedar quieto. Entonces se le ocurrió realizar un centenar de secuestros exprés en el reconocido sector de Llanogrande, en el oriente antioqueño, y cobrar quinientos millones de pesos por la liberación de cada persona. La fecha señalada fue la noche del 31 de diciembre de 1993. Pablo le dijo al *Gordo* que con el producto de los plagios se irían para Bogotá, donde no los encontrarían.

Según escuchó *el Gordo*, Pablo instruyó a *Angelito* para ir a Moravia, donde una década atrás había creado el programa Medellín sin Tugurios, y reclutar a un centenar de jóvenes. Al mismo tiempo, le pidió al *Gordo* que lo acompañara a mirar algunos sitios en las montañas cercanas a Medellín para ocultar a los rehenes.

El plan avanzaba, pero habría de fracasar en la noche del 6 de octubre cuando el Bloque de Búsqueda dio muerte al *Angelito* y a su hermano en el barrio Villa Hermosa de Medellín. *El Gordo* me contó que *el Angelito* no hizo caso de las advertencias de Pablo y suyas, y ese día se empecinó en ir a entregarle un dinero a su hermano.

—Le dije que se quedara, que era peligroso bajar a Medellín porque estaban ofreciendo cien millones de pesos de recompensa por él y cualquiera podría entregarlo. Pero igual se fue —recordó *el Gordo*.

La muerte de uno de sus últimos sicarios afectó muy seriamente a Pablo y así se los dijo al *Gordo* y a Gladys.

—*Gordo*, esto se acabó. Ya no tengo con quién trabajar. Me quitaron la mano derecha.

La soledad de Pablo empeoró y según *el Gordo* empezó a comportarse de manera extraña. Una noche, por ejemplo, le dijo que se pusiera gorro y ruana y se fueron a caminar por el centro de la ciudad.

—Yo estaba aterrorizado, pero él actuaba muy seguro.

Nunca antes había sucedido, pero un día, por primera vez, la casa azul estuvo en la mira de los persecutores de mi marido.

—Ocurrió después de la muerte del *Angelito*, cuando dos helicópteros de la Policía sobrevolaron la casa. Pablo se escondió en el clóset de una de las habitaciones y para distraerlos Gladys y yo salimos a trabajar al jardín. Qué susto. Demoraron media hora dando vueltas y luego se fueron. Si los del Bloque de Búsqueda llegan, encuentran al patrón.

Gladys y *el Gordo* me contaron que los días de Pablo se hicieron monótonos y casi no salía de su cuarto. Se veía preocupado y de vez en cuando se sentaba en su escritorio a escribir cartas.

En medio de ese panorama habría de llegar el 27 de noviembre de 1993, cuando viajamos a Alemania en un intento desesperado por escapar de la persecución, pero el gobierno colombiano intervino y frustró nuestros planes. Por eso, dos días después debimos regresar a Bogotá y hospedarnos contra nuestra voluntad en Residencias Tequendama.

El Gordo fue testigo de la indignación de Pablo por lo que nos sucedía, pero claramente se le notaba la impotencia porque no podía hacer nada. Lo único que se le ocurrió fue escribir una carta y pedirle al *Gordo* que se la llevara a su abogado, su único contacto con la fiscalía y el gobierno. Pablo le dijo al *Gordo* que tuviera cuidado y este guardó el sobre en el bolsillo del saco. Pero algo sucedió:

—Llegué al parque Berrío y me dirigí a la oficina del abogado en el séptimo piso de un edificio, pero cuando salí del ascensor y pasé la reja de entrada me pareció raro ver a cuatro hombres armados. Empecé a sospechar y por fortuna el abogado estaba ocupado atendiendo a otra persona y aproveché para decirle que en un momento regresaba. Qué susto. Salí de allí y para evitar que me siguieran entré al café El Ganadero y me tomé dos aguardientes. Luego di vueltas por varios sitios y me metí a una iglesia, para verificar que no me siguieran. Ahí sí me fui para la casa azul y le conté al patrón, quien se agarró la cabeza con las dos manos y dijo: "Este se me torció".

Un día después Pablo les dijo a Gladys y al *Gordo* que se iba para otra caleta, donde lo esperaba *Limón* (Álvaro de Jesús Agudelo).

—La despedida fue normal. Pero cuando le di la mano para decirle que hasta luego, sentí que no lo volvería a ver nunca más —me dijo *el Gordo*.

CAPÍTULO 2

Acorralados

Cuando volteé a mirar hacia atrás y Pablo pitó dos veces antes de girar a la izquierda para perderse en la oscuridad, la intuición me dijo que nunca más nos volveríamos a ver. Fue un momento muy extraño porque el sonido ronco de la bocina del coche pareció enviar un mensaje subliminal, que decía algo así como: "Adiós para siempre, mi amor, adiós para siempre, hijos míos".

En un acto suicida, a las once de la noche del 18 de septiembre de 1993, Pablo había ido a acompañarnos desde la casita azul, la caleta donde nos escondíamos, hasta la entrada del edificio Altos donde nos esperaban numerosos agentes del Cuerpo Técnico de Investigación de la Fiscalía (CTI). Ellos nos protegerían mientras avanzaba el proceso de reentrega de mi marido a la justicia. En ese momento conocimos a cuatro funcionarios del CTI que tendrían contacto directo con nosotros: Alfa —que por sus ademanes parecía dirigir el grupo—, A1, Imperio y Pantera.

Ya en el estacionamiento del edificio bajamos del vehículo que manejaba Juan Pablo y no pude evitar las lágrimas, pues me invadía una sensación de pánico y angustia por nuestro futuro incierto. Recluirnos en un departamento, lejos de Pablo, era la única salida que nos quedaba para sobrevivir a la inclemente persecución a la que habíamos sido sometidos en los últimos catorce meses, desde cuando mi marido se fugó de la cárcel de La Catedral.

Mientras subíamos al cuarto piso con el poco equipaje que pudimos empacar en unos cuantos maletines, soñé que por fin podríamos viajar a otro país, caminar por una calle sin voltear a mirar hacia atrás, sin escoltas, sin periodistas al acecho, respirar aire puro, entrar a un supermercado. En otras palabras, recuperar lo cotidiano, volver a mi papel de ama de casa, ver a mis hijos en un parque, alimentando palomas, con sus amigos del colegio.

Con esa expectativa entramos al departamento de Altos, donde viviríamos por un tiempo indeterminado. Nunca olvidaré los rostros de esperanza de Manuela y de Juan Pablo, que me miraban como queriendo decir: "Ahora depende de ti, mamá". En ese momento todos confiábamos en que el paso que dábamos era hacia la vida, no hacia la muerte.

Una vez dentro del departamento pusimos las cosas en el piso porque estaba completamente vacío. Verlo así, sin una silla donde sentarse, me indicó que nuestra estadía allí no sería fácil. La inmensidad del inmueble, de unos quinientos metros cuadrados, hacía notar aún más la falta de mobiliario. Por ello, sin pensarlo dos veces, fui con una vecina que nos prestó una mesa pequeña de plástico con cuatro sillas y las pusimos en la terraza. En el cuarto de servicio había dos colchones y en ellos dormimos esa noche muy incómodos. En uno se acomodaron Juan Pablo y Andrea, que ocuparon la habitación principal; en el otro nos acostamos Manuela y yo, y lo pusimos en un cuarto desde donde se veía la portería del edificio. Al siguiente día logré que la misma vecina me prestara otros dos colchones.

Esa noche nos hicimos el propósito de dormir, en un intento por olvidar el difícil momento que vivíamos, pero muy pronto comprendería que mis hijos, mi nuera y yo éramos rehenes del Estado, de los Pepes y de mi marido. De ellos dependería ahora nuestra seguridad, y ellos decidirían si vivíamos o moríamos. En otras palabras, estábamos acorralados, sin saber que nos esperaban setenta y ocho aterradores días en ese lugar.

A la mañana siguiente y durante los primeros días, una amable vecina nos llevó comida y con ello nos ayudó a sobrellevar el asunto de la alimentación, porque no sabíamos cómo íbamos a cocinar o a abastecernos para subsistir. Poco después nos prestó dos ollas, ocho cucharas, cinco toallas y diversos utensilios para la cocina. Luego pudimos conseguir una empleada que se encargó de comprar en el mercado. La ropa la lavábamos en un departamento que mi mamá tenía en el mismo edificio, pero que había abandonado en febrero de ese año tras un atentado con un coche bomba.

En el departamento todo era incertidumbre porque no había televisión ni teléfono, aunque por fortuna habíamos tomado la precaución de comprar radios de bolsillo que se convirtieron en nuestro único contacto con el exterior. Sin falta, cada hora escuchábamos en varias emisoras el resumen de noticias para estar enterados de lo que sucedía en el país, y muy pendientes de lo que dijeran de Pablo porque queríamos saber si estaba tan acorralado como nosotros.

Recuerdo que en una de las habitaciones encontramos una cortina con un *black out* ya muy viejo, pero que en el día hacía la sombra suficiente para descansar. En ese cuarto nos sentábamos los cuatro a mascullar nuestra amargura. Altos tenía amplias zonas verdes, un confortable quiosco, piscina semiolímpica, gimnasio, hidromasaje, baño turco y sauna, pero no podíamos usarlos.

Casi de manera imperceptible, Altos se convirtió en un fortín. Los agentes del CTI de la Fiscalía construyeron trincheras con decenas de bultos de arena y los pusieron encima del techo de la portería y en las dos esquinas del edificio que daban sobre la avenida. Al mismo tiempo, desde Bogotá llegaron más agentes del CTI, con lo cual la guardia que nos protegía ascendió a cuarenta hombres, armados con fusiles, pistolas y ametralladoras. Los patrullajes dentro y en los alrededores del edificio se hicieron permanentes y una enorme y bulliciosa alarma fue instalada en la azotea. Pablo seguía siendo el enemigo público número uno y nosotros, su familia, la única manera de llegar a él.

La sirena fue estrenada muy pronto porque a distintas horas del día y de la noche empezaron a escucharse ráfagas de ametralladora y los teléfonos de la portería recibieron decenas de llamadas amenazantes. Por eso no tuvimos otra opción que trasladarnos al cuarto del servicio, el lugar más seguro ante un eventual atentado porque era el más alejado de la vía. Es que además alrededor de Altos había edificaciones muy elevadas, desde donde éramos blanco perfecto de quienes quisieran hacernos daño. A eso quedamos reducidos: a una pequeña habitación de escasos seis metros cuadrados, donde teníamos que hablar en voz baja, a la espera de que pasaran las horas mientras otros decidían nuestro futuro. Todos perdimos el apetito y llegó el momento en que debíamos motivarnos entre nosotros mismos para comer al menos huevo frito, con arepa y chocolate.

El peligro inminente que acechaba y la desconfianza que generaban los funcionarios del CTI nos llevaron a buscar protección extra. La obtuvimos de Juan Carlos Herrera Puerta, *Nariz*, un muchacho amigo de la infancia de Juan Pablo, a quien le enviamos el mensaje a través de Nubia, la niñera, para que se quedara un tiempo con nosotros. *Nariz* llegó con un morral que contenía algo de ropa y una escopeta con salvoconducto, pero su presencia no les cayó bien a A1, Alfa, Imperio y Pantera porque consideraron inadecuado que un extraño estuviese con nosotros. Con ellos sostuvimos varias discusiones porque querían que *Nariz* se fuera, pero el asunto pasó a un segundo plano cuando se convencieron de que el amigo de mi hijo sería una ayuda en caso de emergencia.

En aquel momento las pocas familias que habitaban el edificio empezaron a irse debido a los continuos tiroteos, amenazas y allanamientos. Al final, en Altos solo quedaron dos mujeres solas, cada una en un departamento, y nosotros.

Durante dos o tres días tuvimos unas pocas horas de distensión, pero un jueves por la tarde la sirena sonó de nuevo porque se escucharon varios disparos que muy rápido fueron ráfagas y luego oímos un golpe muy violento contra la pared exterior del edificio. Los agentes del CTI corrieron a sus puestos porque parecía que estuvieran asaltando el edificio y nosotros, muy asustados, nos dirigimos al vestidor de la habitación principal, al tiempo que *Nariz* cerró la puerta y alistó su escopeta para repeler a cualquier intruso. El silencio que provino luego fue aterrador y los minutos parecieron eternos. Mientras *Nariz* y Juan Pablo se comunicaban en voz baja a través de la puerta, Manuela, Andrea y yo rezábamos.

Finalmente, la alarma dejó de sonar y un agente del CTI al que le decían *Carrobomba* llegó al departamento a informar que tres hombres habían bajado de dos coches en la intersección de la transversal inferior con la loma del Club Campestre y mientras dos de ellos disparaban, el otro lanzó una granada de fusil que impactó en la fachada del quinto piso del edificio, arriba de donde estábamos. Por fortuna el proyectil no estalló.

Por aquellos días, con los agentes del CTI realizamos varios simulacros de ataque al edificio y nos pusimos de acuerdo en qué lugar se ubicaría cada uno dentro del departamento en caso de producirse una emergencia real. Vivíamos con el corazón en la boca; el pánico era una constante. Llorábamos mucho. Era como vivir en una montaña rusa emocional. Muchas veces pensé en abandonar a Pablo por todo lo que estábamos sufriendo, pero a la vez me negaba a dejarlo solo en esos momentos tan críticos. Después de todo, me había dado tanto en la vida que cómo iba a irme. Era una mezcla de sentimientos encontrados: ira y pesar. Me habría sentido muy ingrata si lo hubiera abandonado.

La zozobra era permanente y los días impredecibles, al punto de que muchas veces dormíamos casi toda la mañana porque en la noche nos quedábamos en vela, alerta ante cualquier eventualidad. Este estado de cosas llevó a Manuela a tener muchas dificultades para dormir y a Andrea a perder el apetito de tal manera que días después se desmayó en el baño y tuvimos que llevarla de urgencia a la Clínica Medellín, acompañada por *Nariz* y una docena de agentes del CTI.

Después de examinarla, el especialista le dijo que su estado era preocupante por la avanzada deshidratación y le advirtió del peligro que corría su vida si no se alimentaba en forma adecuada. El médico dijo que era indispensable hospitalizarla durante unos días, pero las precarias condiciones de seguridad lo hacían imposible. Muy contra su voluntad, el médico la dio de alta y le recetó inyecciones, sueros, vitaminas y pastillas. Andrea regresó a Altos casi sin poder caminar y varios días permaneció acostada en el colchón mientras su cuerpo reaccionaba. Juan Pablo tuvo que aprender a aplicarle las inyecciones y el suero. Hoy me doy cuenta de que siempre di por hecho que Andrea estaba ahí, pero no recuerdo haber pensado durante toda esa época en los esfuerzos que ella hacía como mujer y las muchas cosas que dejaba de lado por acompañar a una familia que no tenía futuro ni esperanza. Después de tantos años reitero que cuando las mujeres amamos de verdad, corremos todos los riesgos.

Desde Bogotá nuestra situación debía verse muy desesperada, porque dos días después de la crisis que vivimos con Andrea llegó *Pantera* con un mensaje del fiscal general, Gustavo de Greiff.

—Señora, el doctor De Greiff les manda a decir que está buscando un país para ustedes. Que no es que esté demorando la solución, lo que pasa es que se trata de un asunto delicado que es necesario manejarlo con discreción. Que por eso los tiempos son lentos. Que confíen en que él quiere que su marido se entregue.

Las palabras de *Pantera* —quien en realidad se llamaba Luis Fernando Correa Isaza y era director regional del CTI en Antioquia— me tranquilizaron un poco, pero seguíamos en las mismas porque además no tenía cómo pedirle a Pablo que se entregara a la justicia, que tuviera presente que un día —más temprano que tarde— los Pepes nos iban a matar. Yo hacía grandes esfuerzos para que Manuela no viera el miedo reflejado en mi rostro y lo único que podía hacer era llorar en mi intimidad cuando la niña lograba conciliar el sueño. En aquellos momentos de zozobra agradecía que Andrea estuviera allí —a pesar del horror— porque era un bálsamo para Juan Pablo, agobiado por el peso de la responsabilidad de cuidar a tres mujeres.

De sorpresa, una tarde llegó Gloria, una de las hermanas de Pablo, quien trajo una extensa carta escrita por él en la que contaba en términos muy generales cómo avanzaba el nuevo proceso de su sometimiento a la justicia y nos aconsejaba extremar las medidas de seguridad porque se había enterado de los continuos ataques al edificio. Cada vez que una persona conocida llegaba al departamento nosotros nos moríamos de miedo de pensar que la habían seguido, que la podían secuestrar o desaparecer.

Le respondí a Pablo con otra carta en la que le conté lo que nos pasaba: el acecho de sus enemigos, las incomodidades del departamento, la desesperación y el llanto incontenible de Manuela por el encierro, los cuestionamientos constantes de ella preguntando por qué no podíamos salir de allí, dónde estaba su abuela, por qué no podía ver a su papá o a sus primos. Me partía el alma en mil pedazos y sentía mucha frustración por ver a mis hijos sumidos en esa situación.

Tratábamos de distraer a Manuela jugando, pintando, contándole cuentos. A veces bajábamos al departamento de la vecina. Entre los tres nos turnábamos para entretenerla, pero era muy difícil hacerle entender el riesgo que corría si salía. Cuando llegaba una carta del papá, sonreía. En su inocencia ella pensaba que llegaban buenas noticias y que de alguna manera iba a recobrar la libertad porque Pablo le decía que tuviera paciencia, que en poco tiempo viviría en un nuevo país donde tendría nuevo colegio y podría pasear en los parques.

En las cartas también le contaba a Pablo sobre los riesgos de seguridad que corríamos, de cómo nos miraban los agentes del CTI y de los atentados que soportábamos continuamente. Pero todo parecía infructuoso.

Por unos pocos días, Gloria fue nuestro único contacto con Pablo, y pese al riesgo que significaba para su vida logró traer mensajes de él y llevar los nuestros. Cuando ella salía de Altos me quedaba muy preocupada por lo que pudiera pasarle.

Fue a través de una de esas cartas que nos enteramos de la manera tan dramática como Pablo logró escapar de una

enorme operación del Bloque de Búsqueda de la Policía y
del Ejército, que casi le cuesta la vida en Belén Aguas Frías,
cerca de Medellín, donde —según su relato— prácticamente se vio muerto. En cuatro páginas, con un nivel de
detalle impresionante, dijo que salió corriendo de la caleta
donde se escondía y huyó hacia una zona montañosa rodeada de precipicios por los que intentó escapar, pero se
le cayó la linterna y quedó totalmente a oscuras. Luego,
cayó un fuerte aguacero y tuvo que caminar a través de los
riscos, y varias veces estuvo a punto de caer al vacío. Al final del extenso relato escrito, mi marido dijo que en cierto
momento se preguntó si lo buscarían en el fondo de uno
de esos abismos. La carta estaba escrita en trozos de papel
pegados con curitas y su deterioro reflejaba claramente la
difícil situación que estaba viviendo.

No obstante, Pablo se había salvado una vez más. Pero,
como siempre, nosotros sufriríamos las consecuencias. Un
día, de un momento a otro, varias camionetas blindadas llegaron a la parte baja del edificio y de ellas descendió al menos una docena de hombres armados que se dirigieron hacia
los ascensores. El pánico se apoderó de nosotros y corrimos
a escondernos como habíamos planeado en los simulacros,
porque creímos que se trataba del ataque de un comando de
los Pepes. Varios minutos después, que como siempre parecieron eternos, supimos que quien había llegado era Ana
Montes, la directora nacional de fiscalías y mano derecha del
fiscal De Greiff.

La visita, claramente, no era de cortesía y la funcionaria
así me lo hizo saber cuando entró al departamento, se paró
frente a mí y dijo en tono despectivo, casi sin saludar:

—Vea, señora, si Pablo no se entrega en tres días, les vamos
a quitar la seguridad.

El mensaje en tono de amenaza fue muy fuerte y solo atiné a responder que la entrega de mi marido a la justicia no dependía de nosotros porque estábamos completamente aislados de él.

—Doctora, lo mejor que puede suceder es que nos dejen salir de Colombia y faciliten nuestro arribo a otro país. Estoy segura de que si eso ocurre él se entrega al día siguiente, aunque usted debe saber que siempre he creído que al Estado colombiano no le interesa que Pablo se entregue... lo que quieren es matarlo—.

La hosca y dura delegada de la fiscalía salió del edificio, luego de reiterar su amenaza si no recibía una respuesta positiva de Pablo. Mis hijos, mi nuera y yo nos quedamos con una nueva incertidumbre, un dilema que no podíamos resolver.

No obstante, en medio de esta desgarradora noticia, dado que estaba en vilo nuestra vida, llegaron unas flores enviadas por Pablo celebrando el día del amor y la amistad. Era un ramo para mí, otro para Andrea y otro para Manuela. Hacer llegar unas flores en ese momento era tan irónico: ¿qué teníamos que celebrar? Además, cómo exponerse de esa manera. Podían haberlo rastreado. Pero esas eran las incongruencias de Pablo.

La situación se tornó tan compleja que uno de esos días la desesperación nos llevó a pensar en la posibilidad de escapar de Altos. ¿A dónde? Ni idea. Pero solo pensar que la fiscalía retirara a los agentes del CTI nos llenaba de pánico porque nada ni nadie podría protegernos de los enemigos de Pablo, que nos asesinarían de la peor manera con tal de cazarlo a él.

Huir del edificio era entre arriesgado y descabellado, pero nos decidimos a tener un plan B por si acaso. Para hacerlo, lo primero fue pedirle a *Nariz* que hiciera rondas por el edificio y estableciera la ubicación, las rutinas y los horarios de los funcionarios de la fiscalía. Luego les pedimos a los porteros —que eran los mismos desde hacía años— que esperaran una orden nuestra para abrir la puerta del garaje, pues saldríamos en el Chevrolet Sprint en que habíamos llegado semanas atrás.

La estrategia estaba lista, pero en dos ocasiones, justo cuando íbamos a escapar, llegaba información del fiscal general diciendo que las gestiones para nuestra reubicación en el exterior iban por buen camino. Los mensajes parecían convincentes y por momentos nos transmitían una cierta tranquilidad, pero eran placebos porque la cruda realidad se encargaba de aterrizarnos de nuevo en nuestro drama diario.

Las cosas se complicaron más en octubre de 1993. Dice el viejo refrán que las peores noticias son las que primero se conocen y eso ocurrió poco antes de las diez de la noche del 6 de ese mes, cuando Imperio, uno de los agentes del CTI que nos protegía en Altos, timbró en el departamento y Juan Pablo salió a abrir la puerta. Se veía sonriente. Miró fijamente a mi hijo y le dijo:

—Juan Pablo, acaban de dar de baja al *Angelito*. Él y su hermano fueron abatidos por el Bloque de Búsqueda cuando llegaban a una vivienda en el barrio Villahermosa de Medellín.

Juan Pablo casi se desploma al escuchar la noticia. Sabía que Alfonso León Puerta, *el Angelito*, era prácticamente el último guardaespaldas que le quedaba a Pablo. Como pudo se sobrepuso de la sorpresa y apenas atinó a responder:

—¿Y ese quién es, Imperio?

La noticia no había sido divulgada todavía por los medios de comunicación y era claro que por ser integrante del

CTI de la Fiscalía tenía información de primera mano sobre lo sucedido. Imperio y Juan Pablo habían entablado cierta relación de confianza en los últimos días, al punto de que jugaban cartas y bajaban a los sótanos del edificio a disputar improvisados partidos de microfutbol.

Cuando Imperio se fue, Juan Pablo me llevó presuroso al vestidor y en voz baja me contó lo que acababa de saber.

—¡No puede ser, no puede ser! ¿Qué va a pasar con su papá? —dije agarrándome la cabeza con las manos.

La muerte del *Angelito* era un golpe mortal para mi marido, que se quedaba más y más solo. Y para nosotros era una muy mala noticia porque nos quedábamos sin comunicación con Pablo. La última vez que vimos al *Angelito* fue tres semanas atrás, cuando acompañó a Pablo a dejarnos en Altos. *El Angelito* era un muchacho silencioso, tímido. Le costaba mirarme a los ojos, fue incondicional con mi marido, juró acompañarlo hasta el final y por eso entregó su vida.

El aislamiento casi total de Pablo tras la muerte del *Angelito* nos sumió aún más en la incertidumbre y los mensajes desde la oficina del fiscal De Greiff prácticamente desaparecieron. Por eso no era errado pensar que se produciría una nueva oleada de ataques.

Así fue, pero nunca imaginamos que los hechos que ocurrirían en escasas setenta y dos horas serían tan salvajes y determinantes en el desenlace de nuestra tragedia.

El domingo 7 de noviembre de 1993 se cerró aún más el círculo en torno a nosotros con la desaparición de *Nariz*. Desesperado por ver a su hijo, esa mañana nos pidió que lo dejáramos salir el fin de semana, pero le dijimos que nos preocupaba cómo saldría del edificio porque con seguridad afuera habría enemigos al acecho. Era un riesgo muy grande, pero ¿cómo quitarle el derecho de ver a su hijo?

ACORRALADOS   63

Nariz estaba determinado a salir y no escuchó nuestro consejo de hacerlo a pie, atravesando una quebrada que queda detrás de Altos y por la que ya nos habíamos escabullido anteriormente para evadir a las autoridades. Prefirió no mojarse los zapatos y en cambio aceptó subir al vehículo de dos agentes del CTI que le ofrecieron acercarlo al centro de la ciudad. Sin embargo, llegó el lunes y nunca apareció. El martes, tampoco. Cuando llamamos a su familia corroboramos que efectivamente nunca había llegado y los funcionarios de la fiscalía se limitaron a explicar que él había bajado del coche a mitad de camino.

No lo sabíamos en ese momento, pero el secuestro de *Nariz* era el primer episodio que luego nos confirmaría que había empezado una nueva fase de la cacería contra mi marido. Los Pepes sabían que eliminando los eslabones de la cadena que nos acercaba a Pablo, le quitaban más y más capacidad de maniobra.

No nos reponíamos del golpe de haber perdido a *Nariz* cuando dos días después hombres armados irrumpieron en la casa de Alicia Vásquez, la administradora de Altos, en el sector de Las Vegas en Medellín, y se la llevaron.

Recuerdo que ella subía al departamento todos los días a preguntar si necesitábamos algo, pero yo no me atrevía a pedirle nada, aunque mi mirada debía decirle que sí, que necesitábamos mucha ayuda para salir del infierno en que nos encontrábamos.

Con el paso de los días empecé a acercarme a ella y poco a poco le conté nuestra historia, el drama que vivíamos. Alicia se compadeció de nuestra situación y se mostró dispuesta a hacer ciertos favores, en total secreto. Uno de ellos fue comprar tres *walkie talkies* para comunicarnos con Pablo. Los aparatos sirvieron para hablar un par de veces con él, pero la señal era muy deficiente. Aun así, en una de esas pláticas con él nos dio un número telefónico al que podríamos llamarlo en caso de emergencia. Con el paso de los días, Alicia se hizo más cercana a nosotros, al punto de que los favores que me hacía eran cada vez más peligrosos, como llevar cartas para Pablo y comprar víveres, libros y papelería, entre otras cosas.

El correo que le enviábamos a Pablo era dejado en un lugar específico y luego alguien lo recogía. Tenía entendido que lo pasaban por varios sitios antes de que llegara a su destino, para evitar que lo siguieran. Mi correo personal, que tenía que ver con las profesoras de mis hijos, mi familia y mis amigos —que en realidad eran muy pocos porque yo trataba de evitar que la gente se metiera en problemas—, lo llevaba Alicia.

Pocas horas después de la desaparición de Alicia quedé horrorizada al saber que Alba Lía Londoño, mi profesora de bachillerato en el Liceo La Paz y quien se había convertido en persona clave para que mis hijos no se atrasaran académicamente, había sido sacada a la fuerza de su casa en la urbanización Los Almendros, por hombres que utilizaban uniformes de las Empresas Públicas de Medellín. Luego de meterla a empellones en un automóvil, los secuestradores sacaron de la casa cincuenta cajas de diversos tamaños y se las llevaron en un camión. Debieron pensar que Alba Lía guardaba información secreta de Pablo, pero en realidad eran los libros y las enciclopedias que yo había comprado a lo largo de los años y que ella guardaba en secreto en su casa.

Los hijos de Alba Lía, de catorce y dieciséis años, llegaron desesperados a Altos a avisarnos y a pedirnos ayuda para buscarla, pero lo único que pude hacer fue abrazarlos muy fuerte y pedirles fortaleza porque sabía que Alba Lía no iba a aparecer.

Ella era otra víctima de una guerra en la que su único papel fue educar a mis hijos. Con estos hechos sentí miedo, tristeza y una gran impotencia. La muerte rondaba nuestro círculo más cercano y cada día teníamos menos personas en quienes confiar. En retribución a lo sucedido me propuse cuidar como propios a los hijos de Alba Lía. Hice lo posible por acompañar su proceso de crecimiento y los apoyé en su educación. Era lo menos que podía hacer porque su mamá dio la vida por los míos.

Alba Lía y yo nos habíamos vuelto a encontrar cuando los problemas nos empujaron a vivir en la clandestinidad, lo que no me permitió volver a llevar a mis hijos a colegios comunes debido a las persecuciones, los allanamientos y el riesgo de que los secuestraran. Rita —como la apodaba para protegerla— fue una educadora incondicional y sensible a mi papel de mamá desesperada, que solo quería una vida más o menos normal para sus hijos. Ella se encargaba de conseguir los textos para que Manuela y Juan Pablo estudiaran y en dos ocasiones le sufragué los gastos para viajar a Cuba a actualizarse en los últimos avances en materia pedagógica. De regreso a Colombia traía sus maletas repletas de textos que consideraba útiles para la formación de mis hijos.

La cercanía de Alba Lía a nosotros fue de tal alcance que pese al peligro siempre estaba dispuesta a recibir en su casa a Manuela cuando Pablo accedía a dejarla salir para que descansara del encierro en que nos encontrábamos. Los hijos de la profesora recibían con cariño a Manuela, jugaban por largo tiempo con ella, luego la disfrazaban con pañoletas y gafas, la pintaban, y se iban en taxi a recorrer la ciudad y a caminar por los centros comerciales o ir a cine. Hoy pienso en lo irresponsable que fui porque cualquiera hubiera podido reconocerla y haberla matado. Pero en mi desesperación yo lo permitía para que la niña tuviera un respiro.

Las horas de terror que vivíamos estaban lejos de terminar. El secuestro de Alba Lía había sido a las once de la mañana y ya eran cerca de las seis de la tarde cuando caímos en cuenta de que si los Pepes habían atacado personas tan cercanas a nosotros, era bastante posible que lo hicieran con la única que faltaba: Nubia Jiménez, la niñera de Manuela.

Sin pensarlo dos veces, Juan Pablo bajó corriendo a uno de los departamentos vacíos de Altos para llamar a Nubia y pedirle que se escondiera inmediatamente con sus hijos. Bajé detrás de él y vi cuando logró comunicarse con uno de ellos, que salió raudo hacia la portería del edificio, pero no pudo hacer nada porque su madre acababa de subir a un taxi. La habían secuestrado también.

Nubia había trabajado varios años con nosotros y dado que nos sentíamos acorralados en Altos, aislados del mundo exterior, tuve que recurrir a ella y suplicarle que nos ayudara a llevar y traer cartas para comunicarnos con Pablo. Ella aceptó, pero los nervios no la dejaban, y por ello nunca dejé de lamentar que en ese momento no haya tenido conciencia real del riesgo que le hacía correr. Manuela nunca supo lo que pasó con la niñera y se enteró varios años después.

En menos de setenta y dos horas nuestra situación en Altos se había tornado más que desesperada porque no solo estaban desaparecidos *Nariz*, Alicia, Alba Lía y Nubia, sino que debíamos proteger a los dos hijos de Alba Lía que estaban con nosotros. Éramos seis personas muertas del susto, apeñuscadas dentro del vestidor del departamento. Cómo sería el estado de tensión que vivíamos que a partir de ahí Juan Pablo no soltó la escopeta que *Nariz* había llevado para cuidarnos.

No me equivoco al decir que esas noches de mediados de noviembre de 1993 han sido las más angustiosas de mi vida. Con el agravante de que una vez más el asunto de nuestra salida del país parecía estancado porque la directora nacional de fiscalías, Ana Montes, nos envió un nuevo mensaje, esta vez con *Pantera*: nos conseguirían un país a dónde ir si Pablo se entregaba primero.

Era el mismo círculo vicioso. No podíamos responder nada sobre la entrega de Pablo porque no teníamos comunicación con él. Y no podíamos dar paso alguno sin que él nos dijera cómo, cuándo y con quién.

Pero como una vez más estábamos ante el dilema de siempre, de vivir o morir, en la soledad del vestidor concluimos que los recientes hechos no nos dejaban otra opción que buscar un sitio en el mundo dónde refugiarnos. Con Juan Pablo y Andrea examinamos las opciones y tuvimos claro que no había muchas porque ya recientemente Luz María, una de las hermanas de Pablo, había sido expulsada de Costa Rica.

Entonces volteamos los ojos hacia Alemania. ¿Por qué? Porque sabíamos que un par de años atrás Nicolás, el hijo mayor de Roberto, hermano de Pablo, había permanecido tres años allí y no le pusieron traba alguna. Igualmente, Alba Marina, otra hermana de mi marido, también estuvo allí por tres meses. Si ellos pudieron, ¿por qué nosotros no?, nos preguntamos y entonces tomamos la decisión de comprar los boletos para viajar cuanto antes a Frankfurt e informarle al fiscal De Greiff.

En una agencia de viajes que nos recomendó la vecina adquirimos cuatro lugares para viajar a Alemania en el vuelo que salía al caer la tarde del sábado 27 de noviembre de 1993. Quedaba menos de una semana para salir del país y debíamos movernos rápido. Lo primero que hice fue cumplir con el protocolo de notificarle a la fiscalía que nos íbamos y de paso solicité protección para que se nos facilitara el traslado al aeropuerto de Rionegro, y más tarde nuestra permanencia en el aeropuerto El Dorado de Bogotá mientras esperábamos el vuelo de Lufthansa.

Era tanta nuestra ansiedad por salir de Altos y del país que desde ese momento dejamos listas y empacadas cuatro maletas, una por cada uno de nosotros.

Pero muy pronto entenderíamos que la fiscalía no estaba dispuesta a permitir que viajáramos hasta que estuviera resuelta la reentrega de Pablo. Lo supimos cuando anunciaron la llegada de Ana Montes, quien entró al departamento con cara de furia. Me miró con una mezcla de odio e indignación y sin rodeos me informó que un fiscal de Bogotá había abierto dos investigaciones contra Juan Pablo: una por la presunta violación de varias jóvenes en Medellín y otra por portación ilegal de armas.

Los señalamientos me llenaron de coraje y de inmediato llamé a Juan Pablo y le conté lo que estaba sucediendo. Él se puso pálido de la furia y respondió sin titubeos:

—Mire, doctora, he sido yo quien ha soportado el acoso de muchas jóvenes que en Medellín quieren ser "la novia del hijo de Pablo". No necesito llegar al extremo de la violación para satisfacer placer alguno porque las muchachas se me acercan por decenas.

La fría y distante funcionaria de la fiscalía respondió que se trataba de denuncias en proceso de verificación y que los rasgos morfológicos de mi hijo correspondían a los de un hombre que antes de acceder a sus víctimas se identificaba como hijo de Pablo Escobar. No obstante, reconoció que en ese caso no había pruebas sólidas todavía, pero sí en el otro porque lo vieron entrar al edificio con una caja con armas.

Una vez más, Juan Pablo respondió:

—Hagamos una cosa, doctora. Si quiere me quedo aquí y la autorizo a desbaratar el departamento y el edificio completo si es necesario, hasta que encuentre las armas que dicen que metí. Hágalo ahora mismo, pero si no encuentra nada, ¿qué? Acá lo único que hay es la escopeta que dejó *Nariz*.

Las palabras de Juan Pablo fueron tan convincentes que la funcionaria dio un paso atrás y antes de irse se limitó a decir que creía en su palabra.

Superado este *impasse*, finalmente llegó la hora de partir de Altos hacia nuestro futuro incierto. Cualquier cosa que pasara con nosotros era preferible al calvario que vivíamos en aquel encierro.

Salir hacia el aeropuerto José María Córdoba requería de un complejo operativo de seguridad y debo reconocer que la fiscalía hizo bien su trabajo. Pasadas las doce del día y cuando nos avisaron que diez camionetas del CTI habían llegado, nos reunimos en la sala del departamento y nos dimos un fuerte abrazo. Nos mirábamos a los ojos; el miedo nos fortaleció. Íbamos en busca de la vida, a pesar de todo. Ahora todo dependía de nosotros, o por lo menos eso creíamos. Luego, bajamos desde el cuarto piso y rezamos en silencio para que en el camino no se produjera ningún ataque.

Manuela y yo subimos a una Trooper blanca, blindada, y Juan Pablo y Andrea se fueron en otra parecida, pero roja con cabina blanca. Adelante iba una Trooper negra, vacía, para despistar al enemigo. Dentro del vehículo el silencio era sepulcral y mientras abrazaba a mi hija le rezaba a María Auxiliadora, la abogada de los imposibles, para que no nos pasara nada.

La escena era como de película. Mientras avanzábamos a toda velocidad hacia el aeropuerto, desde abajo observaba varios helicópteros de la Policía que sobrevolaban la caravana. Las puertas de las aeronaves iban abiertas y alcanzaba a ver hombres armados con fusiles y ametralladoras. El ruido era ensordecedor y a lado y lado de la carretera los vehículos se apartaban como podían.

Después de tantas horas de tensión, de tener el corazón en la boca, de temer un ataque desde cualquier lugar, finalmente llegamos sin un solo rasguño al aeropuerto de Rionegro. Unos pocos minutos después, a la 1:15 de la tarde, íbamos en un avión de Avianca rumbo a Bogotá. Cuando aterrizamos en El Dorado nos condujeron a la sala VIP del muelle internacional donde en minutos nos vimos rodeados de autoridades y de periodistas que merodeaban en el lugar.

El despliegue en torno a nosotros fue hasta cierto punto desproporcionado porque el vicefiscal general, Francisco José Cintura, envió su cuerpo de escoltas, compuesto por unos veinte hombres. El Departamento Administrativo de Seguridad (DAS) desplazó otros quince detectives y en los alrededores de donde estábamos se apostó medio centenar de agentes de la Policía Nacional. Era un hecho: nos íbamos del país, pero mi pensamiento estaba con Pablo, de quien no sabíamos nada desde hacía varios días. Me tranquilizaba saber que por lo menos en las noticias no lo mencionaban, ni para bien ni para mal. Qué iba a imaginar que a mi marido le quedaba una semana de vida.

Por asuntos de seguridad, los primeros en subir al avión fuimos nosotros y nos sentamos en *business class*. La aeronave iba con el cupo completo y salió a tiempo. Muy rápido ascendió a los cielos, pero yo no dejaba de mirar la puerta porque me daba la impresión de que alguien iba a entrar para sacarnos de allí. La paranoia no me dejaba en paz. En cierto momento, Juan Pablo y Andrea jugaron a adivinar quién encontraba primero a un policía encubierto entre los pasajeros. Ella señaló varios y él a dos en particular sentados cerca de nosotros, que resultaron ser los primeros en ponerse de pie cuando el avión aterrizó en Frankfurt.

La mayor parte del tiempo no hablamos. Nada de preguntas, solo silencios. Llevábamos cerca de diez años sin dormir lo suficiente porque nuestras vidas habían transcurrido entre atentados, persecuciones, encierros; siempre había que estar alerta. El cansancio me obligaba a cerrar los ojos, pero los abría nuevamente, sobresaltada, porque me daba miedo dormir y perder de vista a mis hijos.

Cuando el aparato llevaba más de una hora en vuelo respiré con cierto alivio, confiada en que íbamos camino a la libertad, a la vida, pero estaba muy equivocada porque esa ilusión duraría escasas cuarenta y siete horas. No lo sabía en ese momento, pero mientras nosotros íbamos en ese avión, con la esperanza de reinventar nuestras vidas en un país europeo, en Colombia estaba en marcha un plan secreto que tenía como objetivo usarnos para cazar a Pablo.

Lo que sucedió en aquel entonces vine a saberlo en detalle en abril de 2017, es decir, veinticuatro años después de la muerte de mi marido, cuando leí el libro *Óscar Naranjo, el general de las mil batallas,* una extensa entrevista realizada por el periodista y director de la cadena W radio, Julio Sánchez Cristo, al oficial de la Policía que tuvo una alta dosis de participación en la operación que culminó con la muerte de Pablo.

Para nuestra desgracia, el relato del general Naranjo es impresionante porque no deja duda de que caímos en una celada. El texto es el siguiente: "El desenlace de esta historia se había iniciado a finales de noviembre de 1993, cuando conocimos la intención de la familia Escobar de viajar a Alemania para buscar un eventual asilo. Entonces surgieron tres razonamientos que nos llevaron a pensar que esa movida del capo era peligrosa para el país y por ello había que lograr que no los recibieran en esa Nación: uno, porque si su familia estaba resguardada, él se endurecería y sería más violento porque ya no tendría nada que perder; dos, porque justamente la familia era una de las posibilidades que teníamos para localizarlo; y tres, porque si lo del asilo de su familia funcionaba, él tendría un respiro internacional que dificultaría las operaciones en marcha. El embajador alemán en Colombia jugó un papel fundamental. Él fue visitado por el director de la Policía, mi general Gómez Padilla, quien le hizo ver la gravedad que significaba para Alemania recibir de manera permanente o temporal a la familia de Escobar. Sin embargo, mientras se hacían las consultas y las cancillerías de los dos países examinaban el tema, los Escobar salieron del país el 27 de noviembre, pero el general Gómez Padilla logró que dos oficiales de la Policía viajaran encubiertos en ese vuelo que cubría la ruta Bogotá-Frankfurt".

Llevábamos un par de horas en el aire cuando de repente se presentó un joven que dijo llamarse Óscar Ritoré, que trabajaba como reportero del noticiero de televisión *Noticias Uno.* ¿Cómo supo que nosotros íbamos en ese vuelo? Le pregunté y respondió con evasivas, pero era claro que alguien de muy alto nivel en Bogotá le había filtrado la información. El periodista fue al grano y dijo que quería una entrevista con nosotros, que le parecía muy dolorosa la situación que estábamos viviendo y se ofreció a ayudar en lo que pudiera.

Aunque a lo largo de los años ni Pablo ni nosotros habíamos tenido relaciones con casi ningún periodista, la repentina presencia de Ritoré nos vino muy bien en ese momento porque podría ser un aliado, una garantía para que no nos pasara nada. Quedamos en vernos una vez llegáramos a Frankfurt y no le prometimos nada, pero nos pareció que darle una entrevista podría ser de utilidad para nuestra causa.

Las horas pasaron más rápido de lo normal y de pronto la voz aguda del capitán anunció el aterrizaje en la ciudad alemana. Eran las seis de la mañana del 28 de noviembre de 1993 y me pareció extraño que el avión tocara tierra, frenara de manera apresurada y no siguiera carreteando por la pista. Una vez que se detuvo completamente, el capitán dijo por el altavoz:

—Señores pasajeros, disculpen por el aterrizaje y la demora. Nos encontramos en suelo de Alemania, tenemos que bajar unas personas del avión y luego continuaremos hacia el muelle internacional para culminar nuestro itinerario.

Una vez que el piloto terminó de hablar, los dos hombres que Juan Pablo había señalado como de la autoridad se pararon de sus asientos y se dirigieron hacia mí. Uno de ellos dijo:

—Señora, somos de la Interpol, venimos de parte del gobierno para protegerlos y ver que no vayan a tener problemas de seguridad.

Lo que acababa de escuchar me llamó poderosamente la atención. Si el Estado no había hecho nada concreto para facilitar nuestra salida del país, no entendía ahora cuál era su preocupación por nuestro bienestar.

Cuando el avión se detuvo, pensé: "No puede ser, la pesadilla no ha terminado". Muy asustada me asomé por la ventanilla y observé el movimiento de numerosas patrullas de la Policía alrededor de la aeronave. No había duda: iban por nosotros. Nos hicieron bajar a la pista en medio de la nada. En ese instante todas mis ilusiones se esfumaron. La situación se tornó muy dramática porque dos policías armados tomaron a Manuela del brazo y la condujeron hacia una de las patrullas. Enseguida me abalancé hacia ellos, llorando, y les supliqué que no se la llevaran porque era una menor de ocho años que todavía tomaba biberón. Casi al mismo tiempo, otros policías hicieron lo mismo con Juan Pablo y con Andrea, y se los llevaron por separado hacia otras patrullas.

—Señor agente, no me pueden separar de ella. Por favor se los pido, no se la lleven.

Manuela gritaba y estiraba la mano para que la protegiera.

—¡Mamá, no me dejes!.

Yo lloraba desconsolada y no recuerdo con exactitud si alguien traducía, pero era tal mi súplica que debieron entender a qué me refería o de qué les estaba hablando. Como gritaba como loca porque me estaban separando de mis hijos, pero principalmente de Manuela, uno de los uniformados me dijo en perfecto español para que me quedara callada:

—Señora, qué quiere, si su marido está amenazando con dinamitar todos los aeropuertos de Alemania.

Obviamente no tenía idea si eso podía ser cierto, pero mi prioridad en ese momento era mantener a Manuela a mi lado, lo que sucedió después de un rato de forcejeo. Los alemanes debieron pensar que la niña no tenía la culpa de nada y de repente permitieron que me acompañara en una patrulla policial. De la pista de aterrizaje nos llevaron a las oficinas de la Interpol en el aeropuerto, donde nos interrogarían. Mientras organizaban la logística necesaria y conseguían un traductor, nos recluyeron por separado en habitaciones desapacibles en las que solo había una litera de cemento cubierta con dos cobijas que olían muy mal. Además, había que golpear en la puerta para que un guardia armado nos acompañara al baño.

Recuerdo que antes de entrar a esas habitaciones que hacían las veces de celdas nos requisaron minuciosamente, así como a nuestro equipaje. Juan Pablo usaba zapatos mocasines a la moda, que a manera de adorno tenían varias lengüetas de cuero, una de las cuales ocultaba muy bien pegado un papelito con el número telefónico que Pablo nos había dado varios días atrás. No lo encontraron.

El interrogatorio al que fui sometida por más de treinta horas continuas es una de las experiencias más denigrantes de mi vida. Era un funcionario tras otro preguntando las cosas más disímiles sobre mi marido: su posible paradero, su fortuna, sus socios... pero también por qué nuestra decisión de ir a Alemania, por nuestros contactos en ese país, por el dinero que llevábamos. Manuela siempre estuvo a mi lado, sentada en un sofá, y me dolía en el alma ver que se quedaba dormida con su biberón entre las manos. Yo la cubría con una cobijita que llevaba en mi bolso.

Los alemanes nos asignaron una abogada de oficio que hablaba perfectamente el español. Le suplicamos que nos ayudara a quedarnos en Alemania porque nuestro regreso a Colombia sería una muerte segura. A aquella abogada de treinta y cinco años, de ojos azules y mirada sincera se le humedecieron los ojos al escuchar nuestra historia, pero me miró con impotencia y dijo:

—Señora, no puedo hacer mucho por usted y sus hijos porque lo tengo prohibido.

—Por favor, doctora, pídale ayuda a derechos humanos. No podemos regresar a Colombia porque nos van a matar.

—No me dejan, me prohibieron hacerlo. No puedo ayudarla. Le deseo lo mejor —dijo sollozando.

Luego se escuchó el grito de un alemán y ella tuvo que irse, pero antes apretó mis manos con fuerza.

El funcionario que trabajaba en la máquina de escribir dejó de hacerlo de repente y se fue. El último oficial que había estado al frente del interrogatorio dijo que regresaría en unos momentos. Lo hizo diez minutos después y dijo en tono fuerte:

—Señora, un avión los está esperando para regresar a Colombia. Recoja sus cosas y alístese con sus hijos porque se van ya.

No había nada que hacer. Nos sacaron de allí casi a empellones y tuvimos que caminar presurosos hacia las patrullas que nos llevaron a la pista de aterrizaje, donde estaba un avión comercial que saldría minutos después hacia Bogotá. A gritos y en medio de sollozos les dije a los policías alemanes que nos estaban enviando a una muerte segura, pero no les importó. La abogada también forcejeaba con ellos y por eso la sujetaron de las manos con fuerza.

—Están condenando a muerte a dos mujeres y a dos menores de edad inocentes —dijo dolida.

Subimos las escalerillas y de inmediato las azafatas cerraron la puerta principal porque según me dijeron el vuelo ya tenía varias horas de retraso. Para colmo de males, el avión estaba repleto de pasajeros que nos miraban con rencor porque seguramente nos culpaban por la demora. La verdad es que nosotros solo supimos que seríamos expulsados cuando terminó el interrogatorio y nos sacaron a la fuerza de las dependencias de la Interpol.

La ida a Alemania había sido muy transgresora y osada. Había pasado por encima del Estado, de los Pepes y de todos los enemigos de Pablo con tal de encontrar una solución en esos momentos tan angustiosos, en que veíamos la vida pendiendo de un hilo. Me había jugado el todo por el todo, pero el destino cambió el rumbo de los acontecimientos. Un problema seguía a otro. No parecía haber un momento de calma. Todo era una tormenta constante, que nunca amainaba.

Un largo y tedioso silencio se apoderó del ambiente hostil que rodeaba aquel vuelo que nunca busqué. Nuevamente cerré los ojos intentando descansar, pero una hora después de haber despegado se escuchó la parsimoniosa y amable voz del comandante de la aeronave, acompañada por un mapa de Europa que apareció de repente en las pantallas. Lo que dijo el capitán, por supuesto, tenía que ver con nosotros:

—Señores pasajeros, lamento informarles que tendremos un nuevo atraso en el vuelo; estamos siendo obligados a desviarnos porque las autoridades francesas nos han prohibido sobrevolar su espacio aéreo porque en este avión viajan los hijos y la esposa de Pablo Escobar. Por su atención, muchas gracias.

No lo podía creer. Nos acababan de expulsar de Alemania y ahora no nos permitían pasar a diez mil pies de altura sobre Francia. Quería que la tierra me tragara, sentía la mirada de reproche de los pasajeros que a lo largo de la cabina debían preguntarse: ¿dónde están?, ¿dónde está la familia de ese Escobar?

Las horas pasaban en medio del tedio y la desazón, cuando de repente nos cruzamos la mirada con una señora que vestía de rojo y llevaba en la cabeza un manto del mismo color. Era morena, bonita, con un lunar que adornaba su cara y grandes ojos negros que irradiaban una sensación de tranquilidad. De repente vi que se levantó de la silla y se acercó hacia mí con una pequeña Biblia en las manos.

—Señora, cómo está, me da gusto saludarla. Es triste lo que le está sucediendo. Me llamo Luz Miriam. Le regalo esta Biblia. Lea el Salmo 23, que le va a ayudar a salir de la encrucijada en que se encuentra. Tenga fe y verá que todo le va a salir mejor.

La Biblia era un ejemplar muy especial porque tenía funda de cuero vino tinto, letras doradas y un separador para marcar las páginas. Hablamos varios minutos, en los que le conté las razones por las cuales nos habíamos visto forzados a regresar a Colombia, y ella debió verme tan angustiada que pidió prestado un bolígrafo y en una de las páginas del libro sagrado apuntó su dirección y teléfono en Bogotá, por si necesitaba algo. En aquel momento tan crítico el regalo de la Biblia y las palabras de aquella amable señora fueron un bálsamo, una señal de que la vida me daría otra oportunidad. Agradecí que alguien nos dirigiera la palabra y le dije:

—Gracias señora, gracias.

Luego de despedirnos seguí su indicación y leí el salmo que me había sugerido. Decía así: "El Señor es mi pastor, nada me faltará. En lugares de verdes pastos me hace descansar; junto a aguas de reposo me conduce. Él restaura mi alma; me guía por senderos de justicia por amor de su nombre. Aunque pase por el valle de sombra de muerte, no temeré mal alguno, porque tú estás conmigo. Tu vara y tu cayado me infunden aliento. Tú preparas mesa delante de mí en presencia de mis enemigos; has ungido mi cabeza con aceite; mi copa está rebosando. Ciertamente el bien y la misericordia me seguirán todos los días de mi vida, y en la casa del Señor moraré por largos días".

Al leer el salmo recordé que la misericordia del Señor nos había protegido cada día. Soy católica creyente. Creo en Dios, en su guía y su justicia. En esos momentos me aferré a Él; era la única esperanza que me quedaba.

Aún hoy conservo la Biblia y siempre tiene un lugar especial en mi mesa de noche.

El momento de desasosiego que me brindó el encuentro con Luz Miriam habría de ser fugaz porque nuestra cruda realidad nos empujaba a mirar de frente el incierto panorama que nos esperaba. ¿Qué pasará con nosotros cuando lleguemos a Colombia?, me preguntaba una y otra vez, aterrorizada. En ese momento no tenía una respuesta y por supuesto tampoco podía intuir que mientras volábamos hacia Sudamérica, en Bogotá estaba en marcha la segunda parte del plan secreto urdido por las autoridades para localizar a mi marido. La primera parte de la estrategia ya les había funcionado porque Alemania no nos permitió entrar a su territorio.

Como ya lo mencioné antes, el libro entrevista que Julio Sánchez Cristo le hizo al general Óscar Naranjo me reveló en el 2017 la verdad de lo que ocurría aquel 29 de noviembre de 1993, cuando atravesábamos el Atlántico rumbo a Colombia.

El relato es impresionante: "Soy responsable —dice Naranjo— de haber sugerido que ellos [los Escobar] deberían ir a Residencias Tequendama por razones de seguridad. Todo sobre la base de que llegarían a pedir protección porque Escobar estaba seguro de que los Pepes los iban a matar. Entonces se les hizo saber que los cuidaríamos, como en efecto se hizo, siempre y cuando aceptaran estar en ese hotel. La idea era tenerlos bajo vigilancia en un sitio que pudiéramos controlar. Cuando ya era un hecho que los deportaban de Alemania, instalamos micrófonos inalámbricos de ambiente, muy artesanales, que nos permitían escuchar todo lo que decían en el departamento. Y también controlamos las líneas telefónicas".

Eran cerca de las ocho de la noche cuando el piloto anunció el aterrizaje en el aeropuerto El Dorado de Bogotá. Las palabras del capitán me produjeron una inaguantable sensación de angustia y sentí que me faltaba el aire. Tenía mucho miedo. Las piernas se me hicieron pesadas y por momentos dudé en ponerme de pie. Abracé muy fuerte a Manuela, Juan Pablo y Andrea y recordé una frase muy usada en mi tierra: "A la buena de Dios".

Poco después de tocar tierra, el avión se detuvo a un lado de la pista y cinco minutos más tarde se abrió la puerta principal y entraron tres funcionarios de la fiscalía que les pidieron a los pasajeros no moverse de sus asientos hasta que nosotros bajáramos. Un hombre que se identificó como A1 nos pidió los pasaportes y dijo que él los haría sellar en inmigración.

Bajamos del avión y nos vimos rodeados de hombres armados con fusil. Hacía mucho frío. En tono seco, A1 se acercó y me dijo:

—Señora, para protegerlos, la única posibilidad que tiene el Estado es llevarlos a un hotel de la Caja de Retiro de las Fuerzas Militares de Colombia. Hacia allá nos dirigiremos.

No tenía idea de la existencia de ese lugar, pero de entrada no me gustó.

—No, gracias, prefiero que nos lleven a otro hotel que tenga buena seguridad para que ustedes nos puedan proteger mientras vemos qué sucede con nosotros.

—Señora, en otro lugar no podemos garantizar su seguridad... tiene que ser donde le digo porque son las instrucciones que me dieron. No tienen otra opción.

Subimos a una camioneta blindada y una larga caravana de vehículos nos condujo hacia el centro de la ciudad, al tradicional hotel Tequendama que tiene como anexo un bloque de departamentos privados. Rodeados de hombres armados tomamos el ascensor, que se detuvo en el piso veintinueve y de ahí nos llevaron a dos habitaciones al final del pasillo, pero eran oscuras y de entrada transmitían nostalgia y aburrimiento. Físicamente estaba agotada y solo pensaba que mis hijos, mi nuera y yo seguíamos poniendo el pecho por las decisiones de Pablo y por eso no había tregua para nosotros. Recuerdo que esa primera noche dormimos mal, con continuos sobresaltos porque no sabíamos qué pasaría al amanecer.

A partir de nuestra llegada, Residencias Tequendama se convirtió en una especie de búnker. Al piso donde estábamos nosotros no podía entrar nadie sin autorización de la fiscalía, y en los alrededores del hotel más de cien hombres de la Policía Militar custodiaban con perros antiexplosivos, y guardias de seguridad —vestidos de civil— revisaban los coches con espejos para detectar bombas.

Al siguiente día llamó mi hermana para ver cómo estábamos, pero mi mayor preocupación era que no teníamos noticias de Pablo. Por teléfono no podía pedirle que averiguara algo, no podía ni mencionarlo. Tenía la certeza de que los teléfonos estaban interceptados. Y con todos los guardias que nos custodiaban, solo podía pensar que era imposible que nos hiciera llegar algún mensaje y mucho menos aparecerse por allí.

Así llegó el 1° de diciembre de 1993, día del cumpleaños de Pablo. Como no teníamos comunicación con él, decidimos que Juan Pablo diera una breve entrevista a una emisora de radio de Medellín para enviarle un saludo de cumpleaños, decirle que estábamos bien y contarle sobre la mala experiencia que vivimos en Alemania. Sabíamos que Pablo estaría escuchando esa estación porque en el pasado habían sido respetuosos con nosotros y divulgaban sin restricción los comunicados que él expedía.

Al día siguiente, 2 de diciembre, Juan Pablo habló con varios periodistas que llamaron a solicitar entrevistas, pero las rechazó todas. Lo que sí aceptó fue recibir un sobre que el periodista Jorge Lesmes, de la revista *Semana*, enviaría ese día con un cuestionario dirigido a Pablo. Fue el único contacto que aceptamos con un medio de comunicación porque de tiempo atrás ese reportero había hablado con mi hijo y le teníamos cierta confianza.

A la una de la tarde llamaron por teléfono desde la recepción y me informaron que tres generales, del Ejército, de la Armada y de la Policía, iban a hablar con nosotros porque la gerencia del hotel había autorizado el reforzamiento de la seguridad del edificio con cien soldados más, así como el aislamiento total del piso veintinueve.

Mientras avanzaba la tensa plática con los inesperados visitantes, sonó el teléfono y Juan Pablo contestó.

—Hola, "abuelita", ¿cómo estás? No te preocupes que estamos bien, estamos bien —dijo cortante y colgó.

Me llamó la atención el tono de su voz y pensé que en realidad había hablado con otra persona.

La plática con los generales empezó a alargarse y cinco minutos después el teléfono sonó nuevamente. Juan Pablo tomó el teléfono.

—"Abuelita", por favor, no nos llame más que estamos bien.

Pero esta vez mi hijo no colgó y me dijo que su abuela quería hablar conmigo. Salí corriendo hacia la habitación de al lado mientras Juan Pablo despedía a los generales.

Era Pablo. Me dio una inmensa alegría escucharlo, pero Juan Pablo entró corriendo y me dijo que colgara pronto porque era seguro que estuvieran rastreando la llamada. Entendí la advertencia y me despedí:

—Míster, de todas maneras, cuídese mucho. Usted sabe que todos lo necesitamos.

—Esté tranquilita, mi amor, que yo no tengo otro incentivo en la vida sino luchar por ustedes. Yo estoy metido en una cueva, estoy muy, muy seguro; ya salimos de la parte difícil.

Pero él no se rendía y seguía llamando. Juan Pablo le colgó el teléfono en dos oportunidades más, pero el teléfono volvía a sonar y Pablo pedía hablar conmigo o con Manuela, pero Juan Pablo, desesperado, nos gritaba:

—¡Cuelguen!, ¡cuelguen ya, que lo van a matar! ¡Cuélguenle! ¡Pídanle por favor que no nos llame más, que estamos bien! Que no se preocupe. ¡Cuelguen ya!.

Pasadas las dos de la tarde ya habíamos recibido el cuestionario de *Semana* y Juan Pablo avanzaba en responder las preguntas cuando entró una nueva llamada de Pablo. Mi hijo puso el altavoz y mi marido le dijo que leyera las preguntas despacio porque *Limón* —el guardaespaldas que lo acompañaba— las apuntaría en un cuaderno. Cuando iba por la quinta, Pablo interrumpió y dijo que llamaría en veinte minutos. Así lo hizo y Juan Pablo continuó dictando las preguntas, pero de un momento a otro Pablo le dijo:

—Enseguida lo llamo.

Mientras eso sucedía, yo estaba sentada en una pequeña sala que dividía las dos habitaciones, hablando por teléfono con mi hermana. De pronto escuché un grito de Juan Pablo:

—¿Que mataron a mi papá? ¡No puede ser!.

Sin entender qué sucedía le dije a mi hermana:

—Hermanita, averigua qué está pasando en Medellín que dicen que acaban de matar a Pablo.

Corté la llamada, salí corriendo a buscar a Juan Pablo y observé que en ese momento Manuela se bañaba en la ducha y cantaba una de sus canciones preferidas. Mi hermana llamó nuevamente y confirmó que en efecto Pablo estaba muerto y agregó que en los alrededores del sitio donde estaba oculto se escuchaba el ruido de varios helicópteros. Quería morirme. Lloré inconsolable. El desenlace que tanto temíamos había llegado. Mi marido había muerto víctima de su terquedad, por desconocer la más importante de sus medidas de seguridad: hablar por teléfono. Sus enemigos por fin lo habían cazado.

Andrea prendió la radio y las principales cadenas de noticias daban como un hecho la muerte de Pablo en una operación de la Policía.

Diez minutos después entró una llamada y Juan Pablo contestó muy turbado. Hizo un gesto indicando que era la periodista Gloria Congote, que en aquel entonces trabajaba en el noticiero de televisión *QAP*. El corto diálogo que sostuvieron fue dramático.

—Aló —dijo la reportera.

—Ah, no me moleste ahora, que estamos viendo si es verdad o es mentira lo de mi papá.

—Acabaron de confirmar... la Policía lo acabó de confirmar.

—¿Ah?

Estaba en el centro comercial Obelisco en Medellín, en el centro.

—¿Pero haciendo qué allá?

—No sé... la Policía acaba de dar un dictamen... una información oficial.

—Ah, hijueputa vida. Nosotros no queremos hablar en estos momentos, pero eso sí el que lo mató, los voy a matar a todos esos hijos de puta; yo solo los mato a esos malparidos.

Juan Pablo colgó la llamada y todos nos miramos. El tono amenazante de sus palabras era más que desafortunado y así se lo dijimos Andrea y yo.

—¡No puede ser, no puede ser, hijo! No puedes decir eso, tú eres el hijo de Pablo Escobar. Las palabras violentas, jamás, jamás, Juan Pablo. Tú no puedes ser violento, te van a matar. No puedo, no puedo más con tanto dolor —dije desesperada y llorando.

Cuando escuché las palabras de Juan Pablo el mundo se me vino encima. Sin medir las consecuencias acababa de hacer una declaración de guerra. Su papá acababa de caer. ¿No se daba cuenta de las cosas? Juan Pablo había perdido los estribos. Su dolor era tan grande, se sentía tan abandonado, que habló sin pensar. Nunca, nunca, me sentí tan perdida como en ese momento.

Sin embargo, un momento de reflexión fue suficiente para que mi hijo se arrepintiera de lo que había dicho. Por eso no dudó en comunicarse primero con el periodista Yamid Amat, director del noticiero de televisión *CM&*. Le explicó lo que acababa de suceder y le dijo tajantemente que no vengaría la muerte de su padre. Luego se comunicó con Gloria Congote y le pidió grabar una corta declaración para decir que no tomaría represalias y que en adelante se ocuparía de cuidar a su sufrida familia.

Lo que vino después fueron momentos de mucho dolor. No cabía más tristeza en mi corazón, en mi ser, en mi vida. La desesperanza era total. Apenas logré tener algo de fuerzas, acordé con Juan Pablo que entre ambos le contaríamos a Manuela la noticia. Al rato, lo hicimos. No hay palabras para describir el dolor de mi hija. En medio del llanto imparable, me decía:

—No, no puede ser mamá. Mi papá no, mi papá no está muerto —repetía mientras se arrastraba desesperada por la alfombra.

Pablo había muerto y ahora nuestro panorama se veía más incierto que antes. ¿Cómo saldríamos de aquello? ¿Qué seguiría ahora?

CAPÍTULO 3

La negociación

¿Qué hago ahora? ¿Cómo empiezo una nueva vida sin Pablo? Estas y otras muchas preguntas para las que no tenía respuesta no me dejaron dormir aquella noche. Era el 3 de diciembre de 1993 y acabábamos de regresar de Medellín, donde pocas horas atrás habíamos sepultado el cuerpo de mi marido.

Mi responsabilidad de madre me indicaba claramente que debía sacar fuerzas de donde no tenía para mostrarles a mis hijos Manuela y Juan Pablo y a su novia Andrea, que a pesar del dolor que nos embargaba, la vida seguía y estábamos obligados a salir adelante. Pero ¿cómo? No tenía la menor idea.

En el silencio de mi habitación pensé que lo que nos esperaba no era nada fácil, porque una vez muerto Pablo, nosotros, su familia, habíamos perdido todo valor y ahora estábamos a merced de sus muchos enemigos que nos querían ver muertos. Para el Estado colombiano tampoco representábamos nada y nuestro futuro no le importaba a nadie.

Dos días después, mientras intentábamos encontrar una salida a nuestra compleja situación, una inesperada visita sería clave para empezar a despejar el panorama. Se trataba de un viejo conocido, el caballista Fabio Ochoa Restrepo, quien el domingo 5 de diciembre llegó a Residencias Tequendama. El arribo de don Fabio, por quien Pablo siempre sintió una especie de veneración, fue de bienvenido, pero más aún porque llegó con un banquete debajo del brazo. De su restaurante La Margarita del 8, situado en la autopista del norte en Bogotá, trajo —sin exagerar— el equivalente a más de un centenar de platos de bandeja paisa, que fueron suficientes para alimentarnos a nosotros, a decenas de policías, soldados, funcionarios de la fiscalía y agentes secretos que nos custodiaban.

La comilona de frijoles, carne molida, chicharrón, arepa, chorizo, plátano maduro en rebanadas, carne molida y huevo fue memorable, aunque después no pude evitar la rara sensación de reproche que produce el exceso. Pero bueno, valió la pena.

El encuentro con don Fabio fue agradable. Durante toda la tarde hablamos de lo que había sucedido con nosotros en los últimos años, pero cuando se levantó del sofá para despedirse nos dijo entre serio y preocupado que tuviéramos cuidado porque le había llegado el rumor de que Fidel Castaño, el jefe de los Pepes, insistía en el seno de la organización en asesinarnos a Juan Pablo, a Manuela y a mí para borrar cualquier huella de la saga de Pablo Escobar.

La revelación de don Fabio nos dejó más que alarmados y con la certidumbre de que la vigilancia del hotel donde nos hospedábamos en el centro de Bogotá sería insuficiente si Castaño se decidía a ordenar un ataque contra nosotros. Estábamos en el peor de los mundos: indefensos y a merced del poderoso ejército que logró vencer a mi marido y a su red criminal.

Aun así y luego de ventilar diversas opciones con Juan Pablo y Andrea, concluimos que la única salida que nos quedaba por ahora era intentar acercarse a Fidel Castaño, con quien yo había sostenido una corta amistad a comienzos de los años ochenta. Para hacerlo llamé a Medellín a Elsa Juliana, la joven y bella esposa de un exsocio de Pablo a quien había dejado de frecuentar a causa de la guerra, y le pedí que fuera a Bogotá porque necesitaba ayuda urgente. Ella aceptó de inmediato y al día siguiente fue a visitarnos. Luego de explicarle la situación tan angustiosa y apremiante en la que nos encontrábamos, estuvo de acuerdo en hacerle llegar un mensaje a Castaño.

—Victoria, una carta a Fidel será suficiente. Estoy segura de que te va a escuchar. Sé que en el pasado ustedes tuvieron una buena relación. Yo la puedo hacer llegar.

Pusimos manos a la obra y un par de horas después teníamos listo un corto y dramático mensaje en el que le suplicaba a Fidel que nos permitiera vivir. "Usted más que nadie sabe que estoy pasando por el momento más doloroso y confuso de mi vida. Dada la relación que hemos tenido a través del tiempo, le escribo para pedirle que nos perdone la vida a mis hijos y a mí. Usted me conoce, conoce mi manera de ser y de pensar, sabe que durante largo tiempo le supliqué a Pablo por la no violencia, pero nunca me escuchó. Nunca comprendió el riesgo en el que día a día nos ponía a nosotros como familia. Mi rol siempre fue el de una madre comprometida a cuidar y educar a sus dos hijos. Le pido que me colabore en hablar con todos los jefes de todos los cárteles. Fidel, por Dios, se lo suplico, nos van a matar, necesito de su comprensión".

La gestión fue eficaz porque tres días después, y en un gesto que nunca me cansaré de agradecer, Elsa Juliana estaba de vuelta en Residencias Tequendama con una respuesta tranquilizadora contenida en tres párrafos: "Tata, no te preocupes, yo no tengo nada contra ti ni contra tus hijos. De mi parte nada les va a pasar. Sé la mujer que eres, cuenta con mi apoyo para lo que necesites con tal de que puedas solucionar tu situación; en estos días enviaré a mi hermano Carlos para que te acompañe y te vaya ayudando a dar los pasos que tengas que dar". En el mensaje también me informaba que le había dado la orden a su hermano de devolverme algunas obras de arte que los Pepes nos robaron durante la cacería de Pablo, incluida la famosa pintura *Rock and Roll* o *Los danzantes* del artista español Salvador Dalí. Saber que la pintura estaba en manos de los Castaño me produjo alegría porque hasta ese momento creía que se había incinerado durante el ataque de los Pepes a nuestra casa campestre en el barrio El Diamante, en El Poblado.

La carta de Fidel me quitó un enorme peso de encima. Sentí como si se hubiera producido un milagro porque uno de los hombres más temidos y sanguinarios del país no solo nos perdonaba la vida, sino que ofrecía el acompañamiento de su hermano menor, Carlos. En la etapa final de la persecución a Pablo este mismo se había convertido en informante estrella del Bloque de Búsqueda, donde lo conocían como *Alex* o *el Fantasma*.

Sin duda alguna, la rápida respuesta de Fidel Castaño fue una buena noticia, pero era claro que nuestros problemas estaban muy lejos de resolverse. En el fondo sabía que vendrían días muy grises para mí, para mis hijos y mi nuera, y no tenía la menor idea de cuánto tiempo tendría que pasar para que se despejara el laberinto sin salida en que se habían convertido nuestras vidas.

Jamás imaginé que algún día me serviría de algo haber sostenido una relación de amistad más o menos cercana con Fidel, a quien Pablo me presentó alguna vez como un amigo en la hacienda Nápoles. En aquella ocasión estábamos en

el comedor y además de Fidel había varios capos del narcotráfico a quienes Pablo había convocado para ponerse de
acuerdo en la cuota que cada uno debía dar para financiar
la campaña contra la extradición. Durante la comida, mi
marido expuso las razones por las cuales era indispensable
disponer de dinero suficiente para pelear contra el envío de
nacionales a Estados Unidos; los asistentes lo aplaudieron.
Él no lo mencionó en ese momento, pero ya llevaba varios
años pagando de su bolsillo todos los gastos relacionados
con ese tema y le pareció que había llegado el momento de
involucrar a toda la mafia.

En Fidel Castaño encontré un hombre respetuoso, inteligente y glamoroso al que le gustaban el arte —como a mí—, la
buena mesa y los vinos de calidad. No fueron muchas las veces
que lo vi, pero sí suficientes para hablar durante horas de los
pintores que nos gustaban, de las técnicas más adecuadas, de
las tendencias artísticas más perdurables. Con Fidel encontramos afinidades que terminaron por llenar de inseguridades
a Pablo hasta convertirlas en celos no declarados.

Una de esas veces que me encontré con Fidel fue en la hacienda Nápoles, a donde íbamos ya con mucha frecuencia con
Pablo. En un fin de semana podían llegar hasta doscientos
invitados y mi marido dedicaba la mayor parte del tiempo
a atenderlos. La algarabía era agobiante y solía suceder que
aun en la inmensidad del zoológico y el bello paisaje de la
hacienda, me sintiera sola.

En aquella ocasión que fue a Nápoles, Fidel me vio en los
alrededores de la piscina de la casa principal —conocida como
La Mayoría— y me pidió que lo acompañara a caminar hasta
la entrada de la hacienda. Respondí que sí, sin caer en cuenta
que entre la ida y el regreso demoraríamos poco más de dos
horas. Fue un paseo delicioso porque además de que a él y

a mí nos gustaba caminar, hacer deporte, nos detuvimos a observar el paisaje, los lagos, los animales exóticos y el atardecer, un auténtico regalo de la naturaleza. Cuando regresamos, Pablo me esperaba con cara de disgusto.

—¿Dónde estabas Tata?

—Pablo, fui a caminar con Fidel porque estaba aburrida.

El malestar de mi marido era evidente, pero no dijo nada y luego siguió hablando con Fidel mientras fui a buscar a Juan Pablo.

Como buen machista, era claro que Pablo estaba "tocado" con Fidel Castaño, pero a diferencia del típico celoso no hacía escenas o mandaba mensajes insidiosos. Recuerdo que alguna vez mi marido debió escucharme decir que Fidel iría a visitarnos al edificio Mónaco para conocer nuestra residencia y de paso observar mi colección de arte. Entonces se limitó a hacer un comentario corto y directo:

—Tata, no lleves a Fidel a Mónaco hasta que yo te autorice.

¿Pero cómo decirle a Fidel Castaño que no fuera? Me moría de la vergüenza y terminé por decirle que sí, a sabiendas de que Pablo se iba a enojar conmigo.

La noche del jueves de nuestra cita esperé en el *hall* de acceso al *penthouse* del edificio, mientras él subía por el ascensor privado. Llegó vestido con un elegante *smoking* negro y yo lucía un traje del diseñador italiano Clemente Valentino.

Una vez que nos saludamos noté que mi invitado seguía con una atenta mirada los elementos que decoraban el lugar, entre ellos una escultura de Auguste Rodin, dos candelabros de pie de madera chinos con dos grandes velas y una fiorera italiana con unos gladiolos blancos muy hermosos que me habían traído esa mañana desde Bogotá en un avión de Pablo. Luego recorrimos sin prisa los dos pisos del espacioso departamento del edificio Mónaco, donde colgaba orgullosa mi colección de pinturas. Entre ellas sobresalían obras de Claudio Bravo, Alejandro Obregón, Fernando Botero, Édgar Negret, Enrique Grau, Oswaldo Guayasamín, Salvador Dalí e Igor Mitoraj. También tenía esculturas de Auguste Rodin en mármol y bronce, tapices colgantes de Olga de Amaral y la escultura *La vida*, del maestro Rodrigo Arenas Betancourt, que estaba en la entrada principal del Edificio Mónaco en Medellín.[1]

Cuando pasamos al comedor, Fidel me dijo que estaba muy impresionado por la calidad de las obras, pero también por el cuidado que yo había tenido al obtener los certificados de autenticidad de cada una.

Pablo no estaba esa noche, pero durante la velada Fidel y yo sostuvimos una larga e interesante conversación sobre arte, que nos llevó a un viaje imaginario por museos de Europa. Castaño me contó que le gustaba viajar a París porque allí poseía un lujoso departamento, en cuyas paredes estaban colgadas varias de sus mejores pinturas. Agregó que acostumbraba visitar exposiciones y comprar una que otra obra de arte.

Esto de hablar de pintores, de obras, de museos, no es un alarde de intelectualismo y tampoco busco engañar a los

---

1   A comienzos de los años ochenta existía una norma urbanística en Medellín según la cual para embellecer la ciudad los edificios debían tener una obra de arte en la fachada. Como ya en 1982 estaba en marcha la construcción del edificio Mónaco, y también incursionaba en el mundo del arte, tuve la oportunidad de conocer al maestro Arenas Betancourt —un escultor risaraldense muy famoso en aquel entonces—, a quien le encargué una escultura que nos representara a Pablo, a Juan Pablo y a mí. Él la tituló *La vida*. Mi hija Manuela no aparece en la obra porque nació en mayo de 1984 en Panamá y la llevamos a vivir al edificio en abril de 1985, antes de que cumpliera su primer año. *La vida* tiene diez metros de altura y un valor cercano a los mil doscientos millones de pesos, unos cuatrocientos mil dólares a precios de hoy.

lectores. En otro capítulo de este libro explicaré en detalle la manera como me sumergí en ese mágico mundo, que por algunos años ayudó a paliar el entorno adverso que me rodeaba debido a las andanzas de mi marido.

La invitación a Fidel Castaño al edificio Mónaco habría de salirme cara porque Pablo se enojó muchísimo y dejó de hablarme por un mes. Desde luego que era una exageración, pero conociendo su temperamento decidí hacerle llegar varias cartas a la caleta donde se ocultaba, en las que le rogaba que enviara por mí para explicarle lo que había sucedido. Finalmente aceptó, pasaron a buscarme y me llevaron a la finca La Pesebrera, en la loma del Chocho, en la parte de arriba del municipio de Envigado. Lo encontré todavía muy enfadado y serio y con una mirada distante y fría que me intimidó. Tardé un largo rato en romper el hielo y le di todas las explicaciones posibles, pero lo noté ausente, con la mente en otro lugar. De un momento a otro, dos empleados lo llamaron aparte, le dijeron algo en voz baja y él se fue directo a nuestra habitación.

—Tata, Tata, Tata.

—¿Qué pasó, Pablo?

—Tengo que irme, surgió un problema, hablamos en otro momento —dijo agitado, pero antes de salir demostró que no se había olvidado del asunto de Fidel y sacó a relucir el clásico argumento del marido resentido con su supuesto rival:

—Ah, Tata, quiero que sepas que Fidel es marica.

—Pablo, si Fidel es como tú dices, no te preocupes más.

Mi discusión con Pablo por cuenta de Fidel Castaño pareció quedar superada, pero faltaba más.

Un par de meses después, y para retribuir mi invitación al edificio Mónaco, Fidel nos invitó a Pablo y a mí a cenar en su mansión conocida como Montecasino. Sin embargo, el encuentro no fue del todo agradable porque Fidel hizo alarde de lo que a Pablo justamente no le gustaba: la etiqueta. Nos recibió en *smoking* negro y al menos cuatro meseros sirvieron la cena en una elegante vajilla de plata con cinco tenedores. El colmo de la incomodidad de Pablo llegó cuando debió preguntarme en voz baja cómo manejar las pinzas para partir las muelas de cangrejo.

Una vez que terminamos el postre, el anfitrión nos guió a una especie de recorrido por su enorme residencia, que por supuesto nos dejó boquiabiertos porque tenía obras originales de Alejandro Obregón, Oswaldo Guayasamín, Fernando Botero, Joan Miró y Claudio Bravo, entre otros, así como antigüedades bellísimas, alfombras persas y muebles italianos muy finos. El recorrido por Montecasino culminó en una gran cava de vinos franceses.

Acto seguido, y para terminar de fastidiar a mi marido, Fidel Castaño dijo que la invitación incluía baño turco e hidromasaje, que ya estaban listos, pero Pablo no supo ocultar su contrariedad porque se puso pálido y luego de mirarme con cara de sorpresa respondió que debíamos irnos pronto porque tenía una cita con varias personas en otro lugar de Medellín. Semanas después entendí que el gesto de impaciencia de aquella noche se debió a que en ese otro sitio de la ciudad, justo a seis cuadras de nuestra casa, Wendy Chavarriaga, una de sus amantes del momento, esperaba a Pablo en su departamento.

Esa fue una de las últimas veces que vi a Fidel Castaño. Por el azar de la vida, a mí, a la esposa de Pablo Escobar, le correspondió tratar a un hombre sensible, experto en arte, amante de la buena mesa, de finos modales, que en nuestros encuentros jamás hizo alusión a sus actividades criminales. Su otra faceta, muy oscura por demás, la conocería tiempo

después: la del narcotraficante que habría de transformarse
en el poderoso jefe de las autodefensas de Córdoba y Urabá,
la del promotor de las primeras masacres de campesinos
en el país y la del creador del grupo Perseguidos por Pablo
Escobar, los Pepes.

De regreso a diciembre de 1993, recuerdo que la carta
de Fidel Castaño en la que aseguró que por parte de él nada
nos iba a pasar a mis hijos y a mí trajo cierto sosiego, pero
también nuevas incertidumbres. De él no volví a saber nada
y tiempo después habría de encontrarme en el camino con
su hermano Carlos.

Aunque el cruce de mensajes con Fidel fue importante
en ese momento, la soledad que vivimos en Residencias
Tequendama en los días y semanas posteriores a la muerte
de Pablo fue espantosa. Tres de mis hermanas, entrañables
compañeras de siempre, estaban fuera del país con sus familias porque los Pepes las habían sentenciado a muerte
y ya les habían destruido algunas de sus propiedades. En
Medellín permanecía otra de mis hermanas, embarazada, y
prefirió quedarse a cuidar a mi madre, que estaba sumida en
una depresión tan profunda que no le permitía pararse de
la cama. Lo peor era que muchas personas que nos conocían
en Medellín y Bogotá no iban a visitarnos porque sus cédulas de ciudadanía quedaban registradas y se exponían a una
investigación.

Muy de vez en cuando timbraba el teléfono y desde el conmutador del hotel anunciaban la llegada de personas que no
nos interesaban para nada y no las dejábamos subir. Un día, a
regañadientes, autorizamos el ingreso del político liberal José
Ignacio, *Nacho*, Vives, quien dijo que tiempo atrás había visitado a Pablo en la caleta Filo de Hambre, y ofreció ayudarnos
a conseguir asilo en Cuba a cambio de una buena cantidad

de dinero. El excongresista nos pareció convincente, y mucho más cuando fue con mi hermano Fernando a la sede de la embajada cubana en Bogotá para demostrarnos que tenía contactos de muy alto nivel en La Habana.

Otro día nos invitó a almorzar a su casa y me preguntó si nos gustaba la comida de mar. Respondí que sí, pero no imaginé que nos iba a dar sopa de tortuga. Recuerdo que Manuela, Fernando y yo queríamos que la tierra nos tragara porque sabía a pantano. Fue un momento de mucha incomodidad porque nos mirábamos, sonreíamos, queríamos salir corriendo. Menos mal que Juan Pablo salvó aquel mal momento porque repitió dos veces. Al final el asunto de Cuba no quedó en nada.

Tampoco me fue bien en las numerosas visitas que realicé en Bogotá a decenas de embajadas, con la ilusión de que algún gobierno se apiadara de nosotros y nos dieran una visa para salir de Colombia. Era muy doloroso comprobar que aunque Pablo ya no estaba, a los Escobar nos seguían considerando parias. A lo largo de varios meses fui a numerosas embajadas, de los cinco continentes, desde España, Francia y Canadá, hasta recónditas naciones de África, donde la respuesta fue siempre la misma: "Ustedes son Escobar y no tienen derecho a entrar a este país". Pero yo no me daba por vencida y les decía a los funcionarios consulares que estaban actuando injustamente porque ni yo ni mis hijos teníamos antecedentes penales y tampoco era justo que nos hicieran pagar por los errores de Pablo Escobar; pero la respuesta era más denigrante aún: "Señora, simplemente no tienen derecho a ingresar a este país".

También le pedí ayuda a la Cruz Roja Internacional, pero me quedé esperando una respuesta. En mi desesperación por encontrar una salida a nuestra situación llegué al extremo de llamar por teléfono al expresidente Julio César Turbay, padre de la periodista Diana Turbay, asesinada tras haber sido secuestrada. Recuerdo esa llamada como si fuera hoy.

—Señor presidente, habla con Victoria Eugenia Henao, la viuda de Pablo Escobar. Siento mucho lo que pasó, pero lo llamo para pedirle que por favor me ayude a salir del país, que me colabore con algún contacto porque nos van a matar a mis hijos y a mí y tenemos que irnos como sea.

—Señora, cómo se le ocurre llamarme a mí... es que su marido me mató a Dianita... acuérdese de Dianita, acuérdese de Dianita.

—Señor Presidente, tiene toda la razón, pero no tengo la culpa de las locuras que hizo mi marido. Ayúdeme, tengo una hija y un adolescente...

—Bueno, señora, muy a pesar del dolor que su marido le produjo a esta familia, le voy a ayudar.

Agradecí el gesto y de verdad esperé que el expresidente Turbay tuviera compasión de nosotros, pero en las siguientes semanas lo llamé varias veces y ya no pude comunicarme más con él.

Días enteros se me fueron en la calle buscando salidas para mi familia, con el agravante de que el encierro hacía mella en mis hijos: Manuela me llamaba llorando todo el tiempo y Juan Pablo me rogaba que regresara porque tenía temor de que algo me pasara.

La tristeza y el dolor eran nuestro pan de cada día, pero de un momento a otro el teléfono empezó a sonar y desde el conmutador anunciaban la llegada de mujeres que decían venir a nombre de los principales lugartenientes de Pablo, aquellos que se sometieron por segunda vez a la justicia tras fugarse de la cárcel de La Catedral en julio de 1992. Las visitas se dieron una tras otra, en días distintos, y por ello debimos acondicionar una pequeña habitación como sitio de reunión. Allí hablé con las esposas o compañeras de Luis Carlos Aguilar, alias *Mugre*; Otoniel González, alias *Otto,* y Carlos Mario Alzate Urquijo, alias *Arete,* entre otros muchos. El mensaje que ellas traían era más que preocupante porque los capos de los cárteles de Cali y Medellín que persiguieron a Pablo les exigían grandes cantidades de dinero como indemnización por lo que invirtieron en la guerra contra mi marido.

No acababa de digerir el nuevo y complejo dilema que se me planteaba con los trabajadores de Pablo recluidos en las cárceles y con sus familias, cuando supimos que se había producido un atentado contra mi cuñado, Roberto Escobar.

Fue el 19 de diciembre de 1993, tres semanas después de la muerte de Pablo. La información fragmentaria que nos llegó indicaba que Roberto había sido víctima de un ataque con una carta bomba en la cárcel de máxima seguridad de Itagüí. Preocupados, intentamos sin éxito averiguar detalles por teléfono, pero los noticieros de esa noche revelaron que Roberto abrió confiado un sobre de manila supuestamente enviado desde la procuraduría y este explotó causándole heridas de consideración en los ojos, las manos y el abdomen.

Al día siguiente, una de mis hermanas llamó desde Medellín y me contó que Roberto había sido llevado de urgencia a la clínica Las Vegas y estaba recluido en la unidad de cuidados intensivos. Pero el centro asistencial carecía de los equipos de oftalmología que se necesitaban para operarlo y por ello decidimos trasladarlo al Hospital Militar Central de Bogotá porque disponía de mejores herramientas tecnológicas y además ofrecía garantías de seguridad, pues circulaba el rumor de que los autores intelectuales del atentado habían dado la orden de rematarlo donde se encontrara.

Sin pensarlo dos veces, ofrecí pagar los gastos del traslado de Roberto a Bogotá en un avión ambulancia. Cuando constatamos que ya se encontraba en el Hospital Militar, Juan Pablo y mi hermano Fernando se dirigieron al centro asistencial. Regresaron casi doce horas después y me preocupé al verlos llenos de incertidumbres por las muchas cosas que habían sucedido en el hospital.

Según su extenso relato, tuvieron que esperar cerca de dos horas en la unidad de cuidados intensivos hasta que un médico salió y les informó que era indispensable extraer los dos ojos de Roberto porque habían resultado muy afectados por la onda expansiva de la bomba. Pero Juan Pablo y Fernando se negaron a firmar la autorización requerida para legalizar el procedimiento y por el contrario le pidieron al especialista que hiciera lo necesario para evitar que Roberto perdiera la visión de por vida. El médico asintió y la operación se prolongó cerca de noventa minutos. Juan Pablo y Fernando esperaron pacientemente hasta cuando, todavía anestesiado, Roberto fue trasladado a una habitación donde esperaba un guardia del Instituto Carcelario y Penitenciario (Inpec). Su aspecto, dijeron, era lamentable pues tenía vendados la cara, el abdomen y la mano izquierda.

Tras una larga espera, Juan Pablo y Fernando pudieron ingresar a la habitación y observaron que Roberto todavía estaba embotado por la anestesia, pero aun así los saludó y les dijo que veía algo de luz, pero no podía definir las figuras. Con el paso de los minutos, Roberto se veía más lúcido y entonces Juan Pablo comentó que estábamos más que preocupados porque era muy posible que el siguiente objetivo de los enemigos de su padre fuésemos nosotros. Varias veces, mi hijo insistió en preguntarle a su tío por una salida a semejante drama, hasta que obtuvo una respuesta inesperada que habría de alterar el rumbo de los hechos. Juan Pablo y Fernando dijeron que se quedaron fríos cuando Roberto les pidió papel y lápiz y les dijo que escribieran AAA, y fueran cuanto antes a la embajada de Estados Unidos en Bogotá a pedir ayuda de parte de él.

Al día siguiente, Juan Pablo y Fernando salieron muy temprano para la embajada estadounidense y se veían consternados cuando regresaron un par de horas más tarde. Aunque parezca increíble, la AAA resultó ser una especie de santo y seña que le abrió la puerta a mi hijo para hablar sin mayores complicaciones con Joe Toft, el poderoso director de la DEA en América Latina.

—Estaba muy nervioso. Me abrí paso entre la gente y al llegar a la caseta de entrada a la embajada saqué el papel y lo puse en el cristal oscuro. Casi inmediatamente aparecieron cuatro hombres corpulentos y empezaron a fotografiarnos. Luego, uno de ellos se acercó y me dijo que lo acompañara. No me preguntaron quién era ni me requisaron —contó Juan Pablo, todavía sorprendido.

Mi hijo agregó que la plática con Toft resultó estéril porque en tono displicente le dijo que la única ayuda que Estados Unidos podía brindarnos estaba condicionada a que entregáramos información sobre los archivos secretos de Pablo Escobar relacionados con el cártel de Cali.

—Le respondí —continuó Juan Pablo— que con la muerte de mi padre desaparecieron esos archivos porque él guardaba todo en su memoria. Ahí terminó la conversación con Toft, que se limitó a entregarme una tarjeta de presentación personal y al despedirse dijo que si me acordaba de algo lo llamara.

Como en ese momento no terminamos de entender muy bien el asunto de la AAA, en las siguientes semanas estuvimos pendientes de Roberto y lo visitábamos constantemente en el hospital, a pesar de los riesgos que corríamos. Mientras pude me hice cargo de todos sus gastos, que fueron bastante altos, pero muy pronto empezamos a afrontar la escasez de dinero y uno de esos días le dije que me era imposible ayudarle más. No le gustó para nada y se molestó a tal punto que ese sería el primero de una cadena de inconvenientes que nos alejarían para siempre. En ese momento me quedó claro que en la familia de Pablo fuimos aceptados y tuvimos cierto valor hasta cuando dimos dinero... a partir de ahí fuimos sus enemigos.

El proceso de recuperación de Roberto tras el atentado traería complicaciones de otro tipo que contribuyeron a mantener nuestro estado de alteración permanente. Por ejemplo, su novia de entonces —que estaba embarazada— se mudó a vivir con nosotros a Residencias Tequendama para estar pendiente de la evolución de sus heridas, con el inconveniente de que su esposa —exiliada en Argentina en ese momento debido a la guerra— llamaba todo el tiempo para preguntarme por su estado de salud. Era un completo bochorno estar en medio de las dos.

Los obstáculos que aparecían día tras día después de que Pablo murió, parecían ser infinitos. Y así lo entendí después de la repentina llegada a Residencias Tequendama de una mujer que se identificó como Ángela, quien dijo que venía de parte de su novio, John Jairo Velásquez Vásquez, alias *Popeye*, recluido en la cárcel Modelo de Bogotá. En una plática de menos de diez minutos, me notificó que *Popeye* mandaba a decir que yo debía visitar en ese penal al narcotraficante Iván Urdinola Grajales porque era portador de un mensaje de los capos del cártel de Cali.

La fugaz visita de la novia de *Popeye* me dejó una profunda intranquilidad, pero no pude negarme. No lo sabía, pero es-

taba a punto de emprender otra odisea, muy peligrosa: la búsqueda de la paz con los jefes de los cárteles del narcotráfico
que vencieron a mi marido. Tampoco tenía idea de que en
pocas horas comprendería que continuar con vida dependería
del botín que les entregara a los enemigos de Pablo.

No hubo mucho tiempo para meditar la conveniencia de
meterse o no a la boca del lobo porque en las siguientes semanas y con la cooperación de la fiscalía —que gestionaba los
permisos— fui a los pabellones de alta seguridad de las cárceles La Modelo y La Picota de Bogotá e Itagüí en Antioquia,
donde me encontré con una aterradora realidad que ameri-
taba un manejo muy cuidadoso o de lo contrario los vientos
de guerra se agitarían de nuevo.

Al primero que visité en su celda de La Modelo fue a
Urdinola, el capo del cártel del Norte del Valle, quien me saludó de manera cordial pero no perdió la oportunidad para
hablar muy mal de Pablo, a quien calificó de monstruo de la
peor calaña. Luego, me dijo que era muy importante que yo
fuera a Cali a hablar con los capos Miguel y Gilberto Rodríguez
porque pese a que Pablo había desaparecido, mi situación y la
de mis hijos no estaban definidas.

Para no entrar en una discusión innecesaria preferí no comentar las opiniones de Urdinola sobre mi marido muerto,
pero sí le dije que justamente había ido a hablar con él porque
estaba interesada en pasar la página y sellar la paz de manera
definitiva con todos aquellos que intervinieron en la guerra.
Estuvo de acuerdo y preguntó cómo era nuestra situación económica. Respondí que afrontábamos dificultades porque no
teníamos dinero en efectivo y no era fácil disponer de las propiedades que dejó Pablo porque o estaban decomisadas o en
manos de terceros y también había muchas otras de las que no
teníamos idea. En todo caso, le dije, con el Estado y nuestros

enemigos respirándonos en la nuca era muy difícil monetizar muchos de esos bienes porque obviamente estaban bajo sospecha por provenir del narcotráfico. Lo que sí tenía en mis manos, agregué, eran algunas obras de arte que estaba dispuesta a vender y le mencioné en concreto un cuadro del pintor Alejandro Obregón. Me preguntó cuánto valía y cuando le di un valor aproximado en dólares estuvo de acuerdo en comprarlo.

Una vez que terminé de hablar con Urdinola, aproveché la ocasión para conversar con otros reclusos, como *Popeye*, *Otto* y *Giovanni*, quienes, quejosos, aseguraron que les hacía falta dinero para mantener a sus familias y pagarles a los abogados que los defendían en los múltiples procesos en la fiscalía. Me llamaron la atención las inquietudes de los hombres de Pablo porque hasta donde tenía entendido ellos habían acumulado un buen capital por cuenta de la generosidad de su jefe, que les retribuía muy bien todas las acciones ilegales que ejecutaban. Aun así, les respondí que no se preocuparan, que me encargaría de asumir esa responsabilidad una vez que entrara en contacto con los "caleños", como les decíamos a los capos del Valle.

La carga emocional de ese día habría de terminar en forma inesperada, cuando se acercó un hombre alto, delgado, a quien tardé en reconocer porque lo había visto en un par de ocasiones hacía ya muchos años. Se trataba de Jairo Correa Alzate, un antiguo socio de Pablo en el Magdalena Medio, que luego se convirtió en su feroz enemigo. Hablamos un rato en términos cordiales, sin mencionar el pasado, y se notaba que sabía en detalle lo que había pasado con nosotros en los últimos tiempos.

—Vea, señora, estoy convencido de que es muy importante que vaya a Cali a solucionar las cosas. No tarde en hacerlo —dijo a manera de consejo.

La plática franca y amena con Correa habría de terminar con el ofrecimiento de que su esposa Claudia y su pequeña hija nos visitarían en Residencias Tequendama para pasar una tarde con nosotros. La oferta se cumplió muy pronto y la niña de Correa logró que mi hija Manuela olvidara por varias horas la pena que la embargaba.

Las conversaciones con los detenidos en las cárceles se volvieron pan de cada día, pero el tono que empezaron a tomar esas visitas se volvió difícil porque había que lidiar con el estado de ánimo de cada uno, soportar sus chistes de mal gusto y hasta sortear propuestas con doble sentido. Me sentía muy mal, pero no había nada que hacer. Y a ese ambiente cargado de mala energía empezó a contribuir la familia de Pablo porque un día, cuando salía de la cárcel de alta seguridad de Itagüí, me encontré con doña Hermilda, quien me dijo en su habitual estilo distante y seco:

—Tata, usted tiene el dinero de Pablo... págueles a esos muchachos, que lo necesitan y están pasando muchas necesidades.

El comentario de mi suegra me cayó como una patada en el estómago y le respondí molesta:

—Doña Hermilda, Pablo nunca me entregó dinero para guardarle y mucho menos para entregarles a sus muchachos... él sí me dijo que iba a dejar un dinero en manos de Roberto —era el único que gozaba de protección porque estaba en la cárcel.

Eso de decirles a los detenidos que yo tenía el dinero guardado empezó a generarme graves problemas porque las llamadas se multiplicaron y las exigencias se hicieron cada vez mayores. Sentí que mi vida, otra vez, estaba en serio peligro. La verdad es que resultaba escandalosa la falta de comprensión de mi suegra frente a la delicada y riesgosa situación que afrontábamos. Y lo que era peor: desde la muerte de Pablo y hasta su fallecimiento, doña Hermilda nunca se preocupó por saber cuál era la situación económica y emocional de sus nietos y tampoco tuvo problema en desconocerlos en su testamento y negar ante la ley a su hijo Pablo.

Por fortuna, la madeja empezaría a desenredarse de la manera más inesperada. En la tarde del 12 de febrero de 1994 nos anunciaron desde la recepción la llegada de Alfredo Astado, un pariente lejano que hacía varios años se había radicado en alguna ciudad de Estados Unidos, a donde escapó con su familia. De él sabía muy poco y por eso su repentino arribo era sinónimo de tormenta. Del caluroso saludo pasamos rápidamente al motivo por el cual había regresado al país sin avisarle a nadie.

—Alfredo, por Dios, ¿qué te pasó? ¿Por qué estás acá? —le pregunté asustada.

Su razón era muy poderosa:

—Mira, Tata, estaba en mi casa cuando entró una llamada a mi celular y cuál sería mi desconcierto cuando el hombre que hablaba se identificó como Miguel Rodríguez Orejuela. Casi sin saludar me dijo que necesitaba que yo fuera a Cali inmediatamente. Sin salir del estupor atiné a responder que solo podía ir a Colombia en dos o tres meses, pero él, cortante, dijo que me daba cuatro días de plazo o de lo contrario me buscaría a su manera. Por esa razón estoy aquí, pero no sé para qué quieren que vaya donde ellos.

—¿Cómo así? Noooooo... Alfredo, no podés ir, no corrás más riesgos, por favor, si vas a Cali te van a matar —rogué, pero fue inútil.

—No tengo otra salida, Victoria. Muy pocas personas tenían mi teléfono celular y los Rodríguez lo consiguieron. Si ya me encontraron una vez, lo harán de nuevo en cualquier parte. Voy a correr el riesgo. Ya estoy cansado de esconderme. Hablé con mi esposa y le dije que prefería morir si ella y nuestros hijos tienen cierta estabilidad. Es que llevamos cinco años en la clandestinidad y no quiero correr más.

Un largo silencio y mi llanto siguieron a las dramáticas explicaciones de Alfredo, pero era claro que estaba decidido a cumplir la cita en Cali. Así, preocupados por su futuro y el destino que le esperaba, al día siguiente salió muy temprano para el Valle del Cauca. Con el alma en vilo esperamos lo peor, hasta que dos días después Alfredo regresó a Residencias Tequendama. De inmediato nos contó detalles de su encuentro con los jefes del cártel de Cali.

—Siguiendo las instrucciones de ellos, me alojé en el hotel Intercontinental y horas después me recogió un hombre que me llevó a una lujosa casa en el barrio Ciudad Jardín, donde estaban Miguel y Gilberto Rodríguez Orejuela y tres personas más. Miguel tomó la palabra y dijo que sabían muchas cosas de mí y que yo podía contribuir a acabar la guerra porque había muerto mucha gente inocente. Agregó que querían terminar la confrontación y que por eso me pedían hablar con la viuda de Pablo para buscar un acercamiento. Entendí que no tenían intenciones de pelear y por eso hasta propuse ir a Cali contigo y con Juan Pablo.

—¿Y qué dijeron?

—Apenas dije eso, Gilberto Rodríguez estuvo de acuerdo en hablar contigo, pero de tajo descartó a Juan Pablo. Y lo hizo con la siguiente frase: "Él come como pato, camina como pato, es un pato, es igualito a Pablo". Él es un menor de edad con el que no podemos llegar a ningún acuerdo. Que él se quede bajo la falda de la mamá. Por eso, Tata, debemos ir a Cali cuanto antes.

Las palabras de Alfredo fueron tan contundentes que no tuvimos tiempo de analizar la situación. El camino que se abría era incierto, pero por primera vez desde la muerte de

Pablo había surgido algún tipo de opción para nosotros. Los enemigos de mi marido habían ganado la guerra y no teníamos otro camino que buscar la manera de encontrar un lugar en este mundo. Una vez más, ante mis hijos tuve que mostrarme fuerte, pero por dentro estaba muerta de miedo.

La decisión de ir a Cali estaba tomada, pero ahora surgía otro problema: cómo salir de Residencias Tequendama sin ser descubiertos por un centenar de soldados, policías, detectives del DAS y agentes del CTI, la Dirección de Investigación Criminal e Interpol (Dijin) y las unidades Seccionales de Investigación Criminal (Sijin) que nos custodiaban. Luego de descartar varias opciones, encontramos que la psicóloga era perfecta porque podría simular durante tres días seguidos que asistía al hotel a continuar el intenso tratamiento que adelantaba con nosotros. Por fortuna ella aceptó realizar la pantomima, luego de explicarle en detalle el difícil momento que nos esperaba. La estrategia funcionó porque fingimos encerrarnos en una larga jornada de trabajo para enseñarme a manejar la depresión. Nadie sospechó nada.

A las diez de la noche estuve lista para salir, después de que Manuela se durmió profundamente. Juan Pablo y Andrea quedaron muy preocupados, pero conscientes de que el paso que íbamos a dar era inevitable. Tenía el corazón en la mano pues no sabía si volvería a verlos. El silencio en el hotel era sepulcral y con el paso de los minutos aumentaban el dolor por la ausencia de mi marido y la sensación de impotencia por tener que enfrentar una realidad incierta.

Cerré los ojos y las lágrimas rodaron por mi rostro cuando cerré la puerta para dirigirme a la escalera de incendios, la única ruta de escape segura. Bajé los veintinueve pisos a pie, pero sentía que las piernas no me respondían. Era como si una fuerza extraña me jalara de los hombros para impedir mi salida. Finalmente llegué al primer piso y bajé al estacionamiento del hotel, donde me esperaba Alfredo en un auto que había alquilado. Me acomodé en la parte de atrás del vehículo y logramos sortear las áreas de vigilancia de los sótanos del viejo e inmenso hotel. Ya estábamos afuera y la aventura apenas empezaba. Increíble: cinco organismos de seguridad del Estado nos vigilaban centímetro a centímetro y esa noche ninguno se dio cuenta de que escapamos.

Contarlo ahora es fácil, pero tal vez en aquel momento no medí la dimensión del lío en que me estaba metiendo. Sin saberlo, en poco tiempo tendría frente a frente a los protagonistas de las muchas guerras contra mi marido. Tenía treinta y tres años de edad, estaba viuda, con dos hijos, y convencida de que la única posibilidad de preservar nuestras vidas era lograr que los capos del narcotráfico colombiano me escucharan, que se apiadaran de nosotros. Me acompañaba el amor por mis hijos y estaba dispuesta a defenderlos, como las leonas defienden a sus cachorros.

Las ocho horas que tardó el recorrido fueron eternas, llenas de preguntas, de incertidumbres. ¿Regresaría con vida? ¿Cómo sería la vida de mis hijos sin mí? ¿Se los devorarían después los enemigos de Pablo? ¿Dios, esta pesadilla se detendrá algún día? ¿Viviremos para contarlo? La incertidumbre era tal, y mis suspiros tan constantes, que Alfredo apenas me miraba, compasivo:

—Tata, Dios es grande y te va a acompañar en esta también.

Para aliviar un poco la tensión del viaje, y como no había una hora cierta para encontrarnos con los "caleños", decidimos con Alfredo ir primero a Palmira, a la casa de mi abuela Dolores. Eran las seis de la mañana y en Residencias

Tequendama nadie había descubierto que la noche anterior había salido a hurtadillas.

Intenté descansar, pero no fue posible. Apenas habíamos llegado y debíamos esperar una comunicación con Miguel Rodríguez para saber en qué momento iríamos.

Al promediar la mañana, Alfredo, que tampoco había podido conciliar el sueño, llamó a Miguel Rodríguez y le dijo que ya habíamos llegado, pero el capo se sorprendió por lo rápido que habíamos cumplido la cita y dijo que teníamos que esperar unos días porque él debía convocar a los demás y ese proceso podía demorar.

Alfredo me miró con cara de susto y le respondió a Rodríguez:

—No, don Miguel, yo traje a esta señora a escondidas, nadie se dio cuenta, nadie sabe que estamos por aquí.

—Tengo que reunirlos a todos. Yo le aviso.

La llamada de Rodríguez habría de producirse treinta y seis horas después. Cuando ello ocurrió, Alfredo apuntó las indicaciones y salimos de inmediato hacia el sur de la ciudad por la vía a Jamundí y muy pronto empezamos a atravesar las praderas que nos llevaron al sector de Cascajal, a una finca colonial muy linda, sede deportiva del equipo de futbol América de Cali.

Mi vestido de luto resaltaba en aquel lugar de paredes blancas. Miguel Rodríguez nos recibió y dijo que esperáramos un momento. Nos quedamos a un costado de la casa, no lejos de un salón al que empezaron a entrar hombres, muchos hombres. La sensación de pánico empezó a aumentar y en silencio le pedí a Dios que no me abandonara en ese momento.

—¿Para qué viene toda esa gente, Alfredo? —indagué.

—Tranquila, Tata, que van a entrar a una reunión, pero seguramente a vos te van a atender los jefes del cártel de Cali.

Estaba equivocado. Minutos después un hombre armado nos hizo seguir a un gran salón donde mal contadas se veían unas cuarenta personas sentadas alrededor de una mesa de madera fina. Eran nada más y nada menos que los principales capos del narcotráfico de Colombia. Con una señal ordenaron que me sentara en una silla vacía en la parte central, al lado izquierdo de Miguel Rodríguez. Observé el panorama y era aterrador: en diagonal, al lado derecho, estaba Gilberto Rodríguez, quien me miraba con una mezcla de desprecio y furia. También vi a José *Chepe* Santacruz; Hélmer *Pacho* Herrera, Carlos Castaño, y otros muchos enemigos de mi marido. Observé con temor que varias sillas eran ocupadas por sicarios que se veía a leguas que no tenían nada que ver con los capos de los cárteles. Intuí que los llevaron para asustarme y enviar el mensaje de que podrían reconocerme en la calle algún día. Alfredo Astado se sentó en una de las esquinas de la mesa.

Las siguientes cuatro horas fueron una larga agonía. Durante ese tiempo, los enemigos de Pablo se regodearon por haberlo eliminado, se quejaron de la manera salvaje como mi marido los enfrentó y pusieron sobre la mesa una especie de memorial de agravios que terminaba en una sola cosa: querían el dinero de Pablo para repartirlo entre ellos, en retribución por lo que habían gastado para cazarlo.

Los murmullos cesaron de repente, cuando Gilberto Rodríguez hizo el ademán de que tomaría la palabra.

—Bueno, señores, esta es la viuda de Pablo... estamos acá para que cada uno pueda hacer su reclamo y su pedido económico... todos sabemos el daño que nos hizo ese hijueputa y por eso estamos aquí para escuchar a su viuda. Diga lo que tiene que decir, señora —dijo el capo, visiblemente enojado.

—Miren, señores, este es uno de los momentos más dolorosos de nuestras vidas —tenía que recorrer la mesa lentamente con la mirada, para que los capos no fueran a sentir desprecio de mi parte—. Estoy dispuesta a hacer lo que haya que hacer para que este conflicto tenga alguna solución razonable. Viniendo aquí pretendo que juntos encontremos la paz y que nos perdonen la vida a la familia Escobar, a mi familia, a nuestros abogados, a nuestros amigos, a los trabajadores de Pablo, a mis hijos y a mí misma.

Sin comentar mis palabras, Gilberto continuó en su papel de moderador.

—Miremos a ver qué tiene que decir cada uno.

Miguel Rodríguez tomó la palabra y arremetió con dureza contra Pablo y aseguró que la guerra les había costado más de diez millones de dólares a cada uno de los presentes y que esperaban recuperarlos. Luego explicó que otra de las razones de la cumbre era saber con certeza si la saga de Pablo Escobar estaba dispuesta a buscar el fin de la confrontación y alcanzar la paz. Y agregó:

—A propósito, señora, no pida nada por los hermanos de ese hijueputa de su marido. Ni por Roberto, Alba Marina, Argemiro, Gloria, Luz María, ni por la mamá, porque ellos son los que le van a sacar los ojos a usted; nosotros escuchamos los casetes que grabamos durante la guerra y casi todos ellos pedían más y más violencia contra nosotros.

—Puede que tengan razón en ese punto, don Miguel, pero no negocio si no está incluida la familia de Pablo porque él los quería mucho; le pido el favor que estén incluidos en estos acuerdos.

Un largo silencio fue suficiente señal para que los demás asistentes aprovecharan para emprenderla contra Pablo.

—Ese hijueputa me mató dos hermanos. ¿Cuánto vale eso, además de la plata que invertí en matarlo? —dijo uno de ellos.

—A mí me secuestró y tuve que pagarle más de dos millones de dólares y entregarle unas propiedades para que me soltara. Y por si fuera poco, me tocó salir corriendo con mi familia — señaló otro con vehemencia.

—Su marido, señora, quemó una de mis fincas y también intentó secuestrarme, pero escapé y tuve que irme del país por varios años. ¿Cuánto nos va a reconocer por eso? —indicó uno más.

La lista de reclamos se hizo interminable, pero el siguiente fue más pesado todavía. Y provino de un capo de Medellín al que se le notaba la furia y apretó los dientes para decir lo siguiente:

—Quiero saber, quiero que usted me conteste: ¿si nuestras mujeres estuvieran aquí sentadas con ese hijueputa de su marido, qué les estaría haciendo? ¡Conteste!

—No puedo ni imaginarlo, señores, no tengo una respuesta —dije con la voz entrecortada y una extraña sensación de miedo invadió mi cuerpo.

La mirada de todos ellos era penetrante, escrutadora. Yo solo quería tener alas para salir del recinto y perderme en la estratosfera, pero la realidad me empujaba a seguir ahí.

—Dios es muy sabio, señores, y solo él puede saber por qué motivo soy yo la que está acá sentada frente a ustedes y no sus esposas —respondí, ya sin titubear.

El último en intervenir fue Carlos Castaño, quien se refirió en los peores términos a Pablo y luego agregó:

—Señora, yo he conocido hombres malos sobre la tierra, pero ninguno como su marido. Era un hijueputa y quiero que sepa que a usted y a Manuela las buscamos como aguja en un pajar porque las íbamos a picar bien picaditas y se las íbamos a mandar a Pablo dentro de un costal. Ustedes eran lo único que a él le dolía.

El suplicio que significó escuchar tantas ofensas, tantas groserías, tantas amenazas, pero también enterarme de las muchas cosas malas que les hizo mi marido, es inenarrable. Pero el tormento estaba lejos de terminar porque Gilberto Rodríguez habló de nuevo y se metió con lo que más quiero en la vida: mis hijos.

—Mire, señora, los aquí presentes podemos hacer la paz con todo el mundo, menos con su hijo.

Sabía que ese momento iba a llegar, pero no estaba preparada. La sola mención de Juan Pablo me llenó de temor y no pude evitar el llanto. Aun así, no me quedé callada.

—Don Gilberto, una paz sin mi hijo no es paz. Yo respondo por sus actos ante ustedes y hasta con mi propia vida; les garantizo que no dejaré que se salga del camino. Si quieren nos vamos de Colombia para siempre, pero les garantizo que él seguirá la senda del bien.

—Señora, entienda que aquí hay un temor justificado de que Juan Pablo quede lleno de plata y se enloquezca un día de estos armando combos y empiece a guerrear. Es que ya amenazó con vengar la muerte del papá. Por eso nuestra consigna es que solo las mujeres queden con vida. Y va a haber paz, pero a su hijo hay que matarlo.

La sentencia de muerte me dejó sin aliento. Muchas cosas pasaron por mi mente en fracciones de segundo y pensé que lo mejor era que nos mataran a todos para no sufrir más. ¿Para qué seguir viviendo si matan a mi hijo? Sin embargo, el momento de alta tensión fue matizado por Miguel Rodríguez, quien aplacó los ánimos al explicar la razón por la cual habían aceptado que yo asistiera a esa reunión de la mafia en pleno:

—Usted está sentada ahí porque nosotros escuchábamos sus conversaciones y siempre buscaba solucionar las cosas; nunca le dijo a su marido que continuara la guerra, que nos matara. Al contrario, siempre le pedía, le lloraba, le suplicaba, que hiciera la paz con nosotros. Es más, en algún momento usted envió un mensajero para buscar una cita con nosotros para buscar la paz, pero supimos que Pablo no la dejó venir. Pero ¿cómo es posible que usted apoyara incondicionalmente a ese animal? ¿Cómo se le ocurrió escribirle cartas de amor a ese hijueputa que le fue tan infiel? Nosotros deberíamos poner a nuestras esposas a escuchar lo que usted decía en las grabaciones para que aprendan cómo es que una mujer debe apoyarlo a uno; quiero pedirle que les dé clases a nuestras mujeres de cómo amar y cuidar a sus maridos, a pesar de las infidelidades.

Los demás capos asintieron con la cabeza en gesto de aprobación. Luego, Miguel Rodríguez cerró el encuentro con una sentencia, como si fuera un juez:

—Señora, necesitamos que hable con Roberto Escobar y con los sicarios que están en las cárceles para que paguen. A Roberto le corresponden cinco millones de dólares y los detenidos de a dos millones de dólares cada uno. Usted nos debe a todos algo así como ciento veinte millones de dólares y vaya pensando cómo los va a pagar, pero en efectivo. Los esperamos dentro de diez días con una respuesta seria y concreta.

Con todo y la dureza de las cosas que dijo, durante varios momentos del encuentro sentí que Miguel Rodríguez me miraba con compasión, con solidaridad. Esa sensación me produjo cierto alivio justo cuando me embargaba la desesperanza.

La cumbre terminó y yo me animé a decir unas últimas palabras.

—Bueno, señores, confiemos en la sabiduría de todos para que les podamos devolver la paz y la tranquilidad a nuestras familias. Me comprometo a trabajar en el pedido de ustedes y regresaré en diez días con una propuesta de pago.

Salimos para Palmira a reportarnos con mis familiares, pero el temor de que algo pasara nos hizo regresar a Bogotá sin detenernos en ningún lado. Me sentía impotente porque en medio de tanto odio era claro que Juan Pablo no tenía posibilidad alguna de sobrevivir. Lloré inconsolable la mayor parte del viaje y sentía un dolor muy grande en el alma. Un abismo se abría a mis pies.

Cuando por fin llegamos a Residencias Tequendama, no fui capaz de contarle a Juan Pablo que su vida no estaba incluida en los acuerdos con los "caleños". Pasaron varios días sin que tuviera el coraje de decirle lo que estaba pasando y solo me quedaba encomendarme a Dios y pedirle que les abriera el corazón a los capos para que me escucharan, para que creyeran que estaba dispuesta a dar mi vida si mi hijo se desviaba del camino del bien.

La tarea de armar el rompecabezas de las propiedades de Pablo era urgente y por eso llamé al abogado Francisco Fernández, el mismo que años atrás me había asesorado cuando fui a buscarlo porque estaba decidida a separarme de Pablo. Aunque se mostró muy prevenido por la complejidad del tema por el que lo buscaba ahora, el jurista aceptó representarme y lo primero que hizo fue visitar al fiscal Gustavo de Greiff para hacer un diagnóstico de mi situación.

De regreso, el abogado pintó un panorama peliagudo.

—Dice De Greiff que estos señores de Cali quieren una retribución directa porque gastaron muchos millones de dólares en la guerra y dice que si la familia no paga matarán a todos los lugartenientes de Pablo que estén en la cárcel. El fiscal también dice que los Pepes tienen mucho poder y el gobierno no se puede dar el lujo de permitir que los antiguos miembros del ala terrorista de Pablo estén siendo masacrados —resumió el abogado y yo quedé colgada del techo y absolutamente convencida de que debíamos cumplirles a los Rodríguez.

Como el plazo para regresar con la lista de bienes era corto, empezamos a elaborar un balance de las propiedades de Pablo, así como de las pocas obras de arte mías que se habían salvado. Con Juan Pablo, siete abogados del bufete del doctor Fernández y un par de asesores contables, pasamos horas recopilando datos, al tiempo que yo visitaba las cárceles para preguntarles a los presos, porque no conocíamos buena parte de las posesiones que Pablo había adquirido en varios lugares del país. La tarea se complicó aún más porque mi marido llegó a comprar más de un centenar de caletas que les escrituraba a las personas de confianza que lo cuidaban en la clandestinidad.

Aun así, logramos procesar varias planillas que llevaría a la segunda cita a Cali para que cada uno de los capos escogiera con qué propiedad prefería quedarse. No podíamos arriesgarnos a mentir ni ocultar nada, pues era conocido que los Pepes ya tenían toda la información porque muchos de ellos fueron amigos o socios de Pablo.

Sin embargo, en forma extraña, un listado más completo de las propiedades de Pablo llegó a manos de los capos de Cali antes de que yo viajara a reunirme con ellos. Con sorpresa confirmé que la familia de Pablo lo había enviado a escondidas, con lo cual quedábamos en una notoria desventaja. Pero no solo eso. Días después supe que mi cuñada Marina Escobar había ido a Cali a visitar a los capos con la intención de averiguar por los contactos que yo adelantaba hasta ese momento, pero también a llevarles el testamento de Pablo para intentar que los capos de Cali intervinieran para incluir en la repartición los edificios Ovni, Dallas y Mónaco, que mi marido les escrituró en vida a nuestros dos hijos.

Aún hoy me cuestiono el comportamiento de los tíos de mis hijos, porque mientras yo suplicaba que les respetaran la vida, ellos atentaban continuamente contra la nuestra. Y lo que es peor: su intención era lograr que los jefes de los cárteles desconfiaran de mí y mataran a mi hijo.

Justo en medio de ese momento difícil con la familia de mi marido, dos hombres que dijeron representar a las familias Moncada y Galeano me citaron a varias reuniones en Bogotá porque les urgía mirar las propiedades, obras de arte o antigüedades que yo les debía entregar para cerrar los acuerdos.

Andrea, la novia de mi hijo, me ayudaba a escapar de los agentes del CTI que nos cuidaban en el barrio Santa Ana —a donde nos habíamos mudado a mediados de marzo de 1994 pese a las protestas de los vecinos— y me dejaba cerca de la dirección a donde debía llegar, casi siempre a las ocho de la noche. Luego, ella iba a caminar en un centro comercial cercano, pero casi todas las veces sucedía que cerraban el lugar y como yo seguía en reunión le tocaba dar vueltas y vueltas hasta que la llamara. Andrea lloraba inconsolable, preocupada por el riesgo que yo corría en cada uno de esos encuentros con los capos o con sus representantes.

Mientras tanto, adentro yo la pasaba muy mal porque la presión era muy intensa y no hacían sino insultar a Pablo y calificarlo de monstruo. Tomaban whisky sin parar y cuando me ofrecían yo les decía que el licor no me gustaba y solo tomaba agua. Recuerdo que tenían cuentas irreales sobre el valor de las propiedades porque claramente les hacían caso a los chismes. Al punto de que en esa reunión uno de ellos me dijo:

—Señora, yo sé que usted tiene doscientos millones de dólares en obras de arte guardados en una bodega en Nueva York.

Lo miré con la seguridad de que lo que él decía no era cierto. Luego le dije:

—Señor, si usted me muestra el lugar donde están, no tengo problema en firmar, pero antes hagamos un acuerdo: ciento cincuenta millones de dólares son para usted y cincuenta para mí. Así, señor, que quedo a la espera de sus noticias y nos damos a la tarea de cerrar este pacto.

Como dato anecdótico de esas reuniones tan complejas y traumáticas, llenas de insultos y vejámenes, recuerdo que un día, luego de ir al baño, el guardaespaldas de uno de esos personajes se acercó y me dijo:

—Ay, señora, qué pesar con todas las cosas que le dicen... voy a ver qué hacemos para sacarla de acá.

Los asuntos pendientes que dejó mi marido ocupaban buena parte de mi tiempo y los pocos minutos que me quedaban los invertía en tratar de estar al día en las cosas relacionadas con mis hijos y mi nuera. Además, debía estar atenta al funcionamiento de la casa. Si bien es cierto que la fiscalía y el Ejército nos brindaron protección, se desentendieron de la alimentación de los cerca de cincuenta hombres que nos custodiaban. El departamento en Santa Ana funcionaba como un restaurante, donde a diario había que darles comida a cerca de setenta personas entre los hombres de la guardia, los empleados que nos ayudaban y las visitas que llegaban —abogados, profesores, negociadores o familiares—. Asimismo, tenía que sortear la depresión de mis hijos. Durante el tiempo que vivimos ahí —alrededor de nueve meses— Juan Pablo solo salió unas cinco o seis veces. Algunos fines de semana llevábamos a Manuela al restaurante La Margarita del 8 a montar a caballo; así lográbamos distraerla un poco de la tristeza y la soledad que sentía.

Por esa misma razón, y a pesar del dolor intenso que todavía nos agobiaba, decidimos que había llegado el momento de que Manuela hiciera por fin su primera comunión. Varias veces habíamos aplazado la ceremonia, pero ya no le dimos más vueltas y fijamos la fecha para el 7 de mayo de 1994. A la misa y a una pequeña reunión familiar asistió toda mi familia y una parte de los Escobar, pero fue un día muy triste porque la niña lloró todo el tiempo y su aflicción nos contagió a todos.

Sortear las circunstancias no era fácil. Cumplir con mi familia, con la fiscalía, lidiar con los residentes del barrio que no querían que viviéramos ahí, asumir la negociación con los enemigos de mi esposo, ir a todo tipo de reuniones y en los sitios más inesperados, era psicológicamente agotador. La presión que tenía que soportar era a veces superior a mis fuerzas, y a pesar de ello nunca he tomado una pastilla para dormir. La entereza viene del amor por mis hijos, de la búsqueda de una vida más benevolente para ellos.

Un par de semanas después de la primera reunión regresé a Cali acompañada por mi hermano Fernando y el abogado Francisco Fernández. Llevábamos la lista de las propiedades de Pablo. Estaba dispuesta a entregar todo, a no ocultar nada con tal de que nos perdonaran la vida.

Nos recibieron los mismos narcos de la primera vez, en la sede del Club América de Cali en el sector de Cascajal, y me tranquilizó saber que estaban dispuestos a desechar la propuesta inicial de que solo les entregáramos dinero en efectivo porque seguramente confirmaron que mi marido había gastado prácticamente todo su efectivo en la guerra. También debían saber que Pablo no era amigo de ocultar dinero en caletas y que gastaba a raudales.

La reunión fue larga y tediosa porque se dedicaron a escoger uno a uno entre los 62 bienes incluidos en la lista que llevé.

Pero a diferencia de nuestro primer encuentro, me pareció otra buena señal que aceptaran recibir el cincuenta por ciento de la deuda en bienes incautados y el restante porcentaje en propiedades listas para comercializar, eso sí, libres de apremios judiciales. Eso de apropiarse de bienes "emproblemados" tenía una explicación: sus conexiones en las altas esferas del Estado les ayudarían a "lavar" los bienes de Pablo, dejando fuera a sus herederos. Lo que evidentemente sucedió.

Para resumir, en este crucial encuentro con los enemigos de Pablo entregué un lote de nueve hectáreas que *Alex* o *el Fantasma* —así le decían a Carlos Castaño cuando integraba los Pepes— exigió por orden de Fidel Castaño. El extenso y costoso terreno estaba pegado a la mansión Montecasino, con lo cual Fidel amplió su poderío económico. También cedí al menos una docena de lotes en lugares céntricos de Medellín, donde años después fueron construidos algunos lujosos hoteles y costosos centros comerciales. El listado de bienes incluía igualmente un complejo de torres de departamentos en El Poblado, cerca de la loma del Tesoro, adquirido por Pablo en la década de los ochenta. En ese lugar quedaban aún disponibles más de diez departamentos, que los capos se repartieron. Mi suegra Hermilda vivió allí en un *penthouse* y luego lo heredó una de sus hijas.

En el inventario quedó incluida una finca en los Llanos Orientales de la que jamás le escuché hablar a Pablo. Tenía cien mil hectáreas de extensión y por supuesto fue muy apetecida por los enemigos de mi marido, entre otras cosas porque tenía pista de aterrizaje. En la rapiña por los bienes de Pablo no podían faltar aviones, helicópteros, decenas de vehículos, entre ellos varios Jaguar, BMW y Mercedes Benz; motos de alto cilindraje, lanchas y jet ski. Y aunque había entregado muchas propiedades, tenía claro que no eran suficientes para cubrir la descomunal cifra de ciento veinte millones de dólares que pretendían los capos.

Como si supiera qué estaba pensando, de repente, Carlos Castaño aprovechó un largo silencio y me lanzó un salvavidas.

—Señora, yo tengo el Dalí suyo, *Rock and Roll*, que vale más de tres millones de dólares; se lo devuelvo para que cuadre con esta gente —propuso.

Miré a Carlos a los ojos y recordé la promesa de su hermano Fidel de devolverme la obra, pero también observé que los capos, expectantes, esperaban mi respuesta. En fracciones de segundo vino a mi mente una frase de Pablo, quien varias veces me dijo: "El día que me muera entrégales lo que te quede para que no te maten a ti y a nuestros hijos".

—Carlos... dale las gracias a Fidel por cumplir con su palabra, pero mi decisión es que él y tú se queden con esa obra para contribuir con la causa; y cuenta con que rápidamente te haré llegar los certificados originales.

Los capos no ocultaron su sorpresa por lo que yo acababa de decir. Castaño, más asombrado aún, concluyó:

—Doña Victoria, gracias, gracias por ese gesto... mi hermano se lo va a agradecer y muchísimo.

La agitada reunión tuvo otro tono a partir de ahí y durante las siguientes tres horas la enorme mesa se convirtió en una especie de despacho notarial en el que se consumó el traspaso de los bienes de mi marido a sus enemigos, que no ocultaron su triunfo, pero tampoco desconocieron a quién habían enfrentado:

—Pase lo que pase, en cien años no nacerá otro tigre igual a Pablo Escobar, —resumió Miguel Rodríguez, quien dio por terminada la reunión.

Ya de salida, el capo dijo que quería mostrarme algo y me llevó hacia un lugar apartado de la sede deportiva.

—Mire todo lo que hay grabado y filmado. Durante años nos metimos al rancho de su marido y aun así casi no lo encontramos.

Lo que vi fue sorprendente: en una habitación de buen tamaño estaban guardados centenares de casetes de audio, de Betamax y de VHS, que contenían las intercepciones telefónicas que los capos de Cali hicieron de las comunicaciones de Pablo, así como los seguimientos fílmicos que realizaban en nuestro entorno familiar. Fue impresionante ver cómo nos seguían día tras día y por eso me pregunté: ¿cómo fue posible que con toda esa información sobre nosotros no lograran alcanzarnos?

Nuevamente, de regreso de Cali, no hice sino llorar. La deuda con los principales capos estaba saldada, pero el asunto de mi hijo Juan Pablo no estaba resuelto. Su vida seguía en vilo. Pero esta vez, a medio camino, sucedió algo inesperado y esperanzador porque al celular de Alfredo entró una llamada de Miguel Rodríguez:

—La viuda de Pablo no es ninguna boba; qué golazo el que metió hoy. Con lo del cuadro de Dalí se metió al bolsillo ni más ni menos que a Carlos Castaño, uno de los hombres más sanguinarios y peligrosos del país.

Las palabras del capo del cártel de Cali no eran de poca monta. Indicaban que yo iba por buen camino. Les había prometido a los jefes del narcotráfico de Colombia que asumiría la responsabilidad de pagar, y les estaba cumpliendo.

Un poco más aliviada por el positivo cambio de actitud de los "caleños", continué mis pláticas con Carlos Castaño, quien seguía paso a paso el proceso de entrega de los bienes de Pablo. Uno de esos días me dijo que era indispensable hablar y llegar a acuerdos con uno de los principales líderes de los Pepes, quien empezaba a hacerse fuerte en

Medellín. Como el eventual encuentro con ese personaje debía ser clandestino, acordamos aprovechar una próxima visita mía a Medellín. Así sucedió, y pocos días después Carlos Castaño me recogió en una camioneta blindada y luego de un recorrido de veinticinco minutos por las avenidas transversales del sector de El Poblado, llegamos a una imponente casa finca.

Bajamos del vehículo y otra vez mis piernas temblaban como si estuviera a cinco grados bajo cero. Sentía que caminaba en cámara lenta y muy en el fondo de mi ser me negaba a entrar al salón donde ese señor me esperaba. ¿Cómo miraría a los ojos a otro de los hombres que encabezó la cacería de mi marido?

—Buenos días —saludé cuando finalmente Castaño y yo entramos a la espaciosa finca.

—Buenas —contestó el señor en un tono seco, con desprecio.

Nuestras miradas se cruzaron y por un momento pareció que de sus ojos salían chispas. Entonces me lanzó la primera andanada:

—Señora, usted, viviendo tantos años al lado de ese monstruo, debe parecerse a él.

Era evidente que el aterrador personaje estaba muy enojado con Pablo y a través de él me miraba con odio, con la furia del pasado cercano. Pero yo tampoco estaba para soportar tanto porque llevaba ya muchos días aguantando y aguantando todo tipo de insultos, hasta que una extraña fuerza interior me gritó que ya no podía callar más. Y no callé:

—¡Le pido por favor que no me agreda más y no me trate así! —dije a grito herido.

—No dan ganas de negociar con usted, señora... es que ese hombre hizo tanto daño.

El capo no parecía estar en un buen día. Asustada, miré hacia el gran ventanal que tenía enfrente y observé que cerca de veinte hombres caminaban muy lentamente alrededor de la piscina con potentes fusiles. Y respondí:

—Las guerras son despiadadas, señor. Fíjese: mataron a mi hermano Carlos, que era inocente, nunca intervino en guerras ni en narcotráfico y era un trabajador incansable.

—Señora, fue una equivocación.

—¿Y con equivocación y todo quién devuelve vivo a mi hermano?

—Su marido es el responsable de todo. Si por mí fuera, volvería a levantar a ese hijueputa de la tumba y lo mataría de nuevo.

—En una guerra hay responsabilidades de parte y parte. Lo que ocurrió es una locura total, una falta de conciencia sin límites —repliqué.

La conversación no iba para ningún lado y así debió percibirlo Carlos Castaño, quien intervino para apaciguar las aguas:

—Escúchenme, estamos aquí para terminar con estos problemas de una vez por todas, pero parece que quieren continuar con esta guerra. A ver, pues, doña Victoria, solucionemos esto.

El momento era más que complicado porque estaba al frente de un hombre que después de la muerte de mi marido había adquirido un gran poder en Medellín y el valle de Aburrá. Por fortuna ahí estaba Carlos Castaño y decidí aprovechar su presencia.

—Mire, señor, estoy acá reconociendo que ustedes ganaron la guerra y vine a pedirle que nos perdone la vida a mis hijos, a la familia de Pablo, a la mía, a los trabajadores, a los abogados y mí. Y estoy acá para resarcir esos daños en una buena parte —dije con la voz entrecortada.

Un gesto de Castaño me indicó que la reunión había terminado, que el crucial encuentro había sido un fracaso. Salí acobardada, asustada, más aún cuando los guardaespaldas se quedaron mirándome de pies a cabeza, como diciendo: "Si algún día te encontramos en la calle...".

Subí a la camioneta y Castaño no tardó en recriminarme:

—Qué mal momento, doña Victoria —dijo mientras yo lloraba inconsolable.

—Pero es que él me trató muy mal, ¿vos lo escuchaste?.

—Sí, señora, pero es que ahora uno de los que manda aquí es él.

Muy temprano al día siguiente, recibí una llamada de Castaño, quien se sentía nervioso:

—Señora, qué vamos hacer... ese hombre está enojadísimo con usted y se sintió muy ofendido porque la esposa del capo de capos vino a alzarle la voz. No lo tiene muy contento.

—Carlos, ¿qué debo hacer? Por favor, no quiero más problemas —dije convencida de que la muerte, otra vez, estaba cerca. En esos instantes de terror me quedó claro que debía medir cada frase, cada palabra, porque tenía todas las de perder.

—Hágale un regalito señora.

Funcionó: le di instrucciones al abogado Fernández para buscarlo y que él eligiera qué deseaba del listado de bienes. Y a través de él le ofrecí mis disculpas por el malestar que le ocasioné.

—Señora, quedó muy conforme y dijo que dejáramos atrás aquel mal momento —resumió Castaño y por fin pude respirar con cierta tranquilidad.

Atrás había quedado otro enemigo, pero había más, como el comandante Chaparro, otro poderoso contrincante de Pablo, con quien había que ir a negociar al Magdalena Medio, su centro de operaciones. Como encontrarse con él era vital para las gestiones que adelantaba, la fiscalía autorizó que viajara acompañada por Carlos Castaño, quien me recogió en un automóvil blindado y nos dirigimos al aeropuerto de Guaymaral, al norte de Bogotá, donde nos esperaba un helicóptero que nos llevaría a una finca en límites entre los departamentos de Caldas y Antioquia.

Mientras la aeronave surcaba los cielos del occidente del país, Castaño y yo comentamos la dureza de la guerra que nos envolvió y el largo camino que aún faltaba por recorrer.

—Tranquila, doña Victoria, que la voy a acompañar, como le prometió mi hermano Fidel.

Agradecí el gesto y la plática derivó hacia una revelación.

—Señora, le cuento que ya estábamos desmoralizados. Habíamos matado al noventa y nueve por ciento de la gente de Pablo, pero nada que le llegábamos. Casi tiramos la toalla. Incluso algunos Pepes importantes comenzaron a decir que si no había resultados en diciembre abandonaban la persecución. Y como si fuera poco, a los coroneles de la Policía del Bloque de Búsqueda ya les habían dado un ultimátum.

Al promediar la mañana llegamos al lugar indicado y desde las alturas observé que unos cuarenta hombres armados con fusiles hacían una especie de círculo para que el helicóptero aterrizara en la mitad. Sentía que el aire me faltaba. Parecían el pelotón de fusilamiento que espera la fatídica orden de ¡Apunten, fuego, ya! para acribillar a su víctima. Así me sentía.

Cuando bajamos del helicóptero, la luz del sol calentaba con toda su fuerza, me quemaba. El susto me dio tiempo para tomar un segundo aire y rezar: "Señor, si me desaparecen hoy, ¿qué va a pasar con mis hijos, mi madre, mi familia? ¿Qué será de ellos? Qué horror..." Tenía que sacar fuerzas de donde no tenía para que no se percataran de mi pánico y mis miedos.

Nos acercamos al grupo de hombres armados, en cuyo extremo sobresalía una persona menuda que se dirigió hacia nosotros. Castaño me presentó al comandante Chaparro y este a su vez a su hijo, quien portaba un potente fusil. Este me saludó frío, distante.

Luego de hablar de cosas intrascendentes durante algunos minutos, Castaño fue al grano:

—Comandante, ella está dispuesta a solucionar todos los problemas con usted y a lograr la paz. Póngale precio a todos los daños que usted tuvo.

—Carlos, ¿qué valor puedo ponerle a la muerte de mi hijo? ¿Qué valor a todos los atentados que me hizo Pablo? ¿A todas las personas que me desapareció?

—Es claro, comandante, pero yo estoy acá para que se acabe esta pesadilla; nadie quiere guerrear más y por eso la señora le está poniendo el cuerpo a esta terrible situación... una y mil veces habla de la paz, solo de la paz.

Cuando la tensión hubo bajado un poco me animé a intervenir.

—Comandante Chaparro, le puedo ofrecer dos fincas, una con una pista de aterrizaje y otra al lado del río, y algunas máquinas de la hacienda Nápoles, como la motoniveladora y la planta eléctrica, que son muy buenas y costosas.

Chaparro guardó silencio y noté que me miraba, que me observaba, como queriendo saber muchas cosas. Entonces tomé de nuevo la palabra:

—Comandante, son numerosas las personas que quieren una parte de lo que dejó Pablo y tengo que cumplirles a todas. Le ruego que comprenda que lo que le estoy entregando tiene un valor importante.

Mi súplica tuvo eco porque el comandante Chaparro
aceptó. Luego nos dimos un fuerte apretón de manos y cerramos el pacto.

Me sentí más confiada y no desaproveché la oportunidad
para preguntarles por el paradero de la niñera de Manuela,
Nubia Jiménez, y de nuestra profesora, Alba Lía Londoño,
secuestradas y desaparecidas por los Pepes en la primera semana de noviembre de 1993, cuando la persecución a Pablo
ya incluyó a las personas más cercanas a nosotros.

—Señora... señora... mire estas extensiones de tierra... esto
está lleno de desaparecidos; es imposible entregarle los cuerpos, no hay manera de encontrarlos.

Las duras palabras de Chaparro me trajeron de nuevo a mi
triste realidad y lloré sin parar durante un buen rato. Luego
contemplé el extenso paraje y no podía comprender cuánto
dolor, cuánta incertidumbre, cuánta desesperanza había sepultada allí. ¿Qué respuesta les daría a los hijos de la profesora
y de la niñera? ¿Cómo decirles que los cuerpos no aparecerían
nunca? Recuerdo que tardé varias semanas en hacerlo porque
me sentía completamente desgarrada. Pensaba en mis hijos
y me negaba a enfrentarme al dolor de los suyos. No tenía el
valor de mirarlos a los ojos. Mucho menos era capaz de contarles lo que había descubierto. No había palabras, no quería
decirles que sus madres no regresarían jamás.

De pronto los motores del helicóptero se encendieron y el
comandante Chaparro me dio la mano y yo le di las gracias por
haber tenido compasión con nosotros. Por un momento sentí
que me desplomaba, que no tenía fuerzas para subir al helicóptero. Pero lo logré y ya en vuelo miré al cielo y le agradecí
a Dios por permitirme regresar de vuelta a casa y por darme
la sabiduría para sortear cada una de esas reuniones que tenía
que enfrentar. Otro duro escollo había quedado atrás.

Mientras tanto, continué mi periplo por las cárceles, que obviamente incluyó La Picota, en el sur de Bogotá, a donde fui a hablar con *Arete*, *Tití* y *Mugre*, acompañada por un par de agentes del CTI de la Fiscalía. Cuando terminaba de escuchar sus problemas y me comprometía a resolver lo de la falta de dinero, se acercó otro muchacho, también trabajador de Pablo. Era mensajero de otra dificultad:

—Patrona, patrona, don Leonidas Vargas quiere verla en su celda para ver si pueden cuadrar una cuenta pendiente del patrón.

Sorprendida respondí que sí y entonces el joven me condujo a lo largo de varios pasillos que me produjeron desolación porque vi la miseria de unos seres tristes, maltratados, aislados, sin futuro. Estaba tan ensimismada en observar aquellas escenas dantescas que no caí en cuenta de que el mensajero entró a una celda. Había llegado a donde Leonidas Vargas. Permanecí afuera.

—Don Leonidas, acá está la viuda de Pablo.

—Dígale que pase.

Encontré un hombre de baja estatura, trigueño, campesino pero muy cuidadoso al hablar. Me atendió muy amable y a los pocos minutos me dijo que Pablo le había quedado debiendo un millón de dólares y que quería recuperarlos.

—Pensemos de qué manera arreglamos y que sea lo mejor para los dos —dijo cordial, pero con el tono de quien está dispuesto a actuar por las buenas o por las malas.

Alguien ya me había comentado que ese señor Leonidas Vargas era muy serio, pero también muy bravo, y por eso era importante pagar la deuda sin darle muchas vueltas. Pero había un problema: no teníamos dinero, aunque sí una solución a la vista porque por esos días la fiscalía había ordenado devolvernos un avión de Pablo que estuvo confiscado durante diez años. Entonces le propuse:

—Don Leonidas, ¿le sirve un avión de Pablo?

Dijo que seguramente sí y acordamos realizar un avalúo, que por fortuna determinó que el valor de la aeronave era casi igual a la deuda. En resumen, él se quedó con el aparato después de verificar que podía volar y salió ganando porque en un hangar del aeropuerto Olaya Herrera de Medellín estaba almacenado un lote de repuestos que solo le servían a ese avión, valorados en cerca de trescientos mil dólares.

Pero faltaba mucho todavía. Y así quedó claro un día cuando Miguel Rodríguez llamó a contarme que los hermanos de Pablo lo habían visitado para pedirles a él y a su hermano Gilberto que intervinieran en la repartición del testamento de mi marido. Agregó que la intención de mis cuñados era pasar por encima de la voluntad de Pablo, que en vida les escrituró algunos bienes a Manuela y a Juan Pablo. Al terminar la llamada, me pidió que en las próximas reuniones estuviéramos con los Escobar para hablar de ese tema. Me negué.

—No, don Miguel, recuerde que usted mismo me dijo que ellos me iban a sacar los ojos; no quiero reunirme con ellos porque me parece doloroso que me hayan ocultado que los buscaron a ustedes para quitarles a mis hijos lo que les dejó el papá.

—Señora, hágalo por mí, que he puesto la mejor voluntad para acompañarla en este proceso; así que ahora le toca escucharme.

—Está bien, don Miguel, lo hago solo por usted —respondí luego al recordar la gratitud que sentía porque él se había mostrado compasivo con nuestra situación.

Diez días después estaba de nuevo sentada en la mesa, pero me llamó la atención que la asistencia había mermado notoriamente porque ya varios capos habían considerado que la deuda estaba saldada. No obstante, este nuevo encuentro tendría como ingrediente adicional la discusión sobre la vida de mi hijo.

Y Gilberto Rodríguez lo dejó en claro recién empezada la reunión:

—Señora, no se preocupe que después de esto va a haber paz, pero a su hijo sí se lo vamos a matar.

La reiteración de la sentencia de muerte de Juan Pablo me llenó de temor, pero a diferencia de las reuniones anteriores sentía que podía apelar a la razón y convencer a los capos de Cali de que mi hijo no tenía intención alguna en prolongar la guerra y que yo sería garante de que eso fuera así.

—Señores, por favor, escúchenme una vez más. En este proceso están incluidas personas de muy alta peligrosidad. No entiendo por qué ustedes están tan empecinados en quitarle la vida si él es apenas un adolescente; yo soy la única mujer que está poniendo la cara y el dinero para alcanzar un acuerdo de paz y en reconocimiento a mi labor les pido le den una nueva oportunidad a mi hijo.

Silencio total. Los capos asistentes se quedaron un rato hablando en voz baja y luego algunos se fueron para otro lugar de la casa a conversar. Media hora después, por fin, se produjo una gran noticia:

—Señora, la esperamos en diez días con su hijo para resolver si sigue con vida —resumió Gilberto Rodríguez.

Era un hecho: teníamos que cumplir la cita en Cali y debíamos prepararnos para lo peor. La cuenta regresiva había empezado y por eso no perdí tiempo para rezarles a mis seres queridos muertos, pidiéndoles protección y ayuda para

ablandar los corazones de nuestros enemigos. Es una vieja
costumbre a la que he acudido en los momentos críticos de
mi vida, y debe haber funcionado porque seguimos con vida.

Los días empezaron a pasar y el ambiente en el departamento del barrio Santa Ana se tornaba más y más tenso.
No solo debía seguir soportando la hostilidad del vecindario,
también me partía el corazón observar la impotencia de Juan
Pablo, quien sentía que su muerte estaba cerca. El momento
que vivíamos era tan incierto que, aunque parezca increíble, a
sus diecisiete años, siendo un menor de edad, mi hijo se sentó
frente a la computadora y escribió su testamento. Con todo,
muy en el fondo yo guardaba la esperanza de que, al presen-
tarse voluntariamente ante los enemigos de Pablo, le dieran
una segunda oportunidad. Pedía a Dios minuto a minuto que
no me fuera a arrebatar a Juan Pablo, quien desde los siete
años había tenido que dejar el colegio, a sus primos y amigos,
soportar los encierros, las persecuciones y toda la serie de
adversidades que acompañaron a Pablo en sus últimos años.
Yo aprendí a vivir el día a día, y a soportar lo insoportable. Y
ahora me daba cuenta de que ellos, mis hijos, no tenían por
qué aguantar esta barbarie heredada.

Como siempre, aprovechamos la oscuridad de la noche
y alrededor de las cuatro de la madrugada salimos rumbo a
Cali con mi hermano Fernando, quien manejaba una camioneta Toyota blanca. El recorrido fue tranquilo y mientras cu-
bríamos el trayecto de quinientos kilómetros analizábamos
la forma de cómo abordar la plática con los capos para con-
vencerlos de perdonarle la vida a Juan Pablo.

Poco antes de las seis de la tarde llegamos a la capital del
Valle y nos hospedamos en un hotel propiedad de uno de los
capos del cártel de Cali. Seguimos las instrucciones y no re-
gistramos nuestro ingreso, pero tomamos la precaución de

no hablar en voz alta porque creíamos que habían puesto micrófonos en las dos habitaciones que ocupamos. Tampoco pedimos comida en el restaurante por el temor de que nos envenenaran y nos limitamos a tomar agua de la llave.

A medida que avanzaban las horas y se acercaba el momento del encuentro con los capos, Juan Pablo no podía evitar que lo invadiera una rara sensación de zozobra. Ya cerca de las once de la noche se arrodilló durante un largo rato, rezó el rosario y lloró. Hoy todavía valoro que mi hijo conserva esa costumbre, así como la fe con la que se arrodilla cada día ante Dios para agradecer la posibilidad que le dio de seguir con vida y luchar por alcanzar un futuro mejor.

Al día siguiente fuimos a Palmira a saludar a mi tía Lilia y a otros parientes y esperamos la llamada de alguno de los "caleños" para saber a dónde tendríamos que ir. La jornada transcurrió sin mayores contratiempos hasta que a las diez de la noche, recién regresamos al hotel, llamó Hélmer *Pacho* Herrera y me dijo que nos invitaba a almorzar a nosotros y a los hermanos de Pablo para hablar de la herencia y la repartición de los bienes.

—Don *Pacho*, no se preocupe que ese asunto lo resolvemos en familia porque Pablo dejó un testamento. Estamos aquí porque don Miguel Rodríguez nos llamó para hablar de paz y Juan Pablo, mi hijo, vino a arreglar su situación —respondí cortante y el capo solo atinó a decir que nos veíamos al día siguiente.

La verdad es que no nos pareció adecuado, por el momento en que vivíamos, sentarnos a la mesa con unos parientes políticos con quienes teníamos diferencias cada vez más grandes y con los capos que terminaron con la vida de mi marido.

A la reunión con los "caleños" llegamos a las dos de la tarde después de que un hombre que dijo ir de parte de Miguel

Rodríguez nos recogió en un automóvil Renault 18 con vidrios polarizados y diez minutos después entró al sótano de un viejo edificio en el centro de la ciudad. En el trayecto, mi hermano Fernando debió ver la cara de pánico de Juan Pablo e hizo un intento por calmarlo.

—Tranquilos, que no va a pasar nada —dijo repetidamente, sin éxito.

El conductor nos acompañó hasta el último piso y antes de despedirse señaló la sala de espera que se veía cerca de ahí. Mientras nos dirigíamos hacia allá observé con alivio que no nos requisaron y tampoco había hombres armados.

Pero cuál sería nuestra sorpresa cuando nos encontramos ahí a mi suegra Hermilda, a mi cuñada Luz María con su esposo Leonardo, a mi cuñado Argemiro y a Nicolás, hijo de mi cuñado Roberto. El desconcierto de todos fue tan notorio que escasamente nos saludamos y cada grupo se situó en un extremo del espacioso lugar.

La situación era más que incómoda, pero por fortuna llegó nuestro abogado Fernández, quien llevaba el listado de las propiedades y el testamento de Pablo. Minutos después un mesero con elegante ropa negra nos hizo pasar a un salón más grande en el que había dos sofás para tres personas, sillas a los costados y una mesa de cristal en el centro. Apenas nos sentábamos cuando entraron Miguel Rodríguez, Hélmer *Pacho* Herrera y José Santacruz Londoño. Gilberto Rodríguez no llegó.

Juan Pablo, Fernando y yo nos sentamos en el sillón al lado izquierdo de Miguel Rodríguez, quien lograba contener mi angustia porque sin decir nada me transmitía la sensación de que estaba de mi lado, que era mi ángel de la guarda. Al lado de Rodríguez se sentaron *Pacho* Herrera y Santacruz y en el otro extremo los Escobar y el abogado Fernández.

El largo silencio que se apoderó del lugar me dio tiempo para reflexionar sobre el absurdo que significaba que una reunión en la que se definiría si mi hijo sería sentenciado a muerte, hubiera sido aplazada —¡por petición de mi suegra!— para discutir primero la herencia de Pablo. En otras palabras, era inadmisible que mi familia política buscara al cártel de Cali para zanjar un asunto que solo les atañía a los Escobar Henao.

Hasta que Miguel Rodríguez rompió el hielo:

—Vamos a hablar de la herencia de Pablo; he escuchado reclamos de la mamá y los hermanos de él, porque quieren que en la repartición se incluyan los bienes que en vida les dio a sus hijos —dijo sin saludar.

—Sí, don Miguel, estamos hablando de los edificios Mónaco, Dallas y Ovni, que Pablo puso a nombre de Manuela y Juan Pablo para protegerlos del asedio de las autoridades, pero eran de él y no de sus hijos. Por eso exigimos que entren en la herencia —señaló mi suegra y el ambiente se podía cortar con tijeras.

Entonces el turno fue para mí:

—Doña Hermilda, desde que Pablo construyó esos edificios, quedó muy claro que eran para sus hijos porque a su familia le dejó muchas otras cosas; usted sabe que así es, por más que vengan acá, con todo respeto, a decir cosas que no son ciertas.

El exótico encuentro no tardó en dejar planteadas dos tendencias entre los capos: *Pacho* Herrera se mostraba a favor de mi suegra y mis cuñados, al tiempo que Miguel Rodríguez se la jugó por mí y mis hijos. Y así lo dejó planteado en una intervención en la que, una vez más, ejerció de juez:

—Miren, yo, por ejemplo, tengo sociedades a nombre de mis hijos, y esas sociedades tienen unos bienes que yo, en vida, decidí que eran para ellos; exactamente lo mismo hizo

Pablo. Entonces, los bienes que él quería para sus hijos así se quedan y no se discute más. Lo que es de mis hijos es de mis hijos y lo que Pablo decidió que era para sus hijos es para sus hijos. Lo que queda, repártanselo entre ustedes, según el testamento.

Todos quedamos callados. Ellos se pusieron pálidos pues nunca imaginaron que Miguel Rodríguez comprendiera nuestra situación. Observé con detenimiento el comportamiento de la familia de Pablo, sus miradas desconcertadas, su malestar hacia los hijos de su hermano muerto. Le pedí a la vida que aunque fuera por un instante Pablo mirara a los ojos a sus parientes. En mi corazón de madre sabía que estaba defendiendo lo que les correspondía.

Como dice el adagio popular: lo que va mal siempre es susceptible de empeorar, sucedió después de la sentencia de Miguel Rodríguez. Y corrió por cuenta de Nicolás Escobar, quien hizo una pregunta que terminó la reunión.

—Un momentico, Tata, ¿y entonces qué vamos a hacer con los diez millones de dólares que mi tío Pablo le quedó debiendo a mi papá?, porque aquí todos sabemos que mi papá era el que sostenía a Pablo.

Tras la descabellada acotación, don Miguel me miró a los ojos, malicioso, luego sonrió y guiñó el ojo en señal de desaprobación. También me di cuenta de que Juan Pablo se molestó con el comentario de su primo y no aguantó las ganas de intervenir:

—Oigan a este. Esa nadie te la cree, Nicolás. Los pájaros resultaron tirándoles a las escopetas. Ahora resulta también que tu papá sostenía al mío... no jodás.

Miguel Rodríguez, *Pacho* Herrera y *Chepe* Santacruz sonrieron, luego se levantaron de las sillas y salieron hacia el fondo del salón y no se despidieron de los Escobar.

Como un resorte me paré del sofá y me fui detrás de ellos y les pedí que nos dieran cinco minutos para que hablaran con Juan Pablo, a quien le hice un gesto para que se acercara. La hora cero había llegado.

Ellos asintieron, se sentaron en otra sala y cruzaron los brazos, como queriendo decir "Hable pues o calle para siempre". Juan Pablo entendió el mensaje y dijo:

—Señores, vine aquí porque quiero decirles que no tengo intenciones de vengar la muerte de mi papá; lo que quiero hacer, y ustedes lo saben, es irme del país para estudiar y tener otras posibilidades diferentes a las que hay acá. Mi intención es no quedarme en Colombia para no molestar a nadie, pero me siento imposibilitado de lograrlo porque hemos agotado todas las opciones para encontrar una salida. Tengo muy claro que si quiero vivir debo irme.

Nunca olvidaré la palidez de mi hijo cuando pronunció esas palabras. Qué dolor recordar su imagen de pesadumbre y desesperanza. Pero algo bueno empezó a suceder cuando intervino el capo José Santacruz Londoño:

—Pelao, lo que debe tener claro es que no debe meterse al "traqueteo" ni con combos o cosas raras; entiendo lo que usted pueda sentir, pero tiene que saber, y aquí todos lo sabemos, que un toro como su papá nunca más volverá a nacer.

—No se preocupe, señor, que yo aprendí una lección en la vida y por eso siento que el narcotráfico es una maldición.

—Un minutico, joven —replicó Miguel Rodríguez, alzando la voz—; ¿cómo puede decir usted que el narcotráfico es una maldición? Mire, mi vida es muy buena, mi familia vive bien, tengo una casa grande, mi cancha de tenis, salgo a caminar todos los días...

—Don Miguel, entiéndame, la vida me ha mostrado algo muy diferente. Por el narcotráfico perdí a mi padre, familiares, amigos, mi libertad, mi tranquilidad y todos nuestros bienes. Me disculpa si lo ofendí, pero no puedo verlo de otra manera. Por eso quiero aprovechar esta oportunidad para decirles que por mi parte no se va a generar violencia de ningún tipo. Ya entendí que la venganza no me devuelve a mi papá; y les insisto: ayúdennos a salir del país. Me siento tan limitado para buscar esa salida que no quiero que se entienda que no me quiero ir; es que ni las aerolíneas nos venden pasajes.

Con un raro tono de juez y consejero, intervino Miguel Rodríguez:

—Señora, hemos decidido que le vamos a dar una oportunidad a su hijo. Entendemos que es un niño y debe seguir siendo eso. Usted nos responde con su vida por sus actos de ahora en adelante. Tiene que prometer que no lo va a dejar salir del camino del bien, del respeto por nosotros y por la no violencia. Les vamos a dejar los edificios para que se defiendan con ellos. Vamos a ayudar a que los recuperen. Para eso habrá que colaborar también con una plata para las campañas presidenciales. A cualquiera que gane le pedimos que les ayude, pues les vamos a decir que ustedes colaboraron con sus campañas.

Pacho Herrera, quien había guardado silencio, intervino en la plática:

—Mompa, esté tranquilo que mientras no se meta al narcotráfico nada le va a pasar. Usted ya nada tiene que temer. Queríamos que viniera para cerciorarnos de que sus intenciones eran buenas. Lo único que no podemos permitir es que usted quede con mucha plata, para que no se nos vaya a enloquecer por ahí lejos de nuestro control.

Miguel Rodríguez cerró el corto encuentro de veinte minutos:

—No se preocupen más. Incluso pueden quedarse a vivir aquí en Cali si quieren, que nadie les va a hacer nada. Tenemos mansiones, coches y seguridad para prestarle, señora; no tiene de qué preocuparse. Si quieren, vayan a conocer el negocio de mi esposa, de venta de ropa. Y esperen a ver qué pasa ahora con el nuevo presidente que llega, que nosotros les ayudamos —dijo el capo y acto seguido se despidió con cierta amenidad, llamó al conductor y le ordenó que nos llevara al almacén de su esposa Martha Lucía Echeverry.

Agradecí el gesto y la buena intención de los jefes del cártel de Cali, pero no tenía duda de que para reinventar una nueva vida para nosotros debíamos salir de Colombia.

En pocos minutos llegamos a una zona comercial de buen nivel en Cali y entré a un almacén de ropa que me señaló el conductor. Detrás de un elegante escritorio encontré a la esposa de Miguel Rodríguez. Era una mujer espigada, esbelta y linda, que me saludó con amabilidad. Sentí que me miró con ojos de compasión, como diciendo "No sabe cuánto la comprendo señora". Intenté ser cordial como ella y ojeé algunas de las finas prendas que vendía, pero el estado de ánimo no me daba, me sentía como un zombi, podía más el inmenso dolor guardado en mi corazón. Estuve ahí cerca de una hora y espero que ella haya podido entender que no estaba para comprar ropa. Cuando salí ya me esperaba Juan Pablo, que había comprado una bata de toalla con estampado escocés.

Luego de librar mil batallas para que no lo asesinaran, era claro que mi hijo había salido con vida. Después de esa reunión tomé la decisión de que, en adelante, en la medida de lo posible, no dejaría escapar ningún momento en que pudiéramos estar juntos y celebrar la vida.

También era evidente que las principales barreras empezaban a quedar atrás y así me lo hizo saber Carlos Castaño, quien había estado pendiente del proceso de repartición de los bienes de Pablo. Llegó a tener tanta condescendencia conmigo que en una ocasión, cuando viajábamos en un avión para resolver algo relacionado con una propiedad de Pablo que debía entregarle a otro capo, pronunció una frase que habría de ser premonitoria:

—Tranquila, doña Victoria, que ahora estamos arreglando su problema, pero no va a pasar mucho tiempo para que nos matemos entre nosotros mismos, de la misma manera como pasó con Pablo.

Días después me sorprendió la llamada de Ismael, un hombre que no había aparecido hasta ahora y que me citó en su oficina, muy cerca del Centro Comercial Andino en Bogotá. Él llegó a ser muy importante en el cártel de Medellín porque fue mano derecha de Kiko Moncada y por eso acudí sin falta con mi hermano Fernando. Lo encontré en una elegante oficina, bellamente decorada y sobre el escritorio una costosa botella de whisky que apuró en las seis horas que duró la conversación. No exagero al decir que el ochenta por ciento del tiempo se fue en los insultos de Ismael a mi marido, por los horrores que había cometido en la guerra, porque había perdido todos los valores, porque se había dejado influir demasiado por sus hombres, por los atentados terroristas.

—Su marido estaba ¡loco!, ¡loco!, señora.

A medida que avanzaba la noche e Ismael consumía largos tragos de whisky, llegó el momento de la verdad.

—Oiga señora, usted se va a morir si no entrega lo que le voy a pedir.

Entonces mi hermano saltó como una fiera:

—Usted también se va a morir, Ismael, o es que cree que va a vivir toda la vida.

La inesperada reacción de mi hermano fue tan contundente que Ismael se quedó callado y bajó la mirada. Por eso quise tanto a Fernando, porque fue una gran compañía, un hombre conciliador que nos acompañó sin vacilaciones. Todavía hoy siento su ausencia porque su adicción a las drogas y sus enfermedades terminales lo llevaron a la muerte el 16 de junio de 2014.

Lo cierto es que al cabo de dos o tres reuniones más, Ismael se quedó con los bienes que pidió de Pablo. Y se los entregué sin chistar, porque además de influyente en su organización era muy peligroso.

Al final de los accidentados encuentros, Ismael me ofreció disculpas por la muerte de mi hermano Carlos, el mayor, a quien los Pepes asesinaron el 2 de junio de 1993, cuando llegaba a Medellín proveniente de Cartagena. Me dijo que habían sido amigos y que sabía que no se había involucrado en nada de lo que hacía Pablo. También me dijo que cuando se dio cuenta de que Carlos había sido secuestrado hizo varias llamadas intentando evitar que lo asesinaran, pero cuando logró comunicarse ya era tarde.

Para resumir, a finales de agosto de 1994 llevábamos ocho meses en la desgastante agitación que he narrado a lo largo de este capítulo. En ese momento ya habíamos entregado la totalidad de los bienes que dejó Pablo, salvo los edificios Dallas, Mónaco y Ovni, porque según los acuerdos les pertenecían a mis hijos, hasta que el Estado se quedó con ellos.

Resuelto el asunto de la entrega de los bienes de Pablo, tanto a los cárteles como a la familia Escobar, ahora deberíamos concentrarnos en nuestro futuro, que invariablemente era salir del país. Era nuestra única opción. Pero, ¿a dónde? Sobre el tapete había algunas posibilidades, pero eran muy inciertas. En esas estábamos cuando de manera sorpresiva me citaron de nuevo en Cali porque habían surgido algunas dudas sobre la documentación que soportaba la propiedad de un avión y un helicóptero de Pablo.

Como siempre, viajé a tiempo y llegué a la sede del Club América de Cali en Cascajal, donde se encontraban unas cuarenta personas, diría que las mismas de la primera vez. Por fortuna las ofensas y las amenazas de muerte ya eran cosa del pasado y el asunto del avión y el helicóptero fue resuelto relativamente fácil. En las sumas y restas de esa operación quedó un saldo a nuestro favor que los capos se comprometieron a pagar devolviéndonos un par de aeronaves para ayudar a paliar mi situación económica, en ese momento lamentable; y por primera vez me dieron algunos números telefónicos para llamarlos y ultimar los detalles de la entrega, que finalmente nunca se produjo.

Solucionado el motivo por el cual me habían convocado, todos nos pusimos de pie porque don Miguel quería agregar algo más:

—Señora, nosotros queremos agradecerle por el cumplimiento de su palabra durante este proceso. Nos sentimos respetados por usted y usted se ha ganado nuestro respeto.

Nadie dijo nada más. Nos dimos la mano con cada uno de los capos, que en voz baja reconocieron el cuidado que yo había tenido a lo largo de la negociación.

Antes de salir nos reunimos en una especie de círculo y Miguel Rodríguez, más relajado, recordó un episodio ocurrido cuando la guerra con mi marido estaba en el punto más alto:

—Señora, lo que sí es cierto es que si se hubiera dado aquel acercamiento que hace algunos años usted me pidió a través de su tía, seguramente se hubieran evitado tanto dolor y tantas muertes.

—Cierto, don Miguel, pero todos saben que mi marido no me dejó.

La historia a la que se refería Miguel Rodríguez fue así: mientras Pablo intentaba ganar sus guerras, me propuse hacer algo para terminarlas, por las buenas. Pero ¿cómo? La respuesta corrió por cuenta de una de mis tías con la que siempre he sostenido una relación muy estrecha. Ella me contó que desde hacía algún tiempo conocía a un hombre muy cercano a los capos del cártel de Cali. Sin pensarlo dos veces le pedí que hablara con su amigo y que les pidiera a los "caleños" que me atendieran para ver de qué manera se podía detener la confrontación.

Cuando le propuse adelantar la gestión, mi tía se puso pálida y dudó que fuera capaz de dar semejante paso, pero la tranquilicé:

—Claro que eres capaz, tía. Y de otras cosas más grandes porque has sido una mujer luchadora y ninguna situación te ha quedado grande.

La convencí y su gestión fue exitosa porque el contacto no tardó en hablar con los capos de Cali, que se mostraron dispuestos a reunirse conmigo a la mayor brevedad. Cuando me llegó el mensaje me puse feliz y creí que estaba tocando el cielo con las manos, pero ahora había que convencer a Pablo, con quien nos escondíamos en una finca en el oriente antioqueño. En medio de las mayores dificultades yo había llegado hasta allí para que viera a sus hijos y compartiera con ellos algunas horas.

Me pareció que lo mejor era esperar la llegada de mi tía para darle la noticia a Pablo, quien no tenía idea de lo que sucedía. Muy en el fondo estaba preocupada por lo que él diría, por haberme tomado la atribución de mandarles mensajes a los de Cali sin decirle nada. Alrededor de las siete de la noche llegó ella y la abracé muy fuerte porque quería susurrarle algo al oído:

—Tía, pidámosle a Dios que Pablo nos escuche.

—Sí, mija, nos va escuchar.

Nos acercamos lentamente a Pablo, quien divisaba el horizonte desde la terraza de la casa finca. Vestía pantaloneta blanca, camisa blanca y tenis especiales con tachones negros que se aferraban a la tierra para facilitar un eventual escape.

—Pablo, estábamos pensando con Tata cómo terminar con esta pesadilla y ella me pidió que hablara con alguien que yo conozco del cártel de Cali para que la atendieran. Y aceptaron que vaya a hablar con ellos —explicó mi tía.

Pablo me miró fijamente a los ojos y me clavó una mirada que yo conocía de sobra. Era de desaprobación.

—Tata, estás loca. Mis enemigos te van a mandar envuelta en alambre de púas. Nunca irás a Cali, eres una ingenua total; te falta malicia, Tata... no puedo creer que se te haya ocurrido siquiera pensarlo. ¡Estás loca! ¡Estás loca! Para que vayas a Cali yo tengo que estar muerto.

Hoy lamento que en su momento Pablo no entendiera que hubiese sido posible detener su guerra contra el cártel de Cali. Para él era impensable siquiera que su mujer se embarcara en semejante aventura. ¿Temía que me matarán o su condición machista le impedía pensar siquiera que su esposa confrontara a sus enemigos? No lo sé. Lo triste, al final de esta historia de dolor, es que solo con su muerte pude acercarme a ellos; pero a diferencia de lo que él pensaba, no nos mataron a mí, a mis hijos o a mi nuera, y muchos años después encontramos una nueva vida.

CAPÍTULO 4

Las mujeres de Pablo

Hablar por primera vez de las infidelidades de mi marido me resulta especialmente doloroso porque vulnera mi condición de mujer, mi dignidad, mi autoestima y el respeto a uno mismo.

En algunas sociedades no es un drama que el marido sea infiel; siempre se sabe, siempre se calla. Es un secreto a voces que se da en miles de familias. Nos criaron como mujeres para no ver y no hablar, para estar ahí, en silencio, cumpliendo con el deber de esposa y de madre. Vivíamos en un espacio de resignación, donde el acusado se sentía ofendido por las recriminaciones que siempre negaba enfáticamente, y al final se apagaban las discusiones. No teníamos derecho a la protesta ni al pataleo; para muchas simplemente significó perder la vida.

Aun así, entiendo que este es un capítulo inevitable en un libro sobre la vida que viví al lado de Pablo Escobar porque son conocidas las muchas relaciones que sostuvo con todo tipo de mujeres a lo largo de su vida. Por esa razón, considero que los lectores no me perdonarían no referirme en extenso al adulterio del que fui víctima durante años, aunque me genere estupor, me duela el corazón, la piel, el alma... la vida.

Narrar esto es más doloroso porque después de tantos años comprobé que en asuntos de infidelidad mi marido tuvo muchas más aventuras de las que en su momento llegué a conocer. Me las contaron ahora, durante la investigación para este libro, cuando regresé a Medellín y a otros lugares de Antioquia para entrevistarme con numerosas personas cercanas al entorno de mi marido, que entonces guardaron silencio por miedo o solidaridad de género.

En otros espacios de este escrito hablo del Pablo Escobar que hizo mucho daño, que cometió crímenes, que desestabilizó a un país, que desafió a un imperio, pero en este capítulo en específico me referiré al hombre, al padre, al amante.

Mi primer recuerdo de él se remonta a 1972: veo a un joven que pasea por las calles del naciente barrio La Paz, de Envigado, en una llamativa moto italiana Vespa de color blanco y rojo que un vecino le vendió por tres mil quinientos pesos y que él se comprometió a pagar en cuotas mensuales de trescientos pesos. Su éxito con las mujeres es evidente porque no son pocas las que le sonríen y le hacen señas para que les dé una vuelta por los alrededores. Es un auténtico seductor, dicharachero y enamoradizo, del que las chicas hablan todo el tiempo y se refieren a él como el "muchacho de la moto".

En ese momento, en verdad, no me interesó saber siquiera quién era él, aunque los corrillos del vecindario hacían inevitable que uno se enterara: se llama Pablo Emilio Escobar Gaviria, tiene veintitrés años, estudia bachillerato en el Liceo de la Universidad de Antioquia, y se nota a leguas que ya tiene un recorrido por la vida que contrasta con el mío, que apenas bordeo los doce años y tengo que pedir permiso para salir de la casa. Pablo tiene un complejo con su baja estatura, 1.67

metros, y por ello le ofende sobremanera que sus amigos le digan enano, banano o murrapo.

Los Henao Vallejo éramos de los más acomodados del barrio, al que habíamos llegado en 1961 procedentes de Palmira —una pequeña y próspera localidad del departamento del Valle del Cauca, suroccidente de Colombia—, porque mis padres decidieron echar raíces en tierras paisas, pues estaban cansados de viajar y viajar por todo el país. Ese continuo peregrinaje en razón del trabajo de mi papá hizo que buena parte de sus ocho hijos naciéramos en diferentes pueblos y ciudades del país.

Mi mamá, Leonor, a quien desde pequeña le decían Nora, había montado una miscelánea en una parte de la estancia de la casa, donde vendía de todo un poco: ropa, telas para uniformes escolares, papelería, electrodomésticos y perfumes. Mi papá, Carlos, era distribuidor de bocadillos de una empresa conocida como La Piñata y por esa razón en el barrio nos decían "los piñatos". Gracias al arduo trabajo de mis padres, sus hijos —tres hombres y cinco mujeres— crecimos rodeados de algunas comodidades y estudiamos en colegios privados. Asistí a clases de natación y guitarra, estrené zapatos dos o tres veces al año y con cierta frecuencia una de mis tías nos traía ropa de Nueva York. Y en las vacaciones de fin de año era usual que viajara a Palmira, donde vivían mi abuela Dolores y mis tías Lilia y Fanny.

La situación de los Escobar Gaviria era bien distinta. Ellos llegaron al barrio en 1964, tres años más tarde que nosotros, y sus raíces estaban en el campo, donde pasaron muchas necesidades y durante la época de la violencia política de mediados del siglo pasado se vieron forzados a deambular por diversas regiones de Antioquia para que la confrontación entre liberales y conservadores no se los llevara por delante. La madre,

Hermilda, maestra de escuela, y el padre, Abel, agricultor, tuvieron cuatro mujeres y tres hombres, de los cuales Pablo era el tercero.

El nuevo barrio de Envigado trajo debajo del brazo una escuela, por la que doña Hermilda fue contratada inmediatamente como profesora gracias a la intervención del exministro y reconocido político antioqueño liberal Joaquín Vallejo Arbeláez —padrino de bautizo de Pablo—, quien logró que la Secretaría de Educación departamental la nombrara en propiedad. Pero los ingresos familiares eran más que insuficientes y por ello don Abel no tuvo otra opción que trabajar en el barrio como celador. Todas las noches, algunos miembros de la Junta de Acción Comunal le fiaban al papá de Pablo un paquete de cigarrillos Pielroja y le regalaban un termo con café y parva (pan y bizcochos).

A fuerza de ver continuamente a Pablo, empecé a notar que se interesaba en mí. Primero fue una mirada seductora, luego un guiño y más adelante un corto saludo cada vez que me veía. Pero debió entender que no sería fácil acercarse y se le ocurrió pedirle ayuda a Yolanda, una joven del vecindario cuya familia era cercana a los Escobar Gaviria y con quien nos conocíamos desde hacía tiempo y éramos grandes amigas. Y le funcionó porque muy pronto Yolanda se convirtió en celestina de la futura relación.

Un día, cuando ya había empezado a cumplir su papel, Yolanda me contó la frase con la que Pablo la abordó para hablarle de mí:

—Ve, Yolanda, la Tata está muy querida. ¿Me hacés cuarto para salir con ella?.

Pero Yolanda le advirtió de lo que podría pasar porque la diferencia de once años de edad entre él y yo era demasiado notoria.

—Pablo, acuérdese que Mario [el segundo de mis herma-
nos] es muy bravo. Si quiere hablo con él, que es mi profesor
de matemáticas, y le digo que usted está interesado en ella.
Además, Mario lo aprecia a usted, pero no olvide que Victoria
es muy sardina y usted está muy mayor para ella. Mire, Pablo,
no quiero tener problemas con los Henao, que son amigos de
mi familia. Eso tiene que hablarlo usted con la mamá de ella,
pero sepa que también es muy brava.

Él no entendió los argumentos y fue mucho más allá en
sus intenciones.

—Eso de la edad no importa. No será la primera ni la última pareja que se junte así. Ella va a ser la mamá de mis hijos...
quiero que sea mi mujer y que tengamos cinco.

Yolanda pensó que Pablo era muy exagerado al pensar
de esa manera sin haber cruzado una palabra conmigo, pero
poco después entendería que él hablaba muy en serio. Y es
que lejos de resignarse a mantenerse alejado, un día, cuando
yo acababa de cumplir trece años, se acercó por primera
vez y me dijo:

—Tatica, súbase a la moto y le doy una vueltica.

—¡Ni riesgos, Pablo!, mis papás no me permiten subirme a
la moto de nadie —respondí en un intento por dejar en claro
que yo cumplía a rajatabla con las reglas de mi casa.

Pero él no se daba por vencido y con alguna frecuencia,
en las noches, cuando yo caminaba por el vecindario para
ir a encargar la leche de la mañana siguiente, aparecía de
entre las sombras y me preguntaba si podía acompañarme.
Yo asentía con un gesto y cambiábamos de ruta para evitar
que nos vieran caminando por la calle principal del barrio.
Durante el corto trayecto me hablaba de lo bonita que me
veía, de la sonrisa tan sensual que tenía, de mis piernas, que
decía admirar. Cómo no, si en esa época estaban de moda los

llamados pantaloncitos calientes o *hot pants*, que me quedaban bastante bien porque era delgada, producto de horas y horas dedicadas al patinaje y la natación.

Semanas después los piropos continuaban, pero ahora el galanteo iba acompañado de una caja rosada de chicles Adam's y un chocolate Jet grande, cuyas envolturas guardé por años. Ya en ese momento Pablo había empezado a gustarme, y mucho, pero no se me ocurría llevarlo a casa porque a mi edad no se podía tener pretendientes.

Con el paso de las semanas era cuestión de tiempo que algo sucediera entre los dos y Pablo se encargó de acelerar las cosas, ayudado por Yolanda, quien poco a poco generó la suficiente confianza para que mi madre me dejara salir con ella los sábados, de siete a nueve de la noche. Una vez en la calle, Yolanda me acompañaba a encontrarme a escondidas con Pablo en algunas heladerías cercanas, entre ellas La Iguana, que luego se llamó El Paso, La Esvástica —que tenía silloncitos para dos—, El Trianón y otras más. Aunque cortas, las pláticas con él eran amenas y a leguas se notaba que Pablo era recursivo para hablar y cautivador al contar historias.

Como Pablo estaba en la tarea de conquistarme, no tardaron en llegar los regalos. El primero fue el reloj grande y cuadrado que él usaba, pero no me lo puse por temor a mis padres y por eso Yolanda lo tuvo durante varios meses. Luego me dio un disco *long play* del cantante español Camilo Sesto y me dedicó una de las canciones, titulada "Amor amar", una de cuyas estrofas parecía anticiparse al futuro: "Amor, si tu dolor fuera mío y el mío tuyo, qué bonito sería... amor... amar. No tengo hoy ni ayer, pero sí tendré un mañana para volar...". Me encantó.

Recuerdo que el día de los novios de aquel año estaba enojada con él y llevábamos varios días sin hablar porque ya sus infidelidades eran muy notorias. Todo el tiempo estaba mirando y seduciendo a las chicas del barrio y yo era muy celosa. Sin embargo, Yolanda llegó con un vistoso anillo de perlas con turquesas.

—Te lo manda Pablo, Tata, y me dijo que te lo entregara para que no pienses que se quiso escapar del regalo.

El anillo era hermoso, y según le contó Pablo a Yolanda, lo compró en la joyería La Perla en Medellín y le costó mil setecientos pesos —setenta y siete dólares de la época—, todo un dineral.

En esos pocos meses de cortejo descubrí a un hombre romántico, con ínfulas de poeta, acostumbrado a dar continuas muestras de cariño, dueño de una sonrisa sensual, detallista consumado, que frecuentemente me mandaba regalos y flores. Poco a poco empecé a sentir que estaba enamorada, y muy deslumbrada. La diferencia de edad entre los dos hacía que aquella incipiente relación fuese muy atractiva porque él no era un chico adolescente, con inseguridades o divagaciones, sino un hombre mayor, que me hacía sentir que no iba tras una aventura sentimental pasajera.

Pero como las mentiras no duran para siempre, unas amigas de mi hermana Luz Marina me vieron varias veces con él y terminaron por contarle. En mi casa se enteraron inmediatamente y mi madre no me dejó ir más a la lechería, la única oportunidad de ver a Pablo. Me puse muy triste y me costaba trabajo entender la actitud tan radical de mi mamá, incapaz de comprender que había alguien interesado en mí y que yo quería saber lo que era enamorarse. Una extraña sensación de rebeldía me invadió y por primera vez sentí que no estaba dispuesta a aguantar que mis padres, y principalmente mi madre, interfirieran en mi relación con él.

A partir de ahí ya no pudimos vernos entre semana porque no me dejaban salir de la casa sin la compañía de uno de mis hermanos, pero también porque con bastante frecuencia Pablo me mandaba a decir con Yolanda que se iba de viaje de negocios. Ella no era específica en los detalles y desde luego yo no sospechaba, ni remotamente, que mi galán ya había empezado a incursionar en el oscuro mundo de la delincuencia.

El hechizo que rodeaba nuestra relación llevó a Pablo a desafiar a mi familia y en los primeros meses de 1973 dio un paso encaminado a formalizarla. Lo supe una noche, cuando mi hermano Mario fue a mi habitación y dijo que habláramos.

—Tata, vos sabes que aprecio y quiero a Pablo, pero es mi deber de hermano advertirte que él no te conviene. Te cuento que nosotros salimos con mujeres todo el tiempo. Él no es lo mejor para vos. Olvídate de él.

Escuché en silencio, pero desde mi ingenuidad su comentario no me puso triste, no llegó a perturbarme. Era evidente que estaba molesto porque su amigo pretendiera a su hermana, pero aun así el tono que usó para tratar de alejarnos fue conciliador. No le faltaba razón a Mario porque justo por esos días me contaron con todo tipo de detalles que Pablo había sostenido un romance con la rectora del Liceo La Paz, donde yo estudiaba. Pero lo justifiqué creyendo que eso era porque todavía no teníamos una relación formal.

Pablo sabía de sobra que si quería establecer algo serio conmigo debía contar con mi familia y por eso aprovechó la cercanía con mi hermano Mario para allanar el camino, pese a que sabía de su oposición. Lo invitó a tomar whisky en la heladería La Iguana y hablaron por más de dos horas, al cabo de las cuales Mario regresó a la casa y buscó a nuestra mamá.

—Mamá, hablé con Pablo y dice que quiere ser novio de Tatica. Así que quiero prevenirte y decirte que ese tipo no pone la cabeza en la almohada, ese hombre no duerme, vive pegado a la baranda de la cama, como un gallinazo.

—Oh, Dios. Qué nos espera. ¿Y vos qué le dijiste?.

—Le dije que por qué no se fijaba en mis otras hermanas, que son mayorcitas, pero dijo que no, que quiere a Tatica. Así que ahora depende de vos, pero hay que tener cuatro ojos encima de esa niña. Mamá, Pablo habla en serio: quiere visitarla en la casa.

Y así fue como comenzamos... el martes 1° de mayo de 1973, día festivo, me pidió que fuera su novia oficial y selló el compromiso con un regalo: la canción "Nuestra historia de amor" recién lanzada por la cantante Claudia de Colombia.

Luego me dijo en tono seguro:

—Mi amor, serás para mí durante toda mi vida. Nunca te cambiaré por nada, ni por nadie.

Emocionada —e ingenua—, respondí que sería su amor para toda la vida, en forma incondicional. Estábamos felices y sellamos nuestro noviazgo con un beso apasionado y un largo abrazo. Mi suerte estaba echada.

Finalmente éramos novios y de nada habían valido las dudas de mi familia respecto de mi pretendiente, al que le veían todo tipo de flaquezas: me llevaba once años de edad, vestía muy mal, se veía muy bajito a mi lado, usaba fijador lechuga para alisarse el pelo. La lista de peros era larga, pero no me importaba.

Las severas restricciones que impuso mi mamá para poder ver a Pablo nos demostraron que no teníamos nada ganado. El principal obstáculo era que solo podíamos encontrarnos los sábados de siete a nueve de la noche. Toda una pesadilla porque estaba al lado de un hombre muy atractivo, pero nos daban permiso de salir justo hasta la hora en que las discotecas empezaban a abrir. De milagro se hizo mi novio porque las chicas del barrio hacían cola para salir con él. Eso sí, cuando llegaba el día esperado empezaba a arreglarme muy temprano, de una manera que mis hermanas calificaban de graciosa porque ponía la ropa encima de la cama, como si estuviera acostada, para que los colores combinaran: el brasier debajo y la blusa encima; luego, los interiores y el pantalón o la falda; más abajo estiraba las medias como si fueran mis piernas y al final los zapatos. Obviamente, cambiaba varias veces los colores porque era obsesiva buscando lograr una armonía en la vestimenta. Era meticulosa en extremo porque quería que Pablo me viera arreglada, atractiva y sensual para él. Creo que lo lograba porque mi pretendiente enloquecía al verme.

Por aquellos días de felicidad apareció en mi vida un personaje muy particular. Era Marquitos, un joven bonachón al que veíamos por las calles del barrio tomando fotos con una cámara. Nos parecía normal verlo deambular por ahí captando imágenes y ya formaba parte del paisaje, pero a partir de mi noviazgo con Pablo noté que se concentraba en tomarme fotos en todos los lugares a donde iba. Al comienzo me sentí incómoda y me pareció hasta extraño lo que sucedía, pero luego me relajé cuando descubrí que mi romántico novio lo había contratado. Tiempo después, Marquitos se enamoró de mí y se le dio por confrontar a Pablo, y llegó al extremo de romper botellas de vino en el antejardín de mi casa.[1]

Mientras tanto, Pablo se paseaba por el barrio en su nueva motocicleta Lambretta modelo 1963, pero como ya era su novia me lo tomé en serio y empecé a hacerle escenas de celos y a buscarle pelea porque lo veía conversando con otras muchachas. Me mortificaba sentir que a él le gustaba parecer un

---

1   Marquitos todavía vive y lo encontré un día en Medellín, mientras hacía la investigación para este libro. Dijo que me recordaba con nostalgia y que en medio de la guerra Pablo le había enviado un mensaje pidiéndole que destruyera todas las fotografías que había tomado en aquella época. Así lo hizo.

LAS MUJERES DE PABLO

picaflor. Pero fiel a su condición machista, no le gustaba que bailara ni siquiera con mis hermanos, y cuando se enojaba por ese motivo guardaba un silencio gélido. Recuerdo una vez que se fue de viaje por unos días y aunque estaba triste, terminé yendo a una fiesta en la escuela donde bailé con otro muchacho. Inocente, porque no había hecho nada malo, me dio por escribirle una carta y contarle lo sucedido. En respuesta envió un sobre que contenía los pedazos de una foto de carné que yo le había regalado y una hoja de papel con un mensaje escrito por él que decía: "Eso es lo que vales para mí Tata".

Tuve que esperar varias largas semanas que me buscara. Fue nuestro primer distanciamiento generado por sus celos, pero finalmente cedió y trajo de regalo una bicicleta tipo monareta amarilla, con luces, canastilla, bocina y llantas anchas.

—Mira, Tatica, lo que compré para ti. La traje desde Ecuador.

—¿Pablo, crees que esa bicicleta va a borrar el dolor que me hiciste pasar? Quédate con ella.

—Tatica, por favor, escúchame... yo te quiero a ti y eres lo más importante que tengo en la vida.

Las armas de la seducción le funcionaron y al final terminó por romper mi resistencia. Luego de disculparnos mutuamente por el motivo de la pelea, estuvimos de acuerdo en continuar el noviazgo y acto seguido me fui con la bicicleta para la casa, a mostrar el regalo que mi novio había traído.

En las siguientes semanas vivimos momentos muy felices porque él me hacía sentir que era la princesa de un cuento de hadas y yo estaba convencida de que él era mi príncipe añorado.

El encantamiento del que hablo era verdadero y trascendió a las cosas más mundanas, como el simple hecho de manejar un vehículo. Pablo me enseñó a conducir en un enorme automóvil Ford modelo 1954, uno de los primeros coches que llegó al barrio La Paz. Fue una experiencia fascinante que incluyó no solo la instrucción necesaria para manejar, sino una alta dosis de coquetería.

Él sabía cómo tratar a una mujer y por supuesto tuvo mucha paciencia porque al comienzo el coche se apagaba al momento de meter los cambios.

—Tranquila, no te desesperes que en un momento prende de nuevo.

A las clases de conducción iban mi hermana Luz Marina y su novio Óscar, a quienes no les gustaba mucho el plan y se sentaban en la parte de atrás del vehículo. Al comienzo practicábamos no lejos de la casa, en un barrio contiguo conocido como Los Periodistas, pero más adelante a Pablo se le ocurrió la idea de ir a manejar a las partes altas, llenas de curvas y con precipicios peligrosísimos. No sé en qué momento me soltó el coche y mientras yo iba muerta del susto por Las Palmas, intentando que no se apagara, él me acariciaba, me pasaba la mano sobre el cabello, meloso.

Obviamente, el coche terminaba por apagarse y entonces Pablo accionaba el freno de mano y ejercía de instructor:

—Mi amor, primera; mi amor, segunda; mi amor, tercera —decía con una dulzura única.

Nunca, a lo largo de las clases, Pablo fue grosero, acelerado o impaciente. Nunca peleamos por eso... fue puro romance.

Una vez que pasó el susto por estar manejando en semejantes sitios, quedó al descubierto la segunda intención de Pablo: terminar la clase en El Peñasco, una acogedora, romántica y exótica discoteca empotrada en una roca de la montaña, con una hermosa vista de Medellín. Aquella vez hacía mucho frío, pero preferimos quedarnos afuera con la única intención de abrazarnos y besarnos apasionadamente.

La habilidad de Yolanda para convencer a mi madre de dejarme salir con Pablo durante unas pocas horas nos permitió varias escapadas a la discoteca Carrusel, situada frente al Centro Automotriz en Medellín. Nuestra celestina de cabecera decía que salíamos a caminar al parque de Sabaneta, pero en realidad íbamos a ese bailadero, donde Pablo pedía media botella de aguardiente y yo gaseosa. Llegábamos a las cinco de la tarde y yo estaba de regreso a las ocho.

Pero como nada es perfecto en la vida, la intransigencia de mi mamá y mi papá hacia mi novio no disminuía. Mi madre era especialmente hostil con él porque le disgustaba sobremanera su ordinariez y falta de cuidado en su vestimenta. Es que a Pablo no le interesaba en absoluto que los colores de la ropa combinaran y tenía la manía de recogerse las mangas y dejarse la camisa fuera del pantalón. Y por si fuera poco, era frecuente verlo andar por las calles del barrio con una ruana de lana blanca. Por eso mis padres no ahorraban un instante para criticarlo.

—Mija, no se preocupe por ponerse muy bonita que de todas maneras parece que anduviera con un chofer —se quejó una vez mi mamá.

—Dígale que deje la ruana en la casa, que aquí no entra así —balbuceó mi padre en otra ocasión.

—Acordate que tenés que respetar a mi hija porque de esa puerta no pasas —le dijo mi madre a Pablo un sábado por la noche, cuando él me dejaba en la casa.

Pablo era todo lo contrario a lo que mis padres querían para mí, pero yo me sentía feliz a su lado y eso bastaba. Claro, hasta el momento en que volvía a echar todo a perder, como en el segundo semestre de 1974 cuando desapareció del barrio. Mi desconcierto fue total porque nadie sabía dónde estaba, ni siquiera Yolanda, a la primera que le pregunté, pero respondió que no sabía nada, solo que se había ido con Rodrigo, uno de sus amigos. Esa primera ausencia me dio muy duro y durante varios días lloré sin parar; además, la ansiedad de no saber nada me llevó a comer grandes cantidades de manjar blanco del Valle, uno de los muchos dulces que distribuía mi papá.

Años después, Yolanda confesó que me mintió en esa y otras muchas ocasiones que le pregunté por las repetidas ausencias de Pablo durante nuestro noviazgo.

—Yo no te decía nada porque según él era mejor que no supieras para dónde iba. Recuerdo que una vez regresó de un viaje de esos y me preguntó: "¿Cómo está mi muñeca?" "Vuelta pedazos, vos sos muy concha, Pablo", le respondí y él se justificó: "No es mi culpa, Yolanda, tengo que salir a ganarme la vida. Tengo que ayudar a mi madre, a mis hermanos, y más adelante quiero lo mejor para ella".

Como ni Yolanda ni sus amigos más cercanos tenían idea de dónde estaba Pablo, tuve que preguntar en la casa de sus padres, donde en un par de ocasiones respondieron que tampoco tenían información sobre su paradero. De todas maneras, era normal que allí lo negaran cuando yo llamaba. Es que hasta la actitud de Teresita, la empleada del servicio de los Escobar, la que prácticamente crió a Pablo, era hostil conmigo y siempre contestaba el teléfono de mala manera. Era más que claro que la familia de mi novio no estaba de acuerdo con nuestra relación y así se lo dijo varias veces doña Hermilda a Yolanda.

—Esa niña es una brincona, no es mujer para Pablo —me dijo Yolanda al referir comentarios de mi futura suegra.

Mi preocupación por Pablo tendría respuesta varias semanas después de su desaparición, cuando uno de sus amigos llegó una tarde a hablar con mi madre.

—Doña Nora, traigo esta carta de Pablo para Tata; quiero pedirle permiso para entregársela —escuché que le dijo el mensajero.

Me llamó la atención que hablaban en voz baja, como si algo estuviera pasando y no quisieran que supiera. Al cabo de un largo rato el hombre salió y me entregó un sobre blanco que contenía una hoja de papel con un párrafo escrito a mano. Era la letra de Pablo. Quizá supo que yo estaba destrozada y por eso envió la carta, que decía: "Victoria Eugenia. Desde lo más profundo de la soledad y la nostalgia, lleno de tristeza y aún sin esperanza de que me recuerdes, acudo a tu corazón, que lo conocí lleno de ternura y de nobleza, para hallar en él una ilusión que pueda devolverme el sentido de la vida. Si me olvidas ahora pensaría que tu cariño no fue sincero, que me olvidas porque quieres olvidarme, pero yo no te olvido porque no puedo hacerlo. Si no me olvidas ahora, prometo recoger toda la nobleza de la tierra para traértela, y, si algún día mi cariño va a ser motivo de desdicha para ti, me alejaría sin decirte nada, llevándome tan solo esos bellos y gratos recuerdos que tengo de ti. Te quiere. Pablo".

Fue peor, porque no entendí nada. El mensaje era muy bonito y daba la certeza de que nuestro amor seguía firme, nada más. Pero la incertidumbre habría de terminar semanas después, cuando Pablo regresó al barrio y lo recibí con los brazos abiertos, sin hacerle preguntas, pues me bastaba con verlo y sentirlo. Me llamó la atención que se veía pálido, silencioso, preocupado, y solo atinó a decir:

—Mi amor, estaba buscando oportunidades para trabajar... tú sabes que tengo que salir adelante para que podamos casarnos.

No dijo más. Luego le acaricié el pelo y el rostro, como diciéndole reposa entre mis brazos, ten fe que lo vas a ir logrando poco a poco y vamos a ser muy felices.

Como en su momento no supe por qué razón Pablo había desaparecido dos meses sin avisar, tampoco entendí los alcances de un comentario que días después hizo mi madre en la misma habitación en la que un año atrás mi hermano Mario me invitó a reflexionar antes de ser novia de él. Se veía seria, contrariada, cuando hizo una pregunta que yo jamás olvidaría:

—Mija, ¿usted está dispuesta a llevarle toda la vida viandas [comida] a Pablo a la cárcel?

—Sí, mamá, estoy dispuesta.

Mi madre guardó silencio ante mi respuesta, que solté sin vacilación alguna. Era evidente que ella conocía el motivo de la intempestiva ausencia de Pablo, pero no me dijo una palabra al respecto. Poco después habría de saber la verdad, como ocurrió otras muchas veces durante la tortuosa vida que me tocó vivir a su lado. Lo que sucedió fue que la Policía lo capturó cuando conducía un automóvil Renault 4 robado y lo recluyeron en la cárcel de La Ladera, situada en el barrio Enciso, no lejos del centro de Medellín. Quedó en libertad porque desaparecieron las evidencias que lo incriminaban.

Ahora que rememoro estos episodios para contar mi historia, las palabras de mi madre ya fallecida retumban en mi mente. Juro que no sé de dónde me salió la respuesta que le di cuando me preguntó si estaba dispuesta a llevarle comida a la cárcel a Pablo. Quizá fue mi ingenuidad, quizá mi inexperiencia, quizá el amor que sentía por él. Hoy lo veo: en aquel momento me dejé llevar por mis sentimientos. Estaba ciega, sorda. ¿Cómo no hice caso de los vaticinios de mi madre, que resultaron ciertos? ¿Cómo no vi que se avecinaba una tragedia en mi vida? A mi corta edad no tuve la capacidad de vislumbrar lo que estaba por venir.

Estar inmersa en las infidelidades de mi novio, afrontar la vergüenza por no tener fuerzas para dejarlo, fue creando entre él y yo un lenguaje que muy probablemente debe repetirse en parejas que pasan por la misma situación. La cotidianidad de tener al lado al hombre que se ama pero que es mujeriego me llevó a aceptar que muchas situaciones se dan, pero de ellas "nunca se vuelve a hablar". "Hay cosas de las que se puede hablar y otras de las que no", fue otra especie de mandato que rigió mi vida desde antes de alcanzar la mayoría de edad. Todavía recuerdo las palabras que Pablo pronunciaba constantemente, según la época y las circunstancias:

—Tata, usted no pregunte que usted de eso no entiende nada.

Esa frase marcó mi vida para siempre, aunque en las dificultades yo no me quedaba callada y le respondía:

—Yo no sé nada ni entiendo nada, según vos, Pablo. Lo único que entiendo es que tenemos que vivir escondidos debajo de la tierra. Eso sí lo entiendo, porque es inhumano el precio que tenemos que pagar por estar a tu lado.

Mi relación con Pablo no era precisamente un jardín de rosas, como mucha gente cree. El camino estaba repleto de espinas y mis padres no contribuían demasiado porque todos los días inventaban algo que nos impedía estar juntos, aunque lo único que lograban era que él hiciera lo imposible para acercarse más a mí. Vernos, encontrarnos, mirarnos a la distancia, era —más que un desafío— un suplicio. Sentía que por mandato familiar debía dejarlo, aunque lo amaba. Los días eran grises y eternos y en mis largos silencios me preguntaba dónde estaba el amor de mi vida. ¿Estaremos juntos alguna vez? ¿Habrá un lugar para nosotros? ¿Tendremos una familia?

Ya en ese momento había perdido la capacidad para escuchar a mis padres, algo de lo que ahora me arrepiento. Ojalá los hijos los escucharan más; esa sabiduría que les da la experiencia es invaluable. Yo, definitivamente, no la supe valorar.

Justo por aquella época en uno de los dos canales de televisión nacional transmitían la telenovela venezolana *Esmeralda*, que me emocionaba por su trama y me llevaba a imaginar un romance intenso con Pablo en el que al final se imponía el amor. La protagonizaban los actores Lupita Ferrer y José Bardina. Ella hacía de Esmeralda y él de Juan Pablo Peñalver y vivían una historia de amor llena de obstáculos. Recuerdo que llegué a admirar de tal manera el personaje masculino, que tomé la decisión de bautizar con ese nombre a un hijo varón, si algún día lo tenía.

El drama que representaba tener un novio al que no podía ver, sumado a la férrea oposición de mis padres, habría de tener una salida inesperada en marzo de 1976, cuando Pablo me hizo saber a través de Yolanda que se iba de viaje durante dos meses y que me esperaba en la heladería El Paso para despedirnos. Le pedí a mi mamá un permiso de media hora para verlo, pero respondió cortante que no podía salir porque tenía tareas pendientes y además debía madrugar para ir al colegio.

—Mamá, por favor, mira que no veré a Pablo durante dos meses.

—Victoria, ya te dije que ¡no!

Sollozando me puse a lavar los platos de la cena, al tiempo que pensaba cómo hacer para encontrarme con Pablo. De pronto un extraño impulso se apoderó de mí y saqué las manos del lavaplatos lleno de jabón, me quité el delantal, salí corriendo de la casa y llegué a la heladería para darle un beso furtivo. Él se veía muy contrariado y sostuvimos un corto diálogo que definiría nuestras vidas.

—Tata, ¿qué pasa? ¿Por qué no podemos vernos?

—Ya sabes, mi mamá no me deja.

—¿Qué le pasa a doña Nora conmigo? Vámonos de aquí, mi amor, quiero casarme contigo —propuso muy molesto, y sugirió que viajáramos a Pasto.

Un corto silencio de complicidad fue suficiente. No regresé. Me fui con él y pasamos la noche en la casa de Gustavo Gaviria y su esposa, quienes prometieron guardar el secreto porque sabíamos que cuando se descubriera mi ausencia habría un gran escándalo.

Dicho y hecho. Pablo y Gustavo supieron muy temprano al día siguiente que mi madre lloraba inconsolable y que nos estaban buscando como a una aguja en un pajar. También les dijeron que en el barrio La Paz no solo había mucha confusión, sino que la mayor parte de los vecinos culpaba a Pablo y le recriminaban no haber hecho las cosas al derecho, por las buenas. También se supo que mi hermano Mario estaba como loco buscando a Pablo para cobrarle a golpes la afrenta de haberse llevado a la "niña", como siempre se refería a mí.

—Es mi amigo, pero no le voy a perdonar nunca lo que hizo —me contó Yolanda que dijo mi hermano.

—¿Qué van a decir los vecinos? Que pase cualquier cosa, pero que no se case con ese hombre. Como si no hubiera más —le dijo mi mamá a Yolanda, apesadumbrada.

Al promediar la mañana salimos para el aeropuerto Enrique Olaya Herrera de Medellín, a tomar el vuelo a Cali, con tan mala suerte que estaba atrasado tres horas por mal tiempo. La angustia era enorme porque pensábamos que de un momento a otro llegarían mis familiares. Pensé en dar marcha atrás y regresar a mi casa.

—Pablo, ¿qué vamos a hacer? Mis papás me van a castigar, esto es una locura... mejor me devuelvo.

—No, mi amor, me voy a casar contigo, no te preocupes, no te voy a fallar, te lo prometo —replicó Pablo y me dio un beso que me derritió y volví a caer en sus brazos.

Yo era una niña de quince años y no puedo negar que la fuerza de sus abrazos me daba la seguridad necesaria para aguantar la larga espera y la agonía que sentía por el mal paso que estaba dando, por pasar por encima de las enseñanzas y valores que me habían inculcado mis padres. Sin embargo, una vez repuesta de la crisis optamos por escondernos en los baños y asomarnos de vez en cuando, pero por fortuna no apareció nadie y finalmente pudimos abordar el avión.

Entre tanto, mis padres y mis hermanos, desesperados, se dieron a la tarea de averiguar de casa en casa por nuestro paradero, hasta que Gustavo llegó a buscar a mi madre y le dijo:

—Doña Nora, yo no quiero problemas con ustedes... vengo a contarles que Pablo amaneció en mi casa con la Tata y ya se fueron para Cali.

Alarmada, mi mamá llamó inmediatamente a Palmira a su mamá Lola y le pidió que se fuera para el aeropuerto —situado no lejos de ese municipio vallecaucano— y no me dejara viajar con Pablo a Pasto. Al mismo tiempo, Segundo y Alfredo, dos de sus mejores amigos, se fueron para allá en una camioneta con la idea de alcanzarnos.

Desde el momento que escapé de mi casa con mi futuro marido, todo fue vertiginoso. De repente me encontré sentada en un avión, sin tener idea del destino que me esperaba. Pablo se veía feliz y a la vez preocupado, y yo sentía una rara mezcla de incertidumbre, ansiedad y terror por la aventura que empezábamos. También pensaba que perdería la buena reputación que tenía entre los vecinos del barrio La Paz y me rondaba una especie de desasosiego por no saber si volvería a estudiar, a ver a mi familia, a frecuentar a mis compañeras

LAS MUJERES DE PABLO

del liceo. El impulso por estar con Pablo no me había dejado pensar, simplemente le hice caso a mi corazón. Lo amaba y quería estar con él. Nada más.

Llegamos a Cali y cuando nos dirigíamos hacia la sala de espera del terminal nacional del aeropuerto Alfonso Bonilla Aragón nos sorprendió ver a mi abuela Lola y a mis tías Lilia y Fanny, quienes nos esperaban con cara de preocupación. Cuando llegamos donde ellas estaban y casi sin saludar, mi abuela me tomó del brazo con fuerza y dijo dirigiéndose a los dos:

—Venga para acá, mijita, y a usted, Pablo, ¿qué le pasó? ¿Por qué cometieron esta locura?

Entonces, con su habitual suficiencia al hablar, Pablo le explicó a mi abuela las razones por las cuales habíamos llegado al extremo de huir.

—Doña Lola, es que la situación se hizo cada vez más difícil. Doña Nora es muy dura y hace todo lo posible por impedir que nos veamos. Y llegó al extremo de no dejar que me despidiera de Tatica porque me voy dos meses de viaje. Por eso estamos aquí, porque quiero estar con ella el resto de mi vida.

Mi abuela pareció entender la situación y le propuso a Pablo que hiciera el viaje que tenía programado y que a su regreso hablarían de nuevo. Pero él no aceptó.

—No, doña Lola. Ya llegamos hasta aquí y me voy a quedar hasta que se resuelva todo porque quiero casarme con su nieta.

Las palabras iban y venían y yo escuchaba en silencio, muy asustada. Para acabar de completar, mi tía Lilia quería matarme con la mirada. Me sentía muy mal porque mi futuro estaba siendo decidido en ese momento por adultos, sin que yo pudiera intervenir.

No obstante, las palabras de Pablo sonaron tan convincentes que mi abuela dijo que nos fuéramos para Palmira y nos quedáramos en su casa porque estaba segura de convencer al obispo de autorizar nuestro casamiento. No me pareció imposible que lo lograra porque en la familia sabíamos que ella era vecina de la Catedral y por cuenta de visitar a los presos y hacer obras de caridad se había ganado el cariño de los religiosos.

El panorama ya no era tan adverso: Pablo y yo teníamos una aliada en nuestra aventura.

Justo en ese momento y cuando caminábamos hacia la salida aparecieron Alfredo y Segundo, quienes se veían alarmados.

—Hermano, Pablo, por favor, escúchenos: Mario está furioso y nosotros te queremos ayudar, tenemos que llamar a la familia de Tata en Medellín porque están súper tristes y doña Nora muy indignada —dijo Segundo.

Pablo entendió la ansiedad de sus amigos y nos dirigimos a una cabina telefónica en el segundo piso del aeropuerto. Alfredo habló con mi madre.

—Doña Nora, acá estoy con Tata y Pablo... no se preocupe, voy a estar con ellos hasta resolver las cosas. Doña Lola está con Tata, todo va a salir bien, no se preocupe, le prometo que la llamaré a informarle lo que pase.

Como habíamos pensado, las cosas se veían muy complicadas, pero aun así nos dirigimos a la casa de mi abuela en Palmira. Allí me quedé con ella y con mi tía Lilia, quien desde el primer momento me hizo sentir su repudio por lo que yo estaba haciendo. En el fondo, comprendía su comportamiento porque mi tía era soltera, beata y defensora de la legalidad. Fue tan radical que incluso cuando el matrimonio era un hecho, mi mamá la llamó y le pidió que me comprara un anillo y un vestido, pero mi tía se negó con el argumento de que yo no merecía nada. Por su parte, Pablo, Segundo y Alfredo ocuparon un lugar apartado de la casa principal, conocido como "El Rinconcito".

Al día siguiente y tras la insistencia de Pablo, mi abuela nos llevó con el obispo de Palmira, monseñor Jesús Antonio Castro, un hombre bueno y apacible con quien en los siguientes días tuvimos tres entrevistas de una hora cada una. Nos reunimos en una oficina amplia donde sobresalía la gran poltrona en la que él se sentaba. Era un lugar magnánimo en el que se sentía la presencia de Dios.

—Victoria Eugenia, ¿estás dispuesta a casarte? —preguntó el obispo un poco confundido cuando supo que apenas tenía quince años de edad.

—Sí, señor, me quiero casar —respondí asustada, con la voz temblorosa, luego de mirar a mi abuela, a Alfredo, a Segundo y a Pablo.

Pero el trámite no sería tan rápido como pensamos porque debimos esperar que enviaran algunos documentos desde Medellín, necesarios para legalizar la unión. Pasaron dos semanas hasta que tuvimos los papeles en regla y en ese momento el obispo concedió las dispensas que nos permitían contraer matrimonio.

La boda se realizó a las seis de la tarde del lunes 29 de marzo de 1976, en la iglesia de la Santísima Trinidad de Palmira. No acudieron ni mi madre ni mi padre y mucho menos mis hermanos. De la familia de Pablo tampoco fue nadie. Alfredo y Segundo nos dieron el único regalo de boda: un sufragio, con un sentido pésame: "Por el mal paso que acaban de dar". Sin duda una broma, muy propia de ellos, acostumbrados a las burlas pasadas de tono.

Yo, la novia fugitiva, vestía la misma ropa que tenía puesta el día que escapé: pantalón verde militar de *terlete* —una tela elástica que no requería planchado— y suéter naranja. Creo que me veía linda. Él usaba *jeans* y camisa de manga larga remangada, color azul claro.

Por coincidencia, el sacerdote que nos casó era el mismo que me había bautizado años atrás. Treinta grados de temperatura acompañaron la sencilla ceremonia, aunque el susto era tal que no sentía calor. Mi alegría tenía sabor agridulce porque me embargaba el temor por lo que vendría después: los reproches de mis padres, de mis hermanos, del vecindario. Tenía el corazón en la boca. En algún momento de la misa, Pablo, que se veía muy contento, me miró fijo a los ojos, soltó una sonrisa y me dijo:

—Estaremos juntos para siempre, mi amor.

Pese a la accidentada manera como sucedieron las cosas desde el momento en que huí con Pablo, mi abuela y mi tía Fanny, siempre amorosas y sin reprocharme el haber defraudado a mis padres, después de la ceremonia en la Catedral nos prepararon una cena deliciosa. En el espacioso comedor de la casa compartimos varias horas en medio de historias y recuerdos, hasta que a medianoche llegó el momento mágico de partir. Como ya estábamos casados, mi abuela nos prestó "El Rinconcito". Entre besos y abrazos y envueltos por el hechizo de la noche, adornada por una luna esplendorosa, Pablo y yo cruzamos el patio florido y romántico de la casa. Fue una noche de amor inolvidable que quedó tatuada en mi piel como uno de los momentos más felices de mi vida. Quería que el tiempo se detuviera, que el espacio de intimidad que estábamos viviendo permaneciera por siempre.

Pablo aplazó su viaje a Pasto pues teníamos que regresar a Medellín y, resignados, llegamos a una habitación que nos prestó Alba Marina, una de las hermanas de Pablo que ya estaba casada y vivía en una casa en el barrio La Paz. Mi madre, que no ocultaba un resentimiento muy grande, nos prestó una vieja cama matrimonial fabricada por mi papá cuando aún vivía en Palmira y era dueño de la ebanistería más conocida de esa ciudad. Pese a la estrechez, sentía que estar casada era lo mejor que me había podido pasar en la vida. Mi amor por Pablo era muy grande y me gustaban su risa y su humor. Era un enamoramiento con asombro y sorpresa continua. Quería ser una mujer en todo el sentido de la palabra, pero la realidad me recordaba que todavía era una niña.

Estaba muy asustada de enfrentar mi nueva vida y por ello durante dos semanas me negué a salir de la casa. Cuando lo hice comprobé que mi día tras día sería muy complicado porque tenía que soportar el reproche de toda mi familia que condenaba mi conducta; también fue difícil regresar al colegio a continuar el cuarto año de bachillerato porque la gente me miraba en forma despectiva. Todo el peso de la sociedad paisa conservadora y católica me cayó encima. Había perdido la reputación por haberme ido de casa y casarme atropelladamente con un hombre mayor.

Mi vida de esposa empezó a transcurrir entre ir al colegio durante la mañana, regresar a la casa a hacer tareas, cocinar, limpiar la habitación, lavar los trastes y tener al día la ropa de Pablo. Nada emocionante, pero seguía embelesada con mi nuevo papel. Lo que sí me sacudió muy pronto, y no estaba preparada para ello, fue el hecho de que Pablo empezó a ausentarse para, según él, irse a trabajar. ¿En qué? No sé. Lo cierto es que el rebuscarse la vida estuvo acompañado de su vieja manía de andar con mujeres. Los chismes sobre sus aventuras eran pan de cada día y, no puedo negarlo, me hacía sufrir mucho. Recuerdo que lloraba toda la noche, esperando que llegara a la madrugada.

Me dolía su infidelidad, pero no tenía la valentía suficiente para dejarlo. La historia que yo misma me contaba para sobrellevar semejante drama era aquella vieja frase "Todos los hombres son iguales". Entonces, pensaba, "No lo voy a dejar por eso". Y es que, además, cuando nos casamos, el engaño estaba dentro de lo probable dados sus antecedentes, y por eso tomé la decisión de no perseguirlo, no mirarle la agenda de teléfonos, no revisar si la camisa tenía maquillaje. El que busca encuentra, dice el refrán, y preferí no encontrar.

La sensación de impotencia que me producía el comportamiento de mi marido me llevó a buscar consejo. Yolanda había cumplido a la perfección el papel de celestina, pero las nuevas circunstancias me condujeron a una persona que habría de convertirse en mi paño de lágrimas, en mi bastón en los peores momentos.

La conocí cuando yo tenía ocho años y desde entonces le dije tía Inés, aunque en realidad era una maestra reconocida en el barrio La Paz, muy amiga de mi madre. Dejamos de vernos durante muchos años debido a la guerra y luego por mi exilio forzado, pero en agosto de 2017 la visité en su casa en Medellín. Con sus ochenta y ocho años de edad todavía recordaba con lucidez los momentos buenos y malos que vivió a nuestro lado, porque debo decir que la tía Inés siempre quiso y defendió a Pablo y por esa razón fue determinante para que aguantara lo que aguanté.

La mejor manera de sobrellevar aquello era quedándome una noche en su casa y dormir juntas, en la misma cama. Así hacíamos cuando Pablo se demoraba y ella iba a acompañarme en mis largas horas de insomnio y llanto.

—¿Te acordás, Tata, cuando Pablo tardaba en llegar y tú estabas muy triste y conversábamos sobre la manera como ibas a recibirlo, de qué forma le ibas a hablar, cómo tenías que hacerte la desentendida, cómo ibas a disimular tu enfado?.

—Claro, tía. Él llegaba, me hacía correr para la orilla de la cama y decía: "Acá cabemos los tres". ¡Y lo decía sonriente... venía de otra cama, de otra aventura!.

Escenas como esta se repitieron muchas veces, pero siempre, siempre, la tía Inés me decía lo mismo, dada su edad y su experiencia entonces de lo que era aguantar un mal matrimonio. Eso parecía ser algo "normal". Hoy recuerdo que siempre le preguntaba qué hacer, y en mi ingenuidad acepté sus consejos como los más sabios:

—No seas bobita, mijita, no te lo dejes quitar, mímalo para que permanezca a tu lado. No pierdas la paciencia porque es tu deber de mujer esperarlo y atenderlo cuando llegue a casa. ¿Separarse? Ni riesgo. Hay que permanecer, él te quiere, nunca te va a dejar, hay que aceptar que esta es una cultura machista y que en el matrimonio está incluido el sufrimiento. Me duele el corazón verte así.

Le hice caso. Aleccionada por la tía Inés hice mi mejor esfuerzo como mujer, como amante, como esposa, como madre, para que Pablo estuviera a mi lado. Incluso, en ocasiones ella me ayudaba a escribirle cartas de amor para seducirlo. El collar de perlas de mi marido en relación con las mujeres es muy largo, pero lo cierto es que al final no me dejó. Nunca propuso siquiera separarse para irse con otra y en los últimos instantes de su vida fuimos nosotros, su familia, a quienes acudió.

Es que seducir mujeres era parte de la esencia de Pablo. Una especie de reto consigo mismo que lo llevaba a realizar faenas de conquista que desafiaban el más mínimo respeto hacia quienes lo rodeábamos. Como aquella noche que asistimos a una fiesta en el salón Antioquia del hotel Intercontinental de Medellín. Me puse a bailar con el esposo de una hermana y con un hermano. Pablo se enojó y no quiso volver a hablar conmigo en la fiesta. Entonces, como no podía bailar y no lo tenía al lado, decidí irme por mi cuenta. Qué más hacía. Pero Pablo no desaprovechó el momento para sentirse libre. Invitó a bailar a Mónica, una rubia linda y joven, y en la lentitud de una canción le dio un beso. Pero no contaba con que una de mis hermanas estaba allí y fue tal su indignación que no dudó en darle una fuerte cachetada a mi marido. La mujer resultó ser esposa de un empleado de él.

Al día siguiente mi hermana me contó lo que había sucedido en la fiesta y enceguecí de la ira. Con el corazón destrozado, lo único que se me ocurrió fue ir con el esposo engañado y contarle que su mujer se había besado con mi marido y seguramente se habían quedado a dormir en el hotel Intercontinental. El hombre se puso furioso y de inmediato se fue para su casa y le dio una golpiza tan fuerte a su esposa que la mandó al hospital. Nunca dejaré de reprocharme el hecho de haber ido a hacer el reclamo por el inadecuado comportamiento de mi marido. Pudo haber terminado en tragedia. Por eso nunca más lo volví a hacer.

Ese mismo día, una vez más, le recriminé a Pablo por lo que había hecho, pero él, hábil, sacó a relucir las frases de siempre: que yo era la mujer de su vida, que nuestro matrimonio duraría para siempre y que tuviera presente que había mucho mal intencionado por ahí que no quería vernos juntos.

Dos meses después de vivir con su hermana Luz Marina Escobar, nos mudamos a una casa que Pablo compró en el barrio Los Colores con un préstamo que le hicieron en un banco bajo la nueva modalidad del Upac (Unidades de Poder Adquisitivo Constante, creadas en el gobierno de Misael Pastrana Borrero). Allí intentamos llevar una vida normal y continué mis estudios en el liceo del barrio La Paz, pero muy pronto volvió a sus andanzas y siguió llegando en la madrugada. O no llegaba. La pasé muy mal porque me daba miedo habitar una casa tan grande en un barrio donde había muchos terrenos sin construir. Entonces, me vi obligada a pedirle a mi mamá que me permitiera vivir con mi hermana menor, de trece años, porque no siempre la tía Inés podía ir a acompañarme.

Pocos días después me llevé una gran sorpresa cuando un camión llegó a la casa con unos muebles enormes estilo Luis XV comprados por Pablo. ¡Qué exageración! Eran nuestros primeros juegos de alcoba, sala y comedor. Cuando los vio acomodados en la casa, aunque claramente eran demasiado grandes para el espacio disponible, se puso muy contento. Me parecieron hermosos, aunque nunca entendí las prioridades de Pablo. Teníamos unos muebles gigantes, pero no le parecía indispensable comprar refrigerador y por eso todos los días tenía que ir al supermercado a hacer despensa. Con todo, mi hermana y yo disfrutamos los muebles porque jugábamos a parecer señoras importantes. Además, prendíamos a todo volumen el equipo de sonido, que tenía luces fosforescentes, y nos poníamos a bailar. Para mí, una adolescente de quince años, todo parecía un juego, y Pablo se encargaba de que la fantasía me hiciera sentir como una niña mimada.

Mi vida prosiguió de manera aparentemente normal porque mi hermana y la tía Inés ayudaban a paliar mis crisis por el comportamiento irregular de Pablo. El colegio era una especie de oasis porque las clases y las tareas me distraían durante buena parte del día. Además, el liceo no tenía servicio de transporte y por eso íbamos en un jeep Nissan Patrol de colores amarillo claro y blanco que mi marido me prestaba casi todos los días.

Sin embargo, el lunes 7 de junio de 1976, último día de clase de mitad de año, habría de ocurrir un episodio que, sin saberlo, cambiaría nuestras vidas para siempre. Muy temprano esa mañana, Pablo recibió una llamada telefónica y sin darme explicación alguna salió corriendo en su jeep y mi hermana y yo no tuvimos otra opción que ir al colegio en taxi. A la una de la tarde salimos de clase y nos fuimos a la casa de mi mamá, pero la encontramos muy angustiada.

—Madre, ¿qué pasó.

Ella me miró fijamente y se le humedecieron ojos. Luego respiró hondo y solo atinó a decir:

—Mija, detuvieron a Pablo, a Mario, a Gustavo y a otras tres personas.

—¿Cómo? ¿Qué pasó, mamá?

—Los capturaron con veintiséis kilos de pasta de coca.

¿Pasta de Coca? ¿Qué es eso? Era la primera vez que escuchaba hablar de eso, pero no se sabían mayores detalles de cómo habían sucedido los hechos. Impresionada por la repentina detención de mi marido y sin entender del todo la dimensión de lo que había sucedido, esa noche regresamos a la casa con mi hermana y antes de acostarnos a dormir prendimos varias velas y nos encomendamos a María Auxiliadora, la patrona de los imposibles.

Los días posteriores al encarcelamiento de Pablo fueron muy difíciles porque nos atrasamos en el pago de la cuota de la casa y no podía visitarlo porque él y los demás detenidos seguían en los calabozos del Departamento Administrativo de Seguridad (DAS) en Medellín. En medio de mi incertidumbre, uno de esos días recibí un mensaje que Pablo escribió en una bolsa de papel. Era la primera señal de vida que enviaba. "Mi amor, quiero que sepas que estoy bien, no te preocupes que todo va a salir adelante. En partes más oscuras me ha cogido la noche".

Así las cosas, no me quedó otra opción que bajar la cabeza y regresar vencida, derrotada, a la casa de mis padres en el barrio La Paz. Poco después, el banco nos quitó la casa por la acumulación de cuotas no pagadas. Por fortuna fui bien recibida, pero mi madre —como hacen casi todas las mamás en situaciones como esa— empezó a poner distancia con su yerno preso.

—Victoria, cuidado con tener un hijo de ese hombre, que es lo único que le falta.

—Tranquila, mamá, que no estoy embarazada —respondí, segura.

Sin embargo, ella, desconfiada, me entregó una caja de pastillas anticonceptivas y a partir de ahí todas las noches hacía que me tomara una frente a ella.

Finalmente, Pablo y los demás detenidos fueron enviados a la cárcel Bellavista, muy peligrosa, según nos dijeron, situada en el municipio de Bello, al sur de Medellín. El sábado siguiente, casi a las cuatro de la madrugada, mi madre y yo estuvimos listas para ir a visitarlos. Ir tan temprano dio resultado porque no tuvimos mayores dificultades para entrar, pese al hacinamiento, los malos olores y el ambiente pesado.

El encuentro con mi marido después de tantos días me produjo emociones encontradas porque la evidencia me demostraba sin duda alguna que caminaba por la senda de la ilegalidad. Sin embargo, no reparé mucho en ello porque en el fondo me sentía feliz de verlo. Además, con la soltura verbal de siempre, dijo que era inocente y resumió su situación en otra frase que también utilizaría con mucha frecuencia para no tener que dar demasiadas explicaciones:

—Tata, me llamaron unos amigos de Pasto para que les ayudara a salir de un trance, pero no lo pude hacer y me capturaron. Por ayudarle a un amigo mira en la que me metí, mi amor.[2]

Y cambió de tema.

Días después regresamos a visitarlos, pero esta vez íbamos Nohemí, esposa de Gustavo, y mi cuñada Alba Marina Escobar. Recuerdo que el ingreso fue tortuoso porque mientras hacíamos la fila empecé a vomitar y vomitar debido a los malos olores. No sabía qué me pasaba, pero en los días siguientes descubrí aterrada que esperaba un hijo y, lejos de alegrarme, me entró un ataque de pánico por lo que diría mi madre. No le conté a nadie y la siguiente semana, cuando fui a ver de nuevo a Pablo, le conté la buena nueva acompañada de una advertencia:

—Pablo, que esto quede entre nosotros porque si mi mamá sabe, me mata.

Se puso feliz con la noticia de que iba a ser padre, pero incapaz de guardar un secreto y sin tener en cuenta mi temor, enseguida se lo contó a su madre, que había ido a visitarlo, y a mi hermano, con quien compartía celda. Me puse furiosa porque quería enterar a mi mamá cuando empezara a notarse. Ahora era cuestión de horas que todo se supiera y me dolía pensar que iba a sufrir muchísimo. Doña Hermilda

---

2   Poco después se supo lo que había sucedido en realidad: agentes secretos del DAS detuvieron en Pasto, frontera con Ecuador, un camión que traía oculto un cargamento de pasta de coca dentro de la llanta de repuesto. El conductor del vehículo reportó la novedad, pero le aclaró a Pablo que los detectives dejarían llegar el cargamento a su destino a cambio del pago de cinco mil dólares en efectivo. Pablo aceptó y quedaron de encontrarse a las seis de la mañana del 7 de junio de 1976 en una cafetería de La Mayorista, la central de abasto de Medellín. Hasta allí llegaron Pablo, mi hermano Mario y Gustavo Gaviria, pero cayeron en una trampa porque el plan de los agentes del DAS era atrapar a toda la banda y decomisar la pasta de coca. Una vez capturado, Pablo fue reseñado judicialmente con el número 128482. Luego le tomaron una fotografía, que se haría famosa porque aparece sonriente.

me vio tan preocupada que se le ocurrió una idea para evitar la furia de mi madre.

—Tata, tranquila, hagamos lo siguiente: decile a tu mamá que vaya a mi casa, que necesito hablar con ella. Ahí le cuento que va a ser abuela.

Acepté a regañadientes y dos días después mi madre y yo llegamos a la casa de mi suegra. Luego de un saludo cordial, nos sentamos en la sala a tomar tinto.

—Doña Nora, imagínese... —inició doña Hermilda, pero mi madre la interrumpió.

—Imagino, doña Hermilda, que esta muchachita ya está en embarazo.

Quedamos frías. La intuición de mi mamá era impresionante.

—Sí, doña Nora.

—Vamos, hija —dijo mi madre y se levantó de la silla en ademán de despedida.

Bajamos de la casa de los Escobar hacia la nuestra —eran dos cuadras y se me hizo larguísimo ese trayecto—, no respiraba de la preocupación que tenía y la noche me pareció especialmente fría y triste. Entonces mi mamá no aguantó más:

—Es el colmo, Tata... eres una irresponsable; no sé cuándo vas aprender a escuchar; cuánto dolor y cuánto sufrimiento me vas a seguir dando en la vida si sigues con ese hombre.

Lloré inconsolable y sentí una gran vergüenza.

—Te juro, mamá, que jamás imaginé que esto me iba a suceder.

De regreso a la rutina diaria y por insistencia de Pablo, reanudé las clases en el liceo, pero esta vez tenía dos motivos para estar abochornada con mis compañeros y mis profesores: estaba embarazada y con el marido preso.

Entre tanto, el martirio de ir a la cárcel de Bellavista habría de terminar muy pronto porque Pablo se las arregló para que los trasladaran a la cárcel departamental de Yarumito, en el vecino municipio de Itagüí, una especie de finca tan tranquila que no había guardias. El cambio fue beneficioso porque mi suegra y yo íbamos todos los días a llevarles el desayuno y el almuerzo.

Claro, Pablo no podía quedarse quieto y dos semanas después recibí una llamada desde la cárcel para decirme que se había fugado. Según me contaron, desapareció durante un partido de futbol con la complicidad de algunos jugadores, a quienes les pidió que patearan el balón muy fuerte y lejos para ir por él. Así sucedió y en una de esas ya no regresó más al campo de juego.

Lo peor vino cuando supe que Pablo había escapado con la única intención de ir a refugiarse en los brazos de Noemí, la viuda de un amigo muerto hacía un par de meses, con la que sostenía un romance desde cuando éramos novios. No lo podía creer. Qué sinvergüenza. Ella tenía treinta años y él veintiséis. Me dolió en el alma enterarme de esa infidelidad y durante días no quise saber nada de él. Me sentí impotente porque le había entregado mi más puro amor y él me engañaba con una mujer que me doblaba la edad, aunque confieso que me dio temor perderlo porque ella era madura, con mucha experiencia y creí difícil que él dejara esa relación. Y otra vez me pregunté: ¿cómo me voy? ¿Cómo me quedo? Me indignaba la falta de respeto, pero no parecía tener salida... solo me quedaba apoyarme en mis padres y mis hermanos porque muy en el fondo no quería dejarlo.

Más de doce horas después, Pablo apareció de nuevo en la cárcel, como si nada hubiera sucedido. Llegó después de que, para convencerlo, su madre, doña Hermilda, le dijo por teléfono que no me hiciera sufrir más y me llamara. Así lo hizo y de muchas maneras le hice ver su error y le pedí que regresara en nombre del bebé que ya venía en camino. De todas maneras, la fugaz escapada trajo como consecuencia que los trasladaran a la cárcel de Itagüí, un poco más grande y con mayores medidas de seguridad.

Cuando las aguas ya se habían calmado, fuimos a visitarlo y le recriminé su proceder, pero él simplemente respondió que no había encontrado otro lugar para esconderse. Sin embargo, alguien me contó después que la viuda amante de mi marido tenía bastante dinero y que en medio de su romance él se las arreglaba para pedirle dinero prestado. En este punto debo reconocer que Pablo era un encantador de serpientes, un embaucador profesional que usaba hábilmente las frases floridas y por eso logró convencerme de que el romance con Noemí era algo pasajero, sin importancia. Al final sucumbí a sus arrumacos, a sus besos apasionados y a sus caricias que tenían la fuerza de envolverte como las olas del mar. Nuestra historia de amor terminaba por imponerse pese a la ofensa.

Como con Pablo la turbulencia era continua, una tarde salí del colegio y fui a almorzar a la casa de mi mamá, pero la encontré muy afanada, triste y preocupada porque según le habían dicho, Pablo, Gustavo y Mario serían trasladados muy pronto a una cárcel en la ciudad de Pasto, en la frontera con Ecuador. Sin pensarlo dos veces, le dije que me iba para Itagüí a intentar despedirme de él. Ella estuvo de acuerdo y me dio para llevarles un pequeño bolso con varias camisas y pantalones y algo de dinero. No hubo tiempo para cambiarme de ropa y me fui con el uniforme del colegio. Cuando llegué a la puerta de la cárcel, numerosos soldados formaban un cordón de seguridad y como pude me acerqué y le pedí a uno de ellos que me dejara entrar a entregarles el paquete a los detenidos.

Con tan mala suerte que el bolso se rompió y varias prendas y el dinero cayeron al piso, lo que generó alguna confusión pues en ese momento salían los tres reos. Todo sucedió muy rápido y me asusté porque un militar me hostigó con el fusil cuando me agaché a recoger lo que se había caído. El forcejeo terminó y solo alcancé a ver a Pablo a bordo del camión que lo llevaría al aeropuerto Olaya Herrera. Como había ido con el coche de mi mamá, salí detrás de ellos y logré ubicarme en una de las terrazas de la terminal aérea. Al final, Pablo subió la escalera del avión y desde la distancia, con las manos esposadas, alcanzó a decirme adiós.

Fue horrible. Todavía hoy me impacta recordar el drama tan angustioso que viví aquel día. Me sentía impotente, desolada, sin esposo, sin donde vivir, sin norte. Tenía quince años de edad y dos meses de embarazo. Estaba muy sensible. Regresé a la casa de mis padres con el corazón arrugado y llorando inconsolable.

Pocos días después decidí que iría a Pasto a visitar a Pablo. Un largo viaje por aire y tierra. Mi suegra se ofreció a acompañarme y esa primera vez salimos al mediodía de un viernes después de terminar clases; viajamos en avión de Medellín a Cali y de ahí en autobús durante toda la noche hasta Pasto, a donde llegamos en la madrugada del sábado. Estaba cansada y con muchas náuseas, propias de mi estado. Fuimos al mercado a comprar las cosas que le gustaban a Pablo y preparamos un almuerzo para llevarle. Luego comimos con él dentro de la cárcel. Sostuvimos una corta conversación, dolorosa, triste. No sabíamos cuánto tiempo duraría su detención y por ello mi incertidumbre era infinita. Pablo debía verme tan angustiada que hacía esfuerzos inútiles por calmarme.

—Tranquila, Tata, que esta pesadilla va a terminar pronto; no te afanes —decía en tono tranquilo, con el mismo talante que utilizó muchas veces, incluso cuando el agua le llegaba hasta el cuello.

En la tarde, al terminar la visita, lloré por tener que dejarlo, por tener que regresar a Medellín, por la dura travesía que me esperaba.

En las siguientes semanas repetí la rutina, acompañada algunas veces por doña Hermilda. Me encantaba ir a verlo, pero sufrí mucho porque estaba embarazada y las visitas a la cárcel eran horribles: horas y horas de cola, exhausta, con mareos, con unos olores horribles, vómitos. Éramos quinientas personas tratando de visitar a los presos y la revisión era infame. Y para colmo de males, doña Hermilda no era la más querida conmigo y todo el tiempo asumía actitudes hostiles, hacía comentarios desagradables y decía frases con doble sentido. Toda una tortura. Me hacía sentir lo que ella pensaba sobre mí: que yo no era la mujer para su hijo.

El esfuerzo de ir con tanta frecuencia a Pasto, sumado a la ansiedad y el agotamiento, habrían de pasarme la factura, y un buen día el ginecólogo me prohibió viajar porque pesaba cinco kilogramos menos que antes de quedar embarazada y el riesgo para la vida del bebé era enorme. Así se lo comuniqué a Pablo, pero no entendió la gravedad de lo que me sucedía.

—Usted no me quiere visitar... usted no le pone amor, —dijo quejoso en el patio de la cárcel por donde caminábamos.

Pese a la advertencia del médico seguí yendo a Pasto, aunque las condiciones mejoraron de un momento a otro porque Pablo se las arregló para conseguir que lo dejaran salir de la cárcel el fin de semana para quedarnos en una suite de dos habitaciones, sala, comedor y cocineta en el hotel Morasurco, el mejor y más tradicional de Pasto. Uno de los cuartos lo ocupábamos él y yo, y el otro mi suegra o quien me acompañara. En esos momentos efímeros me sentía realizada.

El romance era total. Recuerdo que uno de esos fines de semana yo cumplía dieciséis años y los celebré en el hotel con Pablo. Me llegó al corazón el momento en que me dedicó la canción "Muñequita negra", interpretada por el cantante mexicano José Alfredo Jiménez. La letra era hermosa y Pablo la tarareaba. "Duérmete conmigo, duérmete en mis brazos que tanto te quieren porque son tu abrigo / cierra tus ojitos, calla tu boquita y acurrucadita como ya dije duérmete feliz. Olvida que el mundo va a ser cruel contigo y piensa que nunca, que nunca en la vida tendrás que sufrir".

Finalmente, en noviembre de 1976, cinco meses después de su captura, nos pusimos muy felices porque Pablo salió de la cárcel, según él, absuelto de todos los cargos.

—Ahora sí empezaremos una nueva vida, mi amor, seré el mejor esposo y un gran padre, te lo prometo —dijo cuando llegó al barrio La Paz de regreso de Pasto.

No obstante, el panorama era muy incierto: el médico que me atendía me ordenó quietud total debido a que estaba muy débil y existía la posibilidad de que el bebé muriera si nacía en ese momento. Decidimos entonces mudarnos a la casa de mis padres, que nos cedieron la habitación principal. Estuve en cama durante el siguiente mes y medio, atendida por mi inigualable madre, que me cuidaba con esmero, aunque no ocultaba su molestia con Pablo. Era tan notorio su disgusto que un día me preguntó si él me tenía amenazada, porque no podía entender por qué no lo dejaba. Mi respuesta fue sencilla:

—Madre, estoy con él porque lo quiero.

Sin embargo, vivir con los suegros con su mujer embarazada no era una opción para Pablo, a quien se le notaba la incomodidad, aunque en ese corto tiempo mantuvo una relación cordial con mi padre, mi madre y mis hermanos. El asunto se resolvió dos meses después, en enero de 1977, cuando alquiló un departamento muy pequeño en el barrio La Candelaria, cerca del parque de El Poblado. Nos mudamos un fin de semana y por supuesto en el traslado no podían faltar los muebles Luis XV, que se convirtieron en una verdadera tortura para acomodarlos. La única manera fue poner el comedor en la estancia y en la sala en una de las habitaciones, con el inconveniente de que no se podían abrir las puertas del clóset. Otra paradoja de esta historia es que vivíamos en un departamento arrendado, con muchas limitaciones, pero en el garaje Pablo tenía un lujoso automóvil Porsche último modelo, color vinotinto con vestiduras de cuero *beige*. ¿Cómo había obtenido un coche tan costoso? ¿Era de él? Muchas preguntas surgían en situaciones como esa, pero el entorno de nuestra relación me decía que era mejor no preguntar. Esas fueron siempre las contradicciones de mi marido, que faltando escasos veinte días para dar a luz compró el refrigerador que tanto nos hacía falta.

Debo reconocer que en la parte final del embarazo Pablo estuvo pendiente de todos los detalles del parto. Creo que en ese momento valoró que me había portado muy bien con él cuando estuvo en la cárcel y que por cuenta del sacrificio de ir a visitarlo a Pasto mi salud se había deteriorado. Fueron unas pocas semanas de tranquilidad y sosiego.

Así llegó el 24 de febrero de 1977, día del nacimiento de mi primer hijo. Cursaba cuarto año de bachillerato y esa mañana fui al colegio porque tenía clase de matemáticas y examen de inglés con un profesor que era temible. Cuando me levanté sentí algunos síntomas que me indicaron que el bebé estaba próximo a nacer, pero preferí no perder la evaluación con un cero y después tener a mi hijo. ¡Qué inconsciente fui! Eso solo demostraba mi inmadurez, que no me permitió establecer prioridades con mi estado de salud. No obstante, en la prueba de inglés saqué seis, es decir, apenas lo necesario para pasar. Cuando el profesor José "muelas" —le decíamos así porque tenía unos dientes enormes que parecían salirse de la boca cuando hablaba— me entregó la nota, me puse de pie y le dije:

—Profesor, tengo que irme porque reventé fuente —dije con la voz entrecortada porque las continuas contracciones apenas me dejaron parar del pupitre.

—No es hora de pedir permisos, Victoria —respondió como sin entender lo que le había dicho.

Mis compañeros de salón, unos veinticinco, empezaron a protestar en voz alta y le hicieron ver al profesor que al lado de mi pupitre había un charco de agua. Una compañera se ofreció para ir a la sala de profesores a pedir que me dejaran salir del colegio porque estaba a punto de dar a luz. Finalmente dieron la autorización y en medio de fuertes dolores caminé dos cuadras hasta la casa de mi mamá, pero tenía que parar cada diez segundos por las contracciones. Cuando llegué me estaban esperando mi abuela, que había venido desde Palmira a recibir a su bisnieto, mis papás y mis hermanos. De ahí salimos hacia la clínica de El Rosario, en el centro de Medellín, pero antes pedí que pasáramos a buscar a Pablo al departamento de La Candelaria. Todo pasó muy rápido porque media hora después de llegar nació el bebé y a la una de la tarde ya estaba llamando a mis compañeras del colegio para darles la noticia y decirles que fueran a visitarme.

—¡No puede ser! Si acabaste de salir del colegio... nos estás mintiendo, Tata —dijo una de mis compañeras de salón.

Pablo estuvo a mi lado todo el tiempo y se le notaba la felicidad por haber tenido un hijo varón. Al día siguiente, una funcionaria de la oficina de registro entró a la habitación, y como mi marido no estaba en ese momento, aproveché para llamarlo Juan Pablo. Así cumplí mi viejo deseo de ponerle a mi primer hijo el mismo nombre del personaje principal de la telenovela *Esmeralda*. Claro, cuando Pablo se enteró no le gustó mucho que le hubiera puesto un nombre compuesto a su hijo porque ya varias veces habíamos hablado de eso y él quería que simplemente se llamara Pablo.

Los médicos me dieron de alta dos días después y regresamos al departamento de La Candelaria. De entrada le dije a Pablo que estaba empeñada en terminar el bachillerato porque solo me faltaban dos años para graduarme. Así que regresé al colegio tres semanas más tarde porque quería aprovechar que mi madre cuidaría al bebé mientras yo estudiaba.

Entretanto, Pablo salía a dar vueltas en moto con sus amigos, me traía rosas y los fines de semana se ocupaba de Juan Pablo, a quien le conversaba, le cantaba canciones, lo llamaba cariñosamente Juancho o Grégory[3] y le gustaba llevarlo de paseo en un auto descapotable.

Pero como nada es perfecto en la vida, Pablo solía desaparecer con bastante frecuencia porque decía que se iba a trabajar. Solo que ese "trabajar" incluía estar con mujeres buena parte del tiempo, de día y de noche, pero en lo formal se esmeraba por estar presente en los asuntos básicos de nuestro hogar.

Casi imperceptiblemente nuestras vidas habrían de cambiar por cuenta del progresivo mejoramiento de la situación económica de Pablo y de su primo Gustavo. De un momento a otro observé que el crecimiento de la fortuna de mi marido era sostenido y que las penurias empezaban a ser cosa del

---

3   Pablo le decía Grégory a su hijo porque juntos veían películas sobre los zares de Rusia; a mi marido le encantaba la personalidad de Grigori Yefímovich, Rasputín, un místico ruso que tuvo gran influencia al final de la dinastía Romanov. Ese mismo apelativo era usado por Pablo cuando le enviaba cartas a su hijo desde la clandestinidad.

pasado. Así, en el primer trimestre de 1978 compró por tres millones de pesos —setenta y seis mil dólares de la época— una casa en el barrio Provenza, una zona en franco desarrollo en la parte de arriba de la calle 10, en el corazón de El Poblado. Era una vivienda con piscina, varias habitaciones, garaje y un *hall* muy amplio, con vidrieras gigantes. Allá terminaron los anticuados muebles Luis XV que tanto nos gustaban a Pablo y a mí, y como el espacio era más amplio los acomodé lo mejor que pude.

No obstante, una vez que nos pasamos a nuestra nueva casa, Pablo montó una oficina en la primera habitación, situada a la entrada, desde donde empezó a atender con Gustavo a todo tipo de personas. Supongo que tenían que ver con sus "negocios" y por eso no me asomaba por allá. Mi hermano Mario debió percibir que esos "visitantes" nos traerían problemas y le sugirió a Pablo trasladar la oficina a otro lado porque consideraba un error mezclar los negocios con la vida privada. Mi marido estuvo de acuerdo y tres meses después se mudaron a una vieja casa por la calle 9, un sitio feo y de mal gusto al que llamaban Los Tamales de Aliria.

No voy a ahondar aquí en la manera como Pablo se hizo millonario porque trataré ese tema en otros capítulos de este libro, pero sí quiero hacer énfasis en que la abundancia de dinero fue directamente proporcional a su carrera frenética por estar acompañado de todo tipo de mujeres. Con unas estuvo por diversión, porque le proporcionaban placer y compañía; a otras las conquistó por el mero interés de favorecer sus negocios, y con otras más sostuvo intensos romances porque estratégicamente eran claves para acceder a secretos de Estado. Pero puedo asegurar con certeza que ni con las unas y mucho menos con las otras, en algún momento nuestro matrimonio estuvo en peligro.

Así, entre 1978 y durante los siguientes diez años, Pablo se hizo inmensamente rico y su poder económico le permitió, primero, incursionar en el mundo del automovilismo a través de sus participaciones en la Copa Renault de 1979 y 1980. Luego, impulsó diversas obras sociales para favorecer a las clases más necesitadas y fomentó el deporte a través de la construcción de decenas de canchas de futbol. También creó el imperio de la hacienda Nápoles en el Magdalena Medio antioqueño y no aguantó las ganas de participar en política, donde soñaba llegar muy lejos, como en efecto lo hizo, hasta que se estrelló y ese fue su fin. En todos estos escenarios de su vida, siempre, siempre, mi marido estuvo rodeado de mujeres.

Los negocios y ocupaciones de Pablo prosperaban y eso se notaba, pero yo no tenía conciencia de dónde provenía el dinero pues era aún una adolescente y joven ingenua de familia, en un contexto social machista donde el papel de la mujer se circunscribía al cuidado exclusivo de los hijos y el hogar, no al de opinar sobre lo que hacía o no el hombre de la casa para proveer el sustento a la familia. Yo aproveché la bonanza para educarme, viajar a muchos lugares de mi país y del mundo, y asistir a las mejores ferias de diseño de interiores y de moda en Italia y Francia, pues soñaba con ser una profesional respetada y reconocida, pero no lo logré.

Desde el primer día, genuinamente pensé que Pablo se dedicaba al contrabando y como tal no lo consideraba algo malo porque era una actividad habitual de muchos de los habitantes del barrio que buscaban un modo de subsistencia. Cuando éramos novios, en algún momento vi a Pablo vender en el barrio ropa interior de marca San Michel. Incluso mi madre viajaba a la población de Maicao, en la frontera con Venezuela, a traer perfumes, telas y otras mercancías para venderlas en su miscelánea. Ese siempre había sido un negocio próspero que debía bordear lo ilegal, pero era aceptado porque las autoridades no lo perseguían. Incluso hoy es una práctica que no tiene la misma connotación que el tráfico de estupefacientes. Pablo nunca me dijo de un modo solemne, abierto, que se dedicaba al tráfico de narcóticos. Y tampoco sabría decir cuándo se pasó del contrabando al narcotráfico.

Para Pablo nunca tuve cabida en el terreno laboral. Yo estaba para otro ámbito. Era una división de roles tajante, infranqueable: por un lado, él y sus negocios y por otro nosotros, su familia. En esos primeros años nunca pensé que sus actividades fueran especialmente peligrosas ni malas; sencillamente, no eran un tema de conversación, ya sea por despreocupación o por ignorancia. En mi entorno no se hablaba de droga, tampoco de cocaína y mucho menos del cártel de Medellín. Mi deslumbramiento con Pablo no me permitió dilucidar cuál podría ser el futuro.

Como decía, 1978 marcó el despegue económico de Pablo y saltó a la vista de todos de un momento a otro, como en una especie de efecto Alka Seltzer. Lo primero que hicieron Pablo y Gustavo fue interesarse por las competencias de motocross y disputaron varias carreras en una pista conocida como Furesa, en los alrededores de Sofasa, la planta de ensamblaje de vehículos franceses Renault situada en Envigado. Durante algunos meses le sacó provecho a su potente motocicleta IT de 200 centímetros cúbicos, pero muy pronto descubriría otra aventura más emocionante: las carreras de autos. El juguete del nuevo millonario se convertiría en una pasión que habría de durarle cerca de dos años. Por aquella época se desarrollaban competencias informales en los alrededores de Medellín, como en la naciente vía Las Palmas o el ascenso a Santa Helena, donde los pilotos buscaban los mejores registros, especialmente en carreras contrarreloj. Pablo iba al mando de su potente Porsche y era muy evidente que las velocidades extremas le atraían.

Como es usual que una cosa lleve a la otra, el gusto por las carreras de autos llevaría a Pablo y a Gustavo a ampliar sus horizontes porque justo ese año y por primera vez, las directivas de la prestigiosa Copa Renault —que se desarrollaba cada domingo en el autódromo internacional de Bogotá y algunas veces en Cali y Medellín— permitieron la participación de pilotos novatos. Literalmente, Pablo y Gustavo, pero más Pablo, echaron la casa por la ventana: adquirieron una flota de vehículos Renault 4, alquilaron durante todo el año 1979 el último piso del hotel Hilton, en el centro internacional de Bogotá, y buena parte de ese año él y Gustavo llegaron el sábado a Bogotá en helicóptero, se hospedaron en el Hilton, compitieron el domingo y regresaron a Medellín el lunes por la mañana. Nosotros viajamos algunas veces en helicóptero o en avión, pero fueron más las ocasiones que ellos estuvieron solos en la capital.

Hasta ahí todo iba muy bien, pero no podía faltar el ingrediente de siempre: las mujeres. Estas llegaron por cuenta de dos jóvenes que competían en una de las categorías de la Copa Renault. Una de ellas era cantante del programa musical *El Show de Jimmy* y su rápida amistad con Pablo se tradujo en que los fines de semana, cuando nosotros no íbamos a Bogotá, organizaban interminables fiestas en el Hilton a las que asistían mujeres por montones.

Los contertulios contaban además con refuerzos. Como Héctor Roldán, patrocinador del equipo Roldanautos, que en noviembre de 1979 quedó campeón en novatos con el piloto Álvaro Mejía. Según supe tiempo después, Pablo y Roldán, que ya eran viejos conocidos, dieron rienda suelta a su gusto desmedido por las mujeres y armaron fiestas memorables en el Hilton.

La cercanía de ellos habría de mantenerse en el tiempo y llegó al extremo de que, a comienzos de 1984, cuando yo estaba embarazada de Manuela, mi marido tuvo la desfachatez de proponerme que su amigo fuese padrino de bautizo de nuestra hija. La idea me llenó de furia:

—Pablo, mientras yo viva, Héctor Roldan jamás será el padrino de mi hija... por si no sabés, los padrinos de un hijo tienen unas responsabilidades para el día que no estemos en este mundo. Tú eliges a Héctor porque te trae aviones llenos de mujeres. Qué falta de respeto.

Declinó a regañadientes y entonces optamos por otro amigo suyo, Juan Yepes, su compañero de equipo en la Copa Renault. Él ya era conocido como John Lada porque fue el primer importador a Colombia de los vehículos rusos marca Lada.

Al comienzo de la década de los ochenta Pablo Escobar, mi marido, ya era un hombre inmensamente rico y empezaba a volverse poderoso. De manera casi imperceptible, esa mezcla de dinero y poder nos metió en un torbellino que no nos permitió dimensionar la desgracia que se avecinaba.

Muchas de las cosas que cuento en este capítulo las supe ahora, cuando viajé a Colombia para hacer la investigación para este libro y hablar con personas cercanas a nosotros en aquella época. Y me llevé grandes sorpresas porque descubrí que, por ejemplo, la tía Inés me ocultó numerosos episodios de infidelidad de Pablo para que yo no sufriera. También supe que él les ordenó a sus hombres, incluso bajo amenaza, que cuidadito me contaran algo de sus aventuras.

Ahora que hablo de complicidades y silencios para favorecer las infidelidades de Pablo, recuerdo con amargura el

LAS MUJERES DE PABLO

papel que cumplió Alba Marina, su hermana, encargada de organizar sus fiestas, atender a sus amantes y comprarles regalos. Me indignó saber que ella había sido una alcahueta, pero me descompuso aún más lo que sucedió en Residencias Tequendama cuatro días después de la muerte de Pablo, cuando los Escobar fueron a visitarnos. De repente, Alba Marina hizo una pausa y dijo:

—Victoria, quiero que sepas una cosa: siempre les dije a las novias de Pablo que él te adoraba por encima de cualquier relación.

Tan querida mi cuñada. Jamás esperé que tuviera la cara para mirarme a los ojos y contarme semejante desfachatez. Pero faltaba más. Pese al dolor que me embargaba y olvidando mi papel de esposa y madre, mis parientes políticos empezaron a referir todo tipo de episodios de infidelidad que yo desconocía. Cómo sería de bochornoso lo que decían que doña Hermilda intervino:

—Respeten a Tata. No más.

El silencio fue sepulcral y la visita terminó minutos después.

De regreso a aquella época, el dinero a raudales trajo debajo del brazo un inmediato cambio de estatus que se notó el 27 de febrero 1979, cuando Pablo compró una casa hermosa en el barrio El Diamante, en El Poblado, que costó cuatro millones de pesos.[4] Era LA CASA. El terreno tenía mil setecientos metros cuadrados y dentro de él una amplia y linda construcción de dos pisos en cuyo centro sobresalía un espejo de agua sobre el que reposaba una fuente con una escultura

---

4   La casa de El Diamante se la dejamos años después a una de mis hermanas —con varias pinturas y esculturas que yo había adquirido—, que la habitó hasta comienzos de 1993, cuando los Pepes la quemaron en un atentado y ella tuvo que irse de Medellín.

llamada *El beso*. El arquitecto Raúl Fajardo, uno de los más reconocidos de esa época y propietario del predio, le dijo a Pablo que la obra de arte no estaba incluida en el negocio, pero le dije a mi marido que no comprara la casa si se la llevaban. *El beso* se quedó.

La hacienda Nápoles surgió a la par de la bonanza de Pablo y de Gustavo, quienes ya en ese momento habían constituido una sólida relación familiar y comercial. El sueño de mi marido de tener una gran hacienda surcada por ríos y montañas se hizo realidad cuando encontraron los terrenos adecuados en el Magdalena Medio antioqueño, justo al lado de la futura autopista Medellín-Bogotá.

Así, Nápoles pasó a ser entonces epicentro de la nueva vida de Pablo. En lo bueno y en lo malo. Es más. Desde el primer instante se propuso, y lo logró, llevar una especie de doble vida alrededor de la hacienda: una con su familia y otra con sus amigotes y conquistas de ocasión. Claro, por otro lado, iban sus negocios, de los cuales a mí en particular siempre me mantuvo alejada. Nosotros, su familia, tuvimos un espacio allí, pero sus mujeres ocuparon un lugar preponderante, aunque clandestino. Y es que para encontrarse con sus amantes, Pablo y Gustavo tuvieron la osadía de construir un departamento que camuflaron en la parte de atrás de las caballerizas de la hacienda, situadas muy cerca de la casa principal; también levantaron varias cabañas en lugares apartados, hacia donde escapaban incluso cuando nosotros estábamos allí.

Cómo negar que Pablo hizo de las suyas en Nápoles. Como aquel fin de semana que Héctor Roldán llegó en su avión con una docena de mujeres despampanantes. Seguramente no contaban con que yo estaría en ese momento ahí y que daría un grito en el cielo, indignada.

—No quiero quedarme un segundo más en este lugar, Pablo. Es una falta de respeto lo que hacés conmigo.

Pero él, como siempre, tenía una excusa a flor de boca:

—Mi amor, Héctor trajo esas muchachas para diversión de los muchachos. Yo no tengo nada que ver con eso. Son mujeres para mis amigos y no puedo decirles que no las traigan.

Me quedé callada, pero era evidente que estaba mintiendo. Si no hubiera estado ahí en ese momento, habrían hecho la gran fiesta.

El descaro de mi marido llegó al límite cuando fuimos a una finca cerca de Doradal a visitar a unos amigos. Pasadas las ocho se fue la luz y nos quedamos haciendo un rato en la sala, iluminados por la tenue luz de varias velas. Estábamos tan entretenidos que no noté la ausencia de Pablo. El fluido eléctrico llegó un par de horas después y la tertulia continuó muy animada. No supe en ese momento que el apagón fue premeditado y que Pablo le había pedido al anfitrión que bajara el interruptor porque en una de las habitaciones lo esperaba una de sus amantes.

Debido al dinero, la vida de Pablo tomó un ritmo vertiginoso. Si estaba rodeado de mujeres cuando no tenía un centavo en los bolsillos, ahora que el mundo se abría a sus pies, diría que la búsqueda de diversión, rumba y mujeres se volvió frenética.

A medida que crecía su fortuna surgió la necesidad de contratar guardaespaldas: el primero fue *Pinina* y luego *Chopo, la Yuca* y *Pasquín*, quienes se convirtieron en nuestras sombras. Con el paso del tiempo llegarían decenas de hombres que conformarían el poderoso ejército de jóvenes —de los sitios más deprimidos de Medellín— que se jugarían la vida por mi marido.

Por esos días también apareció Ferney, un misterioso hombre que nunca supe de dónde provino, que se convirtió en una especie de secretario privado de Pablo. Era algo así como un cajero móvil que funcionaba a las mil maravillas para nosotros porque todo lo resolvía, aunque tiempo después supe que entre sus otras muchas funciones también estaba la de consentir a las amantes de Pablo: les compraba costosos regalos —incluso si había que traerlos del exterior—, les llevaba serenata, les enviaba flores, las acompañaba a la peluquería, les daba dinero, y las entretenía mientras llegaba el jefe.

En el entorno de mi marido también empecé a observar la discreta presencia de Jerónimo, un apuesto joven de diecisiete años, habitante del municipio de La Estrella, a quien le tomé confianza porque Pablo me decía que con él se sentía bien acompañado y por eso lo llevaba a todas partes. Tiempo después sabría que en realidad era el encargado de conseguirle mujeres de todo tipo a mi marido y su cercanía llegó al extremo de que en algunos momentos las compartieron en el mismo lecho.

Ellos se conocieron una noche en la heladería La Turquesa, cuando mi marido fue a visitar a Luz Ángela, una rubia espectacular de ojos verdes, quizá la mujer más linda de ese municipio, a la que pretendía. No era la primera vez que Pablo iba a ese lugar, al que llegó aquella vez en una caravana de tres coches con una decena de hombres a su alrededor. Pablo hizo cerrar el bar y pagó el consumo de los presentes con la única intención de deslumbrar a la muchacha que lo desvelaba.

Conquistar a Luz Ángela se convirtió en una especie de reto para mi marido, que empezó a frecuentar La Estrella varias veces a la semana, casi siempre después de medianoche. Ella se hacía la difícil y eso lo enloquecía, al punto de que un sábado le ordenó a Ferney que fuera al parque principal de Envigado y contratara todos los músicos que encontrara y los llevara a La Turquesa, donde él estaba con ella. Largo

rato después su deseo se cumplió y Ferney llegó con un autobús atestado de músicos, que se turnaron para tocar boleros,
rancheras y vallenatos hasta las cuatro de la mañana. De ahí
salieron a quitarse la resaca en un restaurante en el vecino
municipio de Caldas, donde Pablo pagó la cuenta de todos los
clientes. La imagen que buscaba proyectar, de rico, poderoso
y rumbero funcionó porque Luz Ángela cayó rendida a sus
pies, aunque por poco tiempo porque el romance se desgastó
un par de meses después, y aunque ella le gustaba mucho, él
no tardó en buscar otra mujer para remplazarla.

Eso de andar por las calles no habría de durar demasiado
porque Pablo decidió que había llegado la hora de tener un departamento de soltero y por ello compró el lujoso *penthouse* de
un edificio situado por la avenida Colombia, y en cuyo primer
piso funcionaban pistas de hielo y bolos. Ese primer escondite
sería conocido entre Pablo y sus escoltas con la clave de "La
Escarcha" y estaba situado a escasos cien metros de la entrada
principal de la Cuarta Brigada del Ejército. Como en esa época
Pablo todavía no era buscado por la justicia, los soldados lo dejaban pasar cuando las calles adyacentes estaban bloqueadas
por retenes militares. Era visto como un vecino más que llegaba a su departamento acompañado por mujeres hermosas.

Así, las juergas se volvieron diarias y en los sitios que frecuentaba era visto como un rey, pues gastaba a raudales, al
tiempo que se convirtió en el cliente más popular de las discotecas Génesis y Acuarius, de moda en aquella época por el
sector de Las Palmas. Cuando llegaba a alguno de esos lugares
se sentaba en una mesa desde donde tuviera una visión panorámica y si veía una mujer linda le decía a Jerónimo o a Ferney
que la llevaran a su mesa para saludarla y entablar conversación. Tras una plática breve, la elegida regresaba a su mesa y
Pablo le enviaba una botella de champaña o de whisky, con

la certeza de que la muchacha regresaría más tarde a agradecer el regalo. Cuando eso sucedía la suerte estaba echada. Lo siguiente que ocurría era que Pablo le pasaba el brazo por detrás, departía con ella y luego la invitaba a su departamento.

En esa etapa de su nueva vida de rico, Pablo era fanfarrón y le gustaba hacerse notar, lo que en términos populares se conoce como "chicanear". Una vez que salían de la discoteca, él conducía su potente Renault 18 y hacía que los escoltas lo persiguieran. Ahí empezaba una especie de juego del gato y el ratón porque mi marido salía raudo por las calles solas y oscuras de Medellín, subía a los andenes, tomaba los *round point* en contraflujo y cometía todo tipo de infracciones. Lo hacía para impresionar a su acompañante de turno. Luego, cuando consideraba que ya era suficiente, se dirigía a "La Escarcha".

También era usual que en uno de esos sitios de baile a Pablo lo rodearan muchachas de todo tipo, que además se divertían gratis porque él pagaba sus cuentas. Horas más tarde, algunas de ellas, las más bonitas y voluptuosas, eran invitadas a su departamento. Claro, los músicos no podían faltar y muy frecuentemente llegaban orquestas, mariachis y tipleros. Nunca antes el *penthouse* comprado por mi marido había tenido tanta actividad porque las fiestas casi siempre terminaban entre las cuatro y las cinco de la madrugada.

En alguna ocasión Jerónimo me contó que Pablo no era un gran tomador de trago, aunque sí le encantaba el coctel Alexander, una mezcla de ginebra, crema de leche y crema de café que Eduardo, el barman, la única persona que siempre permanecía dentro del departamento, preparaba con exquisitez.

Cuando la fiesta estaba en su punto más alto, Pablo pedía escuchar una canción que le encantaba: "Ojo de tigre", la exitosa pieza musical que Silvester Stallone hizo componer como banda sonora de la película *Rocky III*, la célebre saga cinematográfica del boxeador Rocky Balboa. Cuando la melodía sonaba en el potente equipo de sonido del departamento, Pablo saltaba como un resorte y se ponía a bailar. La primera estrofa, que le encantaba, decía así: "Levantándome de vuelta en la calle / tomé mi tiempo, corrí mis riesgos / remonté la distancia, ahora estoy de nuevo de pie / solo un hombre / y su voluntad de sobrevivir / muchas veces, pasa demasiado rápido / cambias tu pasión por gloria / no pierdas el control sobre tus sueños del pasado / solo debes luchar por mantenerlos vivos".

En medio de ese ambiente íntimo y propicio para la conquista, era inevitable que Pablo terminara de romance con alguna joven. Aunque no era el más atractivo, tenía un don para la seducción porque era conquistador, seductor. Y tenía mucho dinero. Ese era el momento en que despachaba a sus guardaespaldas y a sus contertulios y se quedaba dentro del departamento con su nueva amante, con Jerónimo —que casi siempre llevaba una amiga de su barrio o Pablo le cedía una—, y con Eduardo, el barman. Pero había más, porque en estas historias siempre hay más: en el colmo del descaro, Pablo había ordenado instalar cámaras ocultas en las habitaciones y en los baños para grabar a sus invitadas en la intimidad. También había un cuarto secreto desde donde podía observar lo que ocurría en todo el departamento. Y cuando ya solo quedaban Jerónimo y él, se dedicaban a ver las grabaciones.

Como la rumba era diaria, Pablo optaba de vez en cuando por ir a Guayaquil, uno de los sectores populares y más peligrosos del centro de Medellín, casi siempre acompañado por Gustavo Gaviria, su primo. Caminaban por las calles y luego entraban a cualquier cantina a tomar y oír música, principalmente tangos. Después de la segunda cerveza, Pablo pedía escuchar sus preferidos: "Sangre maleva", tocada por la orquesta de Alfredo de Angelis; "Cambalache", de Carlos Gardel; "El sueño del pibe", de Osvaldo Pugliese, y "En casa de Irene", un clásico de Gian Franco Pagliaro. A Pablo y a Gustavo les fascinaban los tangos porque sus letras reflejaban la tristeza que vivieron en su niñez debido a la estrechez económica de sus familias.

No obstante la intensidad de las juergas de aquellos años, mi marido siempre llegaba a la casa con el periódico *El Colombiano* debajo del brazo y se acostaba después de leer los titulares y las principales noticias. Jerónimo me contaba que él era obsesivo en cumplir su lema de no dormir en la calle porque tenía un sitio a donde llegar. Por eso nunca se quedó en "La Escarcha" más allá de las cinco de la mañana y se iba, aunque la fiesta todavía estuviera prendida. Por orden de Pablo, Jerónimo o el barman permanecían allí hasta que el departamento quedara vacío.

Durante esa época de discotecas y farra, ahora sé a ciencia cierta que Pablo tuvo muchas novias ocasionales con las que disfrutó una, dos semanas, un mes, dos meses, pero nunca las tomó en serio.

Todo eso habría de cambiar una noche de mediados de 1981, cuando conoció a Wendy Chavarriaga Gil. Según me contó Jerónimo años después, un hombre riquísimo, jugador compulsivo de cartas y conocido en el bajo mundo en Medellín como *el Tío*, le pidió a Pablo que recibiera a una muchacha que había llegado de Estados Unidos y traía una buena idea para hacer negocios. Mi marido aceptó y le dijo al *Tío* que la esperaba en el boliche que quedaba en la parte baja del edificio donde tenía su departamento de soltero.

Pablo no contaba con que su invitada llegaría con una morena de ojos verdes, cuerpo espectacular, 1.85 metros de estatura y veintiocho años de edad. Era Wendy. El encuentro duró escasos veinticinco minutos y las dos mujeres se fueron después de hablar del negocio que tenían entre manos. Claro, Pablo no desaprovechó la oportunidad y cuando Wendy pidió entrar al baño se fue a espiarla a través de los vidrios que semejaban espejos. Pablo quedó boquiabierto con la belleza y el porte de reina de Wendy y de inmediato llamó al *Tío* y le pidió que le ayudara a concertar una cita con ella. Dicho y hecho, porque pocos días después se encontraron de nuevo y a partir de ahí empezaría una relación que de verdad fue seria, que deslumbró a Pablo, que duró varios años, pero habría de terminar en tragedia.

De entrada, Wendy era diferente a las demás mujeres que habían estado con mi marido. Por lo general, eran jovencitas de clase media-baja que querían resolver su situación económica. La nueva conquista de mi marido era estrato cinco, rica, con un lujoso departamento en uno de los mejores sitios de El Poblado. Pablo era tan consciente de ello que un día, recién empezó su relación con Wendy, le dijo a Jerónimo: "Soy un campeón". Era la primera mujer a la que no tenía que regalarle nada, ni coche, ni vivienda, ni dinero. Ella tenía todo, aunque para acelerar la conquista de todas maneras le regaló un automóvil Renault 18.

El enamoramiento de Pablo por Wendy fue tan intenso que prácticamente todos los días iba a verla a Altos de San Lucas, donde ella vivía sola, y salía a las cuatro o cinco de la mañana. Una rutina que aburría sobremanera a sus escoltas, que tenían que esperar en la calle a que él saliera.

El colmo del descaro de mi marido era que su amante vivía a escasas dos cuadras de nuestra casa, en los alrededores del Club Campestre de Medellín, pero era tan hábil manejando su doble vida que yo tardaría mucho tiempo en darme cuenta. Recuerdo que él llegaba todos los días a las siete de la noche y nos sentábamos a la mesa con Juan Pablo, que debía tener algo más de cuatro años. Era una especie de ritual compartir ese momento en familia. Después de comer, Pablo iba a jugar a la habitación del niño con los sofisticados juguetes que le había regalado, como aviones, coches de carreras y helicópteros, casi todos traídos del exterior. Él le explicaba para qué servían y cómo funcionaban, y como ya por esos días íbamos a la hacienda Nápoles en helicóptero, se notaba que el niño empezaba a entender de qué se trataba.

Pero ese momento de solaz era interrumpido por Pablo, que invariablemente decía que debía irse porque tenía reuniones importantes en su oficina o en algún lugar de Medellín. Juan Pablo se ponía a llorar por la ausencia de su padre, pero lo calmaba con la promesa de que regresaría pronto. Por mi lado sentía mucha tristeza por no poder compartir una noche con mi marido, ver una película, hablar... ese fue un vacío que me acompañó por años.

—Patrona, creo que ese fue el único momento en el que tambaleó su reinado. Nos daba pena verla toda inocente, pero nosotros no podíamos decirle nada porque él nos lo tenía prohibido —resumió Jerónimo, cómplice directo de las andanzas de mi marido.

El círculo que rodeaba a Pablo impedía saber en qué andaba, pero lo cierto es que, pese a su astucia para ocultarme su doble vida, en no pocas ocasiones terminé por enterarme de sus infidelidades. Eso de que las mujeres tenemos un sexto sentido para percibir las cosas aplica aquella vez que fui a visitarlo de improviso a su oficina en el noticiero *Antioquia al día*, en una casa que arrendó en la loma de los Balsos, en El Poblado. Cuando llegué a la sede del noticiero, me llamó la atención el refinado estilo de todo en el lugar, pero principalmente la oficina de mi marido, que claramente había sido decorada por alguien con mucho gusto. La intuición me indicó que allí debía estar la mano de una novia de Pablo. No estaba equivocada, aunque como casi siempre, habría de confirmarlo mucho tiempo después.

Ya en aquel momento mi marido había iniciado en serio su carrera política y estaba dedicado a la campaña proselitista porque quería ser congresista. A él le habían dicho que una manera eficaz de hacerlo era teniendo su propio noticiero y por ello montó *Antioquia al día*, el informativo diario que salía al aire al mediodía en un espacio alquilado en el canal de televisión Telemedellín.

Intrigada, me puse a averiguar quién había hecho la decoración y quién era el dueño o la dueña de la casa donde funcionaba *Antioquia al día*, pero me llamó la atención que las respuestas eran evasivas. Sin embargo, de tanto preguntar y atar cabos logré saber que la vivienda le pertenecía a una mujer conocida como Wendy Chavarriaga, a quien Pablo le pagaba un arriendo, que a su vez ella les entregaba a sus sobrinos. Pero no pude confirmar la existencia del romance.

Mis sospechas continuaron y las verifiqué cuando en las concentraciones públicas que convocaba Alternativa Popular —el movimiento que promovía a Pablo en su aspiración por llegar a la Cámara de Representantes— en los barrios de Medellín y en los demás municipios del valle de Aburrá, empezó a aparecer muy cerca de mi marido-candidato una mujer hermosa, alta, morena, de ojos verdes. Era Wendy Chavarriaga.

Una de mis hermanas, que sabía de la relación, pero no me había dicho nada para no verme sufrir, protagonizó un incidente con ella durante una manifestación en la plaza principal del municipio de Envigado. Ocurrió un sábado en la tarde, cuando Pablo y Jairo Ortega daban un discurso desde el balcón de una casa. Yo estaba ahí, pero debía estar distraída en ese momento porque no me di cuenta de nada. Mi hermana observó que detrás de Pablo se encontraban Wendy y su hermana, que aplaudían entusiastas cuando los asistentes aclamaban a mi marido. En voz baja, pero con tono de furia, mi hermana le dijo: "Este lugar es de mi hermana, y si no te bajas ya, te tiro por el balcón". Wendy no dijo palabra alguna y se alejó del lugar. Desde luego que mi hermana no tenía intención de hacerle daño, pero estaba indignada porque su cuñado se pavoneaba con una amante delante de su mujer.

Finalmente, las conjeturas sobre Wendy y Pablo habrían de quedar al descubierto cuando alguien me reveló con pelos y señales el intenso romance que vivían. Lo que más me dolió fue saber que mi marido estaba muy "enganchado" con Wendy y por eso no aguanté más y le dije sus verdades:

—Pablo, vos sos un hombre muy joven y tenés derecho a ser feliz; seguí adelante con tu vida y con la relación que elijas. Seré la madre de tus hijos, mas no tu mujer. No te preocupes por mí, que Victoria Eugenia Henao es única en el planeta, simplemente elegí y lo comprenderé. Tenés el espacio libre, no es necesario que te quedes, no es tan indispensable Pablo.

A pesar de mi gran dolor e indignación, siempre me mostré fuerte frente a él y en varias oportunidades le pregunté:

—¿Pablo, has visto alguna vez que alguien se haya muerto de amor?

Estaba decidida a forzarlo a tomar una decisión sobre nosotros, pero debo resaltar que, aunque era un infiel irredimible, nunca nos agredimos física ni verbalmente y siempre fue posible comunicarnos a pesar de lo doloroso que era hablar de infidelidad. Claro, era un diálogo estéril porque él tenía respuesta para todo y sus frases, palabras más, palabras menos, eran repetitivas, efectistas:

—No, mi amor, estás equivocada... no te dejes llenar la cabeza de chismes. No te dejaré por ningún motivo. Muchos quieren vernos separados, pero no lo van a lograr.

Desde luego que no le creí y dejé de hablarle durante varios días, pero él seguía defendiendo su inocencia e intentaba convencerme de que yo era muy importante para él. Era tal su insistencia que un día me invitó a una fiesta con un amigo suyo y me salió con el cuento de que asistir sería muy importante para nuestro futuro. Acepté a regañadientes y fuimos a la finca El Pomar, en la parte de arriba de Envigado, propiedad de Pablo Correa, un adinerado narcotraficante amigo de Pablo. Pero la fiesta se aguó recién llegamos porque allí se encontraba Wendy, despampanante, con una minifalda amarilla que causaba sensación. Pablo permaneció a mi lado todo el tiempo, demostrándome con hechos que yo estaba por encima de Wendy, de cualquier reina, de cualquiera. En cambio, ella se paseaba retadora, insinuante, por todas las mesas, intentando llamar la atención de mi marido.

Ese momento fue horrible. En medio de la incomodidad que me generaba aquella situación, por enésima vez me pregunté qué hacía allí, por qué le aguantaba tanto a Pablo. Pero faltaba más. Para escapar de aquella escena tan grotesca fui al baño y me encontré con el espectáculo de ver numerosas mujeres, de diversas edades, aspirando cocaína en del tocador.

Salí espantada del lugar y le dije a Pablo:

—Sacame ya de este lugar. No puedo permanecer un minuto más aquí.

Él debió ver mi cara de furia y de inmediato subimos a su auto y salimos de allí, seguidos por tres coches repletos de guardaespaldas.

—Pablo, si ese es el lugar donde tengo que estar, olvídate de mí porque no soy la persona adecuada. Si tengo que meterme en este ambiente tan pesado para poder estar a tu lado, mejor quédate con Wendy, que seguramente seguirá tu ritmo... conmigo no cuentes para eso.

—No, mi amor. Te lo prometo, estaré en los espacios que elijas.

Esas pocas palabras lograban apaciguar las aguas. Pablo quería conservar a todas y cada una de sus mujeres, y lo lograba. A pesar de sus constantes aventuras, se las arreglaba para seguir siendo el romántico de siempre, el esposo detallista que tras cada infidelidad me llevaba flores amarillas, el apasionado que se lucía en la intimidad.

Mientras tanto, la campaña al Congreso avanzaba viento en popa y las elecciones regionales se veían a la vuelta de la esquina. Pablo dio muestras de cansancio debido al trajín diario, que incluía visitar barrios, dar discursos, hablar con la gente, y por eso propuso que fuéramos unos días a Miami. Así sucedió y llegamos al hotel Omni —situado en Biscayne Boulevard, un exclusivo sector de la ciudad del sol—, que en la parte de abajo tenía un inmenso centro comercial, muy cómodo para nosotros porque Juan Pablo se distraía ahí y yo podía subir al mediodía para que durmiera un rato. Por esos días estábamos en la tarea de lograr que el niño dejara el biberón y a Pablo se le ocurrió proponerle que se despidiera de su botella porque viajaría en un globo inflado con helio. Sin entender demasiado, Juan Pablo aceptó y en efecto el envase se fue lentamente hacia las nubes. Cuando cayó en cuenta de que su tetero se había ido y no regresaría, lloró desconsolado por un rato, pero luego se calmó y no lo volvió a pedir más. La estrategia funcionó.

El paseo fue divertido, ameno y familiar, hasta que Pablo dijo que debía ir a Nueva York a encontrarse con unos por-

torriqueños con los que iba a hacer un negocio. No le di mayor importancia al asunto y su regreso se produjo tres días
después, acompañado de un regalo: una hermosa polvera redonda de oro, con zafiros, grabada con mi nombre. La tengo
todavía. Sobrevivió a las bombas, a las persecuciones, a la
guerra. Meses después habría de enterarme de que Pablo había dicho mentiras y que en realidad fue a encontrarse con
Wendy y fue ella quien escogió la polvera para mí.

Ahora que menciono Estados Unidos, quiero referirme a
otros viajes de Pablo a ese país, antes de que le quitaran la
visa en 1983. Es relevante porque en la tarea de recabar información para este libro, en abril de 2017 fui al municipio
de Carmen de Viboral, distante sesenta kilómetros por carretera desde Medellín, a buscar a *Quijada*, el tesorero personal de Pablo en Estados Unidos, a quien no veía hacía más de
treinta años y con quien nunca llegué a hablar de las mujeres
de mi marido.

No fue fácil sacarle datos a *Quijada* porque se mostró entre
receloso y apenado conmigo por haber sido cómplice de las
andanzas de Pablo, quien hizo y deshizo durante los cerca
de doce viajes que alcanzó a hacer al país del norte. Si fue capaz de escaparse a Nueva York para encontrarse con Wendy
estando nosotros con él, es fácil imaginar lo que hizo solo. Y
claro, *Quijada* resultó toda una caja de sorpresas porque me
refirió varios episodios que retratan la manera como mi marido enloquecía estando allá.

Ya entrado en confianza, *Quijada* recordó aquella vez
cuando Pablo alquiló seis *suites* del hotel Omni, que ocuparon él y varios capos del narcotráfico estadounidenses y se
quedaron cuatro noches. Los acompañaron hermosas muchachas latinas que escogían por fotos y les enviaban desde
una discoteca en Kendall. La mejor siempre era para Pablo.

Quijada rememoró otro escandaloso episodio en el mismo hotel, donde Pablo y varios de sus socios en Colombia, entre ellos Gustavo Gaviria y Gerardo *Kiko* Moncada, tomaron en alquiler un piso entero durante una semana y en las noches se reunían en la *suite* más grande para hacer sus bacanales. Cada día, refirió *Quijada*, llegaron cerca de cuarenta mujeres, de diversas nacionalidades, a quienes examinaban como si estuvieran en un desfile. A las que les gustaban las hacían seguir y a las que no las despachaban con doscientos dólares en la cartera, con lo cual el grupo se reducía a veinte. Luego hacían una especie de juego de seducción que consistía en pagarles veinte dólares por quitarse cada prenda de ropa que tuvieran encima y cuando estaban totalmente desnudas las ponían a bailar entre ellas, antes de la faena final.

En otra ocasión, Pablo viajó desde Medellín y llegó al pequeño aeropuerto ejecutivo de Tamiami, en Miami Dade, en su recién comprado Lear Jet. Allí recogió a tres personas, se fueron a Orlando, Florida, y se hospedaron en el hotel Marriott. Cinco mujeres estuvieron con ellos los tres días que duró el paseo. Además, los amigotes eran más que generosos porque las jóvenes les cobraban entre dos y tres mil dólares por la compañía, pero ellos les pagaban cinco mil.

Pese a que había logrado sacarle datos como con tirabuzón, *Quijada* intentó defenderse diciendo que él solo cumplía las órdenes de mi marido. Era cierto, pero también lo era que el dinero compraba todo, hasta el silencio de los hoteles, que llenaban sus arcas con huéspedes bulliciosos que metían mujeres de dudosa reputación y nadie decía nada a cambio de jugosas propinas. Obviamente, las cuentas eran enormes y las pagaba *Quijada*, que desembolsaba entre diez y cincuenta mil dólares semanales por los servicios obtenidos en ese hotel.

Tiempo después, en el esplendor de su imperio, Pablo habría de comprarles a dos jóvenes homosexuales una hermosa mansión en North Bay, Miami Beach, que colindaba con la de los famosos cantantes Bee Gees. Era de un piso, totalmente decorada y equipada, con una gran piscina y un kiosko, y desde allí se veía el imponente puerto de Miami. Le costó setecientos mil dólares y habría de durarle cinco años, hasta 1987, cuando las autoridades estadounidenses la confiscaron. *Quijada* recordó que en aquella casa Pablo hizo al menos siete fiestones que se prolongaron hasta las diez de la mañana del día siguiente. En todas esas fiestas, dijo, Pablo y sus socios siempre estuvieron acompañados por bellas mujeres.

—Patrona, el jefe solo tenía amoríos de fin de semana. Eran de momento, por plata. Él aquí no se enredó con ninguna.

Le creí a *Quijada*, pero el asunto era que Pablo no parecía tener fondo en materia de mujeres. Era el machismo en su máxima expresión, sumado al poder que da el dinero.

Para no extenderme demasiado en los excesos de mi marido en Estados Unidos, basta con relatar que él y sus amigotes disfrutaron de los lugares y espectáculos más famosos de aquellos primeros años de la década de los ochenta. Por eso no pude evitar sonrojarme cuando *Quijada* me contó que cinco bailarinas del mítico cabaret parisino Crazy Horse fueron contratadas por Pablo para estar varios días en Medellín. Lo mismo pasó con tres jóvenes del legendario Folies Bergére, el templo de los cuerpos perfectos, como era conocido este tradicional lugar de la capital francesa. Igualmente fueron damas de compañía varias mujeres de caderas generosas del club nocturno Big Fanny Annie, uno de los más reconocidos de Estados Unidos, que estuvieron en Medellín durante algunos días. Y no podían faltar las voluptuosas garotas de Brasil, una de las cuales enloqueció a Pablo durante un viaje que hizo con sus amigos a Río de Janeiro; allí conoció, según me dijo *Quijada*, a una muchacha espectacular que luego lo visitó en Medellín y más tarde él regresaría a verla en su Lear Jet. Otras garotas brasileras, algunas muy famosas, fueron traídas durante una semana a la hacienda Nápoles para celebrar uno de los cumpleaños de Pablo.

Obviamente, *Quijada* era el encargado de comprar en Miami los regalos que Pablo quería darles a sus noviecitas. Le pedía anillos, pulseras, aretes, collares y relojes, que él compraba en la exclusiva joyería Mayors, situada en la planta baja del hotel Omni. Por orden de mi marido, *Quijada* no reparaba en el precio de las alhajas, que podían costar entre veinticinco mil y doscientos cincuenta mil dólares. Y como le gustaba ser "detallista" con sus conquistas, también pedía decenas de pares de tenis, chaquetas, gorros para esquiar, pantalones y perfumes, todo para mujer. Cada dos meses, me decía *Quijada*, enviaba a Colombia cinco maletas repletas de regalos con los que Pablo se lucía con sus amantes.

Mientras todo esto ocurría, la vida le sonreía a mi marido, y el 14 de marzo de 1982 fue elegido representante suplente a la Cámara. En la tarde de ese domingo nos encontramos en la sede del Movimiento de Renovación Liberal con Alberto Santofimio y Jairo Ortega y esperamos los resultados finales de la votación, pero como ese proceso era tan lento, le dije que prefería irme para la casa. Recuerdo que antes de salir les escuché decir por primera vez que ahora sí era indispensable abrirle espacios a Pablo en los esquivos medios de comunicación y en los cerrados círculos políticos de Bogotá.

Ahí fue donde, para mi desgracia y la de mi familia, apareció Virginia Vallejo.

Escribir sobre ella me produce una mezcla de dolor e indignación por lo mucho que sufrí cuando sostuvo un romance con mi marido y por el daño que me ha causado desde la muerte de él.

Ella, que se ha autodenominado la "biógrafa de Pablo", no parece conocer la historia y por esa razón frecuentemente cae en facilismos y llega a conclusiones sin fundamento. Un claro ejemplo es aquella afirmación que hizo en una entrevista, en la que aseguró que a mí y a mis hijos nos daba vergüenza usar el apellido Escobar, pero no nos daba vergüenza vivir con los millones de mi marido en Argentina. Esa frase, llena de odio, resentimiento y mentiras, demuestra que nunca le interesó saber la verdad de por qué nos vimos obligados a cambiar de nombre y apellido, y enterarse de lo que sucedió con nosotros. Si lo hubiera hecho, con seguridad pensaría distinto. Esa realidad podrá leerla detalladamente en este, mi libro.

A lo largo de los años Virginia y Pablo han sido foco de atención de los medios de comunicación, que no se cansan de publicar las fotografías, videos y entrevistas en las que aparecen juntos. Es cierto que tuvieron una intensa relación sentimental, pero también es cierto que en ese momento —a comienzos de los años ochenta del siglo pasado— él tenía una amante reconocida, Wendy Chavarriaga, y en forma esporádica —según me contaron Jerónimo y Ferney— también estaba con Alcira, reina del café; con la reina de Antioquia; con Luz Ángela, reina de Medellín, y con una voleibolista de Caldas. Y estaba por llegar otra, que haría historia con él: Elsy Sofía, reina de la ganadería. Todas al mismo tiempo. En el otro lado de la mesa estaba yo.

En ese escenario apareció Virginia, a quien conocí una noche de comienzos de septiembre de 1982 en el hotel Hilton de Bogotá, en una reunión de Pablo con los congresistas Jairo Ortega y Alberto Santofimio Botero. Mi marido le había hecho caso a Santofimio, quien le había hablado de Virginia y de su influencia en los círculos políticos, sociales y periodísticos de la capital.

Virginia, Santofimio, Ortega, Pablo y yo nos sentamos en una sala del hotel y me limité a escuchar sin emitir opinión. Era lógico, porque a mi corta edad, veintiún años, desconocía los vericuetos de la cosa política.

La primera impresión que me produjo fue favorable, la de una mujer inteligente con experiencia en los medios y evidentes contactos en la alta sociedad y el mundillo de la farándula capitalina. No me despertó sospecha alguna como mujer. Él sabía perfectamente que ella podría ser su pasaporte para ingresar a la élite bogotana, la clase que dominaba el país, porque estaba obsesionado con sentarse a la mesa con los dirigentes de los partidos políticos tradicionales y ella era el vehículo perfecto para lograrlo.

Tras ese primer encuentro, casi de inmediato participamos juntas en eventos políticos, principalmente en Medellín, cada una en su papel. Considero que no se equivocaron al contactarla porque cumplió con lujo de detalles su rol y en muy poco tiempo se notó que la imagen de Pablo tomó fuerza pública. A ello contribuyó la extensa entrevista que Virginia le hizo en el basurero de Moravia, donde pudo explicar los alcances de su proyecto Medellín sin Tugurios, que buscaba sacar a miles de habitantes de ese sector deprimido de la ciudad y regalarles casa en una nueva urbanización. Mi marido se sintió satisfecho porque el programa duró media hora y fue visto en todo el país. No me lo dijo, pero entendí que en retribución dio una gran cantidad de dinero que contribuyó a paliar la crisis económica de la programadora de la que Virginia era socia, que estaba en la quiebra. Luego sabría que Pablo no le regalaba relojes o alhajas, pero sí le ayudaba con recursos para adquirir mejores cámaras de televisión y equipos de edición. Ella, por su parte, le trajo un fino perro pastor alemán y le explicó que un perro jamás lo traicionaría, pero él prefirió dárselo a Ferney porque esos animales no le gustaban.

Cómo negar que Virginia era una mujer sensual, hermosa, con una linda sonrisa y una inteligencia atractiva, pero me parecía muy obsesiva con la manía de usar la polvera cada cinco minutos porque no soportaba ver su rostro brillante.

Con el paso de las semanas la intuición empezó a indicarme que Pablo podría estar de romance con Virginia porque la asesoría se hizo más intensa y me pareció excesivo que ella apareciera en muchos de los eventos políticos, públicos y privados a los que él asistía tanto en Bogotá como en Medellín. También notaba cierta coquetería de parte y parte y empezó a suceder que Pablo dejaba de hacer lo que estuviera haciendo cuando la anunciaban. Recuerdo que una vez estábamos en una finca en Rionegro y ella llegó con un maletín negro y él se levantó de la mesa donde almorzábamos y se fueron juntos. Y como si fuera poco, mandaba a recogerla a Bogotá en su avión o en uno de sus helicópteros y siempre la alojaba en el hotel Intercontinental. Ahí estaba pasando algo.

Justo por aquellos días de comienzos de 1983 mi marido, ya representante a la Cámara y con inmunidad parlamentaria, endureció su posición en contra de la extradición de ciudadanos colombianos a Estados Unidos. Durante la campaña ya había hablado de derogar el tratado suscrito en 1979 entre Bogotá y Washington, y ahora se veía decidido a emprender la lucha frontal contra esa figura jurídica.

El escenario más apropiado para hablar de ese tema fue la nueva discoteca Kevins, inaugurada en febrero de ese año por José Antonio Ocampo, más conocido como *Pelusa*, su gran amigo. A partir de ese momento la moderna y lujosa discoteca, situada muy cerca del hotel Intercontinental, se convirtió en el lugar preferido de mi marido, que se la pasaba allá en las noches con sus amiguitas y realizaba reuniones con todo tipo de personajes. A un segundo plano pasaron las discotecas Acuarius y Don Mateo, muy populares también y en su momento frecuentadas por mi esposo.

Fue en Kevins donde Pablo organizó el famoso primer foro nacional contra la extradición, al que asistieron más de trescientas personas provenientes de todo el país. Sucedió en la segunda semana de abril de ese año y en la mesa principal, entre otros, se sentaron el padre Elías Lopera, el exmagistrado Humberto Barrera Domínguez, Virginia Vallejo y mi marido. Yo no asistí, pero los medios de comunicación publicaron con cierto despliegue la noticia, y por primera vez un medio de alcance nacional, como la revista *Semana*, publicó un artículo sobre el evento, acompañado de un perfil de Pablo. El reportaje fue titulado "Un Robin Hood paisa" y era la primera vez que los periodistas de Bogotá se fijaban en mi marido, a la vez que se hacían preguntas sobre el origen de su fortuna.

Según supe luego, el encuentro de Kevins fue un éxito, pero más de uno de los asistentes comentó en voz baja la manera como Virginia y Pablo se coqueteaban. Mi corazonada respecto de que entre ellos había algo seguía latente y habría de confirmarla muy pronto, cuando Pablo canceló abruptamente un paseo a la hacienda Nápoles con Gustavo, nuestros hijos y varios invitados, y dijo que las esposas no podíamos viajar porque él y sus amigos harían una gira política por varias localidades del Magdalena Medio.

La excusa me pareció falsa y se me ocurrió llegarles de sorpresa a Nápoles con las esposas de los contertulios de Pablo y de Gustavo. Todo estaba listo para el viaje, pero en el último momento decidí no ir porque surgieron varias preguntas que me asustaron: ¿dejaría a Pablo si lo encontraba con las manos en la masa? ¿En qué lugar quedaría mi imagen si se armaba un escándalo? También pensé que no lo iba a dejar si lo sorprendía en otra infidelidad. Preferí resguardar mi papel de mujer y señora.

Finalmente, la comitiva de mujeres engañadas, entre ellas una de mis hermanas, viajaron a la hacienda, a donde llegaron pasadas las ocho de la noche de un sábado. Sobra mencionar que yo pagué los gastos de viaje de ellas y puse a disposición los automóviles necesarios del desplazamiento. La escena que encontraron al llegar era patética: alrededor de la piscina estaban los amigotes de Pablo con varias mujeres en diminutos bikinis, y mi marido con Virginia en el segundo piso de la casa, es decir, en nuestra habitación. ¡Nuestra habitación!

Pablo bajó un buen rato después de escuchar el alboroto y Virginia se quedó arriba, en la terraza. Claramente, mi marido había sido sorprendido con las manos en la masa y por ello caminó directo hacia mi hermana:

—Cuña, coma callada —le dijo, turbado.

—A mí no me pida eso, Pablo. La Tata se va a enterar. Mátenos si quiere, pero ella se va a enterar.

Quedé horrorizada al escuchar el corto relato de mi hermana, que llamó desde el teléfono de la hacienda, pero la comunicación se cortó abruptamente porque Pablo le colgó el teléfono.

De todas maneras, alcanzó a contarme lo que necesitaba saber. No podía creer que Pablo hubiera llegado al límite del irrespeto de violentar nuestra intimidad en la hacienda.

En medio del alboroto de aquella noche, los hombres empezaron a desaparecer, incluido Pablo, que se esfumó con Virginia, pero no contaban con que sus mujeres los seguirían hasta encontrarlos varias horas después, bailando en el conocido bar Nebraska, en el vecino municipio de Doradal.

Pablo llegó dos días después a nuestra casa en Medellín y obviamente me encontró muy enojada, muy dolida. No quería ni mirarlo porque no podía entender que empezara un romance con una mujer justo cuando él y yo asistíamos muy juiciosos a un tratamiento para quedar embarazada vía inseminación artificial. Hasta ese momento había tenido al menos tres pérdidas y por eso consultamos al mejor ginecólogo de Medellín, Byron Ríos, que nos impuso un duro régimen de citas, varias veces a la semana, a las que Pablo no llegó tarde a ninguna, además de que se le notaban el amor y la decisión de tener otro hijo. Cómo era posible que un hombre, que hacía un esfuerzo tan genuino para ampliar su familia, tuviera la desfachatez de engañarme con otra.

Con todo, los días pasaron y una vez más pasé por alto esta nueva infidelidad, con la discoteca Kevins ahora gravitando en nuestras vidas porque era sabido que unas veces Pablo estaba allí con Virginia, otras veces con Wendy y otras con otras.

En un par de ocasiones, cuando anunciaban el show de un artista de renombre, yo iba a Kevins con algunas amigas después de dejar dormido a Juan Pablo, que tenía seis años de edad. Intentaba distraerme un poco, pero era en vano porque alguien me contaba que Pablo había estado allí y apenas se enteraba de mi llegada salía por la puerta de atrás. Horas después llegaba a la casa como si no hubiera pasado nada y como siempre decía que venía de trabajar.

Claro, de vez en cuando también me tocaba el turno de ir a Kevins invitada por Pablo, pero él debía notar que iba a regañadientes así se presentara un cantante de postín. Es que, además, a la hora de bailar sacaba la excusa de que le dolía una rodilla, pero si veía una mujer bonita ahí sí salía a la pista. Es de anotar que mi marido no era bueno para el baile y su estilo era más bien montañero.

En medio de esas circunstancias tan complejas llegó por esos días la buena noticia de que el tratamiento había funcionado y nuevamente estaba embarazada. Pablo se puso muy feliz cuando le conté y me abrazó como nunca porque íbamos a tener otro hijo.

Seguí al pie de la letra los consejos de mi ginecólogo y durante las primeras semanas de gestación no tuve mayores inconvenientes porque además Pablo hizo un esfuerzo por estar ahí, pendiente, aunque era evidente que seguía en las mismas porque no dejaba de llegar tarde, con la desgastada disculpa de que estaba trabajando para darnos todo lo que necesitábamos.

Sin embargo, tuve un gran disgusto al enterarme de que Virginia y Pablo cenaban frecuentemente solos en Kevins. Una vez más, quedé devastada. Por aquellos días el embarazo me tenía especialmente sensible y mi estado de ánimo no era el mejor. La furia que sentí fue incontenible y pese a que el médico me había prohibido conducir, salí corriendo a Envigado a buscar a la tía Inés, a mi paño de lágrimas, a pedirle consejo, a contarle del daño que me causaba Pablo con sus infidelidades, con su falta de consideración. En el trayecto me llevé un gran susto porque estuve a punto de atropellar a un joven. Cuando llegué a la casa de la tía Inés y le conté lo que había sucedido, se preocupó al verme tan desesperada y casi no logra convencerme de dejarla manejar para acompañarme de regreso. En su habitual tono conciliador, una vez más me dijo que tuviera paciencia, que este no sería el primero ni el último de los romances que tendría mi marido, y que estuviera segura de que la única mujer a la que Pablo quería era yo.

—Mija, no se preocupe por las otras mujeres... el poder del dinero le brinda a él hoy muchas oportunidades, pero usted seguirá siendo su esposa y la madre de sus hijos. Concéntrese en cuidar su embarazo.

Las palabras de mi paño de lágrimas lograron calmarme, pero minutos después de entrar a la casa noté que había empezado a sangrar. Asustada llamé a mi médico, que me ordenó reposo total, pero no hubo nada que hacer y una semana después tuve un nuevo aborto.

Pablo apareció poco después, como si no hubiera pasado nada.

—Estoy aquí para acompañarte Tata. Dime qué te duele.

En esas largas noches de lágrimas, soledad y frío, muchas veces escuché las canciones de Helenita Vargas, la popular cantante colombiana cuyas letras interpretaban lo que yo sentía. Era mi ídolo, mi compañera en el dolor, en el desconsuelo, en la desesperanza. La canción "Usted es un mal hombre" dio en el clavo: "Pocos lo conocen, como lo conozco, lo conozco yo / Pocos han probado esa hiel amarga que hay en su interior / Pocos adivinan que guarda soberbia en lugar de amor / De mis desengaños todos estos años es testigo Dios". La veneración a Helenita me llevó incluso a contratarla en al menos ocho ocasiones para cantar en reuniones familiares. También asistía a las presentaciones que ella hacía en clubes nocturnos de Medellín.

Virginia, Wendy y Elsy Sofía. Esas eran las amantes de mi marido en aquel momento de su vida, a los treinta y cuatro años, cuando tenía a la mano el poder que da el dinero, la inmunidad que da la política y el deleite que da tener en su cama a tres hermosas mujeres.

De la primera y la segunda ya sabemos cómo se conocieron con Pablo. De Elsy Sofía, Ferney me contó años después cómo llegó a la vida de mi marido: la descubrió cuando era candidata al Reinado de la Ganadería y la vio por televisión desfilando en una carroza en las calles de Medellín. Entusiasmado por conocerla, le dijo a Ferney que la buscara y la convenciera de ir a verlo, lo que sucedió poco tiempo después.

Ahí empezaría una alocada relación sentimental que habría de durar varios años, incluso tiempo después de que Pablo entró a la clandestinidad. Según el relato de Ferney, en la relación de Pablo y Elsy Sofía, la mamá de ella —una mujer madura y muy bonita— jugó un papel clave porque la acompañaba a todas partes y hasta tuvo la osadía de decirle a mi marido en un paseo a la hacienda Nápoles delante de mis ojos que le ayudara a promoverla como reina a nivel nacional. Él lo hizo y ordenó instalar en la autopista una enorme valla con la imagen de ella.

Yo empecé a intuir que algo estaba pasando con alguna otra mujer y decidí ir a la finca El Paraíso, situada en la loma del Chocho en Envigado, y Teodora, la fiel empleada del servicio, me contó con pelos y señales que Pablo estaba de romance con una muchacha de cabello rubio, largo y ondulado. Cuando le hice el reclamo a Pablo, como siempre negó las cosas y se puso furioso a averiguar quién me había contado. Teodora fue despedida, pero logró sobrevivir a pesar de haber violado las leyes de silencio que imponía mi marido a sus trabajadores.

Con una alta dosis de audacia y coquetería, desde el comienzo Elsy Sofía supo ganarse a Pablo, quien permitió que lo visitara continuamente en su oficina, que asistiera a las reuniones con sus socios y que viviera una temporada en la finca El Paraíso donde él se ocultaba de la persecución de la justicia. Ferney me contó también que en alguna ocasión ella y Pablo estaban en Nápoles y les informaron que el Ejército iba para allá y ella no tuvo problema alguno en pedir un fusil por si había que enfrentar a los militares. Una vez más, una amante de Pablo asumió un rol que me libró de hacer cosas que jamás hubiera querido o podido hacer. Es que incluso, como lo reveló mi hijo Juan Pablo en su libro *Pablo Escobar in fraganti*, ella y su mamá estaban con mi marido en Nápoles en el instante en que se produjo el asesinato del ministro de Justicia, Rodrigo Lara, la noche del 30 de abril de 1984.

Por todas estas razones, la lealtad de Elsy Sofía era más que recompensada por mi marido, que la colmó de regalos como autos, departamentos, joyas... lo que quisiera, él se lo daba.

Ante tanta evidencia de que mi marido hacía y hacía de las suyas, en algún momento opté por rebelarme, castigarlo de alguna manera. Lo hice un día entre semana, cuando me contaron que habría una importante exposición de arte en Bogotá, a la que asistirían los maestros Fernando Botero, Édgar Negret y Alejandro Obregón, entre otros, con almuerzo incluido. Sin pensarlo dos veces violé las normas de seguridad de Pablo, escapé de los guardaespaldas y tomé un vuelo comercial a Bogotá, acompañada de mi peluquera y de una amiga.

Como era de esperarse, mi ausencia fue notada pocas horas después y Pablo llamó enfurecido a sus escoltas a reprenderlos porque habían incumplido su orden de no dejarme sola en ningún momento. Sus hombres me buscaron en Medellín, sin saber que yo estaba en otra ciudad. Al día siguiente llamé a mi mamá y me dijo que Pablo estaba como loco buscándome y me pidió regresar ese mismo día. Pensar en la furia de Pablo me preocupó, pues imaginaba su cara de indignación, pero al mismo tiempo sentía alivio porque esa era la única manera de demostrarle que su mujer tenía otros mundos para aprender, disfrutar y relacionarse. En otras ocasiones que también logré escapar, asistí a exposiciones y reuniones relacionadas con el arte que me dejaron contactos con personas que hoy todavía están ahí, y que pese a los años de guerra y luego de paz fueron determinantes en mi supervivencia.

Finalmente, esa tarde regresé y le hice saber a Pablo que ya estaba en la casa, pero no llegó y prefirió enviarme una carta en la que decía que estaba furioso, que no quería saber nada de mí, que me quedara con la oligarquía porque yo me creía de la alta sociedad. Al final del mensaje pedía que me olvidara de él para siempre. Recuerdo que un frío recorrió mi cuerpo y dos emociones se agolparon de pronto: la satisfacción por lo que había hecho porque exigí respeto, pero al mismo tiempo el miedo y el dolor de perderlo para siempre.

Pasaron varias semanas y él seguía renuente a verme. No obstante, se seguía viendo con Elsy Sofía, con quien además tuvo un accidente tras estrellarse el helicóptero en que iban de paseo a una finca en bahía Cupica, en Chocó. Uno de los hombres de mi marido llamó alarmado para contarme que se había averiado el rotor de cola del aparato y se precipitó a tierra a tres mil pies de altura, pero el piloto, experimentado, logró maniobrar hasta que unos árboles amortiguaron el golpe y luego cayó a un pantano. Mi informante no me dijo que Pablo estaba con Elsy Sofía y por eso, inocente, busqué la manera de hablar con él para saber si se había lastimado. Cuando me pude comunicar, se nos olvidó que estábamos disgustados y me dijo que no podíamos vernos porque estaba cerca de la finca de su padre y prefería pasar a visitarlo porque también estaba muy preocupado por lo del accidente. Una vez más me dijo mentiras porque lo que sucedió en realidad fue que Elsy Sofía se rompió un brazo y Pablo la llevó a una clínica en Rionegro para que la atendieran.

Con el paso de los días las aguas volvieron a calmarse en nuestro hogar, aunque el fantasma de las infidelidades siempre estaba presente. Era un hecho cierto que Pablo seguía con Virginia, con Wendy y con Elsy Sofía, y que era él quien imponía el ritmo de la relación y era obvio que ellas lo aceptaban. Que una sabía de las otras, no lo sé. Lo que sí sé es que mal que bien él cumplía sus obligaciones con nosotros y estaba presente en los momentos en que se requería como esposo y padre.

Un viejo refrán popular dice, tanto va el cántaro a la fuente que al final se rompe. Para mi felicidad y la de Pablo, en septiembre de 1983 quedé embarazada. Una vez más. Como ya conté, al menos en cuatro ocasiones anteriores hubo complicaciones y la gestación no se dio. Pero esta quinta vez sería la vencida y por la gracia de Dios Manuela vendría al mundo, aunque como ya veremos, en medio de grandes dificultades.

Pero las vidas de todos nosotros, incluidos la familia, las amantes de Pablo y el país mismo, habrían de cambiar abruptamente y para siempre la noche del 30 de abril de 1984, cuando sicarios asesinaron en Bogotá al ministro de Justicia, Rodrigo Lara Bonilla.

En otro capítulo de este libro me referiré a esos dolorosos hechos, pero considero pertinente contar dónde estábamos cuando ocurrió el magnicidio. Según dice en su libro, Virginia se encontraba en ese momento en Italia, de paseo. De acuerdo con el relato de *Malévolo*, un empleado de Pablo, Elsy Sofía y su madre estaban de paseo con mi marido en la hacienda Nápoles cuando los noticieros de televisión dieron cuenta del crimen. Wendy... ni idea... Yo estaba con Juan Pablo en el departamento de mi mamá en Medellín.

Como ya dije, el comienzo de la guerra cambió nuestras vidas para siempre. Y las alteró de tal forma que más temprano que tarde los romances de Pablo habrían de terminar de diferente manera; no de la mejor manera.

Primero quisiera referirme a Wendy Chavarriaga Gil y su triste final. A mediados de 2012 viajé a Medellín desde

Buenos Aires para atender algunos trámites judiciales relacionadas con la sucesión de don Abel, el papá de Pablo que
había muerto en octubre de 2001. Una de esas citaciones fue
en el despacho de un juez que apenas me vio asumió una actitud muy hostil, al extremo de que en algún momento dijo
para ofenderme que yo era igualita a la actriz de *El patrón del
mal*, la serie que en ese entonces transmitía el canal Caracol.
Estaba enterada de la existencia de ese programa, pero no me
había interesado verlo. Sin embargo, el comentario del juez
me causó inquietud y esa noche sintonicé el canal.

Cuál sería mi sorpresa cuando salió una escena que me
dejó horrorizada: Wendy estaba embarazada y Pablo cometía la salvajada de contratar a un enfermero para dormirla y
sacarle la criatura, un varón de cinco meses de gestación. No
tenía idea de que eso había sucedido. Inicialmente pensé que
lo que acababa de ver era producto de la imaginación de un
libretista y no un episodio de la vida real porque hasta ese
momento solo sabía lo que en algún momento *Popeye* había
dicho en público: que asesinó a Wendy por orden de mi marido, quien descubrió que ella colaboraba con el Bloque de
Búsqueda de la Policía.

Desconcertada, tomé la decisión de indagar si el salvaje
aborto había sido cierto y si Pablo pudo cometer semejante
atrocidad. Hice memoria para recordar cuál de sus hombres
estaría vivo o quiénes lo acompañaban por aquellos días, pero
no resultó fácil encontrar a alguien que supiera de primera
mano lo que había sucedido. Me encontré de nuevo con el
silencio de aquellos que le juraron a Pablo no contarme las
horribles cosas que pasaban a mi alrededor. Así, regresé a
Argentina y el asunto pasó a un segundo plano, hasta que un
par de años después, en un nuevo viaje a Medellín, me encontré por casualidad con *Yeison*, uno de los hombres de Pablo

de aquellos que integraban su guardia pretoriana, de los que lo acompañaban a sus noches de juerga, a sus fiestones en el departamento de La Escarcha.

Hablamos de todo por un largo rato, hasta que me decidí a preguntarle por el asunto de Wendy y lo que yo había visto por televisión.

—Patrona, para qué quiere saber, para qué le sirve, han pasado muchos años, no tiene sentido —respondió sin poder ocultar la vergüenza.

Tajante, le respondí que sí, que quería saber.

Se quedó pensando otro buen rato, hasta que soltó un resoplido:

—Sí patrona, así fue. Y yo estaba ahí.

Su relato fue estremecedor. No pude contener las lágrimas cuando empezó a narrar que, pese a las advertencias de Pablo, Wendy había quedado embarazada, pero se lo ocultó porque pensaba escapar a Estados Unidos a tener a su bebé. Pero Pablo terminó por enterarse y una noche la citó en el departamento de La Escarcha, la abrazó largamente, y luego varios de sus hombres —entre ellos *Yeison*, *la Yuca*, Carlos Negro y *Pasquín*— la sujetaron con fuerza para que el enfermero le aplicara una inyección para dormirla.

Varias horas después, continuó *Yeison* luego de beber tres cervezas, Wendy despertó y casi enloquece cuando entendió lo que había sucedido. Fue tan dramático que en un movimiento muy ágil dio un salto e intentó lanzarse al vacío desde una de las ventanas, pero los hombres de Pablo reaccionaron y lograron asirla antes de caer al vacío.

Yeison hizo una pausa, seguida de un ademán con la mano para indicar que la historia no había terminado. Mientras él pensaba lo que iba a decir, en ese instante, como mujer, como madre, me sentí profundamente indignada al confirmar la bestialidad que había cometido Pablo, a lo que había llegado con tal de no tener hijos fuera de su matrimonio.

Según *Yeison*, la relación de Pablo y Wendy no terminó tras el episodio del aborto, pero quedó tan maltrecha que un buen día se dejaron de ver. Durante ese tiempo, Ferney fue el paño de lágrimas de mi marido, que se veía genuinamente afectado por la manera como había terminado su relación con Wendy.

Tiempo después, *Popeye* fue a hablar con Pablo y le pidió una especie de autorización porque acababa de empezar a ser novio de Wendy. Aunque le pareció extraño, mi marido respondió que no le veía problema a esa relación, pero aprovechó para advertirle que tuviera cuidado porque él no era del tipo de hombres que le gustaban a ella. El romance funcionó durante un tiempo, pero los hombres de Pablo percibían que algo no cuadraba. También les parecía estrambótico que Wendy le enviara fotos a *Popeye* totalmente desnuda y este, orgulloso, las pusiera encima de una mesa para que todos las vieran.

Pero el asunto de Wendy habría de tener un giro inesperado el día que Jerónimo la descubrió justo en el momento en que esculcaba sus documentos en un departamento donde se ocultaban en Caracas, Venezuela. Wendy, *Popeye*, *Yeison*, Jerónimo y otros dos hombres de confianza de Pablo habían tenido que refugiarse en el vecino país luego de un ataque terrorista ocurrido en Medellín.

Inquieto por la actitud sospechosa de Wendy, Jerónimo se las arregló para hacerle saber a Pablo lo que acababa de suceder con su exnovia, ahora novia de *Popeye*. Entonces mi marido llamó a sus viejos contactos en las Empresas Públicas de Medellín y les pidió interceptar las llamadas de la mujer. Días después recibió un casete con varias conversaciones en las que ella hablaba con oficiales de la Fuerza Élite y en las que quedaba claro que estaba colaborando con las autoridades para localizar a mi esposo. Lo que sucedió después, *Popeye* ya lo ha contado muchas veces. Ese fue el triste final de una hermosa mujer que se involucró con el hombre equivocado. Ella no merecía lo que le pasó.

Tampoco terminó bien el romance de mi marido con Virginia Vallejo, aunque su relación de más de cinco años tuvo momentos que parecieron sacados de una telenovela. Como en 1987, cuando las revistas del corazón y la farándula empezaron a hablar del matrimonio de la reconocida presentadora de televisión Virginia Vallejo con el "empresario" Pablo Escobar. Uno de los titulares decía: "Virginia Vallejo se casa con un millonario". Ese millonario era Pablo Emilio Escobar Gaviria, mi marido, casado conmigo por la Iglesia y por lo civil. ¿Cómo se iba a casar sin siquiera haberse separado de mí?

Recuerdo que durante ese año Pablo estuvo libre de apremios judiciales porque la Corte Suprema de Justicia había fallado a favor de una demanda contra el tratado de extradición con Estados Unidos y el gobierno no tuvo otra opción que cancelar las órdenes de captura con fines de extradición contra él y varios de sus socios. Eso permitió que durante tres meses de 1987 Pablo estuviera con nosotros en el edificio Mónaco.

La publicación del inminente enlace de mi marido con Virginia me dejó en estado de shock. Era una situación muy humillante porque mis compañeras de colegio y algunas amigas empezaron a llamarme a preguntar si era cierta la noticia. Con poco éxito intenté responder con sarcasmo y me limitaba a decir que Pablo llegaba a dormir todas las noches y aún no me había informado de su nueva boda. Me sentía impotente, llena de ira, desconsolada, frustrada como mujer. La prensa sensacionalista no paraba de especular y durante varias semanas no soltaron el jugoso tema.

Un artículo publicado en un periódico especializado en asuntos del corazón, dijo respecto de Virginia: "Según nos comentó una persona allegada a la conocida animadora de televisión, ésta ya se encuentra preparando su ajuar, en el cual ha invertido cerca de un millón de pesos". Y sobre mi marido aseguraba: "Escobar Gaviria, de recia estirpe antioqueña, está considerado uno de los hombres más ricos de Colombia. Tiene 38 años, se inició en el mundo de los negocios a los 33 y ahora tiene intereses en numerosas empresas nacionales". Y remató: "Virginia ha aprovechado la imagen que ya tiene y el dinero de su amor, para lanzarse a la política".

Al comienzo fui cauta con él, pero cuando el asunto de las nupcias de la diva y el millonario tomó fuerza, empecé a cuestionarlo con dureza. Pero Pablo, viejo zorro, se defendía:

—Mirá, mi amor, no le hagas caso a eso porque lo que quieren es dañarnos el matrimonio. Yo te quiero solo a ti y por nada ni por nadie te voy a dejar.

Cómo le iba a creer si las noticias decían lo contrario. Hasta que un día, cansado de mi cantaleta, se puso furioso y dijo que se iba de la casa.

—Tata, sos exagerada... me estás molestando por algo que no es real. Inventan eso porque soy un personaje público. Todo esto es una necedad tuya.

Y se fue de la casa durante dos semanas. Qué descarado. Aquí aplica otro viejo refrán, se puso brava mi vecina porque se robó mi gallina.

Pero no se ausentó del todo porque llamaba con mucha frecuencia, porque según él yo le hacía falta.

—Tata, te necesito, eres muy importante para mí, mi amor... eres mi razón de ser en este mundo.

Finalmente, llegó una noche. Escuché el sonido de varios autos que se acercaban a la casa y de pronto sentí que abrieron la puerta principal y Pablo entró a la habitación. No me dejó pronunciar palabra, llegó a mi cama a abrazarme, besarme, a decirme que yo era el mejor regalo que le había dado la vida. Volví a sucumbir en sus historias. Esa noche ganó de nuevo el amor por encima de los reproches.

En esos momentos también recordé el día que llevó de regalo una botella de whisky Ballantine's con una bailarina dentro a la que se le podía dar cuerda. Él disfrutaba poniéndola a bailar. Así me sentía, como esa bailarina que danzaba al ritmo de la cuerda que Pablo le daba.

El enamoramiento de Pablo y Virginia terminó de manera abrupta. No debió ser fácil para ella asumir el rechazo de su amante, que una noche dio la orden de negarle la entrada a la hacienda Nápoles. Según me contaron en las averiguaciones que hice para este libro, ella llegó en un vehículo con su conductor y uno de los porteros le dijo que no podía ingresar. Eran cerca de las ocho de la noche y ella vestía un traje elegante y zapatos altos.

Desconcertada y llorando, se dirigió a la finca de Alfredo —el amigo de Pablo— situada a ocho kilómetros de Doradal, donde ella y mi marido habían estado en varias ocasiones.

Una vez allí le preguntó a Alfredo si sabía la razón por la cual había orden de no dejarla pasar en Nápoles y él respondió que no tenía idea. Claro que sí sabía: Pablo había confirmado que ella le había sido infiel con Gilberto Rodríguez Orejuela, uno de los capos del cártel de Cali.

Luego, Virginia preguntó si Pablo estaba en la hacienda en ese momento y él respondió con otra negativa.

Alfredo se dio cuenta de que Virginia no tenía dónde quedarse esa noche y la invitó a quedarse en la finca y regresar al día siguiente a Bogotá. También le ofreció algo de comer porque en ese momento estaba haciendo un asado para va-

rios amigos que habían llegado de visita. Ella aceptó y luego
de comer carne con papas saladas fue a acostarse. Salió a las
siete de la mañana y su rostro reflejaba una mezcla de furia
y tristeza.

Como he contado a lo largo de este capítulo, Pablo aprovechó al máximo el poder que le dio el dinero y por eso se
dio el lujo de tener a su lado a tantas mujeres, con las que se
"enganchó" a lo largo de su vida. Pero hubo otro grupo de
damas, más pequeño, que además del romance en sí mismo
eran muy útiles para sus negocios y su protección.

Me refiero a las mujeres que ocupaban cargos importantes
en las entidades del Estado encargadas de perseguirlo. Según
el relato de Ferney, Pablo fue amante de una de las secretarias
del ministro de Defensa, el general Miguel Vega Uribe, quien
ocupó el cargo entre 1985 y 1986, en el gobierno de Belisario
Betancur. Un coronel del Ejército que trabajaba para Pablo
llevó a la hacienda Nápoles a la joven y bonita mujer, con la
que mi marido habría de sostener un tórrido romance. Claro,
al poco tiempo él tenía al alcance datos exactos sobre el día y
la hora en que se producirían operaciones militares contra él.
Es por eso que durante años Pablo evadió los allanamientos,
porque tenía información privilegiada.

En las redes de Pablo también cayó una funcionaria de alto
nivel del Ministerio de Justicia, con la que sostuvo una intensa
relación que él capitalizó a su favor porque la muchacha empezó a darle información vital. Por ejemplo, un viernes fue a
buscarlo a una finca en Doradal y le dijo que al día siguiente
se llevaría a cabo un operativo contra varios laboratorios de
procesamiento de coca situados en cercanías de la hacienda
Nápoles. Los datos fueron oportunos porque los hombres de
Pablo alcanzaron a cambiar de lugar todos los elementos y
de esa manera evitaron perder una gran cantidad de dinero.

A lo largo de la indagación que realicé para este libro, corroboré que mi marido tenía mujeres informantes en muchos sitios, como el F-2, el servicio de inteligencia de la Policía (que luego sería la Dijin), la Policía Internacional, Interpol, y el Departamento Administrativo de Seguridad (DAS).

La clandestinidad, las caletas, las correrías, las persecuciones, los allanamientos, el peligro de muerte inminente fueron nuestro nuevo modo de vida a partir de 1984. En consecuencia, estar al lado de mi marido se hizo cada vez más difícil y llegó un momento en que pasaban dos semanas, un mes, dos meses, sin que nos viéramos porque él estaba escondido en algún lugar. A veces hacía llegar cartas en las que explicaba que las cosas estaban muy complicadas y a renglón seguido decía que enviaría por nosotros una vez que bajara la marea. Finalmente, cuando alguno de sus hombres llegaba y nos decía que Pablo nos esperaba, llena de miedo, pero ansiosa por verlo, sorteaba miles de peligros con Manuela y Juan Pablo, que todavía estaban muy pequeños, y llegaba a la caleta donde él estaba. Pero era muy frustrante porque solía suceder que media hora después decía que debíamos irnos porque podría llegar la "ley". Lo peor de todo era que no teníamos opción y regresábamos tristes a Medellín.

Si bien es cierto que el peligro era real y por eso Pablo debía cambiar de escondite con mucha frecuencia, no menos cierto es que aun en las peores circunstancias nunca dejó de lado la tentación de estar con mujeres. Jerónimo, Ferney y *Yeison* habrían de contarme tiempo después que mi marido se las arreglaba siempre para tener compañía femenina.

En términos concretos, podría decirse que Pablo fue prófugo de la justicia durante ocho años y en ese tiempo se ocultó en infinidad de casas, departamentos y fincas, en las que permanecía el tiempo que su seguridad le indicaba. Aunque en el asunto de las mujeres él llegaba al límite, incluso si peligraba su vida. Como sucedió en una finca en San Pedro de los Milagros, en la ruta hacia Santafé de Antioquia, donde estuvo oculto durante cinco meses. En ese lapso fuimos a verlo tres o cuatro veces, pero él pasaba el resto del tiempo con mujeres contratadas en Medellín, que aceptaban el encierro por una buena suma de dinero. A ellas las llevaban con los ojos vendados para que no supieran a dónde iban. Al regreso, varios días después, las vendaban nuevamente.

Por cuenta de varias jóvenes fue que Pablo estuvo a punto de caer en un enorme operativo de la Policía en la finca El Oro, un lugar bello situado a orillas del río Cocorná, en el Magdalena Medio antioqueño, a finales de 1989. Se salvó porque corrió por entre una plantación, pero no sucedió lo mismo con mi hermano Mario, que cayó abatido por las balas disparadas desde un helicóptero.

Meses después, en julio de 1990, Juan Pablo, Manuela, yo y dos guardaespaldas, nos alojábamos en una casa alquilada en Lausana, Suiza, a donde habíamos viajado para escapar de los enemigos de Pablo y de la persecución de las autoridades. Él se quedó en Medellín, en un espacioso departamento de un edificio de la avenida Oriental, un lugar céntrico situado a pocas cuadras del comando de la Policía Metropolitana. Pero como es obvio suponer, no se aburría porque a su lado estaba Sandra, una joven hermosa que lo acompañó durante varios meses, hasta diciembre de 1990, cuando regresamos intempestivamente de Europa porque descubrimos que varios hombres nos seguían.

A partir de ese momento permanecimos casi todo el tiempo con Pablo porque se dedicó a negociar con el gobierno su sometimiento a la justicia. Esa historia la contaré en otro capítulo de este libro, pero lo cierto es que mi marido logró imponer sus condiciones y el 19 de junio de 1991, horas después de que la Asamblea Constituyente eliminó la extradición de la nueva Constitución Nacional, se recluyó en la cárcel de La Catedral, construida en un terreno de su propiedad en la parte alta de Envigado.

Finalmente, siete años después de correr y correr, de pronto me invadió una agradable sensación de tranquilidad porque imaginé que iba a recuperar mi feminidad, mi lugar de esposa, de madre, de compañera, de amante. Pensé que él pagaría muchos años de cárcel y que resarciría su deuda con la sociedad.

Como toda escoba nueva barre bien, al comienzo cumplimos la norma de visitar a mi marido los días domingos con Manuela y Juan Pablo. Por aquellos días el romance con Pablo fue más intenso que nunca y muy rápido convertimos su espaciosa habitación en un lugar adecuado para el amor: una chimenea muy romántica, velas grandes de todos los colores y aromas, una cama doble que pronto tuvo colchón de agua, varios cuadros de pintores reconocidos, las mejores cobijas y almohadas, una nevera bien dotada y champaña... mucha champaña. Y lo mejor: la vista de Medellín. Todo un espectáculo nocturno de luces que nos permitía ver de lado a lado nuestra hermosa ciudad.

Tres semanas. Eso fue lo que duró la ilusión de que mi vida con Pablo alcanzaría algún nivel de normalidad.

Confiada, empecé a subir varios días de la semana a La Catedral. Y mientras Pablo estaba reunido con alguna persona o jugando futbol, aprovechaba para organizar, cambiar, hacer arreglos, pero también se me dio por ojear las muchas cartas que ya empezaban a llegarle. Eran mensajes de diferentes partes del mundo, muchos de ellos con fotografías que mostraban a las remitentes en distintas poses, muchas desnudas, y el común denominador era que se le ofrecían a cambio de dinero. Mi sorpresa fue mayor cuando leí cartas escandalosas de mujeres que recordaban con todo tipo de detalles los recientes encuentros íntimos con él y lo invitaban a repetirlos cuantas veces quisiera; otras escribían textos floridos en los que soñaban con otra noche de pasión en La Catedral.

Fue espantoso. Recuerdo que lo esperé y le hice una escena en la que le reproché la falta de respeto y el hecho de que no reconociera mi entrega y sacrificio por estar siempre con él. Su respuesta era calcada de las que había dado en ocasiones anteriores.

—Tata, no puedo evitar que las mujeres quieran visitar a los muchachos que me cuidan, me protegen.

—Eres un mentiroso, Pablo, no te creo, déjame en paz, quiero regresar a Medellín, no quiero estar más a tu lado.

Me fui. Él salió detrás y varias veces me pidió que habláramos, pero no lo escuché. Muy en el fondo sabía que con el paso de los días La Catedral se convertiría en el templo de la perdición.

Al día siguiente, como era previsible en él, mandaba un ramo de flores amarillas con una tarjeta que decía: "Nunca te cambiaré por nada ni por nadie". Ese era su himno del arrepentimiento.

Aunque lo pensé, nunca pude dejar de ir a La Catedral porque Manuela y Juan Pablo me pedían que los llevara a ver a su padre, pero cuando llegábamos observaba cierta malicia en los rostros de los lugartenientes de mi marido. Era más que evidente que la compañía femenina estaba desbordada.

¿Qué hacer? Una vez más estaba en una situación sin salida. Pero recordé las palabras de mi paño de lágrimas y tomé la decisión de reconquistar a mi marido. Lejos de armarle un escándalo por sus infidelidades tomé el camino de la seduc-

ción. Me propuse ser más romántica que las mujeres que lo
buscaban por dinero y de la mano de un profesor de filosofía,
buen escritor y mejor poeta, que me daba clases por esos días,
empecé a enviarle a Pablo hasta seis mensajes al día. Eran hermosas cartas que solo pretendían superar desde el corazón y
el amor a cualquier reina de belleza que subiera a La Catedral.
Si lo perdía como hombre, pensaba, que no fuera por falta de
romanticismo, detalles y cuidados. A mis treinta años me comportaba como una adolescente y llegué al extremo de consultar
a un sexólogo porque quería ser la mejor en la intimidad. Mi
única intención era cuidar a toda costa mi relación de pareja.

Mi estrategia funcionaba momentáneamente y Pablo se
esforzaba en contestar todos mis mensajes y a su manera ini-
ciaba conmigo un juego de seducción que le funcionaba a las
mil maravillas. Y como todo jugaba a su favor en ese momento,
tuvo la ocurrencia de aprovechar que *Mugre,* uno de sus hombres de confianza, construyó un palomar en La Catedral y
adquirió numerosas palomas mensajeras. Entonces Pablo escribía pequeños mensajes de amor que las aves llevaban sin
perderse al edificio Altos de San Michel, donde habitábamos
en ese momento.

En medio de la zozobra que me causaba el desaforado afán
de Pablo por estar con mujeres, un día recibí un paliativo de
parte de uno de sus abogados, que subió a La Catedral y más
tarde se reunió conmigo para firmarle algunos documentos.
Mientras tomábamos café, me contó en secreto que había hablado con Pablo de la infidelidad en los hombres. En una frase
resumió el pensamiento de mi marido:

—Abogado, todos somos infieles, pero lo que nunca se
debe hacer es sacar la ropa del clóset. Al final, lo único que
valen es la mujer y los hijos. Lo demás es plata. Y con plata
usted compra lo que sea.

Pablo pensaba eso. Pero hacía todo lo contrario. En La Catedral volvió a su antigua afición por las reinas de belleza, que durante el año que permaneció allí subieron en cantidades. Jerónimo estuvo con él buena parte de ese tiempo y fue testigo de varios momentos en los que grupos de beldades fueron a satisfacer los bajos instintos de mi marido y sus compinches que estaban recluidos con él allí.

Una vez, me contó Jerónimo, el camión de doble fondo iba con no menos de doce hermosas mujeres y se detuvo en el segundo retén, el último antes de llegar a la cárcel. Allí, el oficial del Ejército que estaba de turno apuntaba en una planilla datos básicos del automotor, como la placa, el nombre del conductor y el tipo de carga que llevaba. Sobra decir que la información que escribía era inventada porque en realidad el doble fondo estaba repleto de ansiosas jóvenes que iban tras una aventura y mucho dinero. Lo curioso de ese episodio es que el militar dio varias vueltas alrededor del camión y de un momento a otro se detuvo, miró hacia la carpa y dijo en voz alta:

—¡Me hacen el favor y para la próxima se echan menos perfume, carajo!

Como lo que mal empieza mal acaba, la aventura de La Catedral habría de durar un año escaso porque mi marido decidió dilapidar la oportunidad de resarcirse ante la sociedad y pagar sus culpas. Los excesos lo llevaron a la situación sin salida de tener que huir, después de que al gobierno de entonces se le llenó la copa y ordenó trasladarlo a una base militar.

Pablo escapó el 22 de julio de 1992 y seguramente nunca imaginó que vendría el ocaso. Ese día empezó la cuenta regresiva y ello incluyó dejar de lado a las mujeres. Las adversas circunstancias que enfrentó lo llevaron a quedar sin dinero, sin hombres, sin capacidad de moverse. En otras palabras,

Pablo tuvo que volverse fiel por cuenta de sus enemigos. Los únicos que le quedamos fuimos su esposa y sus dos hijos, que nunca lo abandonamos.

La gran pregunta que muchas personas se siguen haciendo es por qué seguí ahí al enterarme de todas estas cosas y por qué no me fui. En primer lugar, por el amor que le tuve a mi marido. Pablo realmente fue el hombre de mi vida. En segundo lugar, por el amor incondicional que les tengo a mis hijos y, en tercer lugar, porque no estoy segura de que alguna vez haya "estado". Con esto último me refiero a cuánto fue el tiempo real que pasé con Pablo y cuánto el que estuve huyendo o escondida. Mi marido estaba muy ocupado haciendo una guerra que demandaba mucho esfuerzo físico, económico y mental, y de la que siempre me mantuvo al margen. Y el tiempo que le quedaba era compartido con las ya innumerables historias que acabo de narrar. ¿Cuál fue entonces el espacio que hubo como pareja?

Todas las mujeres que pasaron por la vida de mi marido han dejado una huella en nuestra historia. Lo que pudo haber sido una tragedia en aquellos momentos, hoy con el paso del tiempo y la soledad de mi exilio tiene un cierto tono de comedia. Muchas veces siento que más que reproches, hoy tendría que agradecerles a todas esas mujeres por entretenerlo y darle el placer necesario para soportar la vida tortuosa que llevaba. Eso me dio el espacio para que yo pudiera concentrarme en ser madre, en cuidar y educar a nuestros hijos y en, lo más importante de todo, salvarles la vida.

CAPÍTULO 5

Prepárate para ser la primera dama

En la noche del miércoles 26 de octubre de 1983 la plenaria de la Cámara de Representantes retiró la inmunidad parlamentaria de mi marido y con ello acabó su carrera política, que duró escasos quince meses y seis días.

Vi la noticia por los noticieros de televisión y me dio tristeza por él, que genuinamente llegó a creer que tendría futuro en la política nacional y hasta en gobernar el país. Ya nada de eso sería posible. Intenté dormir un poco porque supuse que llegaría tarde, como siempre. En efecto, a la medianoche abrió la puerta de nuestra casa del barrio El Diamante en Medellín y se veía muy enojado. Hasta ese momento era el rey, se sentía el rey, pero ¿quién había tenido la osadía de atacarlo? Caminaba de un lado a otro, soltaba bocanadas de aire y luego cortaba la punta de una hoja de papel y la masticaba, señal inequívoca de que volaba de la furia.

—Pablo, ¿qué estás pensando? —pregunté.

—No te preocupes, mi amor, mis esfuerzos no se van a frustrar... o no me llamo Pablo Escobar.

Su respuesta me dejó muy inquieta porque luego repitió su frase de batalla:

—En partes más oscuras me ha agarrado la noche.

Perder la inmunidad parlamentaria, lo que significaba estar fuera del Congreso y expuesto a la justicia, era una más de las varias malas noticias que había recibido en las últimas dos semanas: primero, había quedado al descubierto su condición de narcotraficante; segundo, Estados Unidos le había cancelado la visa para ingresar a ese país, y tercero, un juez había reabierto un viejo caso judicial en el que aparecía señalado por el asesinato de dos detectives del Departamento Administrativo de Seguridad (DAS).

Verse forzado a retirarse del Congreso era un duro golpe para mi marido, pero también para mí porque mi mundo no era el mismo de él y era previsible que todo a mi alrededor se derrumbara. Me inquietaba pensar cómo les explicaría a mis amigos lo inexplicable. ¿Qué iba a pasar con el colegio de mi hijo? ¿Cómo hacerle entender a mi niño de apenas siete años los momentos que vivíamos? ¿Qué palabras utilizaría? No era un asunto menor.

En medio de esa incertidumbre llegó el fin de año de 1983 y fuimos a pasar Navidad y Año Nuevo a la hacienda Nápoles. Habían pasado cerca de dos meses desde su salida del Congreso y Pablo, al menos en apariencia, se comportaba como si nada estuviera ocurriendo. Prueba de ello fue la llegada de un enorme camión con un contenedor lleno de juegos pirotécnicos que hizo traer desde China. Quemar pólvora, elevar globos, prender buscapiés y cohetes hasta la madrugada, fueron los pasatiempos preferidos de mi esposo durante nuestra permanencia en Nápoles aquel fin de año. A las doce de la noche del 31 de diciembre brindó porque el año que llegaba (1984) fuera venturoso y dijo que estuviéramos tranquilos que todo se iba a solucionar.

Las palabras de Pablo sonaron esperanzadoras y tuvieron el tinte de seguridad con el que hasta ese momento había resuelto sus problemas. Esa noche de Año Nuevo yo estaba muy sensible porque el embarazo me había dado muy duro y apenas llevaba cuatro meses de gestación. Manuela venía en camino. De todas maneras, no podía ocultar mi preocupación porque era seguro que la situación se complicaría. Sin embargo, para no dañar la velada brindé con todos los asistentes y muy en silencio le pedí a Dios que nos socorriera y que lo iluminara a él para que regresara a la senda del bien.

Con todo, aquel fin de año fue diferente. Quienes estábamos allí notábamos sus largos silencios, sus solitarias caminatas alrededor de La Mayoría, como le decíamos a la casa principal de Nápoles.

En la segunda semana de enero de 1984 regresamos de vacaciones y de inmediato Pablo se reunió en la casa con Neruda, su hombre de confianza a la hora de dar un discurso o escribir mensajes. Al cabo de varias horas terminaron una carta que haría pública el 20 de enero. Era su renuncia a la política, a su vida pública, a perder el trozo de poder que había alcanzado cuando se convirtió en un padre de la patria, como se les dice en Colombia a los congresistas. Su corto mensaje no dejó duda de lo mucho que le dolía abandonar todo eso: "Seguiré en lucha franca contra las oligarquías y las injusticias, y contra los conciliábulos partidistas, autores del drama eterno de las burlas al pueblo, y menos aún los politiqueros, indolentes en esencia ante el dolor del pueblo y arribistas de siempre cuando se trata de la partija burocrática".

Terminar de esta manera su carrera política fue muy duro para mi marido, que tenía aspiraciones reales de llegar muy lejos. Me consta que desde muy joven tuvo especial interés por ayudar a los más pobres y por colaborar en causas sociales. El origen de esa sensibilidad puede estar en un episodio que me repitió muchas veces a lo largo de la vida que compartimos juntos y que lo marcó para siempre: debido a las penurias económicas de su familia, para ir a la escuela todos los días, él y su hermano Roberto debían caminar cerca de siete kilómetros, muchas veces bajo la lluvia, descalzos y mal alimentados. Un vecino de la casa de los Escobar en la vereda El Tablazo, en el municipio de Rionegro, tenía dos hijos que estudiaban en el mismo plantel educativo y los llevaba en su camioneta, pero nunca invitó a Roberto y a Pablo a subir. Fue un gesto de indiferencia que nunca olvidó, pues en la tarea de obtener información para este libro me contaron que cuando ya tuvo suficiente poder, les ordenó a dos de sus guardaespaldas:

—Quiero que esa familia camine de por vida. No los vayan a matar, no les hagan daño. Lo único que quiero es que incendien cualquier carro que tengan. Y si al día siguiente compran otro, se lo queman; y si el seguro les da otro, se lo queman. Quiero que caminen más que yo.

Cuando empecé a oír de Pablo Escobar en el barrio La Paz, él ya era popular por su capacidad de conquistar chicas, pero también por su liderazgo en el vecindario porque conversaba con los vecinos y les preguntaba cómo se sentían y qué se podía mejorar en el barrio. Su habitación estaba situada al lado de la entrada de su casa y hasta allí llegaban las personas que necesitaban ayuda de urgencia. "Pablo, se está muriendo mi mamá", decía alguien y él salía corriendo a colaborar; "Pablo, se accidentó mi hermano", decía otro y él buscaba auxilio inmediato. También motivó a los demás muchachos del barrio a sembrar árboles para que su sombra refrescara las casas porque las tejas de zinc producían un calor infernal.

Con el propósito de ampliar la investigación para mi libro, en 2017 regresé al barrio La Paz y me reuní con varias personas que vivieron esa época, hace cerca de cincuenta años. Conversé largo rato con el señor William Uribe, presidente de la Junta de Acción Comunal, el mismo que organizó la seguridad del barrio con otros cuatro vecinos y todas las noches le daba un termo con café y comida a don Abel, el papá de Pablo, quien trabajaba como celador. Don William recordó que en aquel entonces Pablo tenía dieciséis años y por su influencia en la comunidad lo convenció de trabajar como secretario de la Junta de Acción Comunal.

Sobre esa etapa en la vida de Pablo también hablé con Martha Paz, una joven que lo acompañó durante algún tiempo. Ella me refirió un episodio que ocurrió una noche en la heladería La Esvástica en Envigado, cuando Pablo departía con algunos de sus amigos, entre ellos los hermanos Mario y Rodrigo, vecinos del barrio. Los contertulios comentaban las consecuencias de la huelga de trabajadores de la textilera Coltejer, que recién empezaba, cuando Pablo intervino para decir:

—Cómo va a sufrir esa gente y a aguantar hambre con esa huelga. Algún día voy a tener mucho dinero para pagarles a los trabajadores lo que pierden por las huelgas.

Las palabras de Pablo produjeron risas y uno de los muchachos replicó:

—Sueñe, Pablo, que eso no lo cobran.

Él insistió:

—¿Ven las casas de nuestro barrio? El dinero va a circular por aquí como si fueran ríos.

No sé si Pablo era consciente en aquel momento de que tenía características de líder, pero lo cierto es que en 1979 fue elegido concejal del municipio de Envigado en una lista presentada por el grupo político del dirigente liberal antioqueño William Vélez. La tía Inés, mi paño de lágrimas y a la vez mentora política de Pablo, lo felicitó por haber obtenido un asiento en el cabildo municipal. Las comunidades más marginadas premiaron así el trabajo de mi marido y de su tío Hernando Gaviria, quienes crearon el movimiento Civismo en Marcha para desarrollar obras sociales y ecológicas en el valle de Aburrá.

Martha Paz también recordó que en sus intervenciones en el Concejo, Pablo siempre hablaba de la importancia de construir escenarios deportivos, bien iluminados, con accesos suficientes para la gente. Pablo asistió durante algún tiempo a las sesiones del cabildo, pero un día decidió cederle el escaño a su suplente y no volvió más porque su mirada ya estaba puesta en el Congreso de la República.

La vida política de Pablo habría de tomar vuelo en los primeros días de febrero de 1982, durante un almuerzo en la casa de mi madre. Muy puntuales a las doce llegaron la tía Inés y el alcalde de Envigado, Jorge Mesa, y un poco más tarde lo hicieron Pablo y su amigo y socio, Carlos Lehder.

Nos sentamos a la mesa y al cabo de unos minutos la conversación se concentró en la agitada agenda política de ese año porque en marzo sería renovado el Congreso y en mayo elegido nuevo presidente de la República. La tía Inés y Mesa conocían muy bien los vericuetos de las campañas electorales: ella, porque ya había dejado huella en su comunidad al conseguirles casa a miles de personas y mejorar las condiciones de salud, trabajo y estudio de los más necesitados. Y él porque descendía de una familia que por años había manejado los hilos de la política regional.

Los comentarios en el almuerzo iban y venían y yo escuchaba en silencio, cuando de repente Mesa miró a Pablo y fue al grano:

—Pablo, creo que este es tu momento de lanzarte al Congreso. Esta es una buena oportunidad para que entres a la política... vas a arrasar porque conozco el compromiso que tienes con las clases más marginadas de la ciudad.

Mi marido sonrió y bajó la mirada, una característica muy suya que denotaba timidez. Luego, con malicia paisa reaccionó para preguntar:

—¿Usted lo ve así, doctor Mesa?

—Así lo veo, Pablo. Es una decisión difícil de tomar, pero si querés un consejo, es como para no pensarlo.

Mi madre, que no se callaba nada y menos en los asuntos que tuvieran que ver con su yerno, se puso de pie con su ya conocida mirada grave, sinónimo de que iba a decir algo muy duro.

—Pablo, ¿se le olvidó quién es usted y qué hace? Si se mete de político no habrá alcantarillado en el mundo donde pueda esconderse. Nos va a poner a correr a todos, nos va a dañar la vida; piense en su hijo, en su familia.

Los comensales nos miramos en silencio, al tiempo que Pablo se puso de pie, dio una vuelta al comedor y respondió:

—Suegra, quédese tranquila que yo hago las cosas bien hechas; no hay nada que pueda comprometerme o perjudicarme en política.

Lehder permaneció impasible, pero Mesa insistió en que mi marido tenía muchos votos asegurados porque la gente agradecía que hubiera financiado la construcción e iluminación de canchas de futbol, de basquetbol y voleibol, así como la siembra de miles de árboles en lugares deprimidos de Medellín, Envigado y otros municipios del valle de Aburrá.

En ese aspecto ellos tenían razón porque yo acompañaba a Pablo a inaugurar los escenarios deportivos y —a pesar de la paradoja— me producía gran alegría ver que las obras que financiaba tenían como fin alejar a los jóvenes del vicio y de las malas compañías. Era reconfortante sentir la emoción de tanta gente que gritaba y coreaba el nombre de mi esposo y notaba que a él le daba seguridad verme a su lado con nuestro hijo Juan Pablo. De vez en cuando me preguntaba en voz baja cómo me parecía lo que estaba haciendo y yo le hacía un guiño con el ojo en señal de aprobación. Me sentía más orgullosa aún cuando la gente de los barrios desplegaba vallas gigantes en las que se leía: "Por obras que perduran, la juventud deportiva felicita a Pablo Escobar".

Casi al final del almuerzo, cuando mi madre sirvió un delicioso postre acompañado de café, Pablo, que ya no podía ocultar su interés en eso de participar en política, pidió la opinión de la tía Inés.

—Estoy feliz, mijo... confío que vas a llegar muy lejos.

Todo estaba consumado.

—Pablo, comandante, qué verraquera, hombre, sé lo grande que vas a llegar a ser —dijo Lehder y levantó la taza de café para brindar.

Jorge Mesa también le dio la mano a Pablo y anunció que lo incluiría en el segundo renglón de la lista a la Cámara de Representantes que encabezaba el político antioqueño Jairo Ortega a nombre del Movimiento de Renovación Liberal (MRL). También le dijo que el MRL había adherido al Nuevo Liberalismo, el partido que seguía las ideas de Luis Carlos Galán y promovía su candidatura a la Presidencia de la República. A Pablo le pareció bien porque en varias ocasiones me había dicho que valoraba la gran capacidad de oratoria de Galán, así como sus propuestas de corte liberal.

Ya era un hecho que Pablo se lanzaría a obtener una curul en el Congreso de la República, pero muy en el fondo yo tenía una gran inquietud porque entraba a un terreno que no conocía, a un mundo que no era el suyo.

Los invitados al almuerzo se fueron después de las tres de la tarde y yo me quedé con mi madre, que se veía muy preocupada.

—Mija, ¿qué pasará ahora que Pablo va a dar ese paso?

Los temores de mi mamá me llenaron de preocupación; en la familia ya nos habíamos acostumbrado a su particular y certera forma de predecir los hechos y por eso me fui muy pensativa para la casa. Pero al mismo tiempo, a mis veintiún años de edad, me seducía la idea de que mi marido se convirtiera en político.

Pablo tomó en serio eso de ser candidato y tres días después realizó su primera concentración pública en el parque principal del barrio La Paz, donde pronunció un discurso encima de la capota de un automóvil Mercedes Benz. Asistieron unas quinientas personas, entre ellas sus amigos de infancia y de juerga; yo me quería lucir ante él y llamé a mis compañeras de estudio y vecinas del barrio y las invité a asistir. En esa alocución Pablo se refirió al barrio que lo vio llegar en la adolescencia y prometió buscar un futuro mejor para los pobres de Envigado y de Antioquia. Para terminar, dijo unas palabras que me llenaron de emoción: "Me siento orgulloso de pertenecer a Envigado porque me ha dado lo mejor que tengo: mi esposa".

Las manifestaciones se volvieron muy frecuentes y en una de ellas conocí a Jairo Ortega, quien de entrada me pareció un hombre conservador, prudente, cauteloso y demasiado callado para mi gusto.

Faltaban escasas cinco semanas para la elección que se realizaría el 14 de marzo de 1982 y al tiempo que mi marido apuró la siembra de árboles y la inauguración de escenarios deportivos, en la plaza pública se tomó más y más confianza. Recuerdo que un sábado en la tarde lo acompañé a un acto de campaña realizado en el municipio de Caldas, Antioquia, y en pleno discurso la emprendió contra el tratado de extradición y conminó al gobierno del todavía presidente Julio César Turbay a derogarlo.

Desde hacía ya más de un año, en privado y en público, Pablo hablaba de la necesidad de eliminar la extradición a Estados Unidos. Era tal su obsesión que incluso mandó a hacer cientos de calcomanías para pegarlas en los coches, que decían ¡No a la Extradición! Yo ayudé a poner una buena cantidad, pero la verdad es que no tenía muy claro el asunto y una noche le pregunté en la casa.

—Pablo, qué significa esa palabra, por qué peleas con la extradición si no tiene nada que ver con vos.

Hizo una larga pausa, como pensando qué le respondo, y asumió la actitud de un profesor:

—Mira, mi amor... extradición es como si uno le entrega un hijo a otro papá para que lo eduque. Eso no puede ser. Eso está haciendo el gobierno de Colombia, entregando a los ciudadanos para que en Estados Unidos los encierren bajo tierra para que mueran como ratas.

Entendí.

En su pelea contra la extradición, Pablo y Carlos Lehder estaban alineados. Por su lado, mi marido hablaba del tema en casi todos sus discursos, en los que se refería en duros términos al envío de nacionales a Estados Unidos: "La grandeza de una patria no se engendra en la farsa y en la hipocresía de la oligarquía colombiana... es injusto que personas que cometieron un delito en el país sean juzgadas en otro y condenadas a penas que ni siquiera existen en Colombia".

Entre tanto, Lehder se enfrentaba a la extradición desde Armenia, su ciudad natal, donde en 1981 había fundado su propio partido político, el Movimiento Latino Nacional, de corte nacionalista. Pablo comentaba que Lehder era bueno improvisando discursos, pero le parecían eternos y aburridos porque duraban hasta tres horas. Lehder también tenía un periódico, *Quindío Libre*, en el que semanalmente salían decenas de artículos contra la extradición. Por aquellos días fue muy comentada la publicación en los principales periódicos del país de un aviso de página entera contra la extradición. Lehder los había pagado.

Mientras tanto, la campaña de Pablo iba viento en popa y más y más gente salía a las manifestaciones convocadas en los barrios, hasta que una noche Luis Carlos Galán encabezó un mitin en el parque Berrío en el centro de Medellín y no solo rechazó el apoyo del MRL sino que exigió cerrar la sede de la campaña y destruir las vallas y todo tipo de material publicitario en el que Pablo y Jairo Ortega aparecían apoyando su candidatura presidencial. "Las listas que encabeza en la Cámara el doctor Jairo Ortega no representan mi candidatura presidencial en Antioquia, porque tal grupo no respetó nuestros compromisos con el pueblo colombiano, de renovación política, de restauración moral, que no podemos transigir en ningún sentido y por ninguna razón. Preferimos perder esos votos, pero no perder nuestra autoridad moral para defender la restauración democrática de este país", dijo Galán en aquella ocasión.

Al día siguiente, Galán justificó su decisión en una carta que le envió a Ortega: "No podemos aceptar vinculación de personas cuyas actividades están en contradicción con nuestras tesis de restauración moral y política del país. Si usted no acepta estas condiciones, yo no podría permitir que la lista de su movimiento tenga vinculación alguna con mi candidatura presidencial".

Claramente, Galán se refería a Pablo y así lo percibí cuando llegó esa noche a la casa porque se veía indignado, muy enojado... le habían dado una bofetada en la cara. ¿Cómo tomaría Pablo Escobar que un jefe de un partido lo expulsara de su movimiento? Acostumbrado a hacer lo que quería, a comprar voluntades, a desafiar cualquier circunstancia que le impidiera llegar a su objetivo, lo que acababa de suceder era un golpe muy duro para su ego.

Pero viejo zorro en la política, Jairo Ortega no se dejó amilanar y dos días después citó a Pablo a una reunión en Medellín y le presentó al político tolimense Alberto Santofimio Botero, quien encabezaba el movimiento Alternativa Popular, que también presentaría aspirantes al Senado y a la Cámara. Después de hablar por una hora acordaron que Ortega y Pablo fueran incluidos en la lista a la Cámara de Representantes por Alternativa Popular. La nueva alianza fue suscrita en un acto público en Medellín, donde Santofimio y Ortega subieron a la tarima vestidos de saco y corbata, con un clavel rojo en la solapa. Pablo estuvo al lado de ellos pero con camisa de manga corta, aunque también con un clavel.

Pablo estaba impactado por la habilidad de Ortega porque con esa jugada revivió la campaña y no perdieron el impulso que traían. Mi marido no estaba derrotado y por el contrario percibió que la alianza con Santofimio le abriría nuevas posibilidades.

Al día siguiente, Alternativa Popular publicó un aviso en los periódicos locales en el que celebró el ingreso de Pablo a sus filas: "Apoyamos la candidatura de Pablo Escobar para la Cámara porque su juventud, su inteligencia y su amor por los desprotegidos lo hacen merecedor de la envidia de los políticos de coctel. Porque lo apoyan todos los liberales y conservadores del Magdalena Medio, ya que ha sido el Mesías de esta región".

Casi inmediatamente conocí a Santofimio, quien se portó como un caballero conmigo y se esmeró en darme un lugar como esposa de Pablo; y a pesar de que me veía demasiado joven para estar en ese ambiente, me miraba con respeto y prudencia. Durante el poco tiempo que lo vi, valoré su inteligencia, su cultura general y su habilidad para cautivar las masas porque era un gran orador. Mi marido estaba fascinado con Santofimio y así me lo dijo un par de veces:

—Mi amor, este hombre es un verraco... con él vamos a llegar muy lejos en la política porque tenemos ideales muy parecidos. Eso me tiene muy entusiasmado... mi olfato me dice que en algún momento las puertas de la Casa de Nariño se abrirán para nosotros.

—Pablo, vos crees. ¿Qué te hace pensar que eso pueda pasar? Santofimio lleva años construyendo un espacio, una carrera política, eso no es de la noche a la mañana.

—Lo sé, mi amor, pero estamos moviendo comunidades enteras, no nos va a parar nadie, lo vas a ver. Ah, por ahí me contaron que Santofimio estuvo detenido por problemas con la justicia, pero salió absuelto y eso es suficiente para mí.

La cercanía de Pablo y Santofimio empezó a consolidarse, y cuando intervenían en la plaza pública se destacaban por su soltura al hablar y su afectuosidad con la gente. Al lado de ellos la figura de Jairo Ortega se diluía por su estilo silencioso y distante.

Es que en eso de dar discursos e improvisar ante los micrófonos en la plaza pública, Pablo era bastante aplicado. Llegaba con los textos escritos casi siempre por Neruda, se paraba frente al espejo del baño, los leía varias veces hasta que los memorizaba y luego los repetía en voz alta, al tiempo que movía los brazos y gesticulaba como si estuviera en una actuación. Le funcionaba porque era convincente y daba la sensación de ser un buen orador.

Pocos días después, el movimiento abrió una sede de campaña en el centro de Envigado, en el tercer piso de un edificio situado frente al supermercado Ley. Recuerdo que iba con mis compañeras del colegio a acompañar a Pablo, a escucharlo hablar de sus propuestas. Me gustaba estar ahí porque terminando el evento nos reuníamos y él pedía una opinión sobre lo que acababa de decir.

—¿Cómo me viste, mi amor? ¿Qué me faltó decir?

En ese momento se abría una discusión que giraba alrededor de las palabras de mi marido y luego disfrutábamos de deliciosos bocadillos y de uno que otro ron con Coca Cola. Ese espacio de divertimento incluía, cómo no, que mis amigas del colegio y yo estuviéramos pendientes de mi esposo para que no terminara por ahí enredado con una simpatizante de su campaña. En chiste y en broma hablábamos de rodearlo para que ninguna chica se le acercara.

Con todo, Pablo no olvidaba que Luis Carlos Galán lo había declarado indeseable y empecé a notar que en sus discursos reflejaba un profundo rencor hacia él: "Les quiero decir que temblará la aristocracia y el galanismo. Queremos aclararle a la opinión pública que hay gente que falsamente predica la moral. Les quiero decir que con el apoyo de todos ustedes aplastaremos los títeres y los muñecos políticos de trapo que fabrica la oligarquía colombiana".

Mientras avanzaba la campaña, la relación personal de Santofimio y mi marido se hizo más y más estrecha y nuestro nuevo mejor amigo empezó a viajar con frecuencia a Medellín en los aviones de Pablo. Los paseos a la hacienda

Nápoles después de las giras de campaña se hicieron rutinarios; Santofimio disfrutaba de los hermosos paisajes del Magdalena Medio y le encantaba el sancocho de gallina preparado en leña. Me gustaba verlo sonreír porque siempre parecía de buen humor y dispuesto a abordar una plática sobre cualquier tema. Numerosas fotografías tomadas en aquella época muestran a Santofimio y a Pablo cuando paseaban por Río Claro en aerobotes, una especie de lancha que se movía gracias a un motor de avioneta con una hélice gigante. También iban a Charco Azul, un lugar paradisiaco dentro de Nápoles al que mi marido llevaba a sus mejores amigos, a presentadoras de televisión y a reinas de belleza. Recuerdo que solo una vez estuve con Pablo y Santofimio en Charco Azul, donde disfrutamos de una tarde de sol con buena comida y varias botellas de champaña y whisky.

Sin embargo, con el paso de los días a Pablo empezó a disgustarle que Santofimio viajara en sus aviones, en trayectos que incluían ida y vuelta entre Bogotá y Medellín. Hasta que un día le dijo a uno de los pilotos que hiciera algo para que el político dejara de utilizar sus aeronaves y regresara a los vuelos comerciales. Pablo no me contó, pero el piloto del Lear Jet me dijo tiempo después que se les ocurrió fingir una emergencia y Santofimio no volvió a subir a los aviones de Pablo.

Con las elecciones regionales a la vuelta de la esquina, Pablo intensificó aún más su correría por todos los rincones de Medellín y en la agenda obviamente incluyó el basurero del deprimido sector de Moravia, muy cerca del centro de la ciudad.

Una noche llegó consternado y me contó que al menos sesenta casuchas de cartón y tabla se habían quemado debido a los continuos incendios producidos por los gases tóxicos emanados por las montañas de basura depositadas allí. Añadió que había recorrido las polvorientas calles de Moravia y comprobado el drama de decenas de familias que no tenían otro lugar adonde ir. Le dio tanto pesar lo que veía que les ordenó a sus hombres comprar cobijas, colchones y artículos de primera necesidad. Pero no se conformó con el obsequio y me comentó que se proponía regalarles casa no solo a los habitantes de Moravia sino de toda la ciudad.

—Mi amor, no me importa gastar el dinero que tenga que gastar con tal de sacar a toda esa pobre gente de la miseria.

Estoy segura de que lo decía en serio porque lo vi profundamente conmovido, y aunque sonara un poco loco eso de regalarles casa a los pobres de Medellín, creo que él lo veía posible porque tenía mucho dinero, pero no le importaba porque lo invertiría en darles a los demás.

De esa manera nació Medellín sin Tugurios, un proyecto que muy pronto tomó forma porque Pablo compró un enorme lote por el sector de Buenos Aires, en la parte alta de Medellín en la salida hacia el aeropuerto de Rionegro con el propósito de financiar con su dinero la construcción inicial de quinientas viviendas y llegar a cinco mil en los siguientes veinticuatro meses.

Uno de esos días, en la casa, me dijo que había recibido informes de la Secretaría de Salud de Antioquia según los cuales en el departamento había muchas personas con labio leporino, un defecto congénito que marca de por vida a una persona. Me dijo que les iba a ayudar porque le parecía dramático que una persona viviera así y por eso contrató un reconocido cirujano plástico de Medellín para que liderara un equipo de especialistas para evaluar los casos. La idea tomó vuelo y muy pronto llegaron cuatro cirujanos de Brasil y España que operaron a decenas de niños que padecían esa deformación. Aparte de eso, muchas personas acudían a nosotros cuando se trataba de enfermedades graves, y Pablo varias veces estuvo dispuesto a pagar tratamientos y cirugías costosas con tal de ayudarlos.

En otra ocasión, cuando se llevó a cabo el Teletón en Medellín, el director regional se veía muy contrariado porque los fondos recaudados debían ser enviados a Bogotá, donde determinaban cómo serían distribuidos. De manera que un locutor muy importante le dijo que si no tenía problema le conseguía dinero por cualquier medio. El director respondió que no le interesaba de dónde viniera la donación y de esa manera mi marido aportó una gran cantidad de dinero para esa versión del Teletón.

Mientras empezaba la adecuación de los terrenos donde serían construidas las casas que Medellín sin Tugurios regalaría, el viernes 5 de marzo de 1982 se produjo el cierre de campaña con una gran manifestación frente a la sede en Envigado. Autobuses contratados por el movimiento trajeron votantes desde los municipios de Barbosa, Girardota, Copacabana, Bello, Itagüí, Sabaneta, La Estrella y Caldas. Esa noche, además de Pablo, los oradores principales fueron Jairo Ortega, Orlón Atehortúa, Raúl Ossaba, María Alzate de Escobar y Fernando Avendaño, este último conocido como *el Animalero*, la persona que se encargó de recibir los animales que Pablo compró para el zoológico de la hacienda Nápoles.

Acompañé a Pablo ese día y recuerdo que su arenga, corta por cierto, estuvo enfocada en la necesidad de cambiar las costumbres políticas: "Esta es la noche de la renovación... no vamos a permitir que nuestras listas estén viciadas de caciquismos y de elementos ineptos y caducos. La ideología principal de nuestro movimiento es civismo, nacionalismo, programas sociales, ecológicos y deportivos. Queremos llegar al corazón de las amas de casa para pedirles que no compren productos extranjeros, que apoyen nuestra industria nacional, que genera empleo y progreso".

Finalmente, el 14 de marzo de 1982 nos pusimos muy felices porque Pablo fue elegido representante suplente a la Cámara. Pasadas las cuatro de la tarde, tras el cierre de la votación, lo acompañé a la sede de Alternativa Popular en Envigado, a reunirse con Jairo Ortega y con Alberto Santofimio para estar al tanto de los escrutinios. Pero las horas empezaron a pasar y como la entrega de resultados se producía a cuentagotas, le dije a mi marido que me iba para la casa y estaría atenta por teléfono. Pasadas las ocho de la noche la Registraduría Nacional del Estado Civil confirmó que el candidato Pablo Escobar había alcanzado un escaño en la Cámara de Representantes.

Fue una gran sorpresa. A pesar de mi juventud, veintiún años, desconocía la mecánica política, pero lo que había visto hasta ahora me encantaba. En medio de mi ingenuidad, lo primero que se me vino a la mente fue imaginar cómo vestiría el 20 de julio, cuando los nuevos congresistas asumían sus curules en el Congreso. Pero también me asaltaba la inquietud de cómo comportarme, qué respondería si me hacían preguntas sobre la actualidad del país. Esa noche, impaciente, esperé la llegada de Pablo, que una vez más apareció pasada la medianoche. Su rostro se veía iluminado. Luego de comer algo se sentó en el borde de la cama y dijo:

—Mi amor, prepárate para ser la primera dama de la nación.

Hacía mucho tiempo que no lo veía así. Estaba tan radiante que no paró de hablar de los proyectos que se proponía impulsar en el Congreso, entre ellos, que el Estado debía financiar cien por ciento los estudios en las universidades públicas y construir hospitales para atender gratis a los más necesitados.

Ya acostados me abrazó con una fuerza inusual que transmitía su alegría y luego me susurró al oído:

—Tata, el día de la posesión no usaré vestido de paño y corbata, voy a entrar al Congreso en camisa.

No dije nada, pero me parecía que ese momento era muy solemne y debía ser obligatorio asistir con la mejor gala.

Un par de semanas después el Consejo Nacional Electoral certificó los resultados de la elección y el entonces ministro de Gobierno, Jorge Mario Eastman, expidió las credenciales que reconocían a los nuevos legisladores, entre ellos la de mi marido. A partir de ese momento Pablo Escobar tenía inmunidad parlamentaria.

A comienzos de abril, Pablo me propuso que hiciéramos un viaje a Brasil para celebrar su elección como congresista y de paso descansar al menos diez días. Explicó que en las siguientes semanas tendría mucho trabajo porque en mayo y junio se produciría la primera y segunda vueltas de la elección presidencial, en julio se posesionaría como congresista y en agosto sería el cambio de gobierno. En aquel momento era evidente que solo le interesaba la política y supuse que en su agenda privada sus amantes de ocasión tenían un puesto especial. Además, su primo Gustavo Gaviria seguía al frente de sus negocios, que les producían dinero a raudales.

Fiel a la costumbre paisa de privilegiar la familia por encima de todo, el 12 de abril de 1982 viajamos en vuelo comercial a Sao Paulo y de ahí a Río de Janeiro. Literalmente, Pablo se empecinó en llevar hasta el gato y les hizo empacar maletas a mi suegra, a sus hermanos con esposas e hijos; a mi madre, mis hermanas, mis cuñados, e hijos; a Gustavo Gaviria con su esposa, hijos y sus padres... ¡más de veinte personas!

Era absolutamente incómodo porque para ir a cada lugar era necesario alquilar un autobús y ni hablar de encontrar mesa para tanta gente en un restaurante.

Pero lo peor de ese viaje no fue la romería de personas invitadas por mi marido, sino la vergüenza que tuve que aguantar cuando los hombres se escapaban en las noches a ver bailarinas y prostitutas en los mejores bares de Río. Por cuenta de su juerga desenfrenada, casi todas las parejas, incluidos Pablo y yo, terminamos de pelea y así emprendimos el viaje de regreso a Colombia, pero debimos pernoctar una noche en Sao Paulo. Estaba tan dolida, me sentía tan despreciada como mujer, que varias veces me pregunté para qué me invitó. ¿A celebrar qué? ¿Si quería divertirse con sus amigotes por qué no lo hizo solo?

Pablo quería hacerme creer que yo era muy importante para él, pero su comportamiento era muy egoísta y así lo dejé por escrito en una carta que escribí en la soledad de la habitación en el hotel Maksoud Plaza de Sao Paulo. "Quisiera que la vida me diera pocas cosas, entre ellas aquel ser que adoro, pero que la vida le enseñe a conservarme", dije en uno de los párrafos. Nunca supe si Pablo leyó el mensaje porque llegó en la madrugada, cuando ya debíamos salir para el aeropuerto.

De regreso en Medellín, en la tercera semana de abril de 1982, mi marido, ahora representante a la Cámara, permaneció buena parte del tiempo en su oficina dedicado a actividades políticas, pero me llamó la atención que cuando llegaba a la casa hacía uno que otro comentario sobre su interés y el de Gustavo en la elección presidencial que se desarrollaría el 30 de mayo siguiente. Los candidatos en aquel entonces eran Alfonso López Michelsen, liberal; Belisario Betancur Cuartas, conservador; Luis Carlos Galán, por el Nuevo

Liberalismo, y Gerardo Molina, del partido de izquierda Frente Democrático.

Yo estaba concentrada en los preparativos para la posesión de Pablo el 20 de julio y en asuntos familiares que copaban buena parte de mi tiempo, y por eso no estuve pendiente de saber en qué andaba.

Pero como ya empezaba a ser usual que Pablo estuviera en el foco de los problemas, semanas después los principales medios de comunicación revelaron que la campaña liberal había recibido aportes de personajes de dudosa reputación. Varias veces le pregunté qué estaba pasando, pero respondía que no me preocupara, que después me explicaría.

Parecía que el escándalo podía crecer y por eso me propuse hablar con varias personas que habían trabajado con Pablo en la campaña al Congreso y no tardé en tener un mapa más o menos claro de la situación. Quedé aterrada porque según me contaron, Pablo y Gustavo habían acordado "colaborar" con dinero y logística en las campañas de López y Betancur para tener una especie de seguro en el tema que más les preocupaba: la extradición.

Pablo quedó encargado de los liberales y lo primero que se le ocurrió fue organizar un encuentro con el candidato y con el director nacional de la campaña, Ernesto Samper Pizano. La cita se produjo muy pronto por la mediación de Santiago Londoño White, coordinador en Antioquia, conocido de mi marido, quien organizó una reunión privada en la suite Medellín del hotel Intercontinental. También me dijeron que más que un encuentro de simpatizantes con la causa liberal, esa noche hubo una cumbre en la que Pablo y sus socios —Carlos Lehder, el *Mexicano*, Rafael Cardona, Alberto Prieto, Pablo Correa, los Moncada, los Galeano, Santiago Ocampo, los hermanos Ochoa y Héctor Roldán— fueron presentados como prósperos empresarios dispuestos a ayudar. Uno de los asistentes me contó que López estuvo escasos diez minutos y dejó como su representante a Samper, quien dijo varias veces que era partidario de la legalización de la marihuana. Al cierre del encuentro los asistentes fueron muy generosos y compraron sesenta millones de pesos en boletos para la rifa de un coche, una actividad realizada por la campaña para recaudar fondos.

Al tiempo que mi marido se codeaba con los liberales, Gustavo Gaviria se encargó de gestionar ayudas para los conservadores a través de Diego Londoño White, tesorero en Antioquia. Según contaron personas cercanas a mi marido, *el Mexicano* hizo pintar de azul su avión bimotor Piper Cheyenne II y lo prestó al candidato para el cierre de la campaña.

Finalmente, el domingo 30 de mayo Belisario Betancur venció por más de cuatrocientos mil votos a Alfonso López, quien según los analistas perdió por la disidencia de Luis Carlos Galán, que le arrebató muchos votantes.

El lunes 19 de julio, un día antes de la posesión de Pablo como congresista, nuestra casa en el barrio El Diamante era la locura. Mientras preparaba las maletas para viajar a Bogotá, entraban y salían familiares, vecinos del barrio La Paz y hasta desconocidos que llegaban atraídos por la algarabía. Cada quien daba opiniones de cómo ir vestidos, cómo nos veríamos mejor. Con una de mis hermanas le insistimos a Pablo en llevar corbata, pero no hubo manera de convencerlo. Pensando en ese día, en mi último viaje le había comprado dos corbatas italianas muy bonitas; y para mí un vestido rojo y negro de pana del diseñador italiano Valentino.

—Pablo, ¿quién crees que eres? ¿Van a cambiar las reglas del protocolo solo porque te eligieron congresista? —insistí de todas las formas, pero no hubo caso.

Como siempre, nos hospedamos en el hotel Hilton de Bogotá. Mi marido se veía radiante. El martes 20 de julio llegamos al Capitolio a bordo de una suntuosa limusina Mercedes Benz color verde militar que Carlos Lehder le prestó a Pablo. Como era obvio, el nuevo congresista no pudo hacer su voluntad porque el vigilante no le permitió ingresar. Pataleó, discutió, pidió ayuda para burlar el reglamento, pero no lo logró y al final le tocó ceder y pedirle la corbata prestada al portero. Era color mostaza con tonos azul claro y rojo. Fatal. Finalmente entramos y no pude ocultar mi enojo por la terquedad de Pablo y por mi falta de iniciativa porque hubiese podido traer una de las corbatas nuevas en mi bolso.

Entrar al recinto del Congreso fue inolvidable. Estaba obnubilada y muy emocionada, aún más cuando observé que yo era la única mujer que había ido a acompañar a su marido a la toma de posesión. Me sentí muy importante y Pablo se veía orgulloso presentándome a sus colegas. En ese momento me convencí de que la carrera política de Pablo era una realidad y por eso al día siguiente de regresar a Medellín empecé a buscar los mejores asesores en protocolo y en imagen pública; también me propuse estudiar inglés y francés porque me imaginaba viajando por el mundo como esposa y acompañante del congresista Pablo Escobar.

De la posesión como representante a la Cámara quedó una fotografía que refleja el talante de Pablo. Mientras todos sus colegas juraron con la mano derecha levantada y los dedos extendidos pero cerrados, él levantó la mano derecha e hizo una V en señal de victoria.

En octubre siguiente, tres meses después de haber asumido la curul, el Congreso escogió una comitiva de senadores y representantes para viajar a España a presenciar el desarrollo de la jornada electoral que elegiría nuevo jefe de Gobierno en España. A nombre del Senado iban Santofimio, Raimundo Emiliani Román y Víctor Cárdenas. Y por la Cámara de Representantes lo hicieron mi marido y Jairo Ortega. Haber integrado ese "selecto" grupo era una muestra de que Pablo ya empezaba a ejercer su influencia en las decisiones del Congreso colombiano.

Pablo se veía muy entusiasmado con el viaje a España y aceptó que le empacara su mejor ropa, incluido un traje de paño color oscuro, camisa de manga larga, una gabardina de paño y corbata. Fue todo un acontecimiento familiar porque hasta ese momento no le importaban el protocolo y el qué dirán.

Sin embargo, el día del viaje no hubo poder humano que lo convenciera de usar ropa adecuada, acorde con su investidura, y por el contrario se puso tenis, jeans, camisa estampada y un vistoso reloj con dos tableros: uno para ver la hora de Colombia y otro la de España. En la maleta también cupo un par de zapatos que alguien le había traído de Nueva York, con la particularidad de que tenían un tacón oculto que lo hacía ver cinco centímetros más alto. Como siempre, mucho tiempo después sabría que esos zapatos se los había regalado la presentadora Virginia Vallejo.

Santofimio, Ortega y mi marido, los tres alegres compadres, viajaron a Madrid el lunes 25 de octubre de 1982, en primera clase del jumbo de Avianca que cubrió la ruta Bogotá, San Juan (Puerto Rico), Madrid. Tres días después, el jueves 28 de octubre, Pablo, Santofimio y Ortega fueron testigos del holgado triunfo de Felipe González, candidato del Partido Socialista Obrero Español (PSOE), y esa noche se dirigieron al hotel Palace en el centro de Madrid a saludar al ganador. Pablo me contó por teléfono que accedieron fácilmente porque Santofimio conocía a González de tiempo atrás, e incluso estuvieron juntos en Bogotá durante una gira del político español. Luego, asistieron a un festejo organizado por el torero Pepe Dominguín y en la madrugada se encontraron en otra celebración con los periodistas colombianos Enrique Santos y Antonio Caballero.

A su regreso de España, Pablo me dijo que quería lucirse en la Cámara de Representantes y para hacerlo le daría más relevancia al papel que desde septiembre anterior le había encomendado a la presentadora Virginia Vallejo para fortalecer su imagen pública y para abrirle espacios en la cerrada clase política bogotana.

Al mismo tiempo, Pablo previó que los periodistas lo buscarían para pedirle su opinión sobre distintos temas y por eso le pidió consejo a Neruda, que le sugirió dos cosas: aprender nociones básicas de economía y leer biografías del escritor Gabriel García Márquez, quien por aquellos días de octubre de 1982 acababa de recibir el premio Nobel de Literatura. Mi marido siguió la recomendación al pie de la letra. Al mismo tiempo, contrató una persona que grabara las emisiones de los noticieros de radio y televisión e hiciera un resumen de las noticias más importantes del día porque quería estar al tanto de lo que sucedía en Colombia y el mundo.

La vida parecía sonreírle a mi marido, que cada día se convencía de que estaba destinado a ocupar un puesto importante en la vida política del país. Lo bueno de ese sueño era que yo estaba incluida ahí, porque solía repetir que me preparara para ser la primera dama de la nación. Pero su ego crecía y de repente empezó a preguntar con mucha frecuencia:

—Tata, qué han dicho del presidente Reagan, del papa Juan Pablo II, y de mí.

En los primeros meses de 1983 Pablo concentró sus esfuerzos en el programa de Medellín sin Tugurios y para hacerlo contó con Virginia Vallejo, quien grabó con él su programa de televisión *Al ataque*, en el que explicó los alcances de su plan para regalarles casa a los habitantes del basurero de Moravia. Luego, el domingo 13 de marzo, mi marido promovió una corrida de toros con espectáculo de rejoneo incluido en la plaza de La Macarena, que se llenó hasta las banderas. Yo estuve allí con Juan Pablo y mi suegro Abel, y fue emocionante el momento en que cada rejoneador se acercó a la gradería y le ofreció su faena a Pablo, que se veía contento, pero algo abochornado porque no era muy amigo de esos reconocimientos públicos, aunque en privado se le notaba que disfrutaba de los aplausos de la gente. Esa tarde se lucieron los rejoneadores Alberto Uribe Sierra, Andrés Vélez, Dayro Chica y Fabio Ochoa y los toreros César Rincón y Pepe Cáceres, que lidiaron ocho toros de las ganaderías Los Guateles, española, y Rocha hermanos, colombiana.

No obstante el éxito de los eventos que realizaba para promover sus obras sociales y en particular la de Moravia, mi marido empezó a recibir ataques de parte del senador Rodrigo Lara Bonilla y del periódico *El Espectador*, pero se sentía tan poderoso que no le daba mayor importancia al hecho de que el congresista Lara, mano derecha de Luis Carlos Galán en el Nuevo Liberalismo, hablara con vehemencia de los que denominó "dineros calientes" en la política y en el futbol, y que el periódico capitalino criticara la irrupción de personajes de dudosa procedencia en el mundo político y económico del país y principalmente en Antioquia. En ese momento a Pablo no lo mencionaban con nombre propio, pero él se daba por aludido y por eso un día en un evento público la emprendió contra el periódico de la familia Cano: "Esa empresa periodística que distorsiona la noticia, que le inyecta veneno morboso y dañino y que ataca las personas...

en realidad no quería ser duro en mis expresiones contra el periódico *El Espectador*, pero ustedes han visto los ataques y las calumnias que ha estado lanzando últimamente contra nuestros programas".

Confiado en su influencia, Pablo insistió más que nunca en combatir la extradición. Por eso puso todo su empeño en organizar una cumbre de "empresarios" de todo el país en la recién inaugurada discoteca Kevins de Medellín, propiedad de un amigo suyo, José Antonio Ocampo, más conocido como *Pelusa*. Así, en la segunda semana de abril de 1983 llegaron a ese lugar no menos de trescientas personas interesadas en el primer Foro Nacional de Extraditables. Virginia Vallejo, que hizo las veces de presentadora, explicó los motivos del encuentro y le cedió la palabra a Pablo, quien abrió el acto con una frase muy breve: "Yo quiero pedirles a todos ustedes, en nombre de la ciudadanía, de la soberanía y los derechos humanos, ayuda para combatir el tratado de extradición".

La discusión duró más de tres horas en las que numerosos asistentes respaldaron la tesis de que los colombianos debían ser juzgados en el país y no entregados a cortes extranjeras. Incluso alguien pidió la palabra y planteó la idea de que el foro interviniera ante el gobierno para evitar que el colombiano Carlos Arango, acusado por la Corte de la Florida de los delitos de homicidio y tráfico de cocaína, fuese ejecutado en la silla eléctrica.

El martes siguiente, 19 de abril de 1983, Pablo llegó sonriente a la casa con un ejemplar de la edición número cincuenta de la revista *Semana*, que en páginas interiores publicaba un artículo titulado "Un Robin Hood paisa". Se veía orgulloso porque por primera vez un medio de comunicación de alcance nacional se refería a él y me contó que un reportero de la revista había asistido al foro sobre extradición y luego lo había entrevistado.

—Mi amor, ¿viste los mitos que construyen los medios de comunicación? Ojalá yo fuera Robin Hood para hacer más cosas buenas por los pobres.

El artículo fue mencionado en varias emisoras de radio y un periodista le preguntó si en realidad se sentía como Robin Hood. Pablo respondió: "De ninguna manera, pero es un calificativo que me gusta bastante... quienes conocen la historia de Robin Hood saben perfectamente que luchó y salió en defensa de las clases populares".

El reconocimiento público de mi marido iba en aumento y no desaprovechó su popularidad para seguir inaugurando escenarios deportivos construidos con el dinero que donaba. Recuerdo que el 15 de mayo de 1983 lo acompañé a hacer el saque de honor de un partido al que asistieron doce mil personas y con el cual fue inaugurada la cancha de futbol del barrio Tejelo, en la comuna cinco de Medellín. Tres semanas después, a comienzos de junio, también hizo el saque de honor de un partido nocturno entre las reservas del Club Atlético Nacional y jugadores del barrio Moravia, que estrenaba cancha de futbol dotada con moderna iluminación.

Pero la buena racha que mi marido vivía por aquellos días de mediados de 1983 habría de sufrir una sacudida el 8 de agosto, cuando el presidente Belisario Betancur produjo un remezón en su gabinete y cambió a ocho de sus ministros. Uno de ellos, el de Justicia, Rodrigo Lara Bonilla —la primera cuota del Nuevo Liberalismo en el gobierno—, no le gustó a mi esposo y así lo noté esa noche.

En los siguientes días Pablo se veía irascible, intranquilo, y empezó a hacer algo inusual en él: cuando llegaba a la casa y me encontraba viendo el noticiero y aparecía el ministro Lara

explicando las medidas que pondría en marcha para combatir los dineros calientes en la política y el futbol, vociferaba
furioso contra el funcionario, palmoteaba y apagaba el televisor. Yo le preguntaba qué estaba pasando y respondía que
era mejor que no viera los noticieros porque confundían con
sus informaciones.

Una noche, Pablo estaba conmigo y justo en ese momento
el noticiero de las 9:30 de la noche presentaba una rueda
de prensa en la que el ministro Lara hablaba y en un televisor que tenía en su despacho se veía la imagen en primer
plano de mi marido. Se puso tan furioso que de un golpe
casi tira al piso el aparato. Durante años se volvió una constante que Pablo apagara el televisor porque todo el tiempo
hablaban de él, de las cosas que hacía, de la persecución, de
las recompensas.

Muy preocupado, una noche Gustavo Gaviria llegó a hablar con Pablo y estaba tan exaltado que dijo delante de mí
lo que pensaba:

—Pablo, hermano, vámonos del país, desaparezcamos.
Estar aquí ya es un riesgo. Ya tenemos mucha plata, podemos
escondernos donde queramos. Hágame caso.

—No, esto no tiene reversa. Ya tenemos el poder económico, ahora vamos por el poder político. ¿Irme de
Colombia? Nunca.

La advertencia de su primo, socio y amigo no hizo mella
en Pablo, pero era claro que con el ministro Lara estaba casada una pelea.

Pablo no escuchaba, era tanta su soberbia que no tuvo en
cuenta las advertencias de su socio principal ni estas lo hicieron desistir de sus propósitos. A pesar de que la noche negra
se le venía encima, no se percató de que no tenía cabida en la
política nacional.

Como era costumbre en nuestra relación, yo me enteraba a cuentagotas de lo que sucedía alrededor suyo. Unas veces, como en este caso, por los medios de comunicación, y otras por sus hombres, que cuando estaban conmigo se les soltaba uno que otro dato porque él les tenía prohibido contarme sus cosas.

Así llegó el 18 de agosto de 1983, cuando los congresistas Ernesto Lucena y Jairo Ortega, del mismo grupo político de Pablo y Santofimio, citaron al ministro Lara a un debate sobre dineros calientes en la plenaria de la Cámara de Representantes.

Esa noche sintonicé el noticiero de televisión y de acuerdo con el reporte del periodista que había estado allí, mi marido no asistió al debate, pero sí Carlos Lehder, quien hizo valer su condición de director del periódico *Quindío Libre* y ocupó un puesto en la cabina especial asignada a los periodistas. Una imagen del momento lo mostraba sonriente, desafiante.

Me preocupé mucho cuando el representante Jairo Ortega le preguntó al desconcertado ministro Lara: "Quiero hacerle una pregunta muy respetuosa al señor ministro de Justicia. Señor ministro: ¿usted conoce al ciudadano Evaristo Porras? ¿Usted conoce cuál fue la donación del personaje en mención? ¿Fue un millón de pesos en un cheque?" Luego sacó del bolsillo una copia del cheque, la exhibió delante de los asistentes y dijo que había sido entregado en una habitación del hotel Hilton.

La revelación de la entrega del cheque puso en graves aprietos a Lara, que en un comienzo dijo no recordar el episodio pero al día siguiente convocó una rueda de prensa en la que reconoció lo sucedido: "Yo habría podido afirmar cualquier cosa para justificar la existencia del cheque, habría podido decir que lo había recibido como pago de honorarios profesionales o por cualquier otro negocio, pero la verdad es que se trata de una simple compraventa del doctor Roberto Bahamón en un negocio en el cual tenía participación mi familia".

Luego, el ministro pasó al contraataque y dijo que el episodio del cheque formaba parte de una conspiración de la mafia y acusó en forma directa a mi marido, a quien además señaló como narcotraficante, fundador de grupos paramilitares y con procesos pendientes en Estados Unidos. Exaltado, agregó: "Yo sé lo que me espera al denunciar a los mafiosos, pero eso no me amedrenta y si debo pagar con mi vida por ello, que así sea. Se trata de una escalada del narcotráfico que hoy busca la salida de un ministro del gabinete porque lo considera incómodo para sus aviesos fines, para luego continuar con otras personalidades del país con el propósito de derrumbar moralmente al país".

Las palabras del ministro Lara me horrorizaron porque planteaba un punto de no retorno con mi esposo. Desde la soledad de mi casa pensé que vendrían momentos muy difíciles, pero estaba lejos de pensar siquiera que ese choque cambiaría muy pronto nuestras vidas.

Pablo no se quedó quieto y al día siguiente convocó a una rueda de prensa en el Congreso y más tarde en las oficinas de su noticiero *Antioquia al día* en Medellín, en la que respondió los cargos que le hizo el ministro. "Todos conocen mis inversiones en el campo, en la industria, en la ganadería y en la construcción. Siempre he asegurado que mi dinero no tiene vínculos con el narcotráfico". Luego sacó su pasaporte y dijo que, contrario a lo que decía Lara, no era investigado en Estados Unidos y prueba de ello era su visa. Para rematar, le dio un plazo de veinticuatro horas para presentar las pruebas de las acusaciones que hizo contra él. "El ministro de Justicia ha mentido seis veces: le mintió al país cuando dijo que no conocía al señor Evaristo Porras; le mintió al país cuando dijo que no había recibido cheques personales del señor Evaristo Porras; le mintió al país cuando dijo que Pablo Escobar había sido el fundador del MAS; le mintió al país cuando dijo que Pablo Escobar tenía antecedentes penales en Estados Unidos; le mintió al país cuando dijo que no iba a renunciar".

Ese estira y afloja entre ministro y congresista iba para largo y en mi casa se notaba la tensión, pese a que Pablo sostenía que todo estaba controlado. Recuerdo que por aquellos días mi mamá fue a visitarme justo cuando Pablo terminaba de leer los periódicos. Como siempre, no se guardó lo que pensaba y dijo:

—Mijito, el que tiene rabo de paja no se arrima a la candela.

—No, suegra, tranquila que nada va a pasar.

—Usted es muy cabeza de mármol y no está pensando en su familia. Se acordará de mí.

Como siempre, mi madre tenía razón porque el 25 de agosto de 1983, una semana después del debate contra el ministro Rodrigo Lara, el periódico *El Espectador* publicó la noticia que habría de ocasionar la muerte política de mi marido. En un titular de primera página, el periódico recordó que en junio de 1976 Pablo y otras cinco personas habían sido detenidas en relación con un cargamento de base de cocaína.

A partir de ese día los acontecimientos sucedieron de manera vertiginosa. El ministro tomó un nuevo aire y ordenó inmovilizar cerca de un centenar de avionetas y helicópteros que operaban en todo el país y sobre los cuales existían sospechas de que eran utilizados para el tráfico de drogas. En esa redada cayeron varios aparatos de Pablo. Además, el juez Décimo Superior de Medellín, Gustavo Zuluaga, reabrió la investigación ya cerrada contra Pablo por la muerte de dos de los detectives del DAS que lo habían capturado en aquella época. Y por si fuera poco, Estados Unidos le canceló la visa de ingreso a ese país.

Con el sol a las espaldas, mi marido sabía que era cuestión de horas que tuviera que retirarse del Congreso y abandonar su curul, pero se resistió hasta el último momento. En la segunda semana de septiembre de 1983 se negó a firmar una carta que Santofimio llevó ya redactada a su oficina en Medellín, en la que renunciaba a Alternativa Popular y de paso a su escaño en la Cámara de Representantes. El asunto era sencillo: Santofimio era jefe del movimiento y necesitaba que Pablo dimitiera para evitar un escándalo político mayor. Pero debió regresar con las manos vacías porque mi marido le dijo molesto que estaba acostumbrado a escribir sus propios mensajes, sin la ayuda de nadie.

Esos días fueron horribles. Perdida su credibilidad y señalado de narcotraficante, ahora estaba en juego su libertad. Por eso se veía tan preocupado. La extradición lo agobiaba y así me lo dijo un día.

—Tata, ¿tres cadenas perpetuas?, ¿veinte metros bajo tierra?, ¿muriéndome en vida? Eso nunca lo van a ver, te lo juro.

Me produjo miedo verlo tan desencajado. En silencio pensaba: "Dios mío, ¿qué vendrá ahora?"

Pero por cuestión del destino que todo lo controla, por aquellos días de septiembre de 1983 confirmé que estaba embarazada. Llevábamos seis años de intentos fallidos, cuatro abortos y un embarazo ectópico y parecía que ahora sí mi segundo bebé venía en camino. No sería fácil, pero estaba dispuesta a cuidarme en extremo para sacar adelante esta nueva ilusión. Apenas Pablo se enteró se puso feliz. Estaba completamente seguro de que podía solucionar todo lo que estaba pasando, de manera que no me preocupé en absoluto. La verdad es que yo era muy inconsciente de la situación real.

En efecto, las próximas semanas y meses serían muy complicados porque finalmente, el 26 de octubre, la plenaria de la Cámara de Representantes votó mayoritariamente en favor de levantar la inmunidad de mi marido.

La fuerza del Estado se había venido encima de él, pero cometió el error de creer que podría vencerlo. Verse excluido de la política fue un golpe demoledor que arrinconó a mi marido. Jamás dimensionó que su poder y capacidad de intimidación terminarían por destruirlo. Su inmersión en el mundo de la política fue efímero, como efímera fue su vida enmarcada en la ilegalidad. Al final, mi mamá tuvo razón, cuando aquel día de 1982 Pablo aceptó entrar a la política y ella le dijo: "Mijo el que tiene rabo de paja no se arrima a la candela".

Pablo no la escuchó.

CAPÍTULO 6

La hacienda Nápoles
que pocos conocen

La primera vez que fui a conocer las tierras que Pablo acababa de comprar resultó una experiencia aterradora.

Era la mañana de un sábado de febrero de 1979 y en el pequeño y frágil helicóptero Hughes íbamos una de mis hermanas y Gustavo Gaviria con su esposa. Menos de una hora después aterrizamos en un potrero lleno de barro y cuando bajé mis botas se enterraron en un terreno tan fangoso que Pablo tuvo que ir a rescatarme.

Estaba furiosa. Mi marido tenía una mirada pícara. Llegamos a una casa campesina como sepultada en la selva, muy básica, de ventanas rojas, paredes blancas y piso de cemento.

Como no había nada qué conocer —porque hacia donde mirara todo era selva—, nos quedamos en la vivienda a esperar la llegada de la noche, con la complicación adicional de que no había energía. Varios empleados de Pablo prendieron un fogón con leña y prepararon frijoles, arroz, chicharrón, carne, plátano verde y arepa.

La tenue luz de las velas dejaba ver a través de las estrechas ventanas enormes insectos y serpientes que se movían

al acecho, pero no se acercaban porque alrededor habían
puesto tarros con ACPM y mechones prendidos. Aun así, pasé
una noche fatal porque el lugar me producía miedo, sentía
que corría peligro, que me podía picar una víbora y morir.
Grité todo el tiempo y no logré conciliar el sueño porque el
calor era desesperante. Pablo se puso de mal genio porque
mi comportamiento le pareció exagerado e inmaduro.

Recé en silencio y rogué que amaneciera para que terminara una de las peores noches de mi vida. Por fortuna el sol
asomó antes de las seis de la mañana y sentí que el alma me
volvía al cuerpo.

¿Dónde estaba? Pablo nos contó que se trataba de la hacienda Valledupar, de ochocientas cincuenta hectáreas de extensión, propiedad del hacendado Jorge Tulio Garcés, quien se
las había vendido a él y a Gustavo por treinta y cinco millones
de pesos, ochocientos veinte mil dólares de la época. Muy en
su estilo, mi marido contó una historia que sonó a fantasía,
según la cual muy pronto una autopista conectaría a Medellín
con Bogotá y esa zona, Puerto Triunfo, sería un emporio turístico en pleno corazón de Colombia.

—Estas tierras no tendrán precio, te lo aseguro, Tata. Tiene
agua en abundancia, montañas, selva... es un paraíso y lo vas
a ir conociendo —sentenció.

Pablo parecía haber cumplido el sueño que me mencionó
muchas veces de poseer un lugar justamente como el que acababa de encontrar. Recuerdo que en el primer helicóptero que
compró fue con Gustavo durante muchos fines de semana de
1978 a recorrer distintos lugares de Antioquia como Santafé
de Antioquia, Caucasia y Bolombolo, pero no habían encontrado el que les gustaba realmente.

Pero un día, Astado fue a su oficina y le mostró un aviso
publicado en el periódico *El Colombiano* en el que ofrecían

en venta una finca en el municipio de Puerto Triunfo, muy cerca de la futura autopista Medellín-Bogotá, y le explicó que esa región del centro del país era muy bonita y tenía el futuro asegurado porque muy pronto empezaría la construcción de la carretera.

Yo no decía nada en voz alta, pero me parecía una locura. Jamás se me habría ocurrido comprar en esa selva calurosa y seca, y muy para mis adentros pensé que Jorge Tulio Garcés había tenido mucha suerte al encontrar a alguien que quisiera invertir en semejante sitio tan hostil. Era muy hermoso, no lo niego, pero mi marido y su socio tendrían que invertir mucho dinero para transformar esos inhóspitos parajes.

En las siguientes semanas vi a Pablo muy entusiasmado con la idea de construir, pero también de comprar más terrenos. Según me contó, a mediados de 1979 compraron la finca Nápoles, vecina de Valledupar, y otros ocho predios que en total sumaban mil novecientos veinte hectáreas. Cuando le pregunté cuánto les habían costado, respondió que compraron a muy buen precio porque sumados todos los terrenos les costaron noventa millones de pesos (dos millones cien mil dólares).

Como las fincas tenían distintos nombres, Pablo se decidió por uno solo para todas: Nápoles, en honor a Al Capone, el gánster estadounidense de origen italiano. Mi marido lo admiraba y de vez en cuando lo veía leyendo un libro o artículos de revistas o periódicos que hablaban de él.

Empecé a ir con alguna frecuencia a esa región y coincidió con el inicio de la construcción de un enorme puente sobre el río Magdalena que conectaría la autopista. Durante varios fines de semana el plan con Pablo y mis hermanas era ver cómo instalaban los pilotes de la nueva estructura y era divertido cruzar el río en los planchones que movilizaban autos y ganado.

De un momento a otro empezó a entrar a Nápoles todo tipo de máquinas para mover tierra, pero ni Pablo ni Gustavo nos dijeron a sus esposas qué se proponían hacer. Nos marginaron totalmente y con el paso de los meses me di cuenta de que un centenar de hombres estaban construyendo una casa de dos pisos y una piscina.

El resultado no pudo ser peor. Las fotografías que se conocen de la casa principal y la piscina de Nápoles son bonitas, coloridas. Pero lo que no se sabe es que las dos son un monumento al mal gusto. Explico por qué.

Empiezo por las dos habitaciones principales, situadas en la segunda planta. El nuestro era un cuarto de cinco metros cuadrados con un baño, totalmente desproporcionado frente a los ochocientos metros cuadrados de la superficie total de la casa. El de Gustavo era igual. Lo que nunca entendí fue cómo Pablo y Gustavo ordenaron construir dos habitaciones tan pequeñas, como para dos parejas solas, y no tuvieron en cuenta que en ese momento ya tenían hijos. Era más que evidente que pensaron en ellos y no en sus familias. El pésimo diseño de nuestra habitación nos llevó a poner una cama individual frente a nuestra cama para que Juan Pablo durmiera cerca de nosotros y de vez en cuando llevara un amiguito. Era incomodísimo y cada vez que podía le reprochaba a Pablo la falta de sentido común del bárbaro que construyó la casa. Mucho tiempo después hicimos cerrar uno de los accesos a nuestro cuarto para construir un pequeño espacio en el que cupo una cama pequeña, pero el baño siguió siendo de todos.

Vista desde cierta distancia, la casa parecía enclenque porque las columnas se veían muy delgaditas y con cierta inclinación. Parecía parada en zancos que se podían venir al suelo en cualquier momento.

En el primer piso hicieron ocho habitaciones idénticas con capacidad para ocho personas en cada una, pero con un solo baño. En la parte de atrás construyeron tres garajes con capacidad para cinco vehículos cada uno.

La que se podría denominar estancia estaba compuesta por una sala de televisión en la que se podían sentar hasta treinta personas. Luego, un bar con diez mesas con cuatro sillas, una barra adornada con grandes botellas de whisky y alrededor juegos electrónicos de la época como Donkey Kong, Pac-Man, Galaxy y marcianitos.

La piscina era peligrosísima y una vez casi muero dentro de ella porque en la mitad hicieron una estructura de cemento con la idea de adecuar un quiosco con bar y sillas de cemento para seis personas sentadas dentro del agua. Sin embargo, en poco tiempo se produjeron varios accidentes porque los bañistas se golpeaban en la cabeza cuando nadaban debajo del agua y querían salir a la superficie. Una de las víctimas fui yo y casi me desmayo por el impacto. Finalmente, Pablo ordenó tumbar todo y dejar de lado el quiosco bar.

Supongo que desde el comienzo Pablo pensó que mucha gente llegaría a Nápoles y de ahí el tamaño de las dos alacenas que ordenó construir para almacenar los alimentos. Eran tan grandes que parecían bodegas; y por si fuera poco, en la cocina pusieron tres refrigeradores gigantescos en los que en cada uno cabían hasta ocho personas de pie.

En forma paralela a la construcción de la casa, piscina, bar, estación de gasolina, la pista de motocrós más grande de América Latina, helipuerto, pista de aterrizaje, y otras muchas excentricidades, mi marido salió un día con el cuento de que quería un zoológico porque había visitado la hacienda Veracruz —en el municipio de Repelón, departamento del Atlántico, al norte de Colombia—, propiedad de sus amigos los Ochoa, y quedó encantado con la belleza de algunos animales exóticos que vio allí.

El asunto se convirtió en una obsesión y lo primero que hizo fue decirle a Alfredo Astado que buscara un zoológico en Estados Unidos donde pudiera comprar cebras, jirafas, elefantes, flamingos, dromedarios, búfalos, hipopótamos, canguros, avestruces y aves exóticas. Para hacer esta lista, Pablo consultó en National Geographic qué animales se adaptaban más fácilmente al hábitat del Magdalena Medio colombiano. Los leones y los tigres quedaron excluidos porque le parecían peligrosos y había que tenerlos en cautiverio.

Entre tanto, a Pablo se le ocurrió decirles a los vendedores ambulantes y a los pordioseros que veía en la calle que llevaran a su oficina los animales de especies raras que encontraran y los pagaría a buen precio. A partir de ese momento llegó tal romería de gente que Gustavo, furioso, se limitaba a señalar: "La sección de animales es por allá, a la derecha". Pero mi marido desistió porque le llevaban animalitos enfermos, en mal estado, desnutridos.

La que sí funcionó fue la gestión de Astado, que consiguió cita con los propietarios de un zoológico de Dallas, Texas, y hacia allí nos dirigimos veinticuatro personas que Pablo invitó, todas de la familia. Cuando llegamos al aeropuerto Fort Worth, nos llevamos una sorpresa porque en la pista de aterrizaje esperaban ocho lujosas limosinas, enviadas por los hermanos Hunt, dueños del zoológico. Uno de los vehículos quedó vacío y Juan Pablo pidió ir en él, solo, para ver dibujos animados en televisión.

Pablo se emocionó con la variedad y belleza de los animales que veíamos, pero especialmente con las jirafas, los canguros y los elefantes. Quería comprarlos todos, se comportaba como si estuviera en una juguetería. Cuando terminó de elegir, sumó cuánto le costarían y me comentó en voz baja:

—Mi amor, Gustavo se va a enojar cuando sepa que gasté dos millones de dólares en animales.

No me equivoco si afirmo que ese fue el viaje más placentero de su vida; el rostro de Pablo en el zoológico era de sorpresa, de admiración. Me abrazó varias veces y dijo que imaginaba cómo se verían sus animales en la hacienda Nápoles, porque lo más importante era que nunca estarían encerrados. Estaba tan extasiado con lo que veía que incluso aceptó la propuesta del adiestrador de subir al lomo de un elefante, donde permaneció cerca de diez minutos. Una vez que hicimos el recorrido total por el zoológico, Pablo negoció los animales que luego le enviaron a Colombia.

Dos semanas después de regresar de Dallas, mi marido organizó la primera expedición para traer al país el grupo más grande de animales. Llegaron en un barco alquilado que atracó en el puerto de Necoclí sobre el mar Caribe, a cuatrocientos kilómetros de Medellín. De ahí fueron llevados en camiones hasta Nápoles, en una operación que resultó compleja y que desmotivó a Pablo por la demora y el riesgo. Por esa razón optó por traerlos en vuelos clandestinos y para realizar esa tarea escogió a Fernando Avendaño, quien desde ese momento fue conocido como *el Animalero*.

Pablo no dejaba de hablar de ese tema. Según me contó *el Animalero* cuando los animales ya estaban en Nápoles, había contratado varios aviones Hércules que aterrizaron en el aeropuerto Olaya Herrera de Medellín poco después de las seis de la tarde, cuando las luces de la pista de aterrizaje ya habían sido apagadas, para transportarlos. Como en aquella época Pablo era propietario de dos hangares contiguos a la pista principal, Avendaño logró tal exactitud que los aviones aterrizaron sin apagar los motores. Luego, de uno de los hangares salieron numerosos empleados en camiones y grúas y con una rapidez impresionante bajaron los guacales con los animales.

El zoológico que Pablo había soñado estaba prácticamente listo, pero él quería más animales. Como dos loras negras que compró en Miami durante un viaje de negocios. Según me dijo, le costaron cuatrocientos mil dólares y no dudó en pagarlos porque las loras eran muy exóticas.

Y en un paseo que hizo a Río de Janeiro con sus amigotes, descubrió una lora azul con ojos amarillos, una especie protegida por las leyes de Brasil. Como no podía sacarla por las buenas, se las arregló para que el piloto del Lear Jet la trajera a Colombia de contrabando luego de comprarla por cien mil dólares. La lora viajó sola en el avión, me contó Pablo con el tono de quien acaba de hacer una gran travesura.

Los últimos animales en llegar al zoológico fueron dos delfines rosados que trajeron del Amazonas por encargo de Pablo, y fueron lanzados a uno de los numerosos lagos de la hacienda. Eran muy bonitos y me acostumbré a ir a jugar con ellos pese a que expedían un olor desagradable.

Solo hubo una especie que no se adaptó al hábitat de Nápoles: la jirafa. Las seis que Pablo compró en el zoológico en Texas —tres hembras y tres machos— rechazaron el alimento y tampoco aceptaron los comederos que construyeron en la parte alta de los árboles. Al final, todas murieron.

Todo estaba listo para la apertura del zoológico, pero faltaba algo: la entrada. En tiempo récord, fue construido un portón que pintaron de color blanco y en las columnas principales la palabra Nápoles en azul. En la parte de arriba pusieron una avioneta monomotor tipo Piper, de matrícula HK-617. La historia de esa aeronave, pintada de blanco con dos rayas azules de lado a lado, ha estado llena de mentiras y verdades a medias. Una de las versiones señala que en ese aparato mi marido transportó su primer cargamento de cocaína, pero eso no es cierto. La verdad es que el pequeño monomotor perteneció a un amigo de Pablo que se accidentó cuando aterrizaba en el aeropuerto Olaya Herrera y debido a los daños lo dejó abandonado. Los pedazos estuvieron allí durante algún tiempo, hasta que Pablo los vio y sin saber muy bien qué hacer con ellos pidió que se los regalaran. Una vez que fueron suyos ordenó que los llevaran a Nápoles, donde restauraron la avioneta, pero sin el motor.

También se convirtió en mito el automóvil baleado que los visitantes veían en la hacienda. La historia más común es que en ese vehículo murieron los famosos ladrones estadounidenses Bonnie y Clyde, en mayo de 1934. Nada de eso. Ese coche resultó de la unión de dos: del chasis de un vehículo Toyota, única parte utilizable del accidente en el que murió Fernando, el hermano menor de mi marido, y de la carrocería de un automóvil Ford modelo 1936 que le habían regalado a Alfredo Astado.

Con el chasis del Toyota y la carrocería del Ford, Alfredo hizo un solo coche, pero un día Pablo fue a su casa y como no lo encontró, les dijo a sus hombres que llevaran el vehículo a Nápoles para exhibirlo. A la semana siguiente mi marido fue al lugar donde habían puesto el automotor y les ordenó a varios de sus hombres que dispararan contra la carrocería, con la idea de simular los 167 proyectiles que recibió el automóvil original de Bonnie y Clyde.

Así, resuelto el asunto de la entrada al zoológico, Pablo abrió las puertas al público y el éxito fue inmediato porque, además de que el ingreso era gratuito, los visitantes podían hacer el recorrido en sus propios vehículos. En poco tiempo, familias provenientes de todo el país llegaron a la hacienda a disfrutar del exótico zoológico que mi marido había creado en el corazón de Colombia.

Pablo se veía radiante y en algún momento le pregunté por qué no cobraba la entrada, así fuera una cifra simbólica. Pero su respuesta fue un no rotundo.

—Mi amor, este zoológico es del pueblo. Mientras yo viva jamás voy a cobrar, porque me gusta que la gente pobre pueda venir a ver este espectáculo de la naturaleza. El día que me muera cobras tú.

Pero no todo fue color de rosa. Tras la apertura del zoológico, la casa principal de la hacienda Nápoles se convirtió en un hotel, pero sin reglas. Allá entraba el que quería y un fin de semana era fácil encontrarse unas trescientas personas. En la cocina se veían largas colas de gente con un plato en la mano esperando que les sirvieran frijoles con camarones o frijoles con pescado; es que los menús de los cocineros eran un insulto a la gastronomía, y como no había mujeres al frente, se notaba el mal gusto. El administrador se encargaba de hacer las compras del mercado. Había quién les lavara y planchara la ropa a los invitados. Y muy pronto el espacioso estacionamiento fue convertido en habitaciones repletas de camas, con muy pocos baños. Alrededor de la piscina ponían cajas grandes con trajes de baño de todas las tallas, kits de aseo personal, pañales, biberones, leche en polvo de diferentes marcas, y si alguien pedía una copa de aguardiente le daban la garrafa completa... en fin.

En la piscina se veían hasta cincuenta personas que resultaban muy extrañas porque no sabíamos quiénes eran y de qué ciudad venían. Lo mismo sucedía en el comedor porque compartíamos con decenas de personas, muchas de ellas mujeres jóvenes que miraban a Pablo como si fuera un Dios y lo seducían delante de mí. Así que me quedaba con un sabor agridulce porque después de cenar él sacaba a relucir su manida disculpa de que tenía que irse a una reunión, que por lo general terminaba a las cuatro de la madrugada.

Debo reconocer que durante esa época los momentos de intimidad con mi marido fueron mínimos y solía suceder que, en medio de semejante romería de gente, yo, la esposa de Pablo, supuestamente la anfitriona de la hacienda, me sentía como una invitada más.

Con todo, en medio de las ausencias de Pablo, intentaba disfrutar el momento y me refugiaba en mis amigas del colegio o en mis hermanas, con quienes hacíamos competencias en la pista de *cross*, recorríamos en moto las carreteras destapadas de Nápoles y pasábamos horas enteras con los animales del zoológico. Recuerdo que me esforzaba por complacer a mis invitados y no pocas veces les pregunté si querían ir a Nápoles en helicóptero, avión o coche y qué horario les era más favorable. Algunos decían que tenían que trabajar a las siete de la mañana y desde las 5:30 las aeronaves estaban listas en la pista de aterrizaje para llevarlos a Medellín.

En las noches, después de dormir a Juan Pablo, lo dejaba con una niñera y bajábamos a la sala de juegos a entretenernos y era frecuente que nos acompañaran los pilotos de las aeronaves de Pablo. Departíamos en las maquinitas durante horas, pero algunas veces Pablo regresaba, y como me veía feliz, muy a su estilo —con un largo silencio delante de todos y una mirada de hielo—, armaba una escena de celos. Él no era de hacer escándalo, ni de maltratarme con palabras, y de hecho nunca lo hizo, pero con su mirada era suficiente para saber que estaba furioso.

Entonces salía detrás de él hacia nuestra habitación y ahí sí reclamaba:

—Esos capitanes no respetan; usted es una señora, Tata, nada tiene que hacer ahí.

—Pablo, ¿qué más querés que haga? ¿Que me encierre en una habitación? Aquí están mi familia y mis amigas y el que tiene que respetar es usted; y si quiere hacer una vida de soltero hágala, pero a mí déjeme en paz en Medellín, —le replicaba.

Como ya he contado, en el diseño y construcción de Nápoles, Pablo y Gustavo hicieron su santa voluntad. Pero en septiembre de 1982 quise poner un grano de arena y para hacerlo le pedí a mi marido que me permitiera hacer un quiosco porque quería inaugurarlo en su cumpleaños. Dijo que sí y de inmediato contraté un arquitecto muy reconocido de la ciudad, que diseñó una hermosa estructura de madera y techo de paja. Era un lugar para ciento cincuenta personas con pista de baile y dos salas de descanso. Viajamos tres veces a la semana en helicóptero a supervisar la obra, que estuvo lista en escasos dos meses.

Una vez terminado el quiosco, fui a decorarlo con la tía Inés y cuatro paisajistas, pero cometí el error de salir tarde en la noche, sin tener en cuenta que la guerrilla ponía retenes en una zona conocida como Monteloro en la ruta a Medellín. Quería llegar a la casa a ver a Juan Pablo y por eso corrimos el riesgo, pero nos llevamos un gran susto cuando numerosos hombres armados detuvieron los vehículos que pasaban, incluidos varios autobuses de servicio intermunicipal.

Con los guardaespaldas nos habíamos puesto de acuerdo en que negarían conocerme si algo pasaba, y así actuamos. Los guerrilleros bajaron a los ocupantes de los carros y de los autoauto buses y con la tía Inés logramos pasar desapercibidas porque nos resguardamos detrás de una casa. Luego, los asaltantes incineraron los autobuses y el pánico se apoderó de mí porque creí que nos iban a matar.

Llevábamos cerca de cinco horas en manos de los subversivos cuando uno de ellos dijo que nos podíamos ir. Regresamos a Nápoles y a esa hora, dos de la madrugada, me comuniqué con Pablo para contarle lo que acababa de pasar. Él ordenó reforzar la seguridad de la hacienda y dijo que un helicóptero nos recogería a las siete de la mañana. Dios mío, me había salvado de un secuestro.

Así las cosas, después de celebrar el cumpleaños de mi marido en el quiosco nuevo, llegó el fin de año y la celebración duró un mes, de mediados de diciembre a mediados de enero. Recuerdo que Pablo contrató al cantante venezolano Pastor López y su orquesta, que tocaban desde las nueve de la noche hasta las nueve de la mañana del día siguiente. Una noche llegaron cerca de trescientas personas a bailar, pero a muchas de ellas ni las conocíamos.

El desenfreno que se vivía en Nápoles es inenarrable. La pista de aterrizaje parecía un aeropuerto y en un fin de semana normal había hasta una docena de aeronaves allí. Es que Pablo era amigo de mucha gente y en esa época estaba libre de apremios judiciales.

Allí, todos cometían excesos, entre ellos mi hermano Mario, que también tenía su avión e iba y venía como si nada:

—Voy a desayunar a Bogotá y vuelvo para el almuerzo. A Pablo le voy a traer queso con relleno de guayaba de los que venden en el aeropuerto.

O Nicolás Escobar, hijo de mi cuñado Roberto, que un día estaba en Nápoles y se le antojó una hamburguesa que solo vendían en el Centro Comercial Oviedo de Medellín y no tuvo problema en ordenar que se la trajeran en un helicóptero.

No puedo dejar de mencionar la devoción que mi marido le profesó a su zoológico mientras pudo estar ahí. Muchas veces lo vi cuando iba a visitar a los animales a diferentes horas a ver qué necesitaban, qué tipo de comida les gustaba.

Ese querer que sus animales estuviesen bien lo llevó a cometer excesos, como darles langostinos durante seis meses a los flamingos porque notó que su plumaje rosado se estaba blanqueando. O el día que ordenó comprar tres toneladas de zanahoria para darles a los elefantes porque le preocupó que no querían comer. La idea no funcionó y por largo tiempo los paquidermos siguieron igual, pese a que mi esposo ensayó con caña de azúcar picada y diferentes clases de pasto.

Así, Nápoles llegó a ser tan célebre que el 31 de mayo de 1983 mi marido autorizó la filmación en la hacienda de un comercial de un minuto de duración para Naranja Postobón, la empresa de gaseosas de la organización Ardila Lülle.

Para realizar la grabación tardaron dos días y utilizaron la avioneta Twin Otter de Pablo y los vehículos anfibios y de safari, y los protagonistas fueron numerosos niños, los elefantes, avestruces, jirafas, alces, cisnes y canguros. Juan Pablo y una de mis hermanas también participaron. Después de que se fueron, mi hijo entró en cólera porque los niños habían dañado varias de sus motocicletas y carritos de carreras.

Días más tarde llegó a nuestra casa un imponente arreglo floral con chocolates y una botella de licor, que la embotelladora de gaseosas le envió a Pablo.

En aquella época de oro de Nápoles mucha gente famosa pasaba por allá. Como la diva Amparo Grisales, que alguna vez filmaba una película en la región y pasó a visitarnos acompañada por los demás actores. Pablo la miraba extasiado y según me contaron después, ellos ya se conocían porque habían ido a una fiesta en Medellín, cuando yo viajaba por Europa.

También estuvo en Nápoles el famoso cantautor argentino Leonardo Favio, quien compartió con Pablo largas noches de farra. Sufrí mucho con su llegada porque mi marido desaparecía días enteros y cuando se iban de la hacienda andaban de sitio en sitio en un lujoso Porsche. Tampoco podía faltar la cantante de rancheras Helenita Vargas, quien amenizó varias fiestas en la hacienda. Como ya he contado en otra parte de mi libro, ella era mi ídolo porque me sentía identificada con la desgarradora letra de sus canciones. Recuerdo igualmente a la estrella argentina Leo Dan, que amenizó largas fiestas en la hacienda con las divas más conocidas de la época.

Y cómo no mencionar a Virginia Vallejo, a quien nunca vi en Nápoles, pero cuyo romance con mi marido ella recrea ampliamente en su libro. Incluso los dos se conocieron allí y luego nació su intensa relación sentimental. Sobre ese tema me refiero en extenso en el capítulo 4 de este libro.

Mientras le duró, la hacienda Nápoles fue todo para Pablo, quien quería hacer muchas cosas, casi todas al mismo tiempo. Como la represa que se le ocurrió construir el día que recorría el río Doradal en helicóptero. Llegó convencido de que el agua de varios ríos de la región podría generar energía para una parte del país.

El entusiasmo lo llevó a encargarles la megaobra a personas que no tenían idea de eso y lo hicieron gastar mucho dinero, además de contratar setecientos operarios. Sin embargo, el proyecto se fue a pique después de que mi marido consultó al ingeniero Diego Londoño y este a su vez llevó a algunos expertos que advirtieron el peligro de una catástrofe porque esa zona no era apta para construir una represa. Pablo quedó muy preocupado y no tuvo otra opción que cancelar el proyecto.

Mucho se ha hablado de las cosas malas que pasaban en la hacienda Nápoles; no soy testigo de eso. Por largos periodos no la visitaba, y si estaba allí, Pablo se las arreglaba para que no me enterara.

Veinticinco años después de la muerte de Pablo, la hacienda Nápoles es un emporio turístico en el Magdalena Medio de Colombia. Allí la vida se impuso a la guerra y miles de familias ganan un sustento alrededor del zoológico, las atracciones naturales, el clima. En la actualidad, a la hacienda ingresan doce mil personas los fines de semana y cada una paga ochenta y cinco mil pesos —veintinueve dólares—.

Mi marido puso todo su empeño y utilizó sin medida alguna su dinero ilegal para construir un proyecto que perdurara en el tiempo. Y lo logró. Lo único que no logró fue que lo sepultáramos en uno de los sitios más bonitos de la hacienda y encima sembráramos una ceiba, como nos lo dijo varias veces.

CAPÍTULO 7

Buscando un mundo distinto al de Pablo

Una de las varias guerras que he vivido a largo de mi existencia empezó en la madrugada del martes 13 de enero de 1988, cuando Manuela, Juan Pablo y yo dormíamos en el *penthouse* del edificio Mónaco en Medellín y nos despertó lo que al comienzo pareció un terremoto, pero en realidad era la explosión de un coche bomba.

Eran las 5:13 de la mañana. La onda expansiva causó daños en el edificio, situado en el barrio Santa María de Los Ángeles, cerca del Club Campestre de Medellín. Al fondo se veía muy averiada la capilla a la que íbamos a rezar casi todos los domingos y donde poco tiempo atrás habíamos bautizado a mi hija Manuela. Al menos cinco casas del barrio desaparecieron porque el coche bomba abrió un cráter de cuatro metros de profundidad y diez de diámetro que les causó la muerte a tres personas, heridas a diez más y dejó un centenar de afectados.

El atentado dañó muy seriamente mi colección de arte. Obras valiosas fueron borradas por la onda expansiva que se extendió a casi un kilómetro a la redonda, otras quedaron como un colador por cuenta de las esquirlas y a algunas no les pasó nada. El estruendo hizo que la ciudad entera se estremeciera.

En esos momentos aciagos recordé a mi madre, que como siempre parecía adivinar el futuro. Ese día, en la madrugada, había llamado desde San Andrés, a donde había ido de vacaciones, y me dijo:

—Mija, te pido que me dejes dormir la última noche en paz... por favor vete para mi departamento; tengo un mal presentimiento... algo les va a pasar.

—Mamá, tranquila, es muy tarde para salir con una bebé de dos años y con un niño de nueve. Dios es grande, nada nos va a pasar, no te preocupes.

Ella tenía razón, pero gracias a Dios nos salvamos.

Tras la bomba, mi relación con el arte sufrió un duro golpe. Desde hacía once años estaba dedicada a conocer ese sofisticado mundo, que me llevó a las galerías más exclusivas en Medellín, Bogotá y otros países, donde pude adquirir un número importante de pinturas y esculturas, prácticamente todas exhibidas en los dos pisos del *penthouse* del edificio Mónaco, mi casa.

Pero mi intención no era solamente comprar arte. Durante ese tiempo también visité los talleres de decenas de artistas y aprendí a interpretar sus obras, a conectarme con la esencia de cada uno de ellos. Ese acercamiento me condujo igualmente a frecuentar las fastuosas mansiones de las familias de clase alta de Medellín, Bogotá, Roma, Nueva York y París, donde descubrí increíbles piezas de museo. Para ponerme a tono, tomé varios cursos de historia del arte y compré una biblioteca especializada, que me dieron herramientas suficientes para comunicarme más fácilmente con ese círculo tan cerrado.

Es que desde muy pequeña me llamó la atención la belleza de los objetos, tal vez porque me rodeaba un entorno familiar en el que primaban la creatividad y los detalles. Por supuesto que no tenía idea de estética y mucho menos de arte, pero en medio de todo fui afortunada porque empecé a interesarme en la pintura, la lectura, la etiqueta, los idiomas y el deporte. La imagen que quería proyectar hacia los demás enviaba el claro mensaje de que estaba dispuesta a transformar mi historia.

Prácticamente desde el comienzo de mi relación con Pablo, sus ausencias marcaron el rumbo de mi vida. Tuve que acostumbrarme a sus mentiras, a sus ocupaciones, a sus llegadas a la casa a la madrugada, o simplemente a sus desapariciones de varios días o semanas. Esa realidad, que me causaba dolor e indignación, me forzó a inventar una vida a mi alrededor para sufrir lo menos posible. El arte ocupó un lugar preponderante en mi día a día, y debo reconocer que el dinero de mi marido y de algunos de sus amigos contribuyeron a ganarme un espacio pasajero en ese ambiente.

Al comienzo, en el galanteo de la conquista, Pablo me regaló una guitarra y más adelante un órgano que de alguna manera despertaron en mí la sensibilidad por la música. Más adelante, en 1977, poco después de nacer Juan Pablo, mi marido conoció al artista paisa Pedro Arboleda, cuya obra estaba enfocaba básicamente en pintar mujeres desnudas, mujeres saliendo de la ducha y mujeres de paseo con hastío. Las obras figurativas de Arboleda cautivaron a Pablo, que le compró varios cuadros, entre ellos un bodegón, que colgamos en nuestro nuevo departamento rentado, en el barrio La Candelaria. Siempre creí que más que un interés genuino por sus obras, lo que realmente le interesaba a Pablo era estar cerca de las modelos del artista. Aun así, con el pintor creamos una entrañable relación que hoy conservo.

Justo por aquella época empezaba a tomar fuerza el Centro Internacional del Mueble, situado en una inmensa zona industrial del municipio de Itagüí, en el valle de Aburrá. El negocio había sido fundado a comienzos de los años setenta y desde el primer día sus dueños cedieron espacios a pequeñas galerías que exponían obras de artistas jóvenes. El lugar me atrajo sobremanera y en poco tiempo adquirí obras de pintores antioqueños ya conocidos, como Pedro Nel Gómez, Débora Arango, Francisco Antonio Cano y Ricardo Gómez Campuzano. Allí también compré un óleo de la pintora argentina Delia Cugat, que llamó mi atención por su movimiento y el interesante manejo de la luz. La obra representaba a una mujer con unos perros y en el fondo se observaba una especie de cinta celeste y blanca con un sol bordado en el centro. Era la bandera de su país, al que por coincidencia llegaría años después, cuando tuve que salir corriendo de Colombia.

La compra de la casa del barrio El Diamante al reconocido arquitecto Raúl Fajardo abriría un espacio impensado en mi naciente contacto con el arte. La confortable edificación tenía un espejo de agua y en la mitad una hermosa escultura en bronce que mostraba a una pareja besándose, llamada *El beso*, del artista antioqueño Salvador Arango. El dueño de la casa aclaró que la obra no estaba incluida en el negocio, pero le dije a Pablo que no la comprara si se llevaban la escultura. Finalmente, *El beso* se quedó y semanas después me propuse conocer al escultor, a quien fui a visitar en su taller en un sitio conocido como Las letras de Coltejer, en el oriente de Medellín.

Esa primera conversación con el maestro Salvador Arango fue inolvidable y a partir de ahí y durante varios años se convirtió en mi mentor, amigo y compañero de viaje; fue un guía honesto, desinteresado, que no se aprovechó de mi ingenuidad y de mi falta de experiencia. Estar a su lado era enriquecedor y a través de él conocí gran parte del medio artístico del momento.

Una cosa lleva a la otra, suele decir el refrán popular. Un día fui a visitar a una amiga y me llamaron la atención el buen gusto y la elegancia con las que había sido decorada la espaciosa terraza de su casa. Pregunté quién había diseñado esos espacios y respondió que Julia Acosta, una experta en decoración y arte de Medellín. Pedí el teléfono y al día siguiente llegó una señora amable y jovial que sin mayor preámbulo empezó a recorrer la casa muy lentamente y en total silencio, y una vez que terminó dijo con frialdad, pero también con gran profesionalismo:

—Vea, Victoria, lo primero que hay que hacer es traer tres o cuatro camiones —dijo media hora después.

—¿Y para qué tantos camiones, Julia?

—Para sacar todo lo que hay en este lugar y llevarlo al basurero municipal. Todo esto es muy feo, incluida esa lámpara de Pedrín, que es de muy mal gusto.

Se refería a Pedrín, un señor muy conocido en Medellín, que fabricaba lámparas con un estilo muy particular, diría que exótico.

—¿Cómo? No puede ser. ¿Incluidos los muebles estilo Luis XV que me regaló mi marido? Le cuento que son intocables —repliqué desconsolada.

—Son horribles... y esas porcelanas, espantosas... ¿De dónde sacó todo eso?

Estuve de acuerdo en cambiar muchas cosas, pero le dije que por ningún motivo podía sacar los muebles de sala porque se acababa mi matrimonio. Accedió y a partir de ahí empezaría una gran amistad porque Julia habría de ser decisiva en la decoración de muchos espacios donde vivimos, pero también en la estructuración de mi futura colección de arte.

Resuelto el asunto de los muebles, que trasladamos al estudio, empezamos a visitar tiendas de diseño y decoración, al tiempo que Julia me invitaba periódicamente a exposiciones en las pocas galerías de arte que por aquel entonces había en Medellín. Fue muy gratificante porque no tardé en comprar mi primer cuadro del maestro Alejandro Obregón, un óleo de fondo amarillo con un pájaro multicolor llamado *Flores carnívoras*. También adquirí una acuarela del pintor Fernando Botero y tres dibujos de desnudos en carboncillo de Luis Caballero, ya famoso en el mundo artístico de Medellín porque en 1968 había ganado la primera Bienal Iberoamericana de Pintura realizada en la ciudad.

Entre tanto, Julia me llevó a las casas de algunas de las familias más influyentes de la capital antioqueña, para observar sus colecciones privadas de obras de arte y sus valiosos objetos de decoración. Fue deslumbrante descubrir el interés de la "aristocracia" paisa por viajar a Europa y Estados Unidos para cultivarse y mantenerse al tanto de las últimas tendencias en arte y decoración.

Una de esas visitas nos llevó a la enorme y hermosa casa de los Echavarría, situada en diagonal al Centro Comercial Oviedo. Quedé muy impresionada por la grandiosidad de las obras de arte y los objetos de valor histórico que había allí, adquiridos desde tiempos inmemoriales. No obstante, a las nuevas generaciones que las heredarían no les interesaban tanto y por eso quedó abierta la posibilidad de que yo comprara algunas de esas piezas.

Con Julia fuimos varias veces a esa casa, a la que solo podíamos ingresar a las dos de la tarde y caminar sin hacer ruido porque a esa hora la abuela Echavarría descansaba en su habitación, pues estaba en delicado estado de salud y no le habría gustado ver gente desconocida deambulando por ahí. La situación era un poco extraña y no me agradaba del todo hacer el papel de invitada e intrusa al mismo tiempo, así como tampoco me convencía eso de desmembrar una parte de la historia de una familia tan tradicional.

En ese ir y venir, finalmente me hice de varias reliquias: la medalla que le regalaron al Libertador Simón Bolívar después de triunfar en la batalla de Boyacá, en 1819; la maqueta original de una escultura del caballo de Bolívar que el gobernador de aquella época le encargó a un famoso artista italiano para exhibirla en la plaza de Bolívar de Medellín, y un cuadro de un violín del maestro Francisco Antonio Cano, pintado en homenaje a la Orquesta Sinfónica de Antioquia. Cuando esas piezas de tanto valor histórico estuvieron en mi casa, hice una especie de pacto secreto con la abuela Echavarría y me comprometí a conservarlas como un auténtico tesoro.

En el empeño por ampliar mi horizonte en el mundo del arte, no pasó mucho tiempo para dar el siguiente paso: conocer a los *dealers* —gente encargada de comercializar las obras— más reputados de aquella época en Bogotá. Llegué a ellos gracias a los contactos de Julia, que me los presentó en sus respectivas galerías. No menciono sus nombres por respeto porque son personas honorables, pero lo cierto es que con algunos de ellos además de establecer una relación comercial, también hubo un genuino deseo de aprender sobre arte.

Las continuas visitas a la capital para conversar con los *dealers* lograron que se difundiera el rumor de que una inversionista de Medellín estaba comprando obras de artistas contemporáneos de ese entonces. De un momento a otro, ellos y los galeristas más reconocidos de Bogotá se interesaron en conocerme, invitarme a exposiciones, cenas y cocteles. El asunto se hacía más fácil para mí porque Pablo aún era visto en el país como político y empresario, y sus líos con la justicia no afloraban todavía.

Las ya continuas visitas a las galerías bogotanas me llevaron una vez a una curiosa anécdota con una obra. Sucedió cuando la esposa de un *dealer* me ofreció una pintura del artista bogotano Alberto Iriarte, conocido en los círculos intelectuales como Mefisto. Ella y yo nos habíamos visto algunas veces y aunque la oferta me pareció rara, la verdad es que pidió una suma de dinero tan baja que no dudé en comprarla. Así que, felices las dos, cerramos el negocio.

No obstante, el asunto no quedó ahí porque poco después un galerista llamó para rogarme que le revendiera la obra, pero le dije que no. Lo que sucedió realmente fue que la señora vendió la obra —que su marido guardaba como una verdadera joya— en represalia por las continuas infidelidades de su pareja.

Mientras tanto, yo cultivaba con esmero mi relación con el maestro Salvador Arango, a quien le encargué varias obras y de paso me conectó con algunos artistas en Bogotá, entre ellos Armando Villegas, Manuel Estrada y Édgar Negret. Cuando viajaba, no perdía la oportunidad de visitarlos en sus talleres y por eso cada encuentro era una clase magistral de historia del arte contada en primera persona. Fue una época feliz en la que aprendí mucho.

Recuerdo la generosidad del maestro Negret, quien me abrió las puertas de su taller y de su casa en el barrio Santa Ana, al norte de Bogotá. El lugar era impresionante porque además de su colección de arte latinoamericano, exhibía sus propias obras, llenas de color y magia.

Días después, la decoradora me dio una nueva y grata noticia: el maestro Alejandro Obregón nos recibiría en su casa en la ciudad amurallada en Cartagena. Cumplimos la cita y me llevé una gran impresión por el encanto del lugar, típicamente cartagenero, donde resaltaban los patios internos, el tejado y las terrazas; en ese entorno de sensibilidad y arte sobresalían numerosas de sus obras y de otros artistas contemporáneos exhibidas en las paredes de la espaciosa casona colonial.

Fue una tarde inolvidable porque el maestro Obregón se esmeró en hacernos sentir cómodas y en una larga e interesante plática habló de sus procesos como pintor, de su rechazo al academicismo y de cómo ningún artista ejerció influencia en el estilo de su obra. Con todo y su amabilidad, no quiso de ninguna manera venderme alguna de sus piezas porque según él una reconocida galería de Bogotá lo representaba. Regresé frustrada a Medellín, pero agradecida por haber encontrado un mundo al que no muchas personas podían acceder.

Eso de estar en permanente comunicación con los *dealers* y galeristas, visitarlos, comprarles obras, asistir a sus exposiciones, habría de darme una de las mayores satisfacciones de mi vida. Ya en ese momento era normal que me llegaran por correo fotografías a color en tamaño de 20 x 25 de las obras en venta, no solo en Bogotá sino en otras partes del mundo, con información sobre sus autores y el valor de las mismas. Ese mecanismo era muy bueno porque los clientes podíamos costear las obras en cuotas mensuales y las entregaban cuando las hubiésemos pagado en su totalidad.

Por esa vía, una mañana recibí un sobre que contenía las imágenes de una pintura que me dejó boquiabierta: *The Dance of Rock and Roll*, de 84 x 116.3 centímetros, firmada a la derecha, del artista español Salvador Dalí. Era increíble. Me impactó el movimiento de una pareja en un desierto interminable, sexual y onírico. Me parecía increíble que a mis veintidós años pudiera tener semejante obra de arte en mi casa. Pero lo hice y veinticuatro meses después, cuando pagué la última cuota, el cuadro ya estaba colgado en la parte alta de la biblioteca, en un sitio privilegiado porque se podía apreciar desde distintos lugares. No lo podía creer. Durante algún tiempo fue mi gran secreto porque no le conté a nadie que la había comprado y Pablo tampoco se dio por enterado porque no tenía tiempo, y tampoco le interesaba observar qué pinturas había en nuestra casa.

No lo sabía en ese momento, pero el Dalí jugaría un papel determinante en mi vida en los años siguientes.

Poco a poco y a medida que aprendía y conocía, me interesé sobremanera en el pintor y escultor Fernando Botero, quien ya deslumbraba al mundo con su arte y a quien admiraba por su conmovedora historia de vida. Recuerdo haber leído varios artículos de prensa que se referían a las penurias económicas que él y su familia afrontaron y la manera como se sobrepuso a la crítica implacable por el estilo que escogió para desarrollar su obra.

Estar en el radar de quienes comercializaban arte me dio el privilegio de ir a Bogotá a ver los cuadros de Botero que recién llegaban a Colombia y decidir cuál compraba. Así adquirí algunas de sus pinturas y esculturas, pero me gustaban más los óleos que hacían alusión a la tauromaquia; sin embargo, eran inalcanzables para mí dado su alto valor. Como ya dije, lograba comprar obras en pagos porque todo esto lo hacía sin el apoyo de Pablo, a quien el arte no le llamaba la atención y solo le interesaban los objetos y los autos antiguos. Si mi marido hubiera entendido lo que significaba el arte, seguramente mi colección habría sido cinco veces más importante de lo que llegó a ser.

Mi predilección por el maestro Botero era tan notoria que dos *dealers* muy importantes de Bogotá me invitaron a la apertura de una exposición de sus mejores obras en la galería Quintana, la más famosa en aquella época. El evento fue todo un acontecimiento y convocó a la crema y nata de la sociedad bogotana. El presidente Belisario Betancur asistió como invitado especial.

En algún momento de la velada me presentaron al maestro Fernando Botero, a quien, emocionada, le dije que era admiradora de su obra, del recorrido que había realizado como artista y agregué que mi gran sueño era adquirir algunas de sus pinturas y esculturas porque quería hacer una buena colección. Él fue muy cordial y después de un rato de plática me regaló un par de afiches y los firmó en la parte de abajo: "A Victoria, del maestro Fernando Botero".

Esa noche también hablé con el presidente Betancur, con quien intercambié opiniones sobre la majestuosidad de las obras de Botero y otras trivialidades, pero coincidimos en la admiración mutua que le profesábamos y vaticinamos que su carrera era imparable y marcaría un antes y un después en la historia del arte colombiano.

La inmersión en el mundo del arte me llevó a Europa y la primera ciudad que visitamos con Julia fue Florencia, Italia. Las plazas llenas de escultores y pintores me deslumbraron de tal manera que pasé varios días contemplando sus trazos, sus creaciones. A Pietra Santa fui en tres ocasiones y visité el taller del maestro Botero, pero no coincidimos porque estaba de viaje. A quien sí conocí fue al escultor polaco Igor Mitoraj. En Roma me presentaron a una señora de alcurnia —que usaba dos diamantes de siete kilates cada uno y su ropa casual era de las casas de moda Armani o Valentino—, representante de pintores y escultores, quien vivía en un *penthouse* al lado de los campanarios de la Catedral; y como sabía que yo era inversionista en arte, iba a recogerme al hotel en una limosina muy elegante.

En uno de mis viajes a Roma ella me invitó a una fiesta en su departamento porque asistirían varios artistas, *dealers* y galeristas. La vista de la ciudad eterna era deslumbrante porque la terraza estaba decorada con antorchas a media luz. Escuchar la conversación de un grupo tan selecto y culto me hizo sentir en un espacio mágico, irrepetible.

Esos viajes a Europa se prolongaban unas veces por dos semanas y otras hasta por dos meses, casi siempre con la mirada complaciente de Pablo, aunque en el fondo era claro que él aprovechaba mis ausencias para hacer de las suyas. En cuanto a mi hijo Juan Pablo, viajaba tranquila porque mi mamá permanecía con él. Ella entendía mi afán por aprender y por eso siempre estaba dispuesta a ayudarme con la crianza del niño. Cómo olvidar que mi mamá lo cuidó mientras terminaba el bachillerato.

Entre tanto, a mediados de 1982 la bonanza económica de Pablo nos llevó rápidamente a proyectos más y más ambiciosos. El primero fue la construcción de un edificio en dos lotes muy grandes situados en las inmediaciones del Club Campestre de Medellín, que el ingeniero Diego Londoño White le vendió a mi marido. Pablo no me dijo nada en un comienzo, pero terminé por enterarme cuando ya dos arquitectos habían avanzado en un primer diseño de la futura obra. Le pregunté a mi marido y respondió que su idea consistía en construir un edificio residencial de ocho pisos, que nosotros habitáramos los dos últimos y arrendaríamos los seis restantes.

A partir de ese momento me encargué de la totalidad de la obra y empecé a desarrollarla de la mano de Julia y de dos arquitectos, uno de los cuales me contó que le había mostrado más de veinte planos a mi marido, pero solo le había pedido ver el diseño de la habitación principal y hacer una gran ventana en el comedor desde donde se viera Medellín.

Con el paso de los meses y mientras avanzaba la construcción de la enorme mole, Julia y yo nos dimos a la la tarea de pensar en cómo armaríamos el *penthouse* del edificio, que tendría dos pisos y cerca de mil quinientos metros de área. Recuerdo que resolvimos relativamente fácil lo relacionado con la sala, el comedor, el *hall* de acceso, las habitaciones, la biblioteca, la sala de televisión, la piscina y las zonas de descanso, pero nos concentramos especialmente en los lugares donde colgaría las pinturas y pondría las esculturas que ya había comprado, más las que me proponía adquirir en los siguientes meses. Decidí que cada pieza de arte tendría un espacio determinado y por eso consultamos la opinión de diseñadores de interiores y de especialistas en iluminación para obras de arte. La búsqueda de lo mejor para el edificio me condujo a muchos lugares del país, a donde viajaba en el Lear Jet de Pablo, casi siempre en compañía de Julia. En la investigación que hice para este libro hablé con uno de los pilotos de mi marido, quien me reveló que él empezó a dudar de mí por la gran cantidad de salidas que hacía en su avión y por eso ordenó que interceptaran mis llamadas y las de Julia Acosta. Las intercepciones duraron cerca de un mes, pero al final se convenció de que sus sospechas eran infundadas.

Cuando el edificio empezó a tomar forma, con los arquitectos caímos en cuenta de que debíamos cumplir con una norma de la Secretaría de Planeación de Medellín que incentivaba a los constructores y propietarios de edificios a exhibir obras de arte en las fachadas para embellecer la ciudad, con el beneficio de obtener desgravación de impuestos. Se me ocurrió entonces buscar al prolífico escultor antioqueño Rodrigo Arenas Betancourt, conocido por su obra monumentalista. Luego de contactarlo a través del artista Salvador Arango, fui a visitarlo a su taller en un lugar bastante alejado y poco seguro de Medellín, porque era sabido que los artistas necesitaban espacios gigantes y sus finanzas no les alcanzaban para trabajar en lugares más céntricos.

Me encontré con una persona fascinante, afable, sabia, que de entrada entendió mi idea de realizar una escultura para exhibirla en la parte externa del futuro edificio, que según los planes estaría terminado en los siguientes tres años, es decir, en 1985. Le expliqué que quería una obra que representara a una familia, en la que apareciéramos un hombre, una mujer y un pequeño. Entre café y café, el maestro tomó un lápiz y sobre una gran hoja de papel blanco empezó a trazar las primeras líneas que mostraban a un hombre sosteniendo a una mujer y la mujer a un niño. Fue increíble porque el maestro la esculpió tal como la pensó y la esbozó en papel. La monumental obra estuvo terminada a tiempo y el artista la bautizó *La vida*. Me costó veinte millones de pesos de aquella época —trescientos diez mil dólares— y según los expertos hacerla hoy tendría un valor cercano a los cuatrocientos millones de pesos, ciento treinta y seis mil dólares a precios de junio de 2017.

Y como todo edificio tiene un nombre, no me costó trabajo encontrarlo: Mónaco. ¿Por qué? Porque hacía pocos meses había conocido el principado de Mónaco y me había maravillado su majestuosidad, su elegancia, su arquitectura. La identificación del edificio quedó plasmada en una pared exterior y sus grandes letras fueron fabricadas en acrílico de color rojo.

A la par que la obra mostraba avances importantes y los pisos sexto y séptimo del edificio ya podían ser ocupados, aunque estuvieran en obra negra, me propuse guardar allí las obras de arte y esculturas que había comprado. El espacio era más que suficiente para estas y las que vendrían.

Enterado de mi interés y entusiasmo por allegarme lo mejor de lo mejor, un *dealer* de Bogotá llamó para hablarme del pintor chileno Claudio Bravo, reconocido según él por el realismo de su obra, y dijo que enviaría por correo las fotografías de algunos óleos disponibles en el mercado. Las fotos llegaron y me impactó sobremanera una de ellas: *Los monjes*.

Quedé enamorada de esa pintura, en la que un monje y un niño parecían hablar a través de sus miradas, y no dudé un segundo en decidir que la compraba. Pactamos el precio y el número de cuotas; y tiempo después el cuadro de dos metros y medio de alto por dos de ancho llegó en barco desde Europa al puerto de Barranquilla y de ahí en camión al edificio Mónaco.

Poco tiempo después de negociar *Los monjes*, el mismo *dealer* de Bogotá me ofreció *Bacanal*, otro cuadro de Claudio Bravo, y envió las fotografías. Intentamos negociar, pero su valor me pareció demasiado alto y dije que lo pensaría porque no era fácil pagarlo en partes. Pasaron los días, pero sucedió algo muy extraño: una señora que hablaba un lenguaje muy refinado llamó para ofrecerme la misma obra. Dijo que vivía en Nueva York y que si llegábamos a un acuerdo me enviaría la pintura a más tardar en un mes, incluido el certificado de autenticidad.

De entrada pensé que podría tratarse de una estafa porque la mujer pidió por *Bacanal* la mitad del precio del *dealer* y por eso le pedí que me hiciera llegar documentos, fotos y cuanto papel tuviera a la mano para demostrar que el cuadro era auténtico. Varias semanas después mis dudas habían quedado disipadas y me las arreglé para conseguir el dinero en su totalidad porque el cuadro era una ganga para los valores que se manejaban entonces: ciento cuarenta mil dólares.

Lo increíble de esta historia es que cuando ya vivíamos en el edificio Mónaco, el *dealer* de Bogotá llamó y me dijo que sabía que la pintura estaba en mis manos y me ofreció el doble de lo que yo había pagado. No acepté.

En mi carrera frenética por comprar obras de arte, una vez le dije mentiras a Pablo. Resulta que él me había regalado un automóvil Mercedes Benz, blindado, color azul, muy bonito, importado de Alemania, pero me pareció demasiado complicado de manejar por su excesivo peso. Además, parecía un tanque de guerra al que no se le podían bajar las ventanas y por supuesto era muy incómodo porque usar todo el tiempo el aire acondicionado lo convertía en un refrigerador y se sentía su peso al andar. Pablo entendió mis razones y me autorizó venderlo, pero puso una condición: que guardara el dinero en un banco. Claro, no le hice caso y con el dinero compré otro cuadro de Claudio Bravo.

Cuando se hacen negocios continuamente, es normal que aparezcan más y más. Así sucedió el día que me ofrecieron en venta una vieja y enorme casa en la calle 10, arriba de la avenida El Poblado, un lugar que en aquella época no era comercial en Medellín. La compré por un precio muy favorable y de entrada se me ocurrió que el lugar era perfecto para construir un edificio. Los arquitectos y la decoradora avanzaron muy rápido en el diseño de los planos de un proyecto que muy pronto tomó forma y cuyo nombre no tardé en decidir: Ovni.

Se trataba de una construcción de ocho pisos en la que principalmente habría oficinas y un departamento muy amplio en el último. Pensando en el futuro, se me ocurrió que sería buena idea tener una vivienda alterna. Los graves hechos que sucedieron poco tiempo después demostrarían que tenía razón.

Al igual que en el edificio Mónaco, era necesario exhibir una obra de arte en la fachada de Ovni y se la encargué al maestro Salvador Arango, quien diseñó una escultura gigante, acorde con el nombre del edificio, y la bautizó *El hombre con cohete.*

Como suele suceder en los negocios, el arte no está exento de fraudes y engaños. En este sentido debo reconocer que en tres ocasiones fui estafada por *dealers* que me robaron una buena cantidad de dinero en dólares. En uno de esos episodios sucedió que entregué el noventa por ciento del valor pactado, pero la obra nunca apareció. También estuve a punto de que me engañara el dueño de una importante galería de arte de Bogotá, que me vendió una pintura del maestro Fernando Botero, pero luego me di cuenta de que el precio acordado estaba muy por encima de su valor comercial. Muy enojada le pedí que me devolviera el dinero, lo que sucedió mucho tiempo después. Pese a que se trató de experiencias muy desagradables, decidí que Pablo no se enterara jamás para evitar problemas; en todo caso quería resguardar el mundo que había construido y mantenerlo lo más alejado posible de la otra parte de mi vida.

Mi día tras día era bastante agitado aquellos primeros años de la década de los ochenta. Me daba mucha vitalidad saber que estaba haciendo cosas muy importantes para mí y para mi familia, pero también era reconfortante ver a Pablo metido de cabeza en su idea de regalarles casa a los habitantes del basurero municipal de Moravia. Medellín sin Tugurios, la fundación que mi marido había creado para tal propósito, hacía todo tipo de eventos para reunir fondos y había sido un éxito la corrida de toros, con rejoneo incluido, que organizó en marzo de 1983 en la plaza de toros de La Macarena en Medellín.

Pensando cómo podría ayudar en la causa de mi esposo, una noche se me ocurrió proponerle realizar una subasta de arte para recaudar fondos. El contacto con las galerías, los pintores, los vendedores, incluso asistir a algunas subastas, me había permitido conocer la utilidad de esas obras benéficas y por esa razón me animé a hacerle la propuesta cuando llegó esa madrugada a la casa. Se quedó mirándome, como sin entender.

—Tata, ¿qué es eso?

—En el mundo, Pablo, se hacen subastas de arte para ayudar a fundaciones, en caso de tragedia, para contribuir a causas sociales, como lo que estás proponiendo. Estoy segura de que vas a poder construir más casas para esas pobres gentes.

A Pablo le debió parecer raro lo que le planteé, pero no dijo que no. Al día siguiente asumí la tarea titánica de organizar un evento de semejante tamaño, y para hacerlo contraté a diez personas porque había que hacer *lobby* para lograr que nos prestaran las obras que presentaríamos en la subasta, garantizar que no les pasara nada y obtener los seguros que respaldaran su movilización.

Mientras tanto, contacté a algunos *dealers* de Bogotá y les pedí que me ayudaran a conseguir obras importantes para presentarlas en la subasta. Tuve buena suerte porque algunas personas de la clase alta de Bogotá que poseían valiosos cuadros los prestaron para la exhibición. Finalmente logré reunir ciento setenta pinturas, esculturas y antigüedades de veinticinco artistas, entre ellos Fernando Botero, Darío Morales, Édgar Negret, Alejandro Obregón, David Manzur, Enrique Grau, Débora Arango y Rodrigo Arenas Betancourt, entre otros.

Varios meses después de casados pudimos celebrar nuestra Luna
de miel. Fue en San Andrés islas, 1976.

En 1976, Pablo estuvo detenido en la cárcel de Pasto, en la frontera con Ecuador. Embarazada, iba a visitarlo los fines de semana y nos quedábamos en el Hotel Morasurco.

Estaba en cuarto de bachillerato cuando quedé embarazada de Juan Pablo. Tenía dieciséis años. Era 1976.

En el Liceo del barrio La Paz: tenía trece años y ya era novia de Pablo.

Pese a las difíciles condiciones, Pablo y yo llevamos una buena relación cuando él estuvo detenido en Pasto. No sé cómo lo hacía, pero se las arreglaba para que lo dejaran salir los fines de semana para estar conmigo.

Panorámica de la hacienda Nápoles, recién empezó el proyecto. La primera construcción fue La Mayoría, nombre que Pablo le puso a la casa principal.

Con la hacienda Nápoles y su zoológico, Pablo cumplió su sueño. Pasaba horas contemplando los pájaros y los animales exóticos.

Fueron seis las jirafas que mi marido compró para su zoológico en la hacienda Nápoles. Pero fue la única especie que nunca se adaptó a ese hábitat; todas murieron.

El humorista chileno, Lucho Navarro, en un cumpleaños de Juan Pablo, en la hacienda Nápoles. Muchos artistas pasaron por allí.

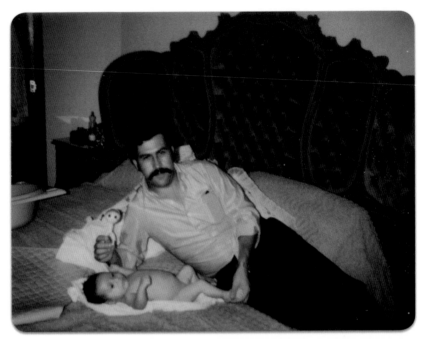

Pablo con Juan Pablo recién nacido, sobre la cama del juego de
muebles Luis XV, el primero que compró después de casarnos.

En una carrera de carros en Medellín, cuando tenía veinte años.
Pablo me enseñó a manejar y me animaba a correr.

En el Autódromo Internacional de Bogotá, Pablo corrió la famosa Copa Renault. Yo viajaba los fines de semana para acompañarlo.

En la sala de nuestra casa en El Diamante exhibí una de las primeras obras que compré: un tríptico del artista Luis Caballero.

Pablo intervino activamente cuando se desempeñó como concejal del municipio de Envigado. De allí salió a hacer campaña a la Cámara de Representantes.

En 1982 acompañé a Pablo a varios actos políticos para su campaña a la Cámara de Representantes. Aquí cuando recién acababa de pronunciar un discurso en Envigado.

Me emocionaba ver a Pablo en su papel de financiador de escenarios deportivos.

Pablo insistió en que yo me graduara de bachiller después del nacimiento de Juan Pablo. Celebramos en la casa de mi madre en el barrio La Paz.

Estar sentada en el recinto de la Cámara de Representantes fue una experiencia gratificante. A mi izquierda el cantante Rafael Urraza.

En pareja. Momentos fugaces que yo
intentaba llevar de la mejor manera.

Pablo en una
carrera de
motocross en
Puerto Triunfo,
Magdalena
Medio de
Colombia.

Para regalarles casa a los habitantes del basurero de Moravia, Pablo compró un lote y en la primera etapa construyó trescientas viviendas.

Pablo abrió la subasta *Pincel de estrellas* que organicé en beneficio de Medellín sin tugurios, en el Hotel Intercontinental de Medellín, 1982.

Diciembre 1 de 1979. Pablo cumplió treinta años y le regalé este carro antiguo.

En 1980, en uno de nuestros viajes a Estados Unidos, fuimos a un parque de diversiones en Miami.

Una vez me invitaron en Bogotá a una exposición del maestro Fernando Botero. Allí cruzamos algunas palabras con el entonces presidente Belisario Betancur.

En 1982, recién elegido Representante a la Cámara, fuimos de viaje a Brasil con cerca de veinte familiares.

En el *penthouse* del
edificio Mónaco. Tenía
veinticuatro años.

En 1987, después de la Primera Comunión de Juan Pablo en el colegio
San José, nos fuimos a la caleta conocida como El Paraíso. Aquí con
Pablo, mi suegra Hermilda y Carlos, mi padre.

Sala del *penthouse* del edifico Ovni. Juan Pablo y mi hermana menor. Allí estaban exhibidas varias de las obras más importantes de mi colección de arte.

Un lugar muy especial ocupó en el edificio Mónaco la escultura *Los amantes* de Auguste Rodin.

Alcoba principal en la casa del barrio El Diamante, de Medellín. Tenía veintiún años. En 1993 fue incendiada y saqueada por los Pepes.

En la sala de estar del segundo piso del *penthouse* en el edificio Mónaco exhibí mi valiosa colección de precolombinos.

La subasta era un hecho: se realizaría en el salón Antioquia del hotel Intercontinental de Medellín y se llamaría Pincel de Estrellas, nombre que se le ocurrió a Neruda.

Una noche le conté todos estos detalles a Pablo y quedó boquiabierto. Finalmente había logrado vencer su escepticismo porque, según me confesó, llegó a pensar que la subasta no tenía futuro alguno.

Las fotografías tomadas aquella noche memorable muestran a Pablo de pie frente a un atril y a su lado la escultura *Pedrito a caballo*, de Botero. La convocatoria tuvo mucha acogida porque el salón Antioquia del hotel Intercontinental fue copado por unas doscientas personas, muchas de ellas de la alta sociedad paisa, comerciantes, industriales y gente común, pero también por "empresarios" amigos de Pablo.

Mi marido abrió la subasta e invitó a los asistentes a comprar las obras para contribuir a la causa de Medellín sin Tugurios. Luego agregó: "Victoria, gracias por tu esfuerzo, gracias por tu logro esta noche, gracias porque las familias de Moravia tendrán más casas... gracias por el éxito de esta subasta".

En efecto, la venta de arte superó mis expectativas y la mayor parte de las obras fue adquirida por compradores que pagaron cerca de medio millón de dólares. ¿Cómo logré con escasos veintidós años de edad que una subasta de arte tuviera tal dimensión y semejantes resultados? Sin duda, tener a Pablo detrás como respaldo porque en aquel momento, 1983, ya era representante de la Cámara y todavía gozaba de reconocimiento como un empresario con mucho poder económico. No puedo negar que esa condición ayudó, y mucho.

El éxito de la subasta de arte me dio la oportunidad de plantearle a Pablo una idea que se me había ocurrido tiempo atrás, pero me había quedado callada para evitar un no como respuesta. Me animé a hablarle de la importancia de estar en una oficina acogedora, agradable y moderna porque en ella permanecería buena parte del día y de la noche. Debí ser convincente porque me escuchó y no puso objeción en comprar algunas pinturas y una que otra escultura para su oficina ubicada en las avenidas transversales de El Poblado. Semanas después ya tenía detrás de su escritorio un torso en bronce del escultor polaco Igor Mitoraj, una pintura de Francisco Antonio Cano, tres de Obregón y una de Grau.

Tiempo después, como habíamos planeado con los arquitectos, el edificio Mónaco estuvo prácticamente terminado. Era el primer semestre de 1985. En la etapa final, cuando solo hacían falta retoques, la decoradora, Julia Acosta, me pidió que no fuera hasta allá porque quería darme la sorpresa de verlo terminado en su totalidad. Así fue y durante dos meses y medio cerca de veinticinco personas trabajaron día y noche hasta que finalmente estuvo listo.

Vestida de gala, con mis dos hijos y con mi familia, llegamos una noche al edificio. Era impresionante. De verdad que me sentí en el principado de Mónaco, pero el problema era que mi príncipe estaba en la clandestinidad.

Sabía que él llegaría una noche, una madrugada, en el momento menos pensado, y así fue. Hizo una visita corta, de no más de dos horas, pero ya me había acostumbrado... Cuando anunciaron que mi marido estaba en el vestíbulo del primer piso, supuse que le gustaría ver *La vida*, la monumental obra del maestro Rodrigo Arenas Betancur, de diez metros de altura.

Lo esperé a la salida del ascensor principal que llegaba al *penthouse* y cuando lo vi me dio mucha alegría y lo recibí con un gran abrazo. Estaba ansiosa por su reacción ante aquella obra que había costado mucho dinero, tiempo y esfuerzo y no sabía si le parecería tan imponente como a mí. Quería mostrarle los tapices chinos, los colgantes, las antigüedades, los muebles diseñados por famosos expertos italianos... pero por encima de todo, quería que viera mi colección de pinturas y esculturas y contarle que un *dealer* muy influyente en Bogotá me había dicho días atrás que la colección de arte más importante de Latinoamérica en ese momento era la mía, la que estaba exhibida en el edificio Mónaco.

En efecto, Pablo se veía muy sorprendido y de entrada me dijo que la escultura del primer piso era impresionante. Caminamos por el *hall* del primer piso del *penthouse* y nos encontramos con una escultura de Auguste Rodin y más adelante con un óleo de Alejandro Obregón. Mientras él miraba el cuadro, le conté que todas las obras que vería en el edificio estaban acompañadas de su respectivo certificado de autenticidad.

Cuando pasamos frente a la piscina, la primera construida en un piso alto en Medellín, comentó perplejo que los arquitectos habían hecho un gran trabajo. En una de las paredes de ese gran espejo de agua mi marido se detuvo a contemplar por largo rato uno de los soles del maestro Édgar Negret.

Luego recorrimos las dos terrazas. En la primera, un comedor para ocho personas adornado con el bodegón de limones en tonos verdes y ocres del pintor Alberto Iriarte. En la segunda había una sala en cuero, enmarcada al fondo con un cuadro en flores marinas del maestro Obregón.

Fiel a su vieja costumbre, mientras caminábamos por el espacioso piso séptimo del edificio, Pablo me acariciaba el pelo con las manos. Abrazados, entramos al gimnasio, dotado con modernas máquinas y en una de cuyas paredes estaban colgados los afiches que el maestro Fernando Botero me dedicó cuando asistí a su exposición en Bogotá.

Pablo dijo que se sentía feliz de que nosotros, su familia, viviéramos en semejante palacio. Me puse nostálgica con el comentario y le respondí:

—Pablo, ¿acabará pronto esta pesadilla para que podamos compartir juntos y tranquilos cada espacio de este lugar?

—Sí, mi amor, estoy trabajando para solucionar los problemas y estar al lado de ustedes.

Lo llevé de la mano hacia el salón principal, pero antes de entrar le mostré *Bacanal*, el cuadro de Claudio Bravo. Miró la pintura, se apartó varios pasos y la miró y la miró en silencio, con admiración. Luego me preguntó de dónde la había sacado y le respondí que más tarde le contaría una historia sobre esa obra.

Ya en la sala principal, nos sentamos en un sofá modular para treinta personas, y Pablo se quedó como en trance mirando las obras de arte que había allí: en la mesa de centro, una escultura en mármol del escultor Auguste Rodin, una escultura pequeña de Fernando Botero y una escultura horizontal roja del maestro Édgar Negret, *La metamorfosis*. En una pared se veía la pintura *La levitación*, del maestro Enrique Grau, y en otra un cuadro de Alejandro Obregón.

Pasamos a la biblioteca, un lugar cómodo y cálido que invitaba a la lectura, donde encontramos en un nicho la maqueta original de la escultura del caballo del Libertador Simón Bolívar realizada por un escultor italiano; además, en una de las columnas había varias obras del pintor y escultor Francisco Antonio Cano.

Empezábamos a subir las escaleras rumbo a nuestra habitación, cuando Pablo se detuvo a apreciar *Los monjes*, la extraordinaria obra de Claudio Bravo que nos hacía sentir observados pues de alguna manera los ojos del monje no se le quitaban a uno de encima. Más adelante, en el *hall* de entrada a nuestra habitación, había una consola y sobre ella la escultura *Una bañista*, de Edgar Degas, maestro del impresionismo francés.

Entramos a nuestra imponente habitación y Pablo se recostó en la cama para mirar cada uno de los detalles. Observó todo a su alrededor y detuvo su mirada en una cajonera que tenía encima un jarrón de cristal del diseñador italiano Alfredo Barbini, varios libros de arte y *Mujer reclinada*, una escultura pequeña en bronce del maestro Botero. El recorrido visual terminó cuando Pablo se levantó de la cama y se dirigió a una vitrina con puertas de cristal y luces especiales que iluminaban mi invaluable colección de piezas precolombinas de oro. Luego sacó una por una las figuras y las miró detalladamente antes de devolverlas a su sitio. Varias veces me preguntó de dónde había sacado esa belleza de colección y le respondí que los vendedores de arte me las habían vendido.

Pasamos a la terraza cerrada de la habitación principal, decorada con una mesa de desayuno y al fondo la escultura *Los amantes* de Aguste Rodin.

En la pared anterior a la habitación de Manuela se veía un cuadro de Botero de 1954, que representaba unos caballos y correspondía a su primera etapa como artista, cuando aún no había definido su estilo. Entramos al cuarto de la niña y a Pablo le encantó la luminosidad y el ambiente tierno e infantil que la decoradora logró crear. También le pareció muy bonito un pastel pintado por Botero que mostraba un perrito Caniche Toy blanco con vestido rosa pálido y otro perrito pintado en óleo en tonos ocres. Luego fue a la cuna y se quedó mirando la pared del fondo, donde se veía un mural pintado por Ramón Vásquez que representaba la protección de los ángeles a los niños.

De ahí pasamos al cuarto de Juan Pablo, que también cautivó a Pablo porque al lado de la puerta de entrada se veía la escultura en epoxi de Pedrito, realizada por Botero en homenaje a su hijo muerto en un accidente. Más adelante, encima de una mesa, se veía la escultura *La muñeca*, de Botero, moldeada en bronce. En el respaldo de la cama estaba colgada una serigrafía de un cóndor en trazos rojos, de Alejandro Obregón. Y en la biblioteca del niño sobresalían un bronce del Libertador Simón Bolívar y la medalla que recibió por su triunfo en la batalla de Boyacá. En el baño se veía imponente una escultura roja, empotrada en la pared, de Édgar Negret. En una pared a la salida del baño había un cuadro al pastel de Pedrito pintando con los pinceles en la mano, del maestro Botero; ese cuadro fue destruido por las esquirlas del coche bomba detonado contra el edificio en enero de 1988.

Bajamos las escaleras y nos recibió un tapiz de Olga de Amaral que llenaba de luz el espacio; luego entramos al comedor principal en el que se veían una naturaleza muerta de Botero y otra de Claudio Bravo que mostraba unos limones tan reales que invitaban a acercarse y sacarlos del cuadro. Recuerdo que varios años atrás, cuando Pablo vio el primer diseño del edificio, les pidió a los arquitectos que en el comedor hubiese una enorme vidriera para ver desde ahí Medellín. Pero su deseo no se cumplió porque una vez que tuve en mis manos esa imponente escultura de Botero, era claro que debía estar en un nicho especial para exhibirla.

El recorrido por Mónaco de la mano de Pablo ya llevaba más de una hora, pero faltaba más. La espaciosa habitación para huéspedes, en cuya mesa de centro se exhibía un torso de bronce de Darío Morales y en un mesón de madera una escultura de Fernando Botero y a su lado *La edad de bronce* de Auguste Rodin. En una pared de la habitación se veía un autorretrato de Pablo Picasso y en la otra un lápiz de Enrique Grau.

Luego nos dirigimos al comedor auxiliar de la cocina, en cuyas paredes colgaban dos cuadros del maestro Francisco Antonio Cano: un óleo que mostraba caballos y perros con un hermoso paisaje de fondo y otro con el violín que le compré a la familia Echavarría.

La visita de Pablo terminó de repente, como había empezado dos horas atrás. Con el manido argumento de que no podía estar en un lugar demasiado tiempo, dijo que tenía que irse. Atrás quedamos sus hijos y yo, viviendo en un palacio en el que genuinamente pensé que íbamos a durar mucho tiempo.

Pero ese sueño terminó aquella madrugada del 13 de enero de 1988, cuando detonó el coche bomba que afectó seriamente el edificio y nos obligó a irnos de allí para siempre. Pocas horas después del estallido, el Ejército ocupó el edificio y se quedó allí por más de cinco meses. Ninguna autoridad judicial hizo reporte alguno del estado en que quedó lo que había adentro y mucho menos un inventario.

Apesadumbrada, sin información alguna, tres días después le pedí a una de mis hermanas que intentara entrar al edificio a ver en qué estado habían quedado el *penthouse* y las valiosas cosas con las que lo había decorado. Pero, sobre todo, le dije que buscara la manera de sacar del edificio lo que no se hubiera dañado. Por fortuna, mi hermana llegó y sus noticias no fueron del todo malas: muchas pinturas habían desaparecido por efecto de la onda explosiva, otras resultaron averiadas por las esquirlas y las más importantes habían quedado relativamente en buen estado. Lo mismo sucedía con todos los demás objetos de decoración y el mobiliario. Además, en un acto de audacia, mi hermana se las arregló para tomar varias fotografías del estado de destrucción en que quedó el edificio. Le pregunté cómo había logrado ingresar si los militares estaban allí, pero se limitó a responder que era mejor que yo no supiera. Agregó que los soldados le permitirían entrar nuevamente, pero después de las diez de la noche.

Así sucedió, y de manera increíble en las siguientes cuatro noches mi hermana y dos empleados fueron a Mónaco en una pequeña camioneta y sacaron los elementos más valiosos que encontraron. Lo primero que hizo ella fue rescatar la pintura de Salvador Dalí, que por fortuna no se había dañado. Con mucho cuidado y alumbrada por linternas, retiró la tela del marco, la dobló y la escondió entre su ropa para que los militares no la descubrieran si la requisaban a la salida. También logró sacar *Los monjes*, de Claudio Bravo, pero estaba en muy malas condiciones por las decenas de esquirlas que recibió del coche bomba.

Finalmente, mi hermana rescató del edificio algunas obras de mi colección de pinturas y esculturas que ocultamos inicialmente en la bodega de una persona de confianza en Medellín, pero no podíamos dejarlas ahí por mucho tiempo. Preservar las obras de arte en medio de la guerra se convirtió en un drama porque Pablo seguía en la clandestinidad. Mis hijos y yo no podíamos movernos como antes, porque los enemigos de mi marido nos habían convertido en objetivo militar.

Así, encontrar a alguien a quien confiarle semejante tesoro fue una verdadera complicación porque no podía entregarle todas las obras a una sola persona y por eso había que buscar varias opciones. Pero cuando encontraba un depositario me encontraba con otro problema: ¿quién haría el traslado? La mayor parte de las veces confiamos en motoristas que las llevaban sin saber que eran pinturas o esculturas, pero debía esperar uno o dos meses para saber si el encargo había llegado a salvo.

Así sucedió con la tela de *Los monjes*, que salió de Medellín y llegó a Bogotá tiempo después y un *dealer* me hizo el favor de entregársela a un reconocido restaurador que tardó seis meses para reconstruirla.

Entre tanto, el Dalí estuvo escondido en una casa muy humilde de Medellín, hasta que la guerra amainó un poco y pude enviarlo a nuestra antigua casa del barrio El Diamante, habitada entonces por otra de mis hermanas. Allí permaneció a salvo un par de años.

Pero el afán de no perder mis obras me llevó a desarrollar una compleja operación para alquilar una bodega en Bogotá. Allí hice construir paredes de doble fondo con buena ventilación para ocultar numerosas pinturas y esculturas que años después, tras la muerte de mi marido, tuvimos que entregarles a sus enemigos durante las negociaciones.

Con todo, y pese a las precauciones, el continuo movimiento llevó a la pérdida de una parte de la colección que no cupo en la bodega de Bogotá. Por ejemplo, una persona que se había comprometido a guardar algunas pinturas, tiempo después me hizo llegar el mensaje de que el transportista no había llevado nada. También sucedió que un *dealer* guardó diez pinturas y esculturas en su casa, pero un buen día desapareció. Lo encontré varios meses después y salió con la excusa de que había tenido que entregarles las obras de arte a los Pepes, enemigos de mi marido, que amenazaron con asesinarlo. Estos episodios me llenaban de impotencia y dolor, pero no podía hacer nada porque no estaba en condiciones de averiguar qué había pasado.

Tal vez sin medir las consecuencias y creyendo que en la guerra solo nos perseguían a Pablo y a nosotros, un comando de los Pepes encabezado por Carlos Castaño llegó el 2 de febrero de 1993 a la casa del barrio El Diamante, donde vivía mi hermana desde que nosotros nos fuimos al edificio Mónaco. Ella no estaba en ese momento y eso la salvó de morir, pero Castaño debió ver que allí se encontraban tres de mis más preciadas obras de arte: *The Dance of Rock and Roll, Los monjes* —que había llegado allí después de su restauración—, y la escultura *El beso*. En otros lugares de la casa había esculturas pequeñas de Fernando Botero, Igor Mitoraj y Édgar Negret, así como pinturas de otros artistas.

Sin miramiento alguno, la casa fue incendiada por los hombres de Castaño y en cuestión de minutos quedó reducida a cenizas con todo lo que había adentro. A esa misma hora yo estaba escondida con Pablo y mis hijos en una pequeña y humilde casa en el barrio Prado muy cerca del centro de la ciudad. Horas después, cuando supe la noticia, lloré inconsolable porque todo indicaba que las pinturas y las esculturas habían sido consumidas por las llamas. Pablo debió verme tan compungida que de un momento a otro nos llamó al patio de la casa y nos pidió que hiciéramos una especie de círculo. Se paró frente a mí, Juan Pablo a la izquierda y Manuela a la derecha y dijo mirándonos fijamente a los ojos:

—Mira, mi amor, ¿sabes dónde está el Dalí más importante de tu vida? El Dalí más importante es nuestra familia, que no tiene precio... no te preocupes que yo te voy a regalar el Dalí que quieras.

La persecución sin tregua, el acecho de los enemigos de mi marido y la inminencia de un allanamiento que nos costara la vida me forzó a entregarle a un *dealer* los certificados de autenticidad de todas mis obras, incluyendo las que habían sucumbido a la bomba del edificio Mónaco. Quería conservar esos documentos porque tenían un enorme valor para mí. Pero sucedió lo impensable porque el *dealer* se llenó de pánico ante la posibilidad de que le encontraran los certificados en un allanamiento y decidió quemarlos porque estaban a mi nombre. La mayor parte de esos documentos tenían la firma de los artistas, algo inusual en aquella época. Que una obra de arte no tenga su certificado de autenticidad es como si una persona no tuviera registro de nacimiento. Cuando supe la noticia, en mi soledad y en mi aislamiento absoluto, me pregunté una y mil veces cómo se le ocurrió al *dealer* cometer semejante sacrilegio.

Recuperar esos certificados significaba tocar puertas que ya estaban cerradas porque estábamos en plena guerra. Aun así, en el caso de una obra demoré veinte años para lograr que el autor firmara un nuevo documento. Fue una tarea que exigió mucha perseverancia porque el artista se negó varias veces, hasta que finalmente un día accedió a certificar que la obra era suya.

La implacable persecución a mi marido terminó el 2 de diciembre de 1993, cuando murió en el tejado de la casa donde se escondía en Medellín. Pero lejos de resolver nuestros problemas, su desaparición me traería muy pronto más y peores dificultades. Los enemigos de Pablo voltearon muy pronto sus miradas hacia mí y me conminaron a pagar ciento veinte millones de dólares que según ellos habían gastado en perseguir a Pablo.

Autorizada por la Fiscalía General de la Nación, inicialmente fui a las cárceles Modelo y La Picota de Bogotá, acompañada por funcionarios del Cuerpo Técnico de Investigación de la Fiscalía, donde me reuní con varios capos del narcotráfico y con los antiguos lugartenientes de Pablo, quienes invariablemente empezaron a pedir dinero.

A uno de los primeros que visité porque lo exigió a través de varios mensajes que envió a Residencias Tequendama, fue a Iván Urdinola Grajales, con quien sostuve una intensa conversación en la que obviamente yo tenía todas las de perder. De un lado, me sorprendió con la noticia de que él tenía en su poder la escultura *El beso*, que según me dijo había sobrevivido al incendio. Agregó que un amigo de Medellín se la había regalado, pero dijo que estaba dispuesto a devolvérmela. Luego me preguntó si tenía alguna pintura en venta y le respondí que sí, un óleo del maestro Obregón. Pactamos un precio que se comprometió a pagar después de que yo se lo enviara, pero ingenua le creí y pasó el tiempo y *El beso* nunca llegó y mucho menos el dinero del cuadro. Esa fue la manera como Urdinola me cobró su parte de la guerra contra Pablo.

También en las cárceles tuve que llegar a acuerdos con algunos trabajadores de Pablo, a quienes les entregué obras de arte y esculturas para saldar las supuestas deudas.

Pero la parte más dura de aquel momento sucedió cuando tuve que ir a Cali a negociar directamente con los jefes del cártel de Cali y con los comandantes de las Autodefensas, que iban detrás de todos los bienes de mi marido y de mi reputada colección de obras de arte. En la primera reunión exigieron que yo elaborara un listado completo de propiedades, pero no ocultaron su interés inmediato en que les entregara cuadros y esculturas.

—Señora, vaya busque rapidito, rapidito —dijo uno de los capos.

—Señores, rapidito no puedo porque estoy aislada hace muchísimo tiempo y no sé si quienes los guardan quedaron vivos... créanme que no será fácil —respondí.

Descorazonada regresé a Bogotá y me di a la tarea de buscar a algunas de las personas que guardaban obras y tuve la buena suerte de que me las devolvieron. En los siguientes días logré entregar la primera, de un enorme valor: un bodegón de Botero. También logré ir a la bodega en Bogotá donde guardaba varias obras y procedí a entregarlas para bajar la deuda.

Pero sin duda alguna *The Dance of Rock and Roll* de Dalí habría de jugar un papel fundamental en el difícil proceso de negociar con los enemigos de Pablo. Como ya conté, semanas después de la muerte de mi marido recibí un mensaje de Fidel Castaño en el que aseguraba que no ordenaría mi muerte o la de mis hijos y me reveló que la pintura de Dalí no había sido destruida en el incendio de la casa de El Diamante. Me puse muy feliz porque además se comprometió a devolverme la obra con su hermano Carlos.[1]

Pues bien. En una de las reuniones en Cali, Carlos Castaño anunció delante de todos los asistentes que había llevado la pintura —valuada en ese entonces en tres millones de dólares— para que la entregara en parte de pago de lo que debía. Pero en un impulso que más tarde le agradecí a Dios, respondí que no, que no la recibía y le pedí que él y Fidel se quedaran con ella en señal de paz. Los capos recibieron mi gesto con una buena actitud y una semana después le entregué a Castaño el certificado de autenticidad de la obra. Lo último que supe de *The Dance of Rock and Roll* fue que Castaño llamó a varios *dealers* de Bogotá y les pidió ayuda para venderle la obra a un coleccionista internacional. Hoy me queda el consuelo de que después de tantas idas y venidas el Dalí se encuentra bien resguardado en un museo en Fukushima, Japón.

---

1   En averiguaciones posteriores confirmé que la pintura *Los monjes*, de Claudio Bravo, y las esculturas de Botero, Negret y Mitoraj sí fueron consumidas por las llamas que destruyeron la casa del barrio El Diamante en febrero de 1993.

Mi relación con el arte siempre estuvo motivada por el deseo de aprender; nunca lo entendí como una forma de subir de estatus o de entrar a círculos de la élite que, siempre tuve claro, eran inalcanzables. No me doy ínfulas de conocedora de arte, porque no lo soy. A lo largo y ancho de Argentina sigo asistiendo a exposiciones, museos y seminarios de arte porque me mueve el interés por aprender.

No siento frustración, pero sí nostalgia. Por mis manos pasaron obras de arte increíbles que realmente pensé que estarían conmigo toda la vida y que me permitieron, por una época, vivir en un mundo apasionante que me generó muchas satisfacciones.

CAPÍTULO 8

Las guerras que
me tocó vivir con Pablo

1984

No le dije nada a mi madre en ese momento tan dramático, pero la noticia que transmitía el noticiero no me dejó duda de que a partir de esa noche nuestras vidas cambiarían para siempre.

Eran las nueve y treinta del 30 de abril de 1984 y el noticiero *Tv hoy* informaba que el ministro de Justicia, Rodrigo Lara Bonilla, había sido asesinado en el norte de Bogotá. Luego, aparecían imágenes que mostraban a un sicario muerto en el piso, a otro capturado y un automóvil Mercedes Benz blanco con los vidrios traseros destrozados por las balas. Los reporteros decían que, por primera vez en la historia de Colombia, un ministro de Estado había sido asesinado

Juan Pablo entró a la habitación y nos encontró de rodillas llorando y rezando frente al televisor; al niño le debió parecer muy extraño vernos en esa postura y a sus escasos siete años tampoco debía entender la gravedad de lo que sucedía. Preguntó qué estaba pasando, pero solo escuchaba sollozos.

Su actitud nos indicó que debía percibir nuestra angustia porque me abrazó con fuerza durante largo rato antes de quedarse dormido a la medianoche.

Dos días después, me dolió en el alma ver a la esposa del ministro con apenas veintisiete años y a sus dos hijos acompañando el féretro durante el sepelio en Neiva, su ciudad natal. Esa imagen me quedó grabada por siempre.

Ya en la soledad de la habitación, donde habríamos de pasar la noche en vela, mi madre y yo comentamos en voz baja lo que acababa de suceder y las consecuencias que el magnicidio tendría en nosotros, y en particular en mí porque tenía ocho meses y diez días de embarazo y el parto era inminente.

—Mija, y usted esperando un hijo. ¿Qué vamos a hacer? Llegó el fin —dijo mi mamá, llorando inconsolable.

Como cosa rara, hacía varios días no veía a Pablo y mucho menos tenía idea de dónde estaba en ese momento. Nunca le pregunté, pero vine a saberlo en noviembre de 2016, cuando mi hijo publicó en su segundo libro, *Pablo Escobar in fraganti*, una plática que sostuvo con *Malévolo*, la persona que estaba con mi marido en el preciso instante en que mataron al ministro Rodrigo Lara. Según su relato, Pablo y él se encontraban de paseo en la hacienda Nápoles, acompañados por Elsy Sofía —una de las amantes de mi esposo— y su mamá. También dijo que Pablo le pidió que se quedara en la hacienda porque era previsible que las autoridades la allanaran, como en efecto sucedió pocas horas después.

Muy temprano, el 3 de mayo llegó *Otto* al departamento de mi mamá y me dijo que Pablo había mandado decir que era peligroso seguir ahí y que me escondiera en otro lugar mientras él se organizaba y luego enviaba por nosotros.

Sin pensarlo dos veces empaqué en varios maletines de mano lo necesario como para una semana y me fui con el niño al departamento de una de mis decoradoras. Escondida en aquel lugar, mi único contacto con el exterior eran la radio y la televisión, que continuaban difundiendo el amplio despliegue del asesinato del ministro, así como la decisión del presidente Belisario Betancur de perseguir sin tregua a los capos de los cárteles de la droga y de reactivar el tratado de extradición con Estados Unidos, que se había negado a aplicar desde el inicio de su mandato.

Al día siguiente recibí otro mensaje de Pablo diciendo que estuviera preparada porque nos íbamos para Panamá. Preocupada, logré que mi ginecólogo fuera a verme y luego del examen de rigor me dio consejos para manejar la parte final del embarazo, así como el nombre y el número telefónico de un especialista amigo suyo en ese país.

En medio de ese panorama tan adverso pensé que era urgente contratar una enfermera que me acompañara en el nacimiento de mi bebé. Uno de mis hermanos me recomendó una joven que había cuidado a sus hijos, pero en ese momento estaba trabajando en Estados Unidos. Sin embargo, la llamé y aceptó la propuesta que le hice. Acordamos que le haría saber en qué lugar estaría y le enviaría los boletos. Respondió que no me preocupara, que llegaría al sitio que le indicara.

Faltaba poco para partir y me sentía a la deriva. Abrazaba a Juan Pablo, me miraba el vientre y me aterraba pensar que el futuro de mis dos hijos y el mío propio eran muy inciertos. Mi marido se había embarcado en una guerra de proporciones desconocidas y nosotros, su familia, estábamos ahí, indefensos, esperando qué decidía él. Claro, jamás imaginé el horror que viviríamos poco después y no he dejado de reprocharme lo anestesiada que debía estar y mi falta de contacto con la realidad. Tenía veintitrés años y lo único que hice fue depositar toda mi fortaleza y mi amor en mi hijo de siete años y en el bebé que venía.

La partida fue muy rápida porque a la mañana siguiente aparecieron *Otto* y *Mugre* en la puerta del departamento y dijeron que habían ido a recogernos. Dijeron que no podía llevar mucho peso y no tuve otra opción que meter algo de ropa de bebé, de Juan Pablo y mía en un pequeño maletín de mano.

Subimos a un vehículo y el conductor arrancó a gran velocidad, como si nos estuvieran persiguiendo. Era angustiante porque por primera vez en mi vida me sentía prófuga. Mientras atravesábamos las calles de Medellín y afuera todo parecía normal, me preguntaba: "¿Por qué a mí?, ¿por qué tengo que esconderme?" No tenía a quién preguntarle. Pablo no aparecía por ningún lado, solo enviaba razones y yo tenía que hacer caso sin chistar.

El temor de perder a mi bebé si nos accidentábamos y la incertidumbre de qué podría pasar en las siguientes horas no me permitieron vislumbrar que me esperaban nueve años de horror, nueve años en los que no pararía de correr y correr, nueve años en los que muchas veces abriría los ojos en la madrugada y me encontraría con un fusil apuntándome a la cara.

Media hora después llegamos a un potrero situado a la entrada del municipio de La Estrella, donde esperaba un pequeño helicóptero tipo Hughes con el motor encendido. Corriendo, abordamos Juan Pablo, la tía Gilma —a quien Pablo le pidió que nos acompañara— y un médico al que no conocía, pero me dijo que Pablo le había pedido que estuviera a mi lado y que llevara los equipos necesarios para atenderme en caso de emergencia. Treinta y cuatro años después del nacimiento de Manuela, el sábado 22 de septiembre de 2018, logré contactarme por Skype con el médico que me acompañó aquella vez en el helicóptero. Recordó que ese día no dejaba de mirarme, al tiempo que rezaba en silencio para que no tuviera que atender el parto en pleno vuelo. "Por favor no te vayas a venir en medio de la selva", le dijo con el pensamiento a la criatura. Afortunadamente, así fue.

De repente me encontraba volando por los aires en un helicóptero, huyendo de mi país; abajo la mirada se perdía ante la majestuosidad del gran tapete verde que cubría el tapón del Darién, al tiempo que la aeronave se movía de un lado a otro por las ráfagas de viento. Y aun cuando de alguna manera estaba acostumbrada a viajar en helicóptero, esta vez era diferente porque el piloto debía volar a tan baja altura para que no lo detectaran los radares, que alcanzábamos a observar decenas de cocodrilos saltando en medio de los pantanos. Era una imagen exótica que producía temor porque se veía que esos animales estaban hambrientos. La tía Gilma debía notar mi cara de susto y lo único que atinaba a decirme a gritos era que respirara profundo. A Juan Pablo, que en esa época usaba lentes muy gruesos, parecía que se le salían los ojos. Varias veces me preguntó si ya íbamos a llegar y le respondí que sí, aunque en realidad no tenía la menor idea de dónde estábamos.

Tras dos horas de un vuelo que pareció interminable, el piloto aterrizó en un claro de la selva en territorio de Panamá y casi al instante llegaron cuatro hombres en una camioneta, dos de ellos guardaespaldas de mi marido y los otros dos panameños que conocían muy bien las veredas por las que debíamos internarnos porque habíamos ingresado ilegalmente a ese país.

El piloto del helicóptero se despidió porque regresaba a Medellín con el médico y nosotros iniciamos un recorrido de más de dos horas por carretera destapada hasta que llegamos a un departamento en un barrio modesto en Ciudad de Panamá. Ahí nos encontramos con Gustavo Gaviria, su esposa y sus tres hijos, quienes habían llegado de la misma manera que nosotros, a través de la selva, en helicóptero.

Pablo apareció en la madrugada y me encontró ojerosa y desanimada. Nos dimos un largo abrazo y luego de preguntarme por el viaje desde Colombia y por el estado del bebé que venía en camino, debió intuir que le preguntaría por el asesinato del ministro. Pero antes de que diera las explicaciones del caso le dije que eso era un acto demencial, a lo que me respondió:

—Te prometo, mi amor, que esto se va a solucionar más pronto de lo que crees y vamos a disfrutar a nuestros hijos por mucho tiempo.

—Cuando hablas de solucionar las cosas, ¿a qué te refieres? ¿Podés ver, Pablo, la situación en la que estamos? Tengo miedo, no le veo salida a esto. ¿Por qué tenía que venirme de Colombia?

—Era solo por precaución, mi amor, nada te va a pasar.

Hablar con mi marido era complicado porque se salía por la tangente y no era fácil lograr que dialogara con franqueza sobre lo que estaba sucediendo. Era escurridizo por naturaleza. Y como siempre, de un momento a otro dijo que tenía que irse y regresaría más tarde.

Las tres noches que pasamos en ese departamento fueron horribles porque estaba prácticamente vacío y tuvimos que dormir en colchonetas. Pablo debió ver mi cara de furia y creyó que arreglaría las cosas pasándonos a una vieja casa en el casco antiguo de la ciudad. Estar ahí también fue muy desagradable porque era húmeda, demasiado caliente y solo tenía algunos pequeñas camas con colchones, pero sin sábanas, sin televisión y tan sucia que todo el tiempo me daban náuseas. Y por si fuera poco, la ducha estaba llena de hongos y el agua se estancaba a tal punto que había que bañarse con chanclas.

Además, Pablo dijo que no fuéramos a ningún lado porque no era seguro, y por eso en la primera semana solo comimos pollo asado que uno de los guardaespaldas traía de un restaurante. Al único que visité fue al ginecólogo, Edgardo Campana Bustos, el que había recomendado mi médico en Medellín, quien me hizo varios exámenes y me encontró bien, pero me dio una noticia inesperada: iba a tener una niña, pese a que un par de ecografías que me habían hecho meses atrás en Medellín indicaban que podría ser un niño.

Entre tanto, era tanta la aburrición que vivíamos en esa casa que una de esas noches Pablo hizo una especie de concurso para ponerle nombre al bebé. Dimos vueltas y vueltas y estuvimos de acuerdo en que si era niña, según dijo el médico, se llamaría Manuela, como había propuesto Juan Pablo en recuerdo de una de sus compañeras en el colegio Montessori.

—Grégory, usted le responde a su hermana si no le gusta —dijo Pablo.

En el que no hubo acuerdo fue en el nombre de un varón. Yo propuse que se llamara Daniel Escobar, pero Pablo respondió que por nada del mundo y explicó por qué:

—Tata, eso es como ponerle Hitler a un hijo. Recuerda que un hombre conocido como Daniel Escobar mató toda una familia con un hacha en una finca por los lados de la Aguacatala, en El Poblado. Por eso le decían Daniel, *el Hachero*.

Esa noche Pablo nos contó también que antes de salir de Colombia había dado la orden de entregarles a más de trescientas familias del basurero de Moravia las llaves de las casas que les correspondían en el nuevo proyecto de Medellín sin Tugurios y que ya estaban listas para ser habitadas.

Finalmente, el 20 de mayo de 1984 nos pasamos a otra casa, esa sí lujosa y confortable, aunque antigua, parecida a las residencias que los gobiernos destinan para sus huéspedes especiales. Me llamó la atención que en la entrada nos encontramos con un guardia de seguridad armado. Tiempo después, para la investigación de este libro, supe que el lugar había sido proporcionado por el entonces hombre fuerte de Panamá, el general Manuel Antonio Noriega, comandante en jefe de las Fuerzas de Defensa de ese país. También me contaron que el oficial y mi marido tenían relaciones de negocios ilegales y que un militar de alto rango de apellido Melo y un señor conocido como Guido habían sido las personas designadas por el general para facilitar nuestra estadía en Panamá.

Por fortuna, la enfermera llegó desde Estados Unidos y muy pronto se convertiría en una compañía fundamental en los difíciles momentos que vendrían.

No obstante el mejoramiento de las condiciones, era evidente que Juan Pablo se sentía muy solo porque a los siete años su vida había cambiado drásticamente y se había quedado sin colegio, sin compañeros de clase, sin amiguitos de barrio. Su niñez se vio alterada de manera tan dramática que durante muchos años los guardaespaldas de Pablo fueron sus niñeras, sus acompañantes.

Por todo esto y pensando en distraer a nuestro hijo, mi marido le regaló una motocicleta Honda de cincuenta centímetros cúbicos, pero como no había quién le enseñara a manejarla le ordenó a *Pinina* que viajara desde Medellín para estar con el niño. Así ocurrió, y a partir de ahí el guardaespaldas se vestía de blanco y salía a trotar todas las mañanas mientras Juan Pablo conducía la moto.

En medio de ese entorno tan complejo, el 25 de mayo de 1984 me levanté muy temprano para ir a la última cita con el ginecólogo, quien me había advertido que la bebé podría nacer en cualquier momento. Fiel a su costumbre, Pablo había llegado en la madrugada y tuve que ir con mi tía porque él estaba durmiendo. Durante el examen, el médico se dio cuenta de que ya tenía cinco centímetros de dilatación y me dijo que ordenaría de inmediato mi hospitalización en el centro médico Paitilla. Como no habíamos ido preparadas, mi tía se fue a la casa por el maletín que habíamos empacado para cuando naciera la bebé y también a avisarle a Pablo y a Juan Pablo.

La niña nació a las 12:45 del día de ese viernes 25 de mayo y luego me llevaron a una sala de recuperación, a la que Pablo, Juan Pablo, mi tía y Gustavo Gaviria llegaron poco después. Según me dijeron, se llevaron la feliz sorpresa de que justo cuando entraban al ascensor de la clínica se encontraron a una enfermera con una recién nacida que tenía una pulsera con el nombre de Manuela Escobar y se dirigía a mi habitación. Pese a que estaba muy adolorida y pálida, Gustavo tomó una fotografía en la que salimos los Escobar Henao. Parecíamos la familia real, nos veíamos felices y por un instante olvidamos que afuera el mundo se nos venía encima.

Al día siguiente, sábado 26 de mayo, cuando empezábamos a hacer los trámites para salir de la clínica, Pablo se acercó y en voz baja me dijo que más tarde regresaría porque tenía una reunión con varios políticos importantes de Colombia que habían llegado de visita a la capital panameña. Yo estaba muy entretenida con mi bebé y por eso no le puse demasiada atención a la cita de mi marido, que tampoco fue explícito en los alcances de lo que se proponía hacer, aunque le noté una leve sonrisa y brillo en los ojos. Le deseé suerte y le dije que lo esperaba en la casa porque muy seguramente saldría antes de que regresara.

Pablo no apareció más ese día, pero llegué muy feliz a la casa con mi niña y con Juan Pablo. Era un sueño hecho realidad. Los días pasaron y Pablo iba y venía y lo veía ocupado, hablando con gente, llegando a la madrugada como siempre. Pero yo hacía mi mundo alrededor de mis dos hijos, alejada de las actividades de mi marido, que con seguridad eran muy complejas porque las noticias que llegaban de Colombia lo involucraban cada vez más en el asesinato del ministro de Justicia y su captura era objetivo principal de las autoridades.

Lo que va mal siempre es susceptible de empeorar, dice el refrán. Pero lo que sucedió en los días siguientes superaría de lejos al adagio popular.

El 5 de junio de 1984, dos semanas después del nacimiento de Manuela, Pablo me pidió que habláramos a solas en la sala de la casa. Pasó su brazo sobre mi hombro y en tono muy serio, dramático, dijo:

—Tata, vamos a tener que irnos de Panamá por nuestra seguridad. Corremos el riesgo de que nos detengan. Tenemos que mandar a la bebé a Medellín.

—¿Cómo así,   Pablo? Mi niña acaba de nacer, tengo que alimentarla. ¿Estás loco?

—No, no estoy loco. Es necesario; no sé para dónde vamos, si tenemos que ir a la selva, aguantar hambre, correr, no dormir... no podemos correr con una bebé, Tata, se nos muere. En Medellín la abuela Nora cuidará de ella, estará en las mejores manos.

Largo silencio. Entendí que mi marido no estaba jugando, que mi triste realidad me arrancaba de los brazos a mi hija de escasos días de nacida. Pablo no dijo una palabra más. Su semblante serio indicaba que la decisión tampoco le gustaba, pero no había otra opción.

Lloré sin consuelo durante un largo rato y cuando logré calmarme le pregunté por Juan Pablo. Dijo que el niño ya estaba grande para soportar cualquier travesía y estaría más seguro a nuestro lado. Era su última palabra. Tenía que sufrir en silencio, no podía gritar ni pedir ayuda. Reflexionando a mis cincuenta y ocho años me indigna pensar cómo Pablo podía decirme que mi hijo de siete años era fuerte para soportar esta travesía que emprenderíamos, ¡por Dios!

Con el corazón partido fui al consulado de Colombia y, por fortuna, no tuve dificultad para sacar el pasaporte de la niña porque yo todavía no estaba en el radar de las autoridades. Entonces, fijamos la fecha del viaje a Medellín para el viernes 13 de julio de 1984, a la una y cuarenta de la tarde, en un vuelo de la línea aérea Sam. Pablo y yo firmamos el permiso para que mi tía y la enfermera salieran del país con Manuela, y estábamos tranquilos porque mi marido tenía "amigos" en los aeropuertos de Ciudad de Panamá y en Medellín que facilitarían los trámites en inmigración.

Una vez compramos los boletos, Pablo me dijo que tenía que irse con Gustavo porque las cosas se estaban complicando y explicó que irían a Nicaragua, donde los recibirían contactos suyos con el régimen sandinista que había asumido el poder en julio de 1979 y que luchaba por mantener el control debido a la creciente amenaza de grupos contrarrevolucionarios apoyados por Estados Unidos. En otras palabras, íbamos para un país en guerra. Luego me dijo que fuera a la embajada de ese país en Ciudad de Panamá, donde me facilitarían las visas. Antes de despedirse les dio algunas instrucciones a mi tía y a la enfermera:

—Una manera de que no se sepa que en ese avión va mi hija es que no hablen entre ustedes durante el vuelo ni en los aeropuertos. Que parezca que la niña es hija de la enfermera.

Después se dirigió a la enfermera y le dijo en tono grave:

—Mire, le estamos confiando nuestro mayor tesoro... No se la quite ni un segundo del lado. A nadie le diga dónde está ni con quién está; estamos en un problema muy delicado.

Faltaban pocos días para el viaje cuando Pablo se despidió una madrugada porque, según me dijo, existía la posibilidad de que las Fuerzas de Defensa del general Noriega allanaran el lugar y nos capturaran. Juan Pablo y Manuela dormían. Me dijo que tuviera cuidado y que nos veríamos en Managua.

Al día siguiente, Juan Pablo y yo fuimos a la embajada nicaragüense, pero resultó una experiencia intimidante porque era un lugar viejo y desordenado en el que se respiraba la guerra. El ambiente era militar, rígido, atemorizante. Me correspondió la ficha número trece y cuando me llamaron sentí la rara sensación de ir hacia el paredón. Empecé a acercarme muy lentamente hacia la ventanilla y me aterraba pensar que descubrieran que yo era la esposa de Pablo Escobar. Entregué los pasaportes y noté que los funcionarios empezaron a mirarse, a hablar entre ellos en voz baja. Pablo me dijo que en la embajada me estarían esperando, pero yo notaba un ambiente hostil, una atmósfera pesada. Nos llamaban de una ventanilla a otra y al final me dijeron que regresara al día siguiente, pero el trámite empezó a demorarse y respiré con alivio la cuarta vez que fui porque me entregaron los pasaportes sellados. Ya estábamos autorizados a viajar a Managua.

Llegó entonces el 13 de junio de 1984, el día que tuve que desprenderme de mi hija recién nacida. Lloré a cántaros, casi perdí el sentido, pero me mantuve en pie como pude para no abrumar con más dolor a Juan Pablo, que me miraba impotente. Luego de despedirme de mi pequeña Manuela, con un enorme dolor se la entregué a la enfermera y a mi tía y me quedé rogando que llegaran sanas y salvas a la casa de mi mamá en Medellín. No pude ir al aeropuerto porque Pablo tenía el temor de que alguien me reconociera o la autoridad migratoria entrara en sospecha por el viaje de una bebé sin sus padres. Pasaron seis interminables horas hasta que me confirmaron desde la casa de mi mamá que habían llegado, no sin antes pasar unos cuantos sustos porque la Policía y el Ejército realizaban retenes relámpago en las calles adyacentes al aeropuerto Enrique Olaya Herrera. Y como había previsto mi marido, los trámites de inmigración a la salida de Panamá y a la entrada a Colombia no tuvieron dificultad alguna.

¿Qué había pasado? ¿Por qué de repente teníamos que salir de Panamá tres semanas después de haber llegado? La respuesta llegó a través de *Pinina*, quien se quedó conmigo y con Juan Pablo cuando mi marido se fue a Nicaragua. En las largas horas de encierro que sobrevinieron mientras organizaba el viaje a Managua, logré que me contara detalles de las gestiones de muy alto nivel adelantadas por mi marido desde el momento en que llegamos a Panamá tras el asesinato del ministro Lara Bonilla.

Según *Pinina*, recién en Panamá mi marido leyó en un periódico local que una delegación colombiana compuesta por el expresidente Alfonso López Michelsen y los exministros Jaime Castro Castro, Felio Andrade Manrique y Gustavo Balcázar Monzón había sido invitada a observar el desarrollo de la elección presidencial que se cumpliría el domingo 6 de mayo de 1984.

Pablo creyó ver una oportunidad y se le ocurrió mover sus fichas para buscar un encuentro con López, a quien había conocido en la campaña presidencial de 1982 y le inyectó recursos para ayudar en su financiación. Entonces llamó a Medellín a Santiago Londoño White, tesorero de esa campaña en aquella ocasión, y le pidió propiciar una reunión con el exmandatario porque quería plantearle una propuesta para acabar con el narcotráfico en Colombia. La gestión fue eficaz porque López aceptó reunirse con mi marido y con Jorge Luis Ochoa al día siguiente de la jornada electoral.

Así sucedió, y tras conocerse el triunfo de Nicolás Ardito Barletta, candidato del Partido Revolucionario Democrático (PRD), el expresidente, Londoño —quien había viajado desde Medellín—, Ochoa y mi marido, se reunieron en una suite del hotel Marriot de Ciudad de Panamá. Durante la plática, Pablo dijo que previamente se había comunicado con los principales narcotraficantes de Colombia y que estaban dispuestos a entregar laboratorios, aeronaves, rutas, contactos en Estados Unidos, regresar sus capitales ilícitos y someterse a la justicia colombiana a cambio de no ser extraditados.

El relato sobre las gestiones de mi marido en Panamá no terminó ahí. *Pinina* me dijo que la reunión del hotel Marriot había caído en terreno abonado porque dos semanas después recibieron un mensaje que decía que el procurador general de la Nación, Carlos Jiménez Gómez, iría a hablar con ellos con la autorización del gobierno del presidente Belisario Betancur. Ese fue el origen del comentario que Pablo me hizo en la clínica Paitilla el 26 de mayo de 1984, al día siguiente del nacimiento de Manuela, en el sentido de que iría a reunirse con importantes políticos colombianos que se encontraban en Ciudad de Panamá. Recuerdo que cuando salí de la clínica y regresé a la casa donde nos quedábamos, las ocupaciones con mi bebé no me dejaron espacio para preguntarle a mi marido por el resultado de su cita.

Pablo salió para esa reunión con *Pinina*, quien pocos días después me contó que la plática con el procurador se produjo en el mismo hotel, y además de mi marido asistieron Jorge Luis Ochoa, Gonzalo Rodríguez *el Mexicano*, José Ocampo *Pelusa* y Gustavo Gaviria. En la conversación, mi marido repitió las propuestas que le planteó al expresidente López y se comprometió a enviarle al procurador un memorando confidencial detallando cada una de las propuestas para el terminar con el narcotráfico en Colombia.

Pero todo esto se fue al traste porque pocos días después el documento fue revelado por el periódico *El Tiempo* y de inmediato se armó un escándalo de tal dimensión que el gobierno salió a decir públicamente que los contactos secretos entre el procurador y los capos del narcotráfico no habían sido autorizados. Lo cierto es que el encuentro de Panamá generó una aguda controversia política, que se alargó con el tiempo porque cada uno de sus protagonistas dio una versión distinta de su papel en los encuentros con mi marido.

Una vez enterada de lo sucedido por el hombre que estuvo cerca de Pablo en esos momentos, entendí la premura de mi marido por salir de Panamá, porque era muy posible que la persecución se trasladara a ese país. También existía el riesgo de que el general Noriega, presionado por el escándalo desatado por los contactos entre la mafia y el gobierno colombiano, traicionara a mi marido y lo entregara a la DEA.

Por eso no me quedó otra opción que preparar las maletas para viajar a Nicaragua, pero fue un momento muy difícil porque no podía quitarme de la mente a Manuela y lloraba todo el tiempo. Además, me apesadumbraba ver a Juan Pablo a mi lado, quien debía cargar un gran peso emocional.

Finalmente, el 20 de junio de 1984 Juan Pablo y yo viajamos en un vuelo comercial y fuimos recibidos en el aeropuerto de Managua por varias personas que se identificaron como del gobierno sandinista. Nos condujeron en un automóvil Mercedes Benz con placas oficiales a una enorme y antigua casona donde ya se encontraban *el Mexicano*, su esposa Gladys y cuatro de sus guardaespaldas.

Luego de dejar nuestras cosas en una habitación, hicimos un largo recorrido por la estancia, pero nos pareció tétrica porque en el cajón de un mueble encontré un libro que contaba la historia de ese lugar y a través de extensos relatos hablaba de las muchas masacres que se produjeron en el pasado. A ese ambiente tan extraño se sumaba el hecho de que la casa estaba rodeada por muros de ladrillo de tres metros de altura y en cada esquina había torres de vigilancia con guardias fuertemente armados.

Menos mal los refrigeradores siempre estaban llenos, y aunque no nos dábamos cuenta quién llevaba las provisiones, era fácil adivinar que alguien del gobierno sandinista estaba encargado de esa tarea.

Los días pasaban, pero el ambiente de encierro los hacía muy tristes porque estaba en pleno proceso de pasar la dieta por el nacimiento de mi hija. Pese a que la casa era muy grande, el único espacio de intimidad que tenía para hablar con Pablo era nuestra habitación, de ventanas grandes, pero con vidrios opacos porque a nuestro alrededor solo veía personas armadas. Es que la casa parecía un campamento en el que decenas de hombres entraban y salían de las habitaciones y por doquier había maletines y equipos de campaña tirados en el suelo. Era una situación muy incómoda para mí y no entendía por qué no teníamos una vivienda para nosotros.

Pablo notaba mi irritación y solo se le ocurría decir que tuviera un poco más de paciencia, que las cosas iban por buen camino. Él era muy hábil para minimizar cualquier situación, por difícil que se presentara. Yo le imploraba que regresáramos a Medellín, pero él respondía que era muy importante saber esperar para encontrar la calma que buscábamos. Sus palabras transmitían esperanza, pero todo se quedaba en promesas y la anhelada tranquilidad se alejaba más y más.

Recuerdo que me levantaba temprano con Juan Pablo e intentábamos distraernos hasta el mediodía, cuando Pablo se levantaba después de llegar a la madrugada. Almorzábamos los tres y hacíamos un gran esfuerzo por parecer una familia normal, pero muy en el fondo sabíamos que nada era normal. Luego él leía los periódicos o escuchaba noticias para mantenerse informado y en las tardes solía encerrarse con *el Mexicano* en una habitación con varios de sus hombres, donde hablaban varias horas por radioteléfono. ¿Con quién o de qué tema? Ni idea. A ese sitio ni me asomaba.

Con el paso de los días empezó a preocuparnos el estado de ánimo de Juan Pablo, que se veía más y más triste por el encierro. Permanecía callado buena parte del tiempo, lloraba frecuentemente y nos rogaba que regresáramos a Panamá. Con el agravante de que en la ciudad no había jugueterías y por salir corriendo para Nicaragua dejamos la motocicleta y otros juegos con los que al menos se divertía un rato.

La situación con él se tornó tan preocupante que Pablo hizo venir a *Pinina* de Panamá para que lo acompañara. A partir de ese momento, Juan Pablo tuvo dos nuevos momentos de diversión: escuchar por radioteléfono los partidos del futbol nacional colombiano y apostar quién mataba más moscas en cinco minutos en una habitación que vivía repleta de esos insectos. Cada día le pedía a Dios que nos sacara de ese infierno.

Entretanto, yo intentaba verme lo mejor posible para sobrellevar mi difícil situación: me maquillaba, me cepillaba, me arreglaba, todo para ayudarme en mis estados de ánimo y mostrarle a Pablo que su mujer tenía la fuerza y el valor suficientes para acompañarlo. En ocasiones, la nostalgia de la tarde se apoderaba de mí y lloraba en la cama por la ausencia de mi niña, a quien solo podía ver a través de dos fotos que mis hermanas me enviaron por correo. Las imágenes de Manuela riendo eran mi compañía, un bálsamo que me permitía sobrevivir en la adversidad. Solo me animaba la idea de verla pronto y no separarme de ella nunca más.

Con todo, la aburrida cotidianidad me forzaba a buscar la agradable compañía de la joven esposa *del Mexicano*, con quien empecé a encontrarme en las mañanas para hablar un poco. Luego, tres veces a la semana salíamos a caminar con Juan Pablo y llegábamos a una peluquería que funcionaba en una especie de choza de madera. Éramos dos adolescentes de un poco más de veinte años de edad, convencidas de que nuestros maridos nos sacarían de aquel embrollo. No obstante, las salidas de la casa eran muy cortas porque Managua estaba sitiada por los Contras y los estragos de la confrontación se notaban en los edificios, prácticamente en ruinas, y con todos los comercios cerrados.

Muy de vez en cuando yo tenía oportunidad de conversar con *el Mexicano*, que siempre me pareció respetuoso, tímido, de muy pocas palabras, con cara amable, varias piezas dentales de oro, y dispuesto a compartir la mesa con nosotros. Tenía una personalidad muy parecida a la de Pablo, se respetaban, conversaban en calma y nunca los escuché discutir. Él y mi marido eran muy poderosos y jamás noté diferencias entre ellos. Fue un amigo incondicional con Pablo y hasta le ofreció todo su dinero para lo que necesitara; construyeron una relación tan especial que Pablo fue padrino de uno de sus hijos.

Como eso de cazar moscos y escuchar partidos de futbol por radioteléfono no era cosa de todos los días, Juan Pablo arreció sus súplicas para que saliéramos de Nicaragua. Hasta que una mañana, cuando vio al niño muy desesperado, Pablo le dijo que estaba bien, que permitiría que regresáramos a Medellín y luego lo haría él.

Respiré aliviada, pero por poco tiempo, porque Pablo me dijo que estaba pensando devolver a Juan Pablo, pero acompañado por uno de sus guardaespaldas. Según él, yo corría mucho riesgo en Colombia y por eso debía permanecer a su lado. Me dio mucha tristeza engañar de esa manera al niño, que se colgó de mi falda cuando Pablo le dijo en el aeropuerto de Managua que su madre no viajaría por ahora, pero le prometió que estaríamos juntos en pocas semanas. Inconsolable, Juan Pablo abordó el avión con Ferney, uno de los hombres de confianza de mi marido.

Inconsolable también quedé yo porque de la noche a la mañana me había quedado sin mis dos hijos, en un ambiente hostil, rodeada de incomodidades y de hombres armados. Y para completar, las ausencias de Pablo se hicieron más frecuentes y pasaban días en que escasamente lo veía una o dos horas y luego se iba.

En esas circunstancias era obvio que algo debía pasar, y pasó. En los primeros días de julio de 1984 le dije a Pablo que me permitiera ir a Panamá a encontrarme con una de mis hermanas para que me llevara fotografías de Manuela y de Juan Pablo porque quería ver cómo estaban. Menos mal que no se dio cuenta de que mi verdadera intención era irme para Colombia porque no aguantaba más estar sin mis niños. Luego de una breve plática, mi marido aceptó, no sin antes prometerle que regresaría. Tenía que elegir entre mi marido y mis hijos, y preferí estar con ellos. Elegí el riesgo de la muerte con tal de verlos.

Una pequeña maleta con muy poca ropa me acompañó la tarde del 4 de julio cuando salí de Managua hacia Ciudad de Panamá y al día siguiente muy temprano a Medellín. Pensé en pasar desapercibida para que nadie me reconociera y por eso me fui vestida con una sudadera para que pareciera que acababa de hacer deporte. Cuando el avión aterrizó en Medellín me invadió una extraña sensación de desfalleci-miento, pero tenía que mostrar entereza para que nadie se diera cuenta de que estaba presa del pánico.

Finalmente, nada pasó y llegué sin contratiempo a Altos, donde encontré a mi madre muy enferma, en una profunda depresión y con treinta kilos menos de peso. El encuentro con mis dos hijos fue muy emotivo y los abracé muy fuerte durante largo rato. Me dolió que Manuela empezara a llorar cuando la tomé en mis brazos porque no me reconocía, se-guramente porque ya se había acostumbrado a mi madre y a la enfermera.

Pablo no tardó mucho tiempo en descubrir que yo no regresaría y llamó a reclamar y a advertirme que algo me podía pasar.

—Pablo, alguno de los dos tiene que hacerse cargo, no tenemos opción; soy la única posibilidad que tenemos. Si me matan prefiero que mis hijos sepan que fue porque vine a buscarlos.

Se quedó callado.

—Míster, le prometo que me encierro aquí donde mi ma-dre y no salgo a nada, pero tengo una bebé que me necesita, que lleva muchos días sin su mamá.

Pablo entendió a regañadientes, pero insistió en que por ningún motivo saliera de Altos. Le hice caso porque es-taba rodeada de mi familia y mis dos hijos eran un bálsamo para mi vida.

De mi marido no volví a saber y desde ese día intenté construir una vida a partir del encierro. El escándalo por los encuentros de Panamá había bajado notoriamente y en forma esporádica los noticieros se referían a los avances de la inves-tigación por el asesinato del ministro Lara Bonilla.

Pero como con Pablo todo era un torbellino, el martes 17 de julio de 1984 —dos semanas después de haber regresado de Nicaragua— una de mis hermanas llamó para decirme que escuchara la radio porque estaban hablando de una noticia muy grave. Así lo hice y quedé muda cuando oí en una de las emisoras locales que el periódico estadounidense *Washington Times* había publicado esa mañana varias fotografías en las que Pablo, *el Mexicano* y otras personas aparecían cargando cocaína en un avión en Nicaragua.

Con el alma en vilo y rogando que los periodistas hubieran confundido a Pablo con otra persona, esperé los noticieros de televisión de esa noche. A las nueve y treinta, el noticiero *Tv hoy* mostró las imágenes en las que no quedaba duda de que Pablo había sido cogido con las manos en la masa, traficando con cocaína.

Las fotos eran demoledoras y habían sido tomadas, según dijeron, el 24 de junio, por un agente infiltrado de la Agencia Central de Inteligencia de Estados Unidos (CIA), en una pista de aterrizaje cercana a Managua. El noticiero también dijo que las fotografías probaban la vinculación del régimen sandinista de Nicaragua con los cárteles de la droga de Colombia porque una de las personas que aparecía con Pablo y *el Mexicano* era Federico Vaughan, alto funcionario del Ministerio del Interior de ese país. Tiempo después los medios de comunicación informarían que quien tomó las fotografías fue el piloto Barry Seal.

No podía entender cómo era posible que Pablo se metiera en tanto problema al mismo tiempo, y no midiera las consecuencias que sus actos tendrían sobre nosotros.

Dos días después Herbert Shapiro, juez de la Corte sur del Estado de La Florida, ordenó la captura de mi marido por conspirar para importar cocaína a Estados Unidos. Esa noticia sería un antes y un después para mí como esposa porque sabía del miedo que Pablo le tenía a la extradición. Los hechos que sucederían en las próximas semanas y años confirmarían que mi marido estaba dispuesto, como me lo contó una persona que compartió aquella época con él y recordó esta frase que pronunció varias veces: "Si tengo que borrar a Colombia del mapa lo haré, pero dejarme extraditar jamás".

Ante la publicación de más y más noticias sobre él, cada una peor que la otra, era previsible que Pablo tuviera que huir de Nicaragua. Así sucedió y una madrugada de finales de julio llegó al departamento de mi madre. Me causó mucho impacto verlo. Si antes era de pocas palabras, ahora sí que no hablaba y se limitó a decir: "Buenas noches, mi amor", y fue a la habitación de Manuela, que dormía profundamente, y le dio un beso en la cabeza. Luego fue donde Juan Pablo e hizo lo mismo.

Nos sentamos en la sala casi a oscuras y le recriminé por llegar a Altos a sabiendas de que todo el mundo lo estaba buscando. Respondió que estuviera tranquila que por una noche allí no iba a pasar nada. Mi madre escuchó el ruido y se levantó muy alterada.

—Cabeza de mármol, y ahora cuál es la tragedia griega que te vas a inventar.

—No, suegra, tranquilas que todo se va a solucionar, se los prometo.

Quedamos en silencio. En el fondo sabíamos que nunca más habría paz en nuestras vidas. Luego nos fuimos a acostar al cuarto de Juan Pablo y nos abrazamos muy fuerte, como presintiendo que estaríamos juntos muy poco tiempo. En efecto, se levantó a las seis de la mañana, desayunó, se arregló rápido y salió con un maletín en el que metió algunas prendas de ropa, desodorante, crema dental y cepillo de dientes.

Sentí una gran tristeza por no saber qué pasaría en los siguientes minutos. No en las siguientes horas o días, o años. No. Minutos. A eso empezaba a reducirnos la guerra que había iniciado mi marido. Mi hija tenía tres meses de nacida, Juan Pablo siete años y yo veintitrés. Estábamos encerrados en un lugar espacioso, cómodo, rodeados de afecto familiar, donde podía quedarme el tiempo que quisiera, pero de puertas hacia afuera todo era incierto.

Mientras esperaba impaciente algún mensaje de Pablo, mi rutina en Altos empezaba a las seis de la mañana, cuando me levantaba a darle el biberón a Manuela, a mimarla. Al promediar la mañana tenía que hacer un gran esfuerzo para mostrarles a mis hijos el valor del juego, de compartir horas y horas con las mismas personas en los mismos espacios, enseñarles a entender que no se podía salir a la calle, ir a un cine, a un parque. Ese trance fue muy difícil para mí. Lo único que sí hacíamos era subir de un piso a otro en el edificio, visitar a las vecinas y buscar que mis niños interactuaran con los pocos menores de edad que había allí.

Casi un mes después de haberse ido, Pablo envió a *Pasquín* —que también había ido a Panamá y Nicaragua— a preguntar por sus dos hijos y a decir que estaba bien, que no me preocupara y que cuando mejoraran las condiciones de seguridad enviaría por nosotros.

Con todo, en el departamento de mi madre la tensión era inevitable porque llegaban todo tipo de rumores de que en cualquier momento las autoridades allanarían el edificio. Desde la madrugada, ella se la pasaba horas mirando por la ventana esperando la eventual aparición de camiones repletos de hombres armados.

Sin embargo, los allanamientos no llegaron y poco a poco empezamos a notar que la persecución había pasado a un segundo plano. Ese nuevo aire me permitió salir, tener contacto con mi familia e impulsar la construcción del edificio Mónaco, a donde teníamos previsto mudarnos a comienzos de 1985.

En la tarde del 20 de septiembre de 1984 nos encontramos con Pablo en el edificio Mónaco para mostrarle el avance de la obra y estar seguros de que la construcción iba acorde con los diseños. Subimos al *penthouse* a través de un malacate o ascensor improvisado e iniciamos el recorrido, acompañados por los arquitectos. En esas estábamos cuando de repente le dijeron que tenía una llamada de urgencia por el radioteléfono.

—Pedro, Pedro, habla *el Águila*... me acaban de informar que secuestraron a tu papá.

—Ay, cómo así, hermano... enseguida voy para allá.

Quedamos muy sorprendidos por lo que acabábamos de escuchar, pero en un gesto de serenidad que me dejó perpleja, mi marido no se fue y por el contrario permaneció media hora más en el edificio y dio algunas indicaciones. Luego se fue. Ese mismo día Juan Pablo y yo fuimos a acompañar a mi suegra, que se veía muy angustiada por el secuestro de su marido.

En los siguientes días no supimos nada. Pablo seguía prófugo de la justicia y su padre estaba secuestrado y por eso era entendible que yo no supiera qué gestiones estaba adelantando para negociar el rescate de mi suegro. Un día llegó *Otto* con un mensaje de Pablo y sobre el secuestro solo dijo que lo habían realizado cuatro delincuentes comunes que ya habían sido identificados, así como los vehículos en que se lo llevaron.

Al día siguiente en los periódicos de Medellín apareció un aviso dando cuenta de lo que me había contado *Otto*, donde se ofrecía una recompensa a quien proporcionara datos del paradero de mi suegro. También revelaba que los plagiarios se lo habían llevado en dos vehículos Toyota, uno cabinado, de placa oficial 0318, y otro rojo, carpado, con carrocería de madera, de placas KD 9964.

Un fin de semana *Pinina* fue por nosotros para ver a Pablo y en la caleta nos encontramos con mi suegra, que se veía muy desesperada porque don Abel nada que aparecía. En la noche de ese sábado mi suegra no aguantó más y le dijo a Pablo:

—¿No dizque usted es el que sabe todo lo que pasa en este país? ¿Entonces por qué no sabe dónde está su papá?

—Tranquila, mamá, confíe en mí que este es un tema muy delicado y no se solucionará de la noche a la mañana.

Finalmente, el 6 de octubre de 1984 recibimos la noticia de que don Abel había sido liberado y que sería llevado a una caleta donde nos esperaba Pablo. *Otto* fue a recogerme a Altos y me llevó con Juan Pablo a una casita campesina en la parte alta de Los Balsos, donde ya estaban mi suegra y dos de mis cuñados.

Pasaron cuatro horas en las que dos veces rezamos el rosario, cuando de repente aparecieron varios vehículos y de uno de ellos bajó mi suegro. Doña Hermilda lo abrazó primero, luego Pablo y después los demás. Se sentó en una silla y nosotros alrededor, expectantes para que contara detalles de lo que vivió durante esos dieciséis días de cautiverio.

—Me hicieron caminar mucho tiempo por el monte, pero menos mal estoy acostumbrado a andar por entre las montañas, o si no hubiera muerto. Me dieron buena comida y me decían que tranquilo, que no me iba a pasar nada, que mi hijo iba a pagar el rescate.

Luego del interrogatorio de rigor porque queríamos saber todos los detalles, mi suegro dijo que estaba muy cansado y que prefería irse para su finca con doña Hermilda.

No le preguntamos a Pablo cómo había hecho para lograr que su padre regresara tan rápido del secuestro, pero pocas semanas después *Otto* me contó que los secuestradores llevaron a don Abel a una finca en el municipio de Liborina, a noventa kilómetros de Medellín, y lo amarraron a una cama. Fue muy escueto y solo dijo que Pablo hizo instalar equipos en la casa de doña Hermilda para grabar las llamadas y que por esa vía muy pronto conoció las identidades de los secuestradores, pero prefirió esperar que hicieran una petición de rescate para evitar que le hicieran daño a su padre. Después de exigir inicialmente diez millones de dólares —cerca de mil millones de pesos de la época—, los captores quedaron atónitos con la respuesta de Pablo: "Vea, hermano, ustedes secuestraron al hombre equivocado porque mi papá es un campesino muy pobre que no tiene un peso y deberían haberme secuestrado a mí que soy el de la plata".

Los secuestradores bajaron sus pretensiones a cuarenta millones de pesos y luego a treinta, que Pablo envió con John Lada, el padrino de Manuela. Al final se llevaron menos de una décima parte del dinero que pretendían.

Pero 1984 no había terminado todavía. Habían sucedido muchas cosas a lo largo de ese año y en diciembre parecía que las aguas se habían calmado. Y llegamos a pensar que así era porque en la segunda semana de ese mes *Otto* y Giovanni nos recogieron a Juan Pablo, a Nieves —la empleada— y a mí y nos llevaron a una finca de recreo en el vecino municipio de Guarne, para pasar el fin de año con Pablo. Dejé a Manuela con la abuela porque tenía comienzos de gripa.

El ambiente era distendido, propio de diciembre, y los hombres de Pablo entraban y salían de la finca para ir al pueblo a comprar provisiones, a tomar cerveza, sin tener en cuenta que estábamos en una zona habitada y el continuo movimiento de personas llamaba la atención.

En la madrugada de uno de esos días yo dormía profundamente con Juan Pablo cuando nos despertó el alboroto y vi a un policía vestido de civil con el cañón de su arma apretando el estómago de mi hijo. Debió parecerle alguien mayor porque el niño tenía puesto un aparato elástico que cubría su cabeza y el mentón, que los médicos le habían prescrito para corregir una incipiente desviación en la mandíbula.

El susto fue horrible. No me pasaba la saliva, no podía hablar, y cuando logré hacerlo solo atiné a preguntar qué estaba pasando. Aun cuando todavía no amanecía, alcancé a ver que uno de los policías llevaba en la mano la ruana blanca de Pablo. Era claro que había escapado y así lo confirmó el hombre cuando me dijo que se le había caído a "una de las personas que se voló". Sentí que se me salía el corazón y abracé muy fuerte a mi hijo, que ya se había despertado y miraba para todos los lados, muy asustado.

El allanamiento ya llevaba cerca de tres horas porque los policías revisaron la finca palmo a palmo y no nos dejaban mover de la sala de casa, hasta que uno de ellos dijo en tono grave que yo quedaba detenida y me llevarían al comando a interrogarme.

—Pero ¿por qué, señor, si yo estaba descansando con mi hijo en esta finca?

No hubo respuesta, y luego empezamos a mirar quién llevaría a Juan Pablo a la casa de mi mamá. También pensé en buscar cuanto antes un abogado, pero todo quedó resuelto de pronto cuando uno de los policías me ofreció disculpas y dijo que nos fuéramos. No pregunté por qué, pero imaginé que Pablo había movido sus fichas en algún lado. Temblando todavía subí al niño y a Nieves a un Jeep y me fui.

Pablo había escapado dejando atrás su ruana. Era el primer allanamiento de la Policía y no sería el último. Habíamos salido relativamente fácil de ese trance, pero muy en el fondo sabía que vendrían muchos más y que muchas veces nuestras vidas estarían en peligro. Faltaban nueve años de zozobra.

**

Mi encuentro con Jorge Lara

Nos encontramos en julio de 2017, pero difícilmente podía mirarlo a los ojos porque me daba vergüenza. Mi hijo Sebastián había allanado el camino y una vez que Jorge Lara y yo estuvimos frente a frente en una pequeña finca en la parte alta de Medellín, nos fundimos en un emotivo abrazo. Luego, en una conmovedora conversación juntamos nuestros dolores, nuestros horrores y nuestros lamentos, y le pedí perdón muchas veces por su dolor, sin poder contener el llanto.

Jorge tenía escasos seis años de edad cuando su padre, el ministro de Justicia Rodrigo Lara, fue asesinado. Es el segundo de tres hermanos y su vida ha estado llena de dificultades.

Mientras yo escuchaba con lágrimas en los ojos, habló del dolor causado por muchos años de exilio, de los aprietos que afrontó para estudiar en un país cuyo idioma no conocía, de la impotencia de su madre, que tras la muerte de su marido se fue de Colombia con tres hijos muy pequeños.

De ese memorable encuentro con Jorge Lara me queda una carta que él decidió escribir a propósito de este libro. No es fácil asimilar su contenido, que refleja en profundidad el dolor que esta ola de violencia le causó a su familia. Son palabras que agradezco en el alma y que me confirman una vez más que solo el perdón nos puede sanar:

Según la lógica del odio, yo debería ser el vengador de la muerte de mi padre. Durante muchos años soñé con la venganza y pensé que mi acto sería recibido heroicamente. Según esa lógica era un derecho adquirido, debido a todas las monstruosidades hechas u orquestadas por Pablo Escobar y demás cómplices y, obviamente, por el asesinato de mi padre. En 1984, exactamente dos meses después del asesinato, mi madre, de veintisiete años de edad, viuda, tuvo que huir del país a un exilio forzado junto a sus tres hijos, para evitar que terminaran igualmente con nuestras vidas.

Durante varios años de exilio en tres países tuvimos que adaptarnos a nuevas costumbres, buscar nuevos espacios y luchar solos por hacernos aceptar en sociedades desconocidas para nosotros cuatro.

En nuestro segundo país de exilio, Suiza, por cosas de la vida terminamos estudiando a tan solo veinte kilómetros de donde se encontraba la familia de Pablo Escobar. A mí me contaron que Sebastián estudiaba cerca de mi escuela y planifiqué lo irreparable. A mis doce años quería esa venganza, la cual pensé y preparé en compañía de mi mejor amigo. De milagro, no llegamos a conseguir el dinero suficiente para finalizar lo planificado.

El tercer país fue Francia. Allí, a mis dieciséis años, tras escuchar la noticia de la muerte de Escobar, quise festejar, pero lo primero que mi madre me dijo fue: "Yo no los eduqué así. ¡Ustedes no son quién para festejar la muerte de nadie! ¡Ese hombre tenía que ser juzgado y pagar por sus crímenes! ¡Pero alegrarse por la muerte de alguien no está bien y no se los acepto!" Al principio no entendí, pero los años le dieron razón.

En el 2007 me contactó Nicolás Entel, director de cine argentino y catalizador de mi encuentro con la familia Escobar. Es importante recordarlo, ya que él a través de su documental Los pecados de mi padre, *hizo que todo esto fuese posible.*

Mi encuentro con Sebastián fue en privado. No hubo prensa, solo nosotros. El encuentro fue muy directo, cordial y sincero. De ahí nació una amistad sincera donde los polos opuestos, destinados a dispararse, terminaron conectados por la historia que la vida nos destinó.

Pasaron los años y a mediados de 2017, en las montañas de Medellín, tuve una reunión con Sebastián. Al final de esta saludé unas personas que se encontraban en el lugar y para mi gran sorpresa Sebastián tomó una señora de la mano, me miró y me dijo: "Te presento a mi madre".

Fue ese tipo de momentos en los cuales tu mente te manda miles de informaciones en fracciones de segundos. El sentimiento inmediato fue darnos un abrazo: un símbolo de perdón, de aceptación, de entendimiento y de conexión. Nos miramos y nos sentamos a hablar. ¿Por dónde empezamos? No recuerdo, pero la plática fue sincera y clara, sin tapujos. Compartimos sentimientos y partes importantes de la historia. Me pidió perdón y seguimos hablando de varias etapas de la vida. Ese encuentro duró unas horas.

Ya va para un año que nos conocimos, de vez en cuando hablamos para tomar noticias y saludarnos. De la misma manera, muchas veces hablo del caso de mi padre el cual —34 años después del magnicidio— sigue sin resolverse. Sé que Pablo Escobar y sus socios del Cartel de Medellín estuvieron detrás del asesinato, pero en aquellos años mi padre denunció igualmente la infiltración de dineros calientes derivados de la mafia en diferentes esferas del país, como en el deporte, las finanzas y los partidos políticos.

En este momento que está viviendo el país —proceso de paz, investigaciones a altos funcionarios y una generación que desea un futuro más amigable y justo para todos—, solo nos queda *construir la paz. Esto se logra rompiendo barreras, esquemas, tabúes y dando el primer paso.*

1985

—Tengo que irme, surgió un problema, hablamos en otro momento —me dijo Pablo algo agitado, justo cuando íbamos a empezar a hablar de un problema de pareja que nos había distanciado durante las últimas semanas.

Era el 6 de noviembre de 1985. Nos encontrábamos en la finca La Pesebrera en la loma del Chocho, municipio de Envigado, donde él se ocultaba por esos días. Le había enviado varias cartas en las que le pedía que nos viéramos un rato para hablar, hasta que finalmente aceptó que *Otto* pasara esa mañana a buscarme al edificio Mónaco. Mi marido se veía muy enfadado, serio, y observé que, aunque me miraba, su mente estaba en otro lado.

Tardé un largo rato en romper el hielo y le conté cómo estaban los niños y qué habíamos hecho durante esos días, pero justo en ese momento y cuando se le veía alguna disposición para hablar, entraron *Otto* y *Pinina*, lo llamaron a un lado y le susurraron algo en voz baja. Inmediatamente Pablo les dijo que alistaran los autos porque tenían que irse y les ordenó a otros de sus hombres que me regresaran al edificio.

Media hora después, ya en el *penthouse* de Mónaco, escuché un alboroto en la cocina. Me acerqué y las empleadas tenían sintonizada una emisora de radio en la que hablaban sin mayores detalles de un intenso tiroteo en el centro de Bogotá, al parecer dentro del Palacio de Justicia. Con el paso de las horas ya no había duda de que Colombia vivía una nueva tragedia, esta vez la toma del edificio donde funcionaban la Corte

Suprema de Justicia y el Consejo de Estado, por guerrilleros del movimiento M-19.

Pablo no apareció más ni envió mensaje alguno, pero tiempo después supe que luego de despedirse de mí en La Pesebrera fue a esconderse a una finca cerca de la hacienda Nápoles. Yo permanecí en el edificio, muy preocupada. Me arrodillé —como ya lo había hecho con mi madre luego del asesinato del ministro Rodrigo Lara—, recé muchas veces y prendí una velita frente a la imagen de un Cristo de madera.

El resultado de lo que ocurrió en aquellas veintisiete horas de horror me afligió sobremanera. Hubo más de cien muertos, entre ellos una veintena de magistrados, funcionarios judiciales, integrantes de la fuerza pública y civiles. Pero con el correr de los días y mientras el país se reponía de semejante atrocidad, los medios de comunicación empezaron a informar que el incendio desatado en la noche del 6 de noviembre y que consumió buena parte del edificio también produjo la destrucción de todos los expedientes relacionados con solicitudes de extradición, en estudio en la Sala Constitucional de la Corte Suprema.

Como he dicho en reiteradas ocasiones a lo largo de este libro, las posibilidades de hablar con mi marido sobre las cosas que había hecho o que no había hecho eran mínimas. Solía suceder que me enterara a través de comentarios sueltos de sus hombres, pero casi nunca tenía una idea completa de las cosas.

En este caso en particular de la toma del Palacio de Justicia, no hablé directamente con Pablo y tampoco le pregunté si tuvo algo que ver en su planeación o financiación, pero con el paso de los años las piezas están más juntas. Y si hubiera tenido la posibilidad de hablar del asunto con él, muy seguramente su respuesta hubiera sido la misma, calcada de otras:

"Mi amor, ¡no ve que a mí me meten en todo lo que pasa en este país!"

Cuando hablo de que las piezas se juntan me refiero a episodios que ocurrieron varios años atrás —a comienzos de la década de los ochenta—, sobre los cuales hablé tangencialmente con Pablo en distintos momentos; el paso de los años confirmaría que mi marido y algunos líderes del M-19 estuvieron unidos por distintos intereses.

Sobre toda esa historia, el recuerdo me lleva al 14 de noviembre de 1981, cuando Pablo llegó a nuestra casa en el barrio El Diamante y me comentó que estaba muy preocupado por el secuestro de la estudiante Martha Nieves Ochoa, ocurrido dos días atrás en el campus de la Universidad de Antioquia, donde cursaba sexto semestre de Economía. También me dijo que había visitado a los Ochoa para ver cómo ayudaba en ese difícil trance porque apreciaba a esa familia, y en particular a don Fabio Ochoa Restrepo y a su hijo Jorge Luis, con quienes mantenía una relación muy estrecha.

Respondí que ojalá todo saliera bien, pero noté una extraña actitud en mi marido. En efecto, dejó de ir a la casa y de un momento a otro y sin previo aviso nos vimos rodeados por hombres armados que, según me dijeron, habían recibido la orden de cuidarnos. Al mismo tiempo, *Pasquín* llegó con instrucciones de mi marido, quien mandaba decir que no saliera de la casa por un buen tiempo, hasta que las cosas se resolvieran. Hubo una excepción con Juan Pablo porque empezaron a llevarlo en un vehículo blindado al Montessori School, donde cursaba kínder. Mientras estaba en clase, dos escoltas permanecían afuera.

Era obvio que Pablo estaba metido por completo en el asunto de Martha Nieves Ochoa, es decir, había asumido como propia la causa de una familia apreciada por él. Sin saber demasiado, un día de la tercera semana de noviembre le reclamé cuando llegó a las diez de la mañana, visiblemente trasnochado:

—Pablo, te vas a hacer matar por tus amigos. No has aparecido por acá en muchos días... Y ¿nosotros qué? ¿No vamos a estar con vos en Navidad?

—No, mi amor. Si uno no colabora, entonces cómo pide ayuda más adelante. En esto tenemos que estar unidos, para que no vuelva a pasar.

Y volvió a irse por varios días. Hasta que una mañana, cuando ojeaba los periódicos locales, dimensioné lo que estaba sucediendo. En una de las páginas interiores aparecía un aviso de buen tamaño que además de anunciar la creación del grupo Muerte a Secuestradores (MAS), daba a conocer la noticia del secuestro de Martha Nieves Ochoa y advertía tajantemente que el M-19 no recibiría un centavo por su liberación.

¿El M-19 había secuestrado a Martha Nieves? Era increíble. En ese momento entendí que mi marido estaba decidido a colaborar para rescatarla porque a mediados de julio de ese año, 1981, él había estado en una lista de secuestrables de ese grupo guerrillero. En su momento, conocí detalles que Pablo me contó y que complementé años después cuando hablé con algunos de sus hombres a propósito de la investigación para este libro.

Era una paradoja que justamente el M-19 hubiera intentado plagiarlo porque en varias ocasiones mi marido había mencionado su simpatía por los audaces golpes que ese grupo rebelde había dado desde su fundación, entre ellos el robo de la espada del Libertador Simón Bolívar, el robo de cuatro mil armas de un batallón del Ejército y la toma de la embajada de República Dominicana. Desde cuando nos conocimos, Pablo me dijo en varias ocasiones que el M-19 lo seducía porque unos pocos jóvenes intrépidos se habían dado a conocer, luego de asaltar camiones repartidores de leche y repartir miles de botellas en los barrios más deprimidos de Bogotá.

Pero una cosa era que Pablo congeniara con las acciones propagandísticas del M-19 y otra muy distinta que intentaran secuestrarlo para financiarse. Por eso utilizó sus contactos en los organismos de seguridad y, según me contó *Pinina*, en distintos lugares de Medellín fueron retenidos varios integrantes de la Regional Medellín del M-19 y llevados a la sede de *Antioquia al día*, en cuya parte de atrás Pablo tenía una oficina. Allí, me contó *Pasquín* tiempo después, mi marido les dijo que simpatizaba con su causa y por eso no les haría daño, pero les advirtió que era muy mala idea obtener dinero secuestrando ciertos personajes de Medellín muy ricos y poderosos, entre ellos él.

De manera impensada, ese encuentro dejó sentadas las bases de una futura relación regida estrictamente en los intereses de cada uno. No obstante, el pacto de no agresión se fue al traste con el secuestro de Martha Nieves a manos de ellos. Tras la publicación del aviso que dio cuenta de la creación del MAS, Pablo empezó a llegar casi todos los días a las ocho o nueve de la mañana, después de —me contó *Pinina*— realizar allanamientos casi toda la noche con el Ejército. Esas operaciones clandestinas terminaron con la captura de una veintena de personas, entre ellas las mismas con las que Pablo se había topado cuatro meses atrás.

Tal como lo había temido, ni en Navidad ni en Año Nuevo Pablo estuvo con nosotros, que permanecimos en la casa de El Diamante. Pero a juzgar por las noticias, era claro que mi marido seguía muy activo en la tarea de localizar a la hermana de sus amigos. Por eso, el 30 de diciembre de 1981 me sorprendió la publicación, en la primera página del periódico

El Colombiano, de la fotografía de una mujer, identificada como Marta Elena Correa, dejada por desconocidos en la puerta principal de ese periódico, encadenada en las manos y con un letrero que decía "Secuestradora". Según decía el periódico, la habían dejado en libertad pocos días después de su retención, como una manera de enviarle un mensaje al M-19 advirtiéndole que el MAS les tenía pisados los talones a los captores.

Las cosas debían estar muy complicadas porque el 3 de enero de 1982, tres semanas después del secuestro, leí en *El Colombiano* un aviso que los Ochoa publicaron con un mensaje que más parecía una declaración de guerra: "La familia Ochoa Vásquez informa que no está dispuesta a negociar con los secuestradores del M-19 que mantienen cautiva a la señora Martha Nieves Ochoa de Yepes. Que no pagará dinero por su rescate y que por el contrario ofrece la suma de veinticinco millones de pesos [trescientos ochenta y siete mil dólares de la época] a cualquier ciudadano que suministre información sobre su paradero".

Pablo nunca me dijo nada al respecto, pero lo cierto es que nos alegró saber que el 12 de febrero, 123 días después de haber sido plagiada, Martha Nieves fue dejada en libertad en el municipio de Génova, departamento del Quindío. Muchas versiones han circulado desde entonces respecto de cuánto dinero recibió el M-19 por liberar a la secuestrada e incluso qué personajes de alto nivel de varios países participaron en la negociación, pero la verdad es que nunca logré obtener información confiable sobre eso.

Testigo de excepción de ese momento es el periodista antioqueño Alonso Arcila, a quien llamé a propósito de este libro porque tuvo acceso privilegiado al cubrimiento de esa noticia. En aquella época él hacía un manejo responsable de la información y por eso Pablo lo llamó y le dijo que uno de sus hombres lo recogería en el parque de Envigado y lo llevaría a la casa de los Ochoa conocida como La Loma.

—Llegué a esa casa y ya estaban don Fabio Ochoa papá y toda su familia; los entrevisté y luego me autorizaron para ir al aeropuerto Olaya Herrera a recibir a Martha Nieves Ochoa, que venía de Armenia; ella estaba muy nerviosa y la verdad fue muy indiferente y no quería dar declaraciones, solo abrazar a su familia porque estaba muy cansada.

En la investigación que realicé para mi libro hablé con varias personas cercanas a Pablo, quienes me informaron que pese a la actitud del M-19 de intentar secuestrarlo a él y luego secuestrar a Martha Nieves Ochoa, sus relaciones no se rompieron y, muy por el contrario, mi marido mantuvo contactos cercanos con Iván Marino Ospina, segundo al mando del M-19, y con Elvencio Ruiz. Mis fuentes relataron numerosos encuentros en la hacienda Nápoles y en fincas en los alrededores de Medellín. Por cierto, fue muy comentado en su momento el regalo que Ospina le dio a Pablo: un fusil AK-47 nuevo, que terminó en manos de *Pasquín* y fue su arma durante mucho tiempo.

También me contaron en la investigación para este libro que, por estar cerca de mi marido, Iván Marino Ospina gozó de ciertos privilegios, como por ejemplo salir y entrar al país sin que en inmigración le pusieran sellos en su pasaporte. La relación de ellos dos debió ser muy estrecha porque a finales de agosto de 1985 vi muy compungido a Pablo cuando llamaron para contarle que Ospina había muerto en un combate con el Ejército en Cali. No me dijo nada en ese momento, pero sí escuché cuando hablaba por teléfono con alguien y le decía que Ospina era un guerrero, un combatiente como pocos.

Lo cierto es que años después la tragedia del Palacio de Justicia dejó como daño colateral la destrucción de los expedientes sobre extradición y la automática parálisis del trámite de esos casos, algo que según le oí a *Pasquín* les quitaba un peso de encima a mi marido y a numerosas personas requeridas por Estados Unidos, porque la reconstrucción de los archivos era casi imposible. La extradición, en consecuencia, sufría un duro revés porque ya ese año, 1985, el gobierno había reactivado el envío de nacionales a responder ante la justicia de otro país, como sucedió con trece personas, entre ellas Hernán Botero Moreno —presidente del club de futbol Atlético Nacional—, Marco Fidel Cadavid y los hermanos Said y Nayib Pabón Jatter. Recuerdo haber visto a Pablo muy contrariado por esas extradiciones, pero en particular por la de Botero, quien según él no debió ser enviado a Estados Unidos, porque estaba acusado de lavado de activos y no de narcotráfico.

Con todo, el fantasma de la extradición seguía ahí, latente, pero pasaría a un segundo plano en la agenda nacional el 13 de noviembre —una semana después de los hechos del Palacio de Justicia—, cuando se produjo otra pavorosa tragedia: la erupción del Nevado del Ruiz que arrasó la población de Armero, Tolima, en el suroccidente de Colombia, y causó la muerte de más de veinte mil personas. Las imágenes de lo que ocurría en esa región eran muy dolorosas porque claramente el país no estaba preparado para enfrentar semejante embate de la naturaleza.

Por eso fue tan cruel observar el triste final de Omaira Sánchez, la niña que murió frente a las cámaras de televisión porque no existía la tecnología requerida para rescatarla de entre las paredes de su casa. Ese episodio partió en dos mi corazón porque en medio de su impotencia la pequeña le decía a su madre que la quería, que rezara porque no quería morir.

Pablo no estaba con nosotros en aquellos momentos, pero el piloto de uno de sus aviones me contó que había ordenado enviar uno de sus helicópteros Hughes para ayudar a llevar agua potable para los sobrevivientes, al tiempo que llamó a sus "socios" para formar una especie de flota aérea para transportar colchones, cobijas y comida.

Ahora que he hablado de la relación de Pablo con algunos jefes del M-19, una tarde pasaba por un costado de la piscina de La Mayoría y vi a mi marido y a Juan Pablo con algo que parecía una espada. Me acerqué intrigada y pregunté en qué andaban:

—Mira, mi amor, lo que acabo de darle a Grégory: la espada del Libertador Simón Bolívar. Me la regaló un amigo.

Era una locura. ¿La espada de Bolívar en manos de mi marido? La vi y me pareció un artefacto normal, aunque llamativo. Podría ser, pero podría no ser. Si era auténtica estaríamos ante un hito histórico que se sumaba a las dos piezas del Libertador que yo había comprado hacía poco: la medalla que le regalaron después de triunfar en la batalla de Boyacá, en 1819, y la maqueta original de una escultura del caballo del Libertador que el gobernador de aquella época le encargó a un famoso artista italiano para exhibirla en la plaza de Bolívar de Medellín.

Lo último que escuché cuando me alejaba fue la siguiente frase:

—Hijo, cuídela, que esa espada tiene mucha historia. Vaya, pues, pero manéjela con cuidado y no se ponga a jugar por ahí con ella.

La guerra, los allanamientos, las caletas, el corre corre, nos llevaron a sitios impensados, en un incesante trasegar en el que perdimos muchas cosas y olvidamos otras. Como la espada de Bolívar, de la que volví a escuchar años después, a comienzos de enero de 1991, cuando *Otto* y *Arete* llegaron a la caleta conocida como El 40, donde nos escondíamos mis hijos y yo, y traían un mensaje urgente de Pablo: necesitaba que devolviéramos cuanto antes la espada de Bolívar.

Nos miramos incrédulos porque habían pasado más de cinco años desde cuando Pablo le regaló la espada a Juan Pablo. Mi hijo reaccionó y dijo:

—*Otto*, decile a mi padre que lo que se regala no se pide, que no se la devuelvo porque además no sé dónde está.

El escolta entendió la determinación de mi hijo y llamó a Pablo por teléfono para que hablaran.

—Grégory, vea, devuélvame esa espada porque tengo que entregársela a los amigos que me la regalaron y la necesitan con urgencia.

Pablo fue convincente, pero encontrar la bendita espada nos llevó varios días porque Juan Pablo no recordaba dónde la había dejado después de varios años de ires y venires. La única salida fue pedirles a todos los escoltas que buscaran en fincas, departamentos, casas, donde habíamos estado desde 1985 y trajeran cuanto objeto vieran parecido a una espada. Recuerdo que llegaron hasta machetes y cuchillos grandes. Finalmente encontraron una bastante parecida a la que Juan Pablo había recibido y se la enviamos a Pablo. Antes de que se la llevaran, Juan Pablo se tomó varias fotografías con la espada para tener un recuerdo de que aquel artefacto tan importante había pasado por nuestras manos.

No volvimos a hablar del asunto, pero tiempo después entendimos la razón por la cual Pablo pidió devolver la espada de Bolívar. El motivo no era otro que, como el M-19 había culminado su negociación con el gobierno, necesitaba mostrar un gesto de buena voluntad y qué mejor que regresar la espada. Ello ocurrió el 31 de enero de 1991, en una ceremonia especial en Bogotá en la que Antonio Navarro Wolf y otros guerrilleros del M-19 ya desmovilizados le entregaron la espada al entonces presidente César Gaviria.

Examinando estos hechos en perspectiva, me queda la duda de si la espada que devolvimos era en realidad la original o si alguien en el camino pudo quedarse con la auténtica y aquella que entregó el M-19 es o no la original. Todo lo que rodeó ese episodio es, por decir lo menos, exótico. Lo cierto es que públicamente se ha dicho que la espada que entregó el M-19 permanece a buen recaudo en una bóveda de seguridad del Banco de la República. ¿Estarán cuidando la que es? Es posible que no lo sepamos nunca.

1986

Esa mañana del 25 de julio de 2016 Juan Pablo llegó a mi departamento y se veía muy agitado. Me preocupé cuando dijo que tenía algo para mostrarme en el celular. Acostumbrada como estaba a las malas noticias, pensé que algo había pasado, pero me sentí aliviada porque no era así.

Abrió uno de los mensajes que había recibido, y me explicó que le había escrito Aaron Seal, hijo del piloto estadounidense Barry Seal, asesinado treinta años atrás —según las investigaciones— por orden de Pablo. Era increíble que alguien quisiera contactarlo, hablar de lo sucedido, afrontar el pasado.

Las palabras de Aaron eran estremecedoras: "Me llamo Aaron Seal y mi padre fue Barry Seal. Estoy seguro de que estás tan familiarizado con ese nombre como yo lo estoy con el de tu padre. He leído que has buscado la reconciliación con personas del pasado de tu padre y eres un gran hombre por ello. He contactado a los hombres que jalaron el gatillo y mataron a mi padre, y les he dicho que los he perdonado. Solo quiero que sepas que hace mucho tiempo perdoné a tu padre por haber —supuestamente— pagado por el asesinato de mi padre. Me acerco humildemente para pedirte que perdones a mi padre por haber estado dispuesto a declarar en contra de tu papá y sus asociados. Mi padre solamente estaba tratando de salvar su espalda y al final él pagó el último precio. Solo quiero que sepas que no hay resentimientos de mi parte ni de mi madre. Yo más que la mayoría puedo entender lo difícil que ha sido tu vida. Mi camino ha sido áspero también, pero el Señor ha sido mi roca. No me ofenderé si eliges no contestarme. Que Dios te bendiga. Aaron".

Mi hijo no dudó un segundo en responder y al cabo de varios cruces de correos y una videoconferencia previa, se encontraron el 27 de septiembre de ese año en la Ciudad de México. Horas después llamó y dijo emocionado que la conversación había sido entrañable porque hablaron de sus historias personales, pero también de sus padres, que cometieron graves errores y ello les costó la vida en diferentes circunstancias.

La manera como murió mi marido es más que conocida, pero el encuentro de Sebastián y Aaron confirmó muchas cosas y dejó otras nuevas sobre las causas que llevaron a Pablo a ordenar que sus hombres localizaran a Barry Seal en Estados Unidos y le dieran muerte, lo que sucedió el 19 de febrero de 1986 en el estacionamiento del Ejército de Salvación en la ciudad de Baton Rouge, estado de Luisiana.

El conmovedor encuentro de Aaron y mi hijo permitió abrir otra puerta: encontrarme con la viuda de Barry Seal, pero al cierre de este libro hemos intentado reunirnos en varios lugares de Latinoamérica y por una u otra razón no lo hemos podido hacer. Tengo la convicción de que, si ese momento se da, habrá un antes y un después para nosotras como mujeres.

En Colombia, la muerte de Seal prácticamente pasó desapercibida. Ajena a esos sucesos, por aquellos días me dediqué a organizar una reunión familiar en el edificio Mónaco para celebrar los nueve años de Juan Pablo, el 24 de febrero de 1986. Quería darle un regalo muy especial para no caer en el lugar común de ropa o una joya, y por eso opté por algo que había comprado recientemente con la idea de que lo guardara como un tesoro: un cofre con las cartas de amor originales que Manuelita Sáenz le escribió al Libertador Simón Bolívar. Hoy es un adulto y me ha dicho que se siente orgulloso de haber conservado esas piezas.

Poco antes de partir el pastel apareció Pablo sin avisar, pero dijo que no se podía demorar mucho tiempo. Nos tomamos las fotos de rigor, comió ponqué y estuvo muy cariñoso con Manuela y con Juan Pablo. Antes de irse, media hora después de haber llegado, le entregó una carta al niño y le dio un abrazo. Como siempre, su fugaz presencia me dejó un sabor agridulce porque todavía no me acostumbraba a vivir cada momento de mi vida con y sin marido. Cuando terminó la reunión leí el mensaje que Pablo le escribió a su hijo: "Hoy estás cumpliendo nueve años, ya eres un hombre y eso implica muchas responsabilidades. Quiero decirte hoy que la vida tiene momentos hermosos, pero también tiene momentos difíciles y duros; esos momentos difíciles y duros son los que forman a los hombres. Sé con absoluta certeza que los momentos difíciles de tu vida los afrontaste siempre con mucha dignidad y muchísimo valor". En aquel momento yo tenía veinticuatro años y me duele no haber comprendido entonces que con ese mensaje Pablo le estaba robando la niñez a Juan Pablo, porque ponía sobre sus hombros responsabilidades superiores a sus fuerzas. Me indigna no haberle reclamado por el contenido de esa carta.

Pablo desapareció de nuevo y en los siguientes meses de 1986 vivimos cierta normalidad en el edificio Mónaco, y por eso yo intenté construir una cotidianidad alrededor de mis hijos y mi familia. El entorno era importante y ello incluía la decoración del departamento, en el que privilegié el color y la frescura. Y como me gustaba lo mejor de lo mejor, contraté una empresa que todas las semanas enviaba desde Bogotá rosas blancas y rojas de exportación, así como anturios y gladiolos. Una experta se encargaba de elaborar los cerca de veinte floreros que lucíamos en el *penthouse*, incluidos los baños.

Por aquellos días también estaba muy ocupada en los preparativos de la primera comunión de Juan Pablo, programada por el colegio San José para el sábado 16 de agosto de 1986. Como la ceremonia había sido prevista desde comienzos de año, yo había tomado las precauciones suficientes para que mi hijo viviera un evento inolvidable.

Por esa razón viajé a Suiza, porque me habían dicho que en ese país europeo encontraría los mejores arreglos para ese tipo de celebraciones. En efecto, en Ginebra encontré un almacén especializado en tarjetas de invitación para primeras comuniones, donde mandé a hacer un centenar de ellas, en papel lino con una cinta amarilla en satín. En otro lugar de esa ciudad también encontré una fábrica de chocolates suizos, famosos en el mundo por su sabor y porque los envolvían en una caja amarilla cuadrada con una tapa bordeada por flores en tonos amarillos y pastel en papel crepé. Toda una obra de arte. De Suiza fui a Roma, Italia, a comprar el traje de la primera comunión. Era de lino azul con degradé grises y la corbata llevaba detalles en rojo que le daban realce y belleza al traje. Y en Milán compré los vestidos para Manuela y para mí.

El día indicado, la ceremonia se realizó en el colegio y Juan Pablo estuvo acompañado por sus abuelos y por mi hermano Carlos, quien asistió en representación de Pablo porque continuaba prófugo de la justicia. Me entristeció ver a Juan Pablo con los ojos humedecidos porque sus compañeros se veían radiantes, rodeados por sus padres y sus familias.

En la tarde, hicimos una gran fiesta en el edificio Mónaco y como ya era costumbre Pablo se presentó sin avisar, acompañado por Fidel Castaño y Gerardo *Kiko* Moncada. Estuvieron dos horas con nosotros y luego se fueron a una caleta conocida como El Paraíso, donde nos esperarían para continuar la celebración. Horas después mis padres y nosotros fuimos al lugar acordado, partimos un pastel y tomamos algunas fotografías.

No obstante esos momentos agradables, los sobresaltos derivados de lo que informaban los medios de comunicación sobre mi marido no nos dejaba en paz. Las noticias se referían al avance de los procesos judiciales por diversos delitos, y la solicitud de extradición de Estados Unidos.

Él aparecía muy de vez en cuando en el edificio Mónaco, pero entre tanto yo me enteraba por los noticieros de los graves hechos que sacudían al país y que casi de inmediato repercutían directamente en nosotros, como el ocurrido el 17 de noviembre de 1986, cuando se produjo el asesinato en las afueras de Bogotá del coronel de la Policía Jaime Ramírez, quien en marzo de 1984 había dirigido la ocupación en los Llanos del Yarí, Caquetá, del complejo coquero de Tranquilandia.

En efecto, menos de doce horas después de ocurrido el homicidio del coronel, el Ejército se tomó el edificio en busca de Pablo. Decenas de soldados llegaron en camiones y coparon los siete pisos, al tiempo que un coronel y varios suboficiales se dirigieron al *penthouse* donde me encontraba con mis hijos.

Lo que sucedió en ese allanamiento me dejó el amargo sabor de que la confrontación entre mi marido y las autoridades se degradaría poco a poco, en detrimento de quienes estábamos en el medio.

—¿Dónde está ese hijueputa? —me preguntó el coronel sin poder ocultar el odio que sentía por mi marido.

—Coronel, me separé de él hace mucho tiempo.

La excusa no sirvió de mucho porque justo en ese momento entró una llamada de Pablo, a quien alguien debió contarle que nos acababan de allanar. Uno de los militares contestó el teléfono y mi marido debió decirle palabras muy feas porque inmediatamente el coronel me sujetó con fuerza del brazo y a empujones me llevó al clóset y cerró la puerta.

—Muéstreme entonces cuál es la pijama que se va a poner esta noche para lucirle a ese matón de policías, magistrados y gente inocente —dijo a gritos, al tiempo que me paró de frente a un espejo.

Temblando, presa del pánico, no tuve otra opción que sacar una prenda íntima de un cajón y mostrársela porque el oficial estaba iracundo. Esos instantes parecieron eternos y solo le pedí a Dios que me librara de él. Por fortuna el ruido de armas y pasos en la habitación lo forzaron a abrir la puerta.

Tres horas después de haber llegado y luego de revisar palmo a palmo el edificio, los militares se fueron frustrados porque no encontraron rastro alguno de Pablo. Pero yo quedé devastada. Las acciones cada vez más violentas de mi marido, como las referidas por el coronel —el asesinato del magistrado de la Corte Suprema, Hernando Baquero; del juez Gustavo Zuluaga y del coronel Ramírez (aunque después se probó que no fue él) ocurridas en julio, octubre y noviembre de ese año—, repercutían directamente sobre mí. En ese allanamiento yo fui la acosada y no tuve posibilidad alguna de quejarme o decir algo. Solo quedaba guardar silencio y soportar la indignación.

Horas más tarde Pablo llamó nuevamente por teléfono y le conté llorando lo que había sucedido. Se le notó la furia y no dijo una sola palabra más. Luego nos despedimos.

Pasaron varias semanas sin saber de él, hasta que en la mañana del 18 de diciembre de 1986 llegaron varios de sus hombres y me dijeron que nos esperaba en una caleta. Supuse que la repentina decisión se debía a la posibilidad de que una vez más las autoridades allanaran el edificio Mónaco porque el país estaba conmocionado por el asesinato, la noche anterior, del director del periódico *El Espectador*, don Guillermo Cano.

Las cosas debían estar muy complicadas porque por primera vez los hombres de Pablo, diferentes a los que nos recogían normalmente, dijeron que debíamos ponernos una venda en los ojos porque era mejor que no supiéramos a qué lugar nos llevaban.

—Si los detienen, es posible que los obliguen a decir dónde está el patrón —dijo uno de ellos al sacar varias pañoletas con las que debíamos cubrir nuestros rostros.

Era una situación nueva e incómoda, pero entendí que no tenía manera de controvertir la orden de mi marido. Eso de taparse los ojos se repetiría con frecuencia en los siguientes años.

Dos horas después de salir del edificio nos encontramos con Pablo en una casita campesina, pero no logré identificar el lugar que era de clima templado. El ambiente que encontré no era el más amable y yo estaba mortificada por lo que acababa de suceder con aquello de vendarnos los ojos; por eso, de entrada, le recriminé a Pablo por el homicidio del periodista porque en los noticieros lo acusaban a él.

Fue muy doloroso ver por televisión el desarrollo de los acontecimientos posteriores al asesinato de Cano, ocurrido cuando salía del periódico bogotano. Por primera vez las rotativas de los periódicos pararon, la radio suspendió la transmisión de noticias y en los canales de televisión los noticieros dejaron de emitir sus informativos.

En aquellos momentos Mario, mi hermano, se encontraba oculto en las islas del Rosario y hablamos varios minutos por teléfono. Su frase fue muy elocuente:

—Con esto, Pablo nos cagó la vida.

Uno de esos días de enclaustramiento, Pablo salió de nuestra habitación y me llamó la atención que debajo del brazo llevaba un diccionario Larousse de buen tamaño. Se sentó a consultarlo en un sofá y me acerqué intrigada a preguntarle qué buscaba. Explicó que estaba proyectando unas cartas y requería el diccionario para ser muy preciso en los términos que utilizaba. Luego sacó de su escritorio un bloc de hojas tamaño carta y empezó a escribir. Comprendí que no quería hablar más del asunto.

Como siempre, dijo una verdad a medias porque tiempo después cuando hablé de varios temas con Neruda —el asesor de mi marido en la redacción de sus discursos en el Concejo de Envigado y luego en el Congreso— y le comenté que me había llamado la atención que Pablo usara ese diccionario, me contó que aunque Pablo siempre había sido cuidadoso a la hora de enviar mensajes escritos, el día del Larousse estaba revisando la redacción de los comunicados de Los Extraditables, una organización clandestina que acababa de nacer y cuyo objetivo principal era luchar contra la extradición.

—Victoria, Los Extraditables expidieron el primer comunicado el 6 de noviembre y fíjate que algo ganaron porque el 12 de diciembre la Corte Suprema tumbó por primera vez el tratado de extradición con Estados Unidos. Pero dos días después el gobierno expidió otro decreto reviviéndola y *El Espectador* publicó un editorial titulado "Se le aguó la fiesta a los mafiosos"; y mira lo que pasó.

Luego soltó una enigmática frase con la que terminó la conversación.

—Pablo no va a parar, Victoria. Averigüe qué iba a hacer con Belisario Betancur luego de dejar el gobierno y entregarle el poder a Virgilio Barco.

Cambió de tema y jamás volvimos a hablar de ese asunto, pero muy en el fondo me quedó la inquietud de qué había querido decir. Vine a saberlo varios años después de la muerte de Pablo, cuando regresé a Medellín para resolver algunos asuntos personales y me encontré con personas que habían sobrevivido a la guerra. A una de ellas, con la que mi marido mantuvo una estrecha cercanía hasta antes de recluirse en la cárcel de La Catedral en 1991, le pregunté por Betancur y lo que contó me dejó horrorizada porque la maldad de Pablo había llegado demasiado lejos. No tenía límite.

Según esa versión, Pablo decidió vengarse de Betancur porque tras el asesinato del ministro Rodrigo Lara en 1984 autorizó la extradición de numerosas personas a Estados Unidos, pese a que mi marido consideraba que el mandatario se había comprometido a no hacerlo.

La fuente me reveló que según le habían contado, Pablo se propuso secuestrarlo y confinarlo para siempre en la selva después de la sucesión presidencial en agosto de 1986. Para hacerlo le dio la orden a Godoy, uno de sus hombres, de construir una cabaña sin ventanas en algún lugar de la selva entre Urabá y Chocó. Poco tiempo después, Godoy encontró el sitio adecuado y luego de dos meses de trabajo con varios ayudantes terminaron de construir la especie de casa cárcel. Los hombres de Pablo realizaron varios intentos, pero gracias a Dios Betancur estaba muy bien resguardado y finalmente el curso de los acontecimientos los llevó a desechar la idea.

1987

La hacienda Nápoles fue confiscada por primera vez en 1984, cuando el Estado le declaró la guerra a mi marido y al narcotráfico por cuenta del asesinato del ministro de Justicia, Rodrigo Lara Bonilla. Nunca supe cómo lo hacía, pero lo cierto es que durante varios años Pablo se las arregló para que estuviésemos allí sin restricción alguna.

Así ocurrió a mediados de enero de 1987, cuando permanecimos varios días en la hacienda y al regreso Pablo decidió que lo hiciéramos por carretera porque quería conducir hasta Medellín, dejarnos en el edificio Mónaco y luego esconderse en una caleta. Tremendo error porque un par de horas después afrontaríamos una de las peores experiencias de nuestras vidas.

Pablo manejaba una camioneta Toyota y yo iba a su lado con Manuela; atrás, Juan Pablo y Carlos Lehder. Adelante iban dos vehículos —uno con *Otto*, *Mugre* y *Pasquín* y otro con Luigi y Dolly—, que debían estar comunicados entre sí a no más de dos kilómetros de distancia para no perder la señal del radioteléfono.

El día era soleado y en la carretera no se veían demasiados coches; Pablo manejaba a buen ritmo y cuando íbamos en la mitad del trayecto Luigi avisó que acababa de pasar la caseta de cobro en Cocorná, a mitad de camino de Medellín, y que había visto un retén de la Policía con cuatro uniformados.

Mi marido continuó la marcha y empecé a preguntarme por qué no paraba; pensé que algo malo iba a pasar.

Lehder debió leer mi pensamiento y dijo:

—Pablo, creo que no deberíamos ir todos en el mismo carro, ¿no te parece?

—Sí, yo sé, espérate que antes de ese peaje hay una curva y desde la parte alta de la montaña podemos ver qué pasa.

En efecto, Pablo giró en la curva y se estacionó frente a un restaurante desde donde se podía observar el retén. Al cabo de unos segundos le dijo a *Otto* por radio que se estacionara a su lado para hacer un trasbordo porque prefería que yo condujera la camioneta hasta Medellín con Juan Pablo y Manuela.

Lehder bajó del vehículo con el fusil en la mano, Pablo lo siguió con su Sig Sauer en la cintura y subieron a la parte de atrás del automóvil Renault 18. *Otto* acomodó en la cajuela el maletín deportivo de mi marido, el morral de Lehder y una bolsa con comida empacada en refractarios que yo le había preparado a Pablo.

Conduje hacia la caseta y quedé detrás de dos vehículos que iban a pagar su cuota. En ese instante por el espejo vi que el Renault 18 venía en contraflujo y cuando llegó a la caseta de cobro Lehder sacó la cabeza por la ventana con la ametralladora a la vista y gritó: "Somos agentes del F-2... no disparen".

Ahí empezó una impresionante balacera en la que quedamos en medio del fuego cruzado. Todo sucedió muy rápido. Un policía sacó su revólver y disparó al vidrio trasero del automóvil, y desde la ventana del copiloto, *Otto* le disparó a otro policía que alcanzó a lanzarse a una alcantarilla. *Pasquín* lanzó una ráfaga con su fusil. Finalmente se escuchó el ruido de llantas y el Renault 18 se alejó del lugar a toda velocidad.

Esos instantes son inenarrables. Temblaba del pánico, temía lo peor, pero me di cuenta de que tenía que hacerme la desentendida, como si no tuviéramos que ver con lo que estaba pasando. Volteé a mirar hacia el asiento de atrás y Juan Pablo se veía muy asustado y con su cuerpo protegía a su hermana, que lloraba inconsolable.

El caos era total porque solo se oían gritos y pedidos de auxilio. Un momento después llegó un policía y me dijo que no pagara la cuota y me fuera de ahí, pero un hombre vestido de civil, con una pistola en la mano, dijo que no porque había visto que los hombres que causaron la balacera bajaron de la camioneta que yo conducía.

Acto seguido los policías apuntaron con las armas, nos hicieron bajar y nos requisaron bruscamente. Luego, nos reunieron con unas veinte personas que también se encontraban en la caseta y nos llevaron a una pequeña casa donde funcionaba la administración. Ahí estuvimos de pie cerca de cinco horas. Manuela lloraba porque era hora de darle el biberón y cambiarle el pañal. Yo me sentía impotente por la indiferencia de los policías, que no entendían mis súplicas para que me permitieran atender a mi niña, de escasos dos años y medio de edad.

—Van a ver, hijueputas, lo que les vamos a hacer; de esta no se van a salvar, narcotraficantes asesinos —gritaban los policías a través de las ventanas después de saber que habían estado muy cerca de Pablo Escobar.

Finalmente, un policía dijo que lo acompañáramos porque había recibido la orden de llevarnos al comando de la Policía de Antioquia, situado en Medellín. Nos sentamos en la parte de atrás de la camioneta y durante buena parte del trayecto el policía que manejaba me insultó por haber parido hijos de un bandido.

Ya en la sede policial bajamos de la camioneta y yo llevaba a Manuela dormida en mis brazos, envuelta en su cobija. Allí esperaba el comandante, coronel Valdemar Franklin

Quintero, quien me arrebató con tanta fuerza la pañalera y la cobija que casi tira la niña al piso.

—Lleven a esta vieja hijueputa y a los hijos de esa lacra al calabozo —gritó, y sus hombres se apresuraron a cumplir la orden.

—Por favor, déjeme por lo menos la cobija de la niña y su pañalera, para prepararle la comida. Lleva horas sin comer y en la caseta no nos dieron ni un vaso de agua. ¿Aquí va a ser igual? —dije sollozando pero nadie respondió, al tiempo que el coronel se alejó con una mirada que reflejaba un profundo odio hacia mi marido.

A la una y media de la madrugada, cuando la actividad había disminuido, una mujer policía se acercó y me entregó un biberón preparado. Agradecí infinitamente el gesto, pero no entendía por qué tenían que atropellar de esa manera a mis hijos por las acciones de su padre.

Minutos después, Manuela tomaba el biberón cuando de repente apareció el abogado José Aristizábal.

—Señora, vengo de parte del señor. Él está bien y no se preocupe que mañana la saco. Lo más importante es que voy a llevar a sus hijos a la casa de su abuela Nora.

Le entregué a la niña y Juan Pablo salió detrás del abogado, que se dirigió a una casa en la transversal superior donde esperaban Pablo, Lehder, *Otto*, *Mugre* y *Pasquín*. Mi marido dio la orden de que llevaran a Manuela donde mi mamá y le dijo al niño que se quedara con él.

Al día siguiente el abogado Aristizábal fue por mí al comando de la Policía y cuando me llevaba para el edificio Mónaco me contó que Pablo estaba furioso por lo que había pasado con Manuela.

—No olvido la expresión de su marido, señora. Es la única ocasión en que lo he visto llorar; escuche lo que me dijo:

"Abogado, ¿quién es más bandido? ¿Yo, que elegí serlo, o aquellos que prevalidos de la majestad de la autoridad ultrajan a mis hijos y a mi esposa inocentes con su uniforme de policía? Respóndame, abogado, ¿quién es más bandido?".

Sin duda ese episodio ahondaría de manera grave la animadversión de Pablo hacia la Policía porque según le dijo al abogado Aristizábal, vengaría la actitud de los uniformados para con nosotros y en particular con Manuela por negarle el biberón. Era un rencor incubado muchos años atrás, desde cuando Pablo y algunos de sus amigos en el barrio La Paz les tiraban piedra a las patrullas cuando hacían rondas de vigilancia y les decían todo tipo de malas palabras a los policías.

Dos semanas después del incidente de Cocorná, el 4 de febrero de 1987, recibí la llamada de una amiga del colegio, quien me dijo que sintonizara la radio. Así lo hice y quedé muy preocupada al escuchar que la Policía había capturado a Lehder en una finca en el municipio del Retiro, distante 36 kilómetros de Medellín, y que sería extraditado inmediatamente a Estados Unidos.

Según me contaron, ese día mi marido estaba en la hacienda Nápoles y vio en el noticiero las imágenes del instante en que conducían a Lehder hacia el avión que lo transportaría a Estados Unidos. Pablo se veía descompuesto y tuvo una reacción inesperada:

—¡Tirátele a las hélices! ¡Eso haría yo! No me dejaría llevar ni por el putas; prefiero arrojármele a esas aspas para que me maten antes de subirme a ese avión.

Tres días después de la extradición de Lehder se produjo un nuevo allanamiento al edificio Mónaco, esta vez de la Policía. El oficial al mando llegó al *penthouse* con veinte hombres armados con fusiles que pusieron contra la pared a dos escoltas y a las empleadas del servicio. Juan Pablo y Manuela dormían todavía porque eran las seis de la mañana. Yo acababa de levantarme y la actitud hostil de los uniformados me llenó de pánico.

—¿Señora, dónde está ese monstruo? Usted tiene que saber dónde se esconde y si no nos dice ahora la vamos a llevar detenida.

Juan Pablo se levantó al escuchar el bullicio y fue a mi lado. Lloraba y se veía muy asustado; en voz baja intenté tranquilizarlo y le dije que no se preocupara, que no iba a pasar nada.

—Capitán, si no saben ustedes, que tienen toda la inteligencia del mundo, qué voy a saber yo, que no lo veo nunca; además él no me va a decir dónde se esconde.

Mi explicación no le gustó para nada al oficial, que ordenó revolcar el departamento para encontrar dinero, droga, armas.

El allanamiento duró cerca de seis horas eternas, al cabo de las cuales el capitán me hizo una advertencia:

—Dígale a ese criminal que lo vamos a encontrar, como ya extraditaron a su amiguito.

Enterado del allanamiento, dos días después Pablo envió a varios de sus hombres a recogernos y nos encontramos en un departamento en algún lugar de Medellín. Se veía preocupado, pero también con mucha rabia.

—Pablo, Pablo, ahora qué vas a hacer.

No respondió la pregunta y lo único que dijo fue que deberíamos extremar las medidas de seguridad alrededor de nuestra familia.

Mucho tiempo después, cuando el encierro nos obligaba a permanecer ocultos por largo tiempo, le pregunté a Pablo si eran ciertos los comentarios que lo señalaban de haber entregado a Lehder.

—No, Tata, jamás se me ocurriría eso porque con la extradición no se juega. Es verdad que él estaba mal, vivía drogado y se había gastado casi todo su dinero, pero siempre tuvimos buenas relaciones y hasta le di la mano cuando cometió la embarrada de *Rollo*.

No dijo más y me quedé intrigada con la mención que hizo de *Rollo*, un hombre alto que trabajaba para él, pero con quien no tuve trato alguno. Una de las empleadas, a quien me encontré en Medellín años después, me contó que estaba en la cocina de la casa principal de Nápoles en el preciso instante en que un bullicio alrededor de la piscina la obligó a esconderse debajo de una mesa. Según su relato, Lehder asesinó a *Rollo* con un disparo de fusil porque le estaba coqueteando a una joven que a él le gustaba. Y agregó que mi marido se puso furioso y ordenó que lo sacaran de la hacienda en un helicóptero y lo llevaran a otra finca.

El 27 de junio de 1987, cuatro meses después de la extradición de Lehder, mi marido llegó al edificio Mónaco. Se veía radiante. Hacía mucho tiempo no lo veía así y tenía motivos para estarlo porque la Corte Suprema de Justicia acababa de eliminar la figura de la extradición y por consiguiente los procesos judiciales en su contra quedaban sin vigencia. Según me explicó, el ministro de Justicia, José Manuel Arias, estaba obligado a derogar cerca de un centenar de autos de detención con fines de extradición, entre ellos el suyo.

Sin cuentas pendientes con la justicia, Pablo se quedó a vivir con nosotros, como no sucedía desde hacía tres años y nueve meses. De cierta manera recuperamos nuestro hogar para felicidad de Manuela y Juan Pablo, que por fin tuvieron un padre que los llevara al colegio. Sin embargo, durante ese tiempo mi marido estuvo rodeado de una incómoda parafernalia de seguridad porque casi siempre se movilizaba con al menos diez camionetas Land Cruiser, con cuatro y cinco escoltas cada una, armados con pistolas y fusiles AK-47, amparados legalmente. Es curioso, pero Manuela, que en aquella época tenía escasos tres años de edad, hoy recuerda nítidamente la extrañeza que le causaba llegar al jardín infantil Génesis con su padre y numerosos hombres armados.

Claro, semejante despliegue no dejaba de presentar inconvenientes, como el que les ocurrió un día a Pablo y a mi hermano Mario cuando transitaban por una calle de Medellín. Muerto de la risa, Pablo me contó esa noche que él conducía una de las camionetas y a su lado iba Mario con una ametralladora debajo del asiento, cuando cuatro policías en moto hicieron detener la caravana para verificar los documentos y los salvoconductos. Todos los escoltas empezaron a entregar las armas, pero cuando le correspondía el turno, Mario sacó su potente arma y encañonó a los desprevenidos policías. Luego dijo: "Pablo, ¿esta manada de maricas son los que te cuidan? ¿Cuatro policías les quitan las armas a cincuenta guardaespaldas? ¿Esta es la clase de leones que te cuidan a vos? Estás jodido. Háganme el favor, señores policías, y devuelvan las armas para que nos evitemos un problema más grande". Entre sorprendidos y asustados, los agentes hicieron un gesto para que la caravana continuara la marcha.

Durante ese periodo de tranquilidad, Pablo estaba con nosotros la mayor parte del día, pero como siempre salía con el cuento de que tenía una cita de negocios, se iba y regresaba a la madrugada. Era evidente que sus citas no eran otra cosa que encuentros con sus amantes del momento. Recuerdo que vestía común y corriente, de *jeans* y camisa, pero no dejó la costumbre de usar tenis con tachones, especiales para salir corriendo en caso de que llegara la "Ley".

Sin embargo, y como con Pablo nada era para siempre, en la noche del 11 de octubre de ese año, 1987 —tres meses y medio después de permanecer con nosotros—, volvió a entrar en la clandestinidad, esta vez por el asesinato del excandidato presidencial y líder de la Unión Patriótica, Jaime Pardo Leal.

Antes de irse me dijo que él no tenía nada que ver con ese crimen, pero seguramente lo iban a responsabilizar y por eso prefería esconderse de nuevo. Dicho y hecho porque menos de doce horas después se produjo un nuevo allanamiento del edificio Mónaco, esta vez por el Ejército.

La llegada de camiones repletos de uniformados se volvía pan de cada día. No me equivoco al asegurar que, en el momento más complejo de la guerra, el edificio Mónaco fue allanado tres veces a la semana. Cuando me avisaban desde la portería que abajo estaba el Ejército, ya sabía que la cuadra y el edificio estaban rodeados, que los soldados habían ocupado los sótanos y empezado a copar piso por piso y que no tardarían en llegar al *penthouse* por las escaleras y el ascensor. Así sucedió y los militares procedieron a cercar las dos terrazas y a cuanta persona encontraban en su camino la llevaban al salón principal o al comedor y la ponían de espaldas contra la pared, con las manos en alto y el fusil en la espalda.

El mayor del Ejército al mando me preguntó amenazante por el paradero de Pablo y como siempre respondí que no vivía con nosotros. De un momento a otro, un soldado le puso el fusil en la espalda a Sofía Vergara, hermana de Teresita, la señora que cuidó a Pablo buena parte de su vida, y le preguntó muy brusco cómo se llamaba. Ella, temblando, respondió que María del Carmen Ramírez y el militar le dijo que le mostrara la cédula. A sus sesenta y cinco años, pensó lo peor por haber mentido al decir su nombre y apellido, y se puso a llorar muy afligida. Intervine y le dije al soldado que tuviera compasión de ella, pero respondió que se la iba a llevar detenida. La hostigó y la mortificó por largo rato, hasta que al final de la tarde y luego de seis horas de allanamiento, el mayor del Ejército dijo que era hora de irse. A partir de ese momento, Sofía quedó bautizada como María del Carmen Ramírez.

Pablo llevaba oculto ya varias semanas, hasta que un día llegó *Pasquín* y me dijo que mi marido me pedía organizar el departamento del tercer piso del edificio porque un amigo suyo, Jorge Pabón, se hospedaría allí durante un tiempo. Me pareció extraño porque la idea original cuando construimos el edificio era arrendar algunos de los departamentos de la parte baja para ayudar a sufragar los gastos.

No tenía manera de preguntarle qué estaba pasando y mientras podía hacerlo le pedí el favor a la decoradora que me ayudara a organizar el tercer piso y para hacerlo sacamos varios muebles italianos de la bodega.

De entrada, Pabón, a quien le decían *el Negro*, me pareció poco confiable y de mal aspecto; pero con el paso de los días empecé a observar en varios pisos del edificio a hombres grandes, musculosos y feos. Mi preocupación iba en aumento y así se lo hice saber a Pablo a través de un mensajero, hasta que una de esas noches apareció de nuevo. Estaba tan mortificada que escasamente lo saludé:

—Pablo, ¿a quién tenés viviendo en el edificio?

—Tata, no te preocupes, es un gran amigo, ha sido muy especial conmigo.

—Pablo, estos tipos son miedosísimos y un día de estos nos van a matar aquí.

—No, mi amor, ¿cómo se te ocurre?

—Tienes una cabeza de mármol como dice mi madre; vas como los caballos de carreras, a los que no se les ve sino el polvero. Es que ya vivimos hasta encerrados en esta mansión y ni siquiera podemos caminar por los alrededores del edificio, ni bajar a jugar tenis.

No hubo caso. Pablo se fue y *el Negro* Pabón se quedó, pese a mi llanto y desesperación.

Poco después entendí: Pablo me contó que tenía una deuda de gratitud con Pabón porque en 1976, cuando estuvo detenido en la cárcel de Bellavista con Mario, mi hermano, y Gustavo, su primo, él los salvó de un ataque porque los demás internos creían que eran infiltrados de la Policía. Habían dejado de verse desde aquel entonces y ahora había buscado a Pablo en un lugar conocido como La Isla, en el municipio del Peñol, y le pidió ayuda pues acababa de regresar al país tras pagar dos años de cárcel en Nueva York por narcotráfico. Pablo lo apreciaba y por eso le ofreció vivir en el edificio Mónaco mientras conseguía dónde vivir.

No sé si Pablo midió las consecuencias de lo que hacía, pero lo cierto es que la llegada de ese hombre alteraría nuestras vidas a tal punto que en poco tiempo sería el detonante de una nueva confrontación en la que una vez más Manuela, Juan Pablo y yo quedaríamos atrapados en la mitad.

1988

Los gritos de Juan Pablo pidiendo auxilio me despertaron. Alarmada, intenté moverme, pero me di cuenta de que estaba aprisionada entre el colchón de la cama y una parte del techo de la habitación, que había caído sobre mi espalda. El niño decía que no podía respirar y me preocupé tanto que empecé a moverme de lado a lado para liberarme del peso que me oprimía. Como no sabía qué pasaba, pensé que había caído al sótano del edificio y que pasarían muchos días antes de que nos encontraran. Solo se me ocurrió gritarle a Juan Pablo que tuviera paciencia, que ya nos íbamos a encontrar.

LAS GUERRAS QUE ME TOCÓ VIVIR CON PABLO

De tanto forcejear caí a un hueco y cuando pude salir miré para arriba y se veía el cielo. Al fondo se oía el eco de las voces de personas que pedían ayuda. En medio de un tapete de escombros y enormes clavos que sobresalían del techo caído, logré ir hacia Juan Pablo pero escuché los sollozos de Manuela y opté por correr a ver cómo estaba. Sentí alivio al verla sana y salva en los brazos de su niñera, pero volteé a mirar y quedé aterrada porque el marco de una de las ventanas de aluminio de la habitación había caído en su cuna mientras tomaba biberón. Agradecí a Dios porque solo tenía un rasguño en la frente.

Regresé a buscar a Juan Pablo, que seguía atrapado entre una losa de concreto y su cama. Busqué la forma de sacarlo de allí y descubrí que una pequeña escultura del maestro Fernando Botero, que reposaba en la mesita de noche, había soportado el peso del techo y de milagro evitó que lo aplastara. La situación límite en que me encontraba permitió que de una manera sobrenatural pudiera levantar una de las esquinas de la mole de cemento y el niño logró salir por ahí con gran dificultad.

En medio de semejante desastre, lo único que quería era irme de allí con mis dos hijos, pero cuando encontramos una linterna e iluminamos la escalera nos encontramos con tal cantidad de escombros que era imposible bajar. De un momento a otro sonó el teléfono de la cocina y Marina, una de las empleadas, me indicó que era Pablo.

—Míster, nos mataron, nos mataron —dije descompuesta.

—Tranquila, Tata, que ya mando por ustedes —dijo mi marido, pero repliqué llorando que quería irme con mi mamá.

Cuando colgué, Marina me dijo que Pablo ya había llamado para preguntar por nosotros, pero ella no le había podido decir cómo estábamos porque no logró llegar al segundo piso del *penthouse* debido a que el techo de las escaleras se había derrumbado.

Seguíamos atrapados y por eso grité lo más que pude pidiendo ayuda, hasta que minutos después dos escoltas abrieron un espacio por el que logramos bajar al primer piso del edificio. Marina me entregó un par de zapatos que encontró por ahí botados, pero Juan Pablo debió bajar descalzo con el riesgo de cortarse por el mar de metralla, hierros retorcidos y vidrios que había en el piso. Mientras descendíamos, a través de las ventanas se veía la dimensión de la catástrofe: personas heridas en los edificios cercanos y ruinas, muchas ruinas.

Habían pasado unos pocos minutos desde el momento en que los gritos de mi hijo me despertaron abruptamente y yo seguía sin tener la menor idea de qué sucedía. Lo único que se me cruzó por la mente era que un fuerte temblor sacudía la ciudad.

Una vez estuvimos en el estacionamiento del primer piso subimos a una camioneta estacionada en la zona de visitantes, muy cerca de la portería principal del edificio. El escolta que conduciría se acercó y me dijo que había recorrido los alrededores y todo indicaba que un coche bomba había explotado en la parte posterior del edificio. Eran cerca de las seis de la mañana del 13 de enero de 1988.

Cuando salíamos a la calle llegó una de mis hermanas, que vivía cerca de allí y se despertó por la potente explosión. Bajé a hablar con ella y el frío me hizo caer en cuenta de que todos estábamos en pijama. Mi hermana se veía muy nerviosa porque pensó que algo malo nos había sucedido y por eso salió inmediatamente a buscarnos.

—Tata, mientras venía para acá, desde la avenida Las Vegas se veía una mancha negra; temía que al llegar me dijeran que vos y mis sobrinos estaban muertos.

Le dije que teníamos que salir de allí y le pedí que se quedara a esperar qué pasaba y que tomara fotografías. Más tarde llegó el arquitecto que había construido el edificio y recorrió con mi hermana las ruinas para verificar qué fugas de agua o daños en el sistema eléctrico se habían producido. Mi hermana aprovechó ese momento para tomar numerosas fotografías que muestran los daños causados. Años después me encontré con el arquitecto en Medellín y cuando hablamos de ese episodio recordó lo siguiente:

—Doña Victoria, no había amanecido aún cuando sentí ese estruendo tan tremendo y le dije a mi esposa: "Se cayó Mónaco". Salí corriendo, preocupado por la estructura del edificio.

Mientras tanto, el escolta tomó la llamada loma del Campestre y observamos que la Policía y varios camiones de bomberos se dirigían al edificio. Subimos por una vereda estrecha y empinada hacia lo más alto de la montaña, a la cabaña El Bizcocho, una de las caletas conocida en la familia como Los Viejitos. Cuando llegamos a la puerta de la cabaña de madera, Pablo y mi hermano Mario salieron a recibirnos. Nos abrazamos y en ese momento Juan Pablo y yo nos pusimos a llorar, desconsolados. Una vez adentro, nos encontramos con mi cuñado, Roberto, y con *Mugre*, y entre todos relataron que se encontraban en la terraza de la finca cuando sonó una fuerte explosión, la tierra se estremeció y abajo se vio una nube en forma de hongo.

Luego nos sentamos en la sala de la cabaña a seguir conversando y tomamos chocolate caliente con un pan. Ellos hablaban y hablaban, pero no se daban cuenta de que yo estaba apesadumbrada porque mi sueño de vivir por siempre en el edificio Mónaco se había esfumado en un instante. Tenía veintiséis años en aquel entonces y me afligía pensar que nunca más podría habitar allí.

—Los di por muertos a los tres. Sabía que iban a poner una bomba contra mí, pero no imaginé que sería de esa manera, contra ustedes —dijo Pablo visiblemente consternado.

Mugre iba a decir algo cuando entró una llamada al teléfono móvil de Pablo, que contestó de inmediato. Por su gesto nos dimos cuenta de que era algo importante y esperamos cinco minutos en silencio hasta que agradeció la llamada y colgó. Luego dijo:

—Ahí me llamaron esos hijueputas para saber si yo había sobrevivido. Les agradecí el apoyo que me prometieron a sabiendas de que fueron ellos los que pusieron la bomba.

La frase de mi marido sonó enigmática y supongo que los demás entendieron a qué se refería, menos yo, que como siempre estaba al margen de todo. Tuvo que pasar algún tiempo para que yo tuviera una idea clara del origen del atroz ataque al edificio, que les causó la muerte a tres personas, heridas a diez más y dejó un centenar de afectados.

Según me enteré por varias personas cercanas a Pablo, el atentado fue resultado de discrepancias entre los capos del cártel de Cali y mi marido, por cuenta del *Negro* Pabón. Y lo más increíble es que no fue por negocios de narcotráfico o por el control de los mercados de la cocaína... fue por una mujer.

La historia es muy sencilla: un hombre conocido como *Piña*, trabajador de Hélmer *Pacho* Herrera —uno de los capos del cártel de Cali— en Nueva York, sostuvo una relación sentimental con la esposa del *Negro* Pabón mientras este pagaba dos años de cárcel en esa ciudad estadounidense. Ya libre y en Colombia, Pabón buscó a Pablo en La isla, la caleta en el Peñol, y le pidió interceder ante los caleños para que le entregaran a *Piña* porque quería vengar la afrenta. Pablo habló en varias ocasiones con Gilberto Rodríguez Orejuela, pero este se negó rotundamente y mi marido terminó comprando la causa de su amigo engañado. El resultado fue la bomba al edificio Mónaco porque los de Cali debían saber que Pabón vivía con nosotros. De hecho, la onda expansiva del coche bomba afectó buena parte del tercer piso donde se hospedaba Pabón, quien el día del atentado no se encontraba allí.

Las siguientes cuarenta y ocho horas después del ataque al edificio permanecimos con Pablo, que estuvo muy activo en averiguar quiénes dieron la orden y quiénes activaron el coche bomba. En silencio lo observaba, y se veía muy pensativo, con cara de furia, como si quisiera llevarse el mundo por delante. Era la primera vez que lo atacaban de esa manera y que su familia había estado al borde de la muerte. Me llamó la atención que numerosas personas fueron a hablar con él, a ofrecerle su colaboración en lo que necesitara porque habían atentado contra *el Patrón*. Salía de una reunión a otra, pero me dolía que no se preocupaba por nosotros, no me preguntaba qué sentía por lo que había sucedido, por el grave daño que había sufrido su propia casa; una vez más, no le interesaba lo material porque todo lo podría comprar de nuevo, porque una y mil veces repetía que él era una máquina de hacer plata.

Y como tampoco preguntó dónde viviríamos, hice algunas llamadas y no dudé en salir de ahí con Juan Pablo y Manuela para el departamento de una de mis hermanas en el edificio Torres del Castillo, donde podríamos permanecer por algún tiempo. Los hechos sucedidos nos afectaron de tal manera que al menos seis meses dormimos con las luces encendidas. Cuando mis hijos dormían, yo lloraba de impotencia y de dolor porque mi castillo de naipes se había venido abajo. No pude ir siquiera a ver qué quedó en pie en el edificio y aunque meses después pudimos remodelarlo, la guerra me impidió regresar.

En medio de la incertidumbre por nuestro futuro, me llené aún más de temores cuando a los tres días de haber llegado a ese refugio temporal se produjo el secuestro del candidato a la alcaldía de Bogotá, Andrés Pastrana, y, luego, el intento de secuestro y posterior asesinato del procurador general de la Nación, Carlos Mauro Hoyos. Por la manera como los medios de comunicación detallaron los hechos durante esos días de finales de enero de 1988, era evidente que Pablo podría haber estado detrás. Me sentí impotente ante la violencia desatada por él, porque cada cosa que hacía afectaba a más y más personas y de paso nos ponía en grave riesgo.

Pablo había dicho recientemente que se debían reforzar las medidas de seguridad alrededor de nosotros, pero su orden no se cumplió a cabalidad porque el 21 de febrero de 1988 Juan Pablo estuvo a punto de ser secuestrado. Ese día llegó al departamento muy asustado por lo que había sucedido cuando su padre lo salvó de que se lo llevaran. Me contó que poco antes de participar en la competencia de velocidad en moto en el complejo de Bello Niquía, al norte de Medellín, varias camionetas se atravesaron en plena pista y de una de ellas bajó Pablo y le dijo que estuviera tranquilo porque se había enterado de que querían secuestrarlo. Mi marido dejó a *Pinina* con otros muchachos para cuidarlo mientras terminaba la competencia y, luego, lo llevaron de regreso.

El intento de secuestro de mi hijo nos sumió en una zozobra permanente porque era claro que después de la bomba del edificio Mónaco, sentirnos perseguidos sería parte de nuestro día tras día; y me asustaba más aún al ver en los noticieros que Pablo había empezado a vengarse destruyendo los intereses económicos de los caleños, como las sucursales en Medellín de la cadena de droguerías La Rebaja, propiedad de los hermanos Miguel y Gilberto Rodríguez, los capos de Cali.

A medida que arreciaba la violencia de Pablo también se incrementaba la presión de las autoridades; pero lo que sucedió el martes 22 de marzo de 1988 fue un campanazo de alerta muy grande para todos nosotros. Era un día aparentemente normal: Pablo estaba oculto en El Bizcocho; Juan Pablo y Manuela habían salido a las siete de la mañana para sus colegios y yo me encontraba con una de mis hermanas en el departamento de Torres del Castillo, donde vivíamos desde enero anterior, cuando ocurrió el atentado contra el edificio Mónaco.

A las 7:30 de la mañana Nubia, la niñera, abrió la puerta del departamento porque el timbre sonaba insistentemente, y se encontró con un gran número de soldados que iban a realizar un allanamiento. Luego de hacerla a un lado con fuerza, los militares coparon todo el lugar hasta que nos encontraron en la habitación principal. Uno de ellos me pidió la cédula y de inmediato informó por radio: "Aquí está la esposa de ese criminal"; luego preguntó si me llevaban a la Cuarta Brigada y le dijeron que sí, "A ver si así aparece ese monstruo".

Mi hermana se preocupó por el riesgo de seguridad que yo podría correr y no dudó en pedirles a los militares que la detuvieran también. Así sucedió y permanecimos en un calabozo hasta el día siguiente, cuando nos dejaron ir porque yo no había cometido delito alguno y ninguna autoridad judicial me requería.

Salimos corriendo para el departamento porque me agobiaba no saber de mis hijos, y cuando llegamos nos encontramos con la novedad de que los militares también habían ido al colegio San José de La Salle, donde estudiaba Juan Pablo, pero la habilidad del rector evitó que se lo llevaran. Uno de los vigilantes del colegio advirtió la llegada de camiones del Ejército y fue a contarle al escolta de mi hijo, que lo sacó del salón y lo llevó a la oficina del rector, que a su vez le dijo a Juan Pablo que se ocultara debajo de su escritorio. El niño observó cuando los soldados ingresaron a preguntar por él, pero el rector respondió convincente que no sabía dónde estaba el alumno Escobar. Una vez se fueron los militares, mi hijo salió del escondite y no pronunció palabra alguna hasta que lo llevaron a su casa.

De la ofensiva militar contra nosotros no se salvó mi padre, que en ese momento tenía setenta y seis años de edad. Fue detenido por las tropas cuando conducía su viejo automóvil Volvo y sin explicación alguna retuvieron el auto y a él lo llevaron a un batallón adscrito a la Cuarta Brigada.

Pero el que estuvo a punto de llevar la peor parte fue Pablo, quien fue objeto de una operación sin precedentes por parte del Ejército, que desplegó más de mil soldados, tres helicópteros y varios tanques de guerra para ocupar la cabaña El Bizcocho, donde se ocultaban mi marido y diez guardaespaldas.

Todos dormían a esa hora, cinco de la madrugada del 22 de marzo de 1988, pero una pareja de campesinos contratada para vigilar la zona alertó a través del radioteléfono sobre la llegada masiva de militares. El mismo aviso dieron dos guardias desde la parte de arriba de la avenida Las Palmas, que observaron el descenso de decenas de soldados por la montaña.

Las oportunas llamadas de los vigías facilitaron la fuga de Pablo y sus hombres, pero cuando avanzaban por la montaña tuvieron dos sustos. El primero, cuando un soldado salió de un matorral y les apuntó a todos con su fusil y gritó que levantaran las manos. Con su conocida sangre fría, mi marido se puso al frente del grupo y le dijo al militar que se relajara porque todos se iban a entregar. Mientras Pablo hablaba, seis de sus hombres se pasaron adelante y él, *Otto* y *Campeón* quedaron atrás para poder huir. La estrategia funcionó porque cuando el soldado reaccionó ellos ya estaban a cierta distancia; aun así, el militar hizo varias ráfagas de fusil y algunos proyectiles estuvieron muy cerca de alcanzar a Pablo. Pocos días después, cuando nos encontramos en otra caleta, él me contó que en aquel momento llegó a sentir la muerte porque la tierra que levantaron las balas le cayó en la cara.

El susto no había terminado. Cuando los fugitivos llegaban a la vía Las Palmas se encontraron de frente con otro soldado, pero mi marido se movió con rapidez y luego de apuntarle con su pistola le dijo que era de la policía secreta y le pidió apartarse porque conducía a varios detenidos hasta la estación más cercana. El soldado, sorprendido, se hizo a un lado y la columna de hombres siguió de largo. Un fotógrafo del periódico *El Colombiano* que había llegado a ese sector, alertado por el movimiento de tropas, captó el instante en que mi marido y sus hombres caminaban en fila india.

Un par de semanas después el Ejército publicó en los diferentes medios de comunicación el primer afiche ofreciendo cien millones de pesos de recompensa a quien proporcionara información sobre mi marido; los datos podrían ser entregados a los números telefónicos 4611111 en Medellín y 2225012 en Bogotá, así como al apartado aéreo 1500.

Ver el afiche en la televisión y en los periódicos me preocupó sobremanera, pero *Otto* me dijo que me tranquilizara porque a Pablo se le había ocurrido una estrategia que ya estaba dando resultados para desorientar a los militares. Le pregunté cómo y respondió que les pagó a varias familias del barrio La Paz para que escribieran cartas e hicieran llamadas en las que dieran pistas falsas sobre él. Debían decir, por ejemplo, que Pablo tenía barba y se ocultaba en una casa donde se veían hombres armados, pero en la Costa; o que lo habían visto en una casa con las cortinas cerradas, vigilada por hombres con fusil, en Bogotá.

Durante meses, hombres y mujeres del barrio "colaboraron" en la maniobra de distracción ideada por Pablo, a la que se sumó el lanzamiento desde helicópteros y avionetas de miles de afiches en los que se acusaba a oficiales de la Policía y del Ejército de cometer delitos y violar los derechos humanos en Medellín y Antioquia. La respuesta fue inmediata: un fin de semana lanzaron desde una avioneta miles de panfletos con una foto al parecer de Juan Pablo, con la siguiente leyenda: "¿Le gustaría para su hija un esposo como este?" Guerra sucia. De lado y lado. Pero en el caso de Juan Pablo, lo trataban como un delincuente pese a que en ese momento tenía escasos once años de edad. Lo perseguían para hostigar a Pablo. ¿Tenía que pagar él por las equivocaciones de su padre? Seguro que no, pero a esos niveles estaba llegando una confrontación que estaba lejos de terminar.

1989

Una madrugada de finales de enero de 1989 *Pinina* llegó al edificio donde nos ocultábamos y dijo que traía un mensaje de Pablo.

—Doña Victoria, el patrón dice que las cosas se van a complicar demasiado y quiere que le prometan que no van a salir por nada del mundo, que debe cancelar las clases particulares de Manuela y Juan Pablo y que él va a suspender el correo por un tiempo porque el riesgo es enorme.

Quedamos en silencio y no tuvimos otra opción que hacer un gesto de aprobación con la cabeza. *Pinina* se fue, pero en ese momento no llegamos a dimensionar que la advertencia era muy grave porque ese año, 1989, sería recordado como uno de los más violentos en la historia de Colombia y que tendría a mi marido como protagonista central.

Hacía un par de semanas habíamos llegado a un espacioso departamento en el edificio Ceiba de Castillo, al que en clave identificábamos como El cero-cero, situado en El Poblado, cerca de la clínica Medellín. El lugar tenía la particularidad de que lo habitaban varias de las familias más influyentes de Antioquia y ello contribuyó a que de alguna manera las autoridades nunca se asomaran por allí. Según me dijeron, en el edificio vivía la mamá del hoy expresidente Álvaro Uribe Vélez, pero no llegué a verla porque las dos o tres veces que salí usaba las escaleras.

Recuerdo que yo había comprado ese departamento dúplex sin contarle a Pablo y simplemente le dije que me lo había alquilado una excompañera del colegio. La verdad es que quería tener un sitio para refugiarnos, no identificable por las autoridades porque cada día era más difícil ocultarse en las caletas que Pablo conseguía. La estrategia funcionó porque en Ceibas del Castillo permanecimos por más de seis meses.

Casi inmediatamente después de la visita de *Pinina* notamos que las instrucciones de Pablo se estaban cumpliendo porque quedamos totalmente aislados. Ninguno de sus hombres volvió a aparecer y de él no volví a tener noticias. La situación se hizo más llevadera porque había contratado una pareja de confianza que no solo aparecía como propietaria del departamento sino que era la encargada de hacer las compras, pagar los recibos de los servicios públicos y hacer una que otra vuelta, pero sin acercarse remotamente a algo que tuviera que ver con mi marido.

El departamento era espacioso, pero buena parte del día era un horno porque el sol daba de frente en el poniente. Aun así, era muy agradable porque tenía una terraza al aire libre que nos ayudaba a hacer más llevadero el largo encierro.

Todos los días, con Manuela pintábamos, veíamos películas, jugábamos a las escondidas, les cambiábamos la ropa a las muñecas y algunas veces nos bañábamos en la terraza; pero cuando se acababa la creatividad lloraba por horas hasta que la tristeza y el cansancio la vencían y se quedaba dormida. Juan Pablo pasaba sus días encerrado en el cuarto de arriba con su amigo Juan Carlos Puerta, *Nariz*. El único contacto que tuvo con el mundo exterior durante esos seis meses fue la terraza de su habitación, desde donde solía encontrarlo mirando hacia el horizonte. Para pasar las horas, Juan Pablo y *Nariz* armaban modelos a escala de aeronaves o rompecabezas de miles de piezas. Escasamente bajaba a compartir con nosotros durante las comidas y en los horarios de los noticieros de televisión. Él creó su propio mundo en la más absoluta incertidumbre, al no saber cuándo terminaría el encierro infinito al que había llegado por las acciones de su padre.

En esa especie de celda de oro, como se había convertido el aislamiento que vivíamos en ese departamento, el 30 de mayo de 1989 supimos por los noticieros de radio y televisión del atentado con un coche bomba en un concurrido sector de Bogotá contra el director del Departamento Administrativo de Seguridad (DAS) general Miguel Maza Márquez. La potente explosión mató a siete personas y produjo graves daños en el lugar del ataque, al tiempo que Maza resultó ileso. En los siguientes meses la ola de violencia no se detuvo y sicarios en moto asesinaron en Bogotá a la jueza María Helena Díaz y al magistrado Carlos Valencia García y, en Medellín, un carro bomba mató al gobernador de Antioquia, Antonio Roldán Betancur.

Pero en medio de todos estos hechos, el 18 de agosto de 1989 habría de producirse un antes y un después en la guerra. En la mañana de ese día, según supimos por los noticieros de televisión, hombres de mi marido asesinaron en las calles de Medellín al coronel Valdemar Franklin Quintero, comandante de la Policía de Antioquia, el mismo oficial que más de dos años atrás no permitió que le dieran biberón a Manuela cuando nos detuvieron en la caseta de cobro de Cocorná. El reporte indicaba que seis sicarios se situaron frente al vehículo del oficial cuando se detuvo en un semáforo entre los barrios Calazans y La Floresta, y dispararon hasta que se les acabaron las balas de sus fusiles.

En la noche fue baleado el candidato presidencial Luis Carlos Galán, cuando llegaba a una manifestación en la plaza principal del municipio de Soacha, al sur de Bogotá. En la investigación que hizo mi hijo para su libro *Pablo Escobar, mi padre*, le contaron que la decisión de asesinar a Galán surgió en junio de 1989, cuando el dirigente político anunció su participación en una consulta interna del Partido Liberal para alcanzar la candidatura a la Presidencia de la República. En el mismo acto, realizado en el marco de la convención del Nuevo Liberalismo en Cartagena, Galán dijo que la única herramienta eficaz para combatir al narcotráfico era la extradición.

Pablo —continuó el relato que le hicieron a mi hijo— se encontraba aquel día en la caleta Marionetas en la hacienda Nápoles y quienes estaban con él escucharon la siguiente frase, que sonó a sentencia de muerte:

—Mientras yo viva no será presidente; un muerto no puede ser presidente.

Como era previsible, el asesinato de Galán sumió al país en una profunda crisis y el gobierno del presidente Virgilio Barco ordenó una ofensiva total contra los capos de los cárteles del narcotráfico y creó la Fuerza Élite, una nueva estructura dentro de los organismos de seguridad para perseguir única y exclusivamente al cártel de Medellín.

Por aquellos días nos encontrábamos en el edificio Altos y hacía ya más de dos meses que no teníamos contacto con Pablo, cuando uno de sus hombres llegó y nos dijo que él nos esperaba en una caleta situada en un lugar muy alejado e inhóspito en las montañas de Envigado. El viaje resultó muy tortuoso porque, luego de hora y media en coche, tuvimos que caminar más de dos horas y a veces montar en mula por unos precipicios impresionantes a una caleta en la ladera oriental de la montaña. Eran predios aledaños a la cárcel de La Catedral que sería construida dos años después.

Lo peor es que llegamos agotados, con la comida y algunos paquetes para Pablo, pero justo en ese momento le avisaron por radioteléfono que estaba en marcha una operación de la Policía y por ello tuvimos que comer de prisa para regresar inmediatamente. Manuela ignoraba lo que sucedía y Pablo le dijo que le tenía preparada una sorpresa: un safari nocturno por el bosque nativo a bordo de una camilla. A la niña le pareció divertido el plan y varios hombres de Pablo procedieron a quitarle los peldaños a una escalera de madera para hacer una camilla parecida a las que el Ejército usa para llevar a sus heridos. Fueron muchas las veces que Pablo inventó cosas como esa para evitar que Manuela se diera cuenta de que en realidad estábamos huyendo.

Cuando todo estuvo listo, la acostamos con numerosas cobijas porque hacía mucho frío y cuatro muchachos caminaron con ella montaña abajo hasta llegar al vehículo en que retornamos a Altos. Eran las cinco de la madrugada y yo tenía las botas llenas de barro y estaba muy cansada. Cuando entrábamos al departamento nos encontramos con

LAS GUERRAS QUE ME TOCÓ VIVIR CON PABLO 393

mi mamá, que se levantó al escuchar el ruido y se puso a llorar cuando nos vio.

—Mija, ese hombre me los va a hacer matar.

—Madre, tranquila, fue por precaución que tuvimos que regresar.

Muy en el fondo de mi ser estaba muerta del susto. Ver a Pablo se estaba convirtiendo en un verdadero riesgo de vida y sentía que poco a poco las fuerzas me abandonaban. Era un esfuerzo demasiado grande, pero tenía que sacar energía de donde no había para que mis hijos tuvieran un mínimo contacto con su padre.

De nuevo en Altos, otra vez sin contacto con Pablo, el 2 de septiembre de 1989 quedé estupefacta con la noticia de que había explotado un potente coche bomba en el periódico *El Espectador*. La ola terrorista continuó en los siguientes días con la detonación de artefactos explosivos en el periódico *Vanguardia Liberal* de Bucaramanga, en el hotel Hilton de Cartagena y en varias sedes políticas en Bogotá.

A medida que la guerra se intensificaba, debíamos mudarnos de un sitio a otro con mayor frecuencia, con los consiguientes riesgos de seguridad. Me llenaba de indignación con Pablo porque sentía que sus locuras nos arrastraban sin compasión. Teníamos que salir a altas horas de la noche, con una niña de cinco años y un joven de doce, muchas veces bajo la lluvia, temiendo que los enemigos de Pablo nos interceptaran.

Justamente con el ánimo de escapar a la presión, el 19 de septiembre de 1989 nos reunimos con mi hermano Mario en Altos porque él viajaría para encontrarse con Pablo en una finca en el Magdalena Medio y nosotros pasaríamos unos días con mi mamá, una hermana, mi hermano Fernando y Astado, en el hotel San Pedro de Majagua, en las islas del Rosario.

Acostumbrados como estábamos a sus premoniciones, mi mamá le suplicó varias veces a Mario que no hiciera ese viaje porque lo iban a matar y sus dos hijos quedarían solos. Él respondió que estuviera tranquila, que no iba a pasar nada.

Horas después, cuando ya habíamos cenado, Mario se despidió de todos y salimos a despedirlo al ascensor, pero cada vez que la puerta se iba a cerrar mi mamá la abría y le insistía en sus temores. A la quinta, Mario no dejó que la puerta abriera y esa fue la última vez que lo vimos con vida.

A las cinco de la tarde del 23 de septiembre estábamos sentados en una mesa alrededor de un árbol cuando mi mamá dijo muy afanada:

—Bombardearon a Pablo en Puerto Triunfo.

—Ay mamá, vos siempre traes la tragedia.

De todas maneras, las palabras de mi madre nos pusieron en alerta y sin que se diera cuenta prendimos la radio y después de varios intentos logramos sintonizar una emisora de Cartagena, que en su horario de noticias refería una enorme operación realizada contra Pablo en la finca El Oro, en el puerto de Cocorná, en el Magdalena Medio. La información señalaba que mi marido había escapado, varias mujeres estaban detenidas y un hombre había muerto.

A las cinco de la madrugada del día siguiente, Astado, mi hermana, Fernando, dos lancheros y yo estábamos listos para ir a Cartagena a averiguar qué había pasado, pero justo en ese momento mi mamá salió al balcón de su habitación y preguntó para dónde íbamos. Salimos del apuro diciéndole que a dar una vuelta por los alrededores para ver el amanecer y ella dijo que no nos demoráramos.

El lanchero manejó a alta velocidad y muy pronto llegamos a un departamento en Cartagena y nos pusimos a llamar para averiguar por el paradero de Pablo y de Mario. Casi todas las personas con las que hablamos en Medellín y en Puerto Triunfo dijeron que mi marido estaba bien, pero que había varios perdidos en la selva y por eso no podían dar razón de Mario. Muy preocupados regresamos al hotel y en los siguientes días estuvimos incomunicados, pero cuando volvimos a Medellín mi hermano seguía sin aparecer. Finalmente, supimos que había sido enterrado como N.N. en el cementerio de la localidad de Estación Cocorná, donde aparecía identificado como José Fernando Posada Mora. Una de mis hermanas y su cuñada fueron hasta allá y en medio de un gran sigilo lograron desenterrar el cuerpo y llevarlo a Medellín, donde fue cremado y sepultado en Campos de Paz.

Lo que sucedió en realidad fue que Pablo, Mario y dos de sus amigotes estaban en El Oro desde hacía tres días con varias jovencitas que integraban el equipo de voleibol de un colegio público del municipio de Caldas, Antioquia. Con ellas se encontraban esa mañana cuando llegaron los helicópteros y Pablo y sus amigos lograron escapar, pero Mario no alcanzó a irse y fue alcanzado por varias balas disparadas desde un helicóptero.

La muerte de mi hermano afectó seriamente a Pablo porque Mario era su amigo y quizá la única persona a la que mi marido le hacía caso. Testimonio de ese momento es una carta que Pablo escribió y nos hizo llegar poco después. "Hoy he recibido la noticia de tu muerte y de tu ausencia total. Ayer la presentí. Cuando sin saber nada de lo sucedido no pude contener las lágrimas que inesperadamente brotaron de mis ojos. Lloraba por tu muerte, sin saber que habías muerto. Tan solo hoy he podido comprender todo lo que realmente te quise. Qué amargura tan grande. Qué realidad tan triste y tan fatal. Pero yo te prometo que nuestra lucha seguirá adelante. Yo sé que triunfaremos. No nos derrotarán. Yo sé que venceremos".

Las semanas finales de ese fatídico 1989 serían de las más difíciles de mi vida. Como las de todos los colombianos, porque estaba aislada y escondida con mis hijos, me enteré por las noticias de dos atroces atentados: la explosión en pleno vuelo de un avión con ciento tres personas —27 de noviembre— y el estallido de un autobús lleno de explosivos en la sede del DAS —6 de diciembre—. Más de doscientas personas murieron en los dos atentados que sacudieron a Colombia hasta sus cimientos. Lloré como nunca antes y en la soledad de mi encierro solo le pedía a Dios que me diera fuerzas para sobrevivir.

Era diciembre de 1989 y la guerra había llegado a su punto más alto, pero Pablo no debió imaginar jamás que perdería a su más fiel escudero, a su compadre, al hombre que siempre estuvo dispuesto a darlo todo para ayudar en la causa de mi marido. El viernes 15 de diciembre estaba al lado de mi madre cuando alguien llamó para contarnos que la Policía había abatido a Gonzalo Rodríguez, *el Mexicano*, en la zona turística de Coveñas, en el Caribe.

Era el primer gran golpe que recibía mi marido y por primera vez pensé que más temprano que tarde a él podría sucederle lo mismo.

1990

En mayo de 1990 el agua nos estaba llegando al cuello. La guerra que se vivía en Medellín aquellos días era irresistible porque la confrontación entre mi marido, el cártel de Cali y las autoridades había llegado a niveles de degradación inaguantables. Escuadrones de hombres armados circulaban por la ciudad, que prácticamente vivía una guerra civil.

Después de deambular por varios departamentos cada vez más precarios, aislada de mi familia, encerrada con Manuela,

Juan Pablo y una empleada, sin poder asomarse siquiera a una ventana, llegamos a un edificio cerca del centro comercial Oviedo donde habitaba una de mis tías.

Durante esos primeros meses del año solamente vimos dos veces a Pablo, en visitas fugaces de no más de una hora. Según me dijo en uno de esos encuentros, la muerte del *Mexicano* en diciembre anterior lo había forzado a modificar todos sus esquemas de seguridad porque *el Navegante*, el hombre que lo entregó, llegó a conocer muchos de sus secretos y por ello debió comprar nuevas caletas, cambiar de vehículos, modificar el sistema de mensajería humana y hasta relevar los escoltas.

El encierro inclemente no me dejaba otra opción que enterarme de los acontecimientos por los noticieros de televisión y los periódicos, que como si fuera un partido de futbol narraban cómo le iba a cada uno de los protagonistas. Así, a comienzos de ese año me llené de optimismo porque parecían llegar vientos de paz por cuenta de que el gobierno del presidente Virgilio Barco había anunciado que si los narcotraficantes se rendían y se entregaban, se podría pensar en darles un tratamiento judicial favorable.

La visita en febrero de ese año del presidente de Estados Unidos, George Bush, contribuyó a pensar que el fin de la guerra era posible porque Los Extraditables reconocieron el triunfo del Estado y como prueba de ello entregaron un gran laboratorio de cocaína en Urabá, un autobús escolar con una tonelada de dinamita y un helicóptero.

No obstante, el asesinato en marzo de 1990 de Bernardo Jaramillo Ossa, candidato presidencial por la Unión Patriótica (UP), reavivó la confrontación porque el gobierno responsabilizó a Pablo. Casi inmediatamente mi marido expidió un comunicado en el que negó cualquier relación con el crimen y, por el contrario, señaló que simpatizaba con Jaramillo porque era enemigo de la extradición.

Pero el daño ya estaba hecho. Y todo habría de empeorar porque con el crimen de Jaramillo los medios de comunicación publicaron con todo tipo de detalles que desde finales de 1989 el gobierno y emisarios de mi marido adelantaban negociaciones secretas para encontrar un tratamiento jurídico especial a cambio del regreso, sanos y salvos, del hijo de un alto funcionario del gobierno y de dos familiares de un importante industrial de Medellín, supuestamente secuestrados por Pablo.

Esas tres personas habían sido liberadas en enero de 1990, pero tras la revelación de las negociaciones el gobierno dijo públicamente que la extradición nunca estuvo en juego y que lo único aceptable era la rendición incondicional de los narcotraficantes.

Recuerdo que por esos días de marzo de 1990 Pablo envió a uno de sus muchachos con el mensaje de que la situación se pondría muy delicada y nos instaba a estar encerrados a como diera lugar. Impotentes, en las siguientes semanas se produjeron graves hechos en diferentes lugares del país, que según los periodistas eran ordenados por Pablo y ejecutados por sus hombres. Los noticieros mostraban la barbarie total: coches bomba en Bogotá, Cali y Medellín, ataques a la Fuerza Élite de la Policía, más de trescientos policías asesinados en Medellín, según las autoridades, en la denominada operación pistola ordenada por Pablo, que pagaba dos millones de pesos por la muerte de cada uniformado.

Allá, en el encierro obligado en que nos encontrábamos, nuestra situación estaba al límite. Mi hija de seis años y mi hijo de trece no aguantaban más. La actitud demencial de mi marido y su discurso de que todo lo que hacía era por nosotros nos tenía sumidos en un infierno. Lo único que podía hacer era llenarme de indignación contra Pablo y preguntarme en voz baja: "Hasta cuándo, por Dios, Pablo".

Los reiterados mensajes que le envié respecto de la crisis que vivíamos por cuenta del aislamiento llevaron a mi marido a encontrar una salida: enviar a Juan Pablo al mundial de futbol de Italia, que empezaría el 8 de junio de 1990. De esa manera mataba dos pájaros de un tiro porque sacaba al niño de la espiral de violencia y miedo que nos agobiaba y de paso se distraía asistiendo a los partidos de la selección Colombia. No le dijimos nada al niño en ese momento, pero Pablo me comentó que su idea era dejarlo largo tiempo fuera del país para protegerlo.

Así, el viaje fue organizado en tiempo récord y Pablo se las arregló para que uno de sus contactos obtuviera para Juan Pablo un pasaporte con identidad nueva, así como las visas para entrar a diversos países de Europa. Juan Pablo iría acompañado por Alfredo Astado y por Juan y Pita, dos amigos de la infancia que luego fueron sus guardaespaldas.

El viaje se realizó en los últimos días de mayo y acordamos que la única manera de comunicarse sería por medio de un viejo amigo de Astado en el barrio La Paz. Quedé sola con Manuela y aunque Juan Pablo me hacía mucha falta, también entendía que sacarlo del país era la única manera de protegerlo porque había sido escogido como blanco predilecto de los enemigos de Pablo.

La ausencia de mi hijo me dio cierta tranquilidad y tuve más tiempo para Manuela, que de todas maneras se veía muy ansiosa por salir, por ver a sus primos, visitar a sus abuelos. Pero era muy difícil complacerla porque como ya he dicho Medellín parecía un campo de batalla y según informaban los medios de comunicación, en las noches la ciudad parecía en toque de queda porque los negocios cerraban a las seis de la tarde y la gente se refugiaba temprano en sus casas.

Así, el jueves 14 de junio de 1990 quedé sin palabras cuando el noticiero del mediodía dio a conocer la muerte de *Pinina*, en una operación de la Fuerza Élite de la Policía en un edificio de El Poblado donde vivía con su esposa y su hija. Lo conocí cuando desde muy joven fue contratado por Pablo para estar a su lado y muchas veces mi marido me dijo que lo apreciaba porque era uno de los hombres más leales que tenía, siempre dispuesto a acompañarlo.

Faltando dos días para terminar el mundial de Italia viajé a Frankfurt con Manuela, la menor de mis hermanas y una tía materna para encontrarnos con Juan Pablo, Astado y los guardaespaldas, quienes ya habían sido advertidos de la repentina decisión de Pablo de que todos estuviéramos fuera del país. Esa noche fuimos a comer a un restaurante y me enteré en detalle de las muchas cosas que les habían sucedido durante ese mes.

Para empezar, una vez que llegaron a Italia debieron cambiar de planes porque no había cupo en ningún hotel y, por lo tanto, no les quedó otra opción que viajar cinco horas en tren hasta la ciudad suiza de Lausana, donde se alojaron en el elegante hotel De La Paix. Pese a la incomodidad por el desplazamiento, pues debían viajar de noche y dormir en los camarotes del tren, asistieron al partido inaugural entre Italia y Austria en el Estadio Olímpico de Roma y en los días siguientes fueron a la ciudad de Bolonia, donde la selección Colombia jugó contra Emiratos Árabes Unidos y Yugoslavia. También viajaron a Milán al encuentro frente a Alemania y de ahí salieron para Nápoles, donde Colombia fue eliminada por Camerún. Juan Pablo contó que siguió el consejo de su papá de pintarse la cara de amarillo, azul y rojo, cubrirse la cabeza con una bandera y usar gafas oscuras para quedar irreconocible.

Durante la cena también hablaron del gran susto que se llevaron en Lausana cuando almorzaban en un restaurante chino y fueron detenidos por la Policía.

—Al comienzo —explicó Juan Pablo— creí que me iba a pasar algo muy malo porque un hombre se acercó, dijo algunas palabras en francés y nos apuntó con una pistola. Luego entraron diez policías uniformados que nos requisaron centímetro a centímetro, nos esposaron y nos sacaron a empujones. Ya en la calle esperaba una docena de patrullas con las sirenas encendidas y todo el lugar había sido acordonado. En medio de un impresionante operativo nos separaron y a mí me llevaron a una casa secreta de la Policía de Suiza, donde me hicieron desnudar, me requisaron de nuevo, y varias horas más tarde me llevaron a otra casa secreta, donde me interrogaron durante dos horas. Pero me llamó la atención que se concentraron en mi reloj Cartier y uno de los policías preguntó por qué un joven de trece años usaba un reloj de diez mil dólares. Respondí que mi padre era ganadero en Colombia y que, con la venta de unas cuantas reses, pues tenía más de tres mil quinientas, me había regalado el reloj.

La explicación debió parecer convincente porque pocos minutos después Juan Pablo quedó en libertad, lo mismo que Astado y los dos guardaespaldas.

—Lo curioso de todo esto es que los policías se acercaron y luego de decir que estaban muy apenados por la manera como nos habían capturado, preguntaron a dónde nos podían llevar. Respondimos que al mismo restaurante chino de donde nos habían sacado —resumió mi hijo.

La explicación de lo que había sucedido era muy sencilla: en Lausana contrataron un guía que hablaba siete idiomas y manejaba una limusina Mercedes Benz, y en el pasado había sido el preferido del sha de Irán. Cómo no serían sospechosos cuatro hombres, colombianos, y un suizo manejando semejante auto, que además llegaban tarde en la noche al hotel, permanecían casi todo el tiempo en las habitaciones, no iban al restaurante y solo pedían *room service*.

Después del postre, Juan Pablo me mostró una carta que Pablo escribió el 30 de junio de 1990 y recibió una semana después, justo el día anterior a mi llegada a Frankfurt. La leí y me causó impresión por la manera como Pablo le aconsejaba portarse bien, estudiar, aprender otros idiomas. En otras palabras, daba a entender que su estadía fuera de Colombia sería larga. Estos párrafos muestran claramente los dilemas que vivía Pablo por aquellos días:

"Te extraño y te quiero mucho, pero al mismo tiempo me siento tranquilo porque sé que disfrutas de tu seguridad y de tu libertad. Te cuento que tomé la determinación de enviar a tu madre y a tu hermanita contigo porque en la carta que me escribiste me dijiste que querías que nadie te faltara cuando regresaras y tú sabes la situación aquí se tornaba un poco difícil. ¿Cuál sacrificio puede ser más duro para mí que la ausencia de ustedes? Si tú le muestras serenidad a tu madre y a tu hermanita, ellas estarán tranquilas y si tú ríes, ellas y yo también reiremos. Disfruta de todo porque cuando yo tenía trece años como tú, no tenía nada, pero nadie fue más feliz que yo. Ojo con esto: recuerda que no estás en tu tierra y por lo tanto no debes hacer nada que no sea legal. No vayas a permitir que nadie te dé malos consejos. Solo tú harás lo que te diga tu conciencia. No vayas a probar nada que no sea correcto".

Después de escuchar el largo anecdotario les dije que me gustaría ir a Londres a estudiar inglés, pero me encontré con la férrea oposición de Juan Pablo, quien dijo que le había encantado Suiza y que de ahí no se movía. Me di cuenta de que estaba enamorado de ese país y terminé por aceptar que estudiáramos francés en Lausana, pero antes conoceríamos algunas ciudades alemanas, entre ellas Berlín, a donde llegamos dos días después.

Jamás olvidaré la increíble sensación que sentí de hacer parte de la historia porque allí todavía se respiraba el ambiente de libertad iniciado en noviembre anterior, 1989, cuando cayó el muro de Berlín y empezó el proceso de reunificación de las dos Alemanias, separadas desde 1961. Todavía conservo algunos trozos de la pared que rompí con un martillito que alguien me prestó. Muchas historias de dolor deben estar contenidas en esos pedazos de ladrillo y concreto. Los rezagos del conflicto no habían terminado y recuerdo que queríamos comer algo, pero solo vendían una salchicha alemana por persona y en las estaciones de servicio se veían largas colas de vehículos esperando que les vendieran gasolina.

De regreso a Lausana alquilamos dos departamentos pequeños muy costosos, y nos inscribimos en una academia para estudiar francés hasta diciembre. Uno de esos días de finales de julio de 1990 recibimos una carta de Pablo, escrita el 17 de ese mes, que reflejaba un inusual optimismo sobre nuestro futuro: "He decidido cambiar de estrategia y la guerra se parará con el nuevo Gobierno. Ya que el presidente electo ha dicho que la extradición no es un compromiso y que todo depende de la situación de orden público y la situación de orden público será buena entonces. La Asamblea Nacional Constituyente será elegida muy pronto porque ya el pueblo lo decidió y estoy absolutamente seguro que el primer artículo que redactará será el que prohíbe la extradición de colombianos".

Nos pusimos felices porque por primera vez Pablo decía en tono serio y concluyente que era posible detener el baño de sangre que agobiaba a Colombia desde hacía seis años, cuando empezó la guerra al narcotráfico.

Genuinamente llegamos a pensar que más temprano que tarde podríamos regresar a Colombia, pero todo se fue al piso el 12 de agosto de 1990 —cinco días después de tomar posesión César Gaviria como presidente— cuando nos enteramos de la muerte a manos de la Policía de Gustavo Gaviria, el primo, el hombre leal que desde el primer día estuvo al lado de Pablo. No era difícil adivinar que mi marido estaría devastado.

No les dije nada a mis hijos, a mi hermana y a mi tía, pero la desaparición de Gustavo era sinónimo de guerra. Es que desde siempre Gustavo fue el encargado de administrar el dinero, de cuidar el "negocio". Era el polo a tierra de esa relación. Pablo no se iba a quedar quieto y así lo comprobé cuando recogimos el periódico que llegó desde Colombia una semana después de su publicación y leímos aterrados que el 14 de septiembre de 1990 las autoridades habían confirmado que Pablo tenía en su poder a los periodistas Diana Turbay, hija del expresidente Julio César Turbay y directora de la revista *Hoy x Hoy*; Azucena Liévano, Juan Vitta y Hero Buss y los camarógrafos del noticiero *Criptón*, Richard Becerra y Orlando Acevedo. También decía el artículo que el equipo periodístico había caído en una trampa al creer que iba a entrevistar a un comandante del grupo guerrillero Ejército de Liberación Nacional (ELN), y estaba desaparecido desde hacía varios días.

La llegada del siguiente periódico nos dejó aún más preocupados porque informaba que Pablo tenía en su poder a Francisco Santos Calderón, jefe de redacción del periódico *El Tiempo*, quien había sido secuestrado el 19 de septiembre de ese año, y a Marina Montoya, hermana de Germán Montoya, exsecretario general de la presidencia de Virgilio Barco.

La ansiedad de Juan Pablo por saber qué pasaba en Colombia, y en particular con su padre, nos sacó de la relativa zona de confort en que nos encontrábamos y se volvió obsesivo su afán por saber las noticias que se producían en el país. El infierno había regresado. Iba al puesto de periódicos casi todos los días y de esa manera supo que el 25 de septiembre un comando de veinte hombres enviado por Pablo había atacado a los capos del cártel de Cali cuando jugaban un partido de futbol en una finca del municipio de Candelaria, en el departamento del Valle. En medio de una intensa balacera, decía el periódico, fueron asesinadas diecinueve personas, entre ellas catorce jugadores, pero Hélmer *Pacho* Herrera y otros jefes del cártel lograron escapar. El artículo reseñaba que Pablo había atacado a sus enemigos de Cali en represalia porque ellos habían fracasado en un ataque con una poderosa bomba que le lanzarían desde un helicóptero cuando él se encontrara en la hacienda Nápoles.

El convencimiento de que la guerra se recrudecía llenó de desesperanza a mi hijo, que entró en una profunda depresión y llegó al extremo de decirme que no quería vivir más. Y me quedó grabada en la mente la imagen del día que lo vi cuando caminaba hacia las vías del tren, pero logré convencerlo de esperar un poco más a ver qué sucedía.

Como debía paliar el día tras día de mis dos hijos, tuve que inventar un mundo para hacer parecer que nada grave pasaba. Por eso matriculé a Manuela en una academia de equitación y debía llevarla dos veces a la semana a un lugar a una hora de distancia. Por fortuna Juan Pablo se dedicó al ciclomontañismo y en pocas semanas bajó varios kilos de peso porque yo lo acompañaba a subir y bajar todas las montañas que nos rodeaban; me convertí en su amiga de juegos y de deporte y no me importaba lo que tuviera que hacer para que no pensara en Colombia.

Eso de mantener distraída a la familia incluyó internarnos dos semanas con mi hermana, Juan Pablo, Astado y yo, en la famosa Clinique La Prairie, un retiro médico especializado en la aplicación de células de cordero para retrasar la vejez y potenciar la salud. Desconectarnos del mundo les dio un poco de aire a nuestros difíciles días.

Como siempre, los sucesos en Colombia no daban tregua y en la segunda semana de noviembre nos enteramos por el periódico que Pablo había ampliado el grupo de personas importantes que estaban bajo su poder. Según el reporte, el 7 de noviembre de 1990 se había producido el secuestro de Maruja Pachón y Beatriz Villamizar.

Las cosas debían estar muy complicadas porque en la última semana de noviembre recibimos una carta de Pablo con noticias no muy alentadoras. "Cuando ustedes se fueron, me ilusioné mucho porque los señores importantes me mandaron a llamar y me prometieron el cielo y la tierra. A mi delegado lo atendía directamente el señor importante y le dedicaba dos o tres horas. La señora importante me escribía, pero después quisieron salir con chichigüas y yo no podía aceptar eso después de ver lo que hicieron con mi socio (Gustavo Gaviria). Yo creo que lo que le pasó a mi socio nos perjudicó mucho porque con eso ellos creyeron que yo estaba acabado. Ahora están muy asustados y sé que todo saldrá bien". La carta era enigmática, pero creí entender que los contactos a los que Pablo se refería tenían que ver directamente con el alto gobierno colombiano.

Así, la guerra en Colombia estaba en su más alto nivel a finales de 1990 y nosotros creímos ingenuamente que podríamos continuar nuestro exilio temporal. Nada más equivocado, porque de un momento a otro debimos regresar a Colombia luego de descubrir que los enemigos de Pablo ya nos habían localizado en ese rincón de Europa.

El desenlace fue muy rápido porque un día salimos a comprar plátanos a un supermercado en Lausana, pero como no había fuimos en coche a varias localidades cercanas y los conseguimos finalmente en Vevey, un pequeño pueblo cercano a Montreaux. Cuando salíamos, Juan Pablo se acercó y me dijo en voz baja:

—Mamá, creo que nos están siguiendo. Mira hacia atrás con cuidado y verás dos muchachos de aspecto latino. Los he visto en todos los sitios a los que hemos entrado a buscar plátanos. Esto no me gusta.

—¿De verdad, Juan? ¿Te parece? —pregunté incrédula suponiendo que como él estaba tan deprimido era capaz de inventar cualquier cosa con tal de volver a Colombia.

Aun así, le envié una carta a Pablo en la que le conté de las sospechas de Juan Pablo y debió averiguar muy rápido porque una semana después, en los primeros días de diciembre de 1990, dio la orden de que saliéramos de inmediato de Lausana y regresáramos a Medellín. En el mensaje incluyó las instrucciones de cómo evitar los filtros de inmigración.

Cinco meses después de salir de Colombia retornamos en medio de una convulsión peor de la que habíamos dejado. Como previó Pablo, no tuvimos inconveniente alguno y llegamos a un amplio departamento en el séptimo piso de un edificio en la avenida oriental de Medellín, diagonal a la clínica Soma y no lejos del comando de la Policía Metropolitana de Medellín.

Mi primera impresión fue terrible porque era evidente que la permanencia en ese lugar sería muy difícil porque las ventanas estaban tapadas y se veía que no había nada que hacer. La compañía de Pablo eran *el Gordo* y su esposa, que hacían las veces de dueños del inmueble; además, *Popeye* y *la India*, una joven morena que *Chopo* envió para dar vueltas en la calle, llevar mensajes y comprar los víveres. Tampoco había televisión por cable, solo juegos de mesa y algunos libros.

En los siguientes días, mi marido me contó que poco a poco el gobierno estaba cediendo a sus exigencias de obtener beneficios judiciales, incluida la no extradición. No me lo decía, pero era evidente que con diez personas secuestradas podía ejercer suficiente presión. En las muchas horas que pasábamos juntos, porque él tampoco podía salir debido a los constantes operativos en su contra, tuve tiempo de entender su estrategia, que aparentemente estaba funcionando porque en septiembre anterior el gobierno ya había expedido un primer decreto, el 2047, que ofrecía algunas garantías procesales para quienes se presentaran ante la justicia, pero a mi marido y a sus abogados les pareció insuficiente y por eso enviaron un mensaje al gobierno con algunas recomendaciones, entre ellas que la extradición debía ser suspendida con la simple presentación del implicado ante un juez.

Según le dijo a un abogado por teléfono, el texto fue bien recibido en la Casa de Nariño porque el presidente Gaviria fue a Medellín y dijo públicamente que estaba dispuesto a modificar el decreto 2047: "porque estamos interesados en la pacificación del país. Estamos interesados en que esos colombianos que han cometido delitos se sometan a nuestra justicia. Y por esa razón, en el curso de esta semana, vamos a hacer toda la claridad que sea necesaria sobre ese decreto y eventualmente a incorporar algunas modificaciones".

Pablo estaba dedicado de tiempo completo a esos asuntos y veía con interés los noticieros de televisión del mediodía, de las siete y de las nueve y media de la noche, pero era desesperante la manera como cambiaba de canal porque no quería perderse las noticias sobre él, los decretos y los secuestrados. Juan Pablo le dijo que esa cambiadera era muy aburrida y lo convenció de comprar un televisor en el que la pantalla se podía dividir en dos. El aparato llegó pronto y de esa manera pudo ver los dos canales a la vez y subir y bajar el sonido del noticiero de su interés.

Estar con Pablo me permitió entender que él tenía la sartén por el mango y que movía sus fichas de tal manera que el fin último de eliminar la extradición no era imposible. Así lo comprendí el domingo 9 de diciembre de 1990, cuando nos dijo que viéramos el noticiero de televisión porque darían a conocer la lista de las setenta personas elegidas para modificar la Constitución Nacional a partir de febrero del año siguiente. Le noté una sonrisa de astucia cuando los periodistas leyeron el listado final suministrado por la Registraduría Nacional. Y dijo:

—Eso de los decretos no me da confianza. Así como anuncian que los cambian como yo les digo, mañana vuelven y los cambian de nuevo cuando yo esté detenido. Pero si el cambio está en la Constitución, ahí sí no me pueden joder.

La locuacidad de mi marido me llamó la atención porque no era su costumbre comentar en qué andaba o con quién hablaba. Pero como parecía tener todo a su favor, se refirió a un mensaje que recibió de sus enemigos del cártel de Cali en el que le proponían financiar a integrantes de la Asamblea Constituyente que les garantizaran abolir la extradición de la nueva Constitución.

—Les mandé decir que hicieran lo que tuvieran que hacer, que yo haría lo mío; que sobornaran al que tuvieran que sobornar porque ya tengo unos votos asegurados.

El lunes 17 de diciembre de 1990 ojeaba el periódico *El Tiempo* y vi que en una de las páginas interiores salía publicado el texto completo de un decreto identificado con el número 3030. Al mediodía Pablo se levantó y le comenté la novedad, que obviamente le interesó, pero dijo que lo leería después de su desayuno-almuerzo de siempre.

Una vez que comió se quedó en el comedor durante cinco horas, sumido en un profundo silencio mientras leía el periódico. En algún momento fui a llevarle algo de comer y noté que había subrayado casi todo el texto y llenado varias hojas con comentarios. Me dijo que no estaba de acuerdo con la mayor parte del decreto y que le diría al gobierno que expidiera otro, porque establecía la confesión como requisito indispensable para acceder a los beneficios judiciales y eso no le servía.

Al día siguiente, 18 de diciembre, y mientras Pablo esperaba la llegada del mensajero que llevaría sus comentarios del decreto, los noticieros dieron cuenta del sorpresivo sometimiento a la justicia de Fabio, el menor de los hermanos Ochoa Vásquez, ocurrido en el municipio de Caldas, Antioquia. Pablo guardó silencio, pero en su rostro creí entender que ya estaba enterado. El proceso de sometimiento a la justicia había empezado, pero faltaban muchas más cosas por suceder.

1991

Una pequeña luz al final del túnel surgió en la noche del 18 de abril de 1991, cuando una de mis hermanas llamó para contarme que el padre Rafael García Herreros acababa de enviarle un mensaje en clave a Pablo a través de su programa *El Minuto de Dios*, que se transmite todos los días antes de los noticieros de televisión de las siete de la noche.

"Les pido a las personas que están ejerciendo violencia contra los familiares de Pablo Escobar que cesen esa actitud, ya que estamos buscando con él un acercamiento para el bien del país. [...] Me han dicho que quiere entregarse. Me han dicho que quiere hablar conmigo, ¡Oh mar!, ¡Oh mar de Coveñas a las cinco de la tarde, cuando el sol está cayendo! ¿Qué debo hacer? Me dicen que él está cansado de su vida y con su bregar, y no puedo contárselo a nadie, mi secreto. Sin embargo, me está ahogando interiormente. [...] Me dicen que él quiere hablar conmigo, un humilde cura, que no soy obispo, ni canónico, ni siquiera vicario episcopal. Me manda a decir que crea en él, que él es un hombre de palabra. Le pregunté si huiría de mí, de mi lado, me dijo que no", decía el corto y enigmático mensaje del sacerdote eudista, que gozaba entonces de un enorme prestigio por la manera tranquila y clara como hablaba de la palabra de Dios

No lo sabía en ese momento, porque hacía días no sabía nada de Pablo, pero en las siguientes semanas el padre García Herreros habría de jugar un papel clave en el sometimiento de mi marido a la justicia. Muchas cosas sucedieron a partir de entonces, que ya iré contando, pero en la investigación que realicé en Medellín para este libro logré reunir buena parte de las piezas.

El padre García Herreros apareció de repente por iniciativa de don Fabio Ochoa Restrepo, quien creyó que el sacerdote, viejo conocido suyo, podría influir de alguna manera en Pablo para que cesara los actos violentos y aprovechara las garantías judiciales que el gobierno estaba dispuesto a ampliar para lograr su entrega a la justicia.

Por aquellos día la sensación de zozobra crecía en el país: el 22 de enero la Fuerza Élite le dio un duro golpe a Pablo al abatir a los hermanos David Ricardo y Armando Prisco

Lopera, en operaciones realizadas en Medellín y el municipio de Rionegro; el 24 de enero, cuatro meses después de su
secuestro, Marina Montoya fue asesinada en Bogotá, y el 25
la periodista Diana Turbay murió en una confusa operación
de rescate en una finca en Copacabana, Antioquia.

La muerte de secuestrados, la liberación de otros, la posibilidad cierta de que a los pocos que quedaban les pasara algo,
llevaron a don Fabio a enviar un emisario a hablar con mi marido respecto de los buenos oficios del padre García Herreros.

De acuerdo con mis averiguaciones, Pablo aceptó de inmediato y lo mismo hizo el sacerdote, que se comprometió
a intervenir hasta donde fuera posible. Fue así como una de
esas noches le envió el primer mensaje a mi marido, con santo
y seña incluido. Cuando dijo: "Oh mar de Coveñas" se refería a Omar, el mensajero que llevaría y traería los recados de
uno y de otro.

A partir de ahí empezó una fluida comunicación en la que
muy pronto quedó planteada la posibilidad de reunirse; al
mismo tiempo el programa *El Minuto de Dios* se convirtió en
puente de comunicación entre ellos. "Quiero servirte de garante para que respeten todos tus derechos y los de tu familia
y amigos. Quiero que me ayudes para saber qué pasos debo
dar", dijo el religioso una de esas noches en *El Minuto de Dios*.

El complicado contacto entre García Herreros y Pablo
tomó cierta forma, pero enviar y recibir mensajes se hizo más
difícil por la intensidad de las operaciones de la Fuerza Élite.
Pablo debió temer que algo nos pudiera pasar porque una noche Godoy llegó a la caleta donde seguía oculta con mis hijos,
y me dijo que Pablo había decidido enviar a Juan Pablo y a
Manuela a Estados Unidos para que estudiaran inglés durante
un tiempo. Le pregunté por qué y respondió que *el Patrón*
quería estar pendiente las veinticuatro horas de la Asamblea

Constituyente y de los acercamientos con el sacerdote García Herreros. Le pregunté por mí y dijo que él tenía previsto que yo también viajara, pero después. Godoy también me dijo que hasta donde sabía, Pablo y el sacerdote tenían previsto encontrarse el 18 de mayo en algún lugar de Medellín.

Como no tenía manera de comunicarme con Pablo, organicé el viaje de mis hijos, que irían acompañados por mi hermano Fernando, dos guardaespaldas y Andrea, la novia de Juan Pablo. Ellos se fueron en la segunda semana de mayo y yo me quedé con mi madre en su departamento, donde me sentía protegida.

Los detalles del viaje de mis hijos a Estados Unidos me distrajeron por varios días y por eso no supe más sobre cómo avanzaban los acercamientos de mi marido y el padre García Herreros, y tampoco si se había producido su encuentro, pero algo debió pasar porque en la noche del lunes 20 de mayo de 1991 escuché con alborozo la noticia de que Maruja Pachón de Villamizar —cuñada de Luis Carlos Galán— y Francisco Santos habían sido liberados en Bogotá.

Pegada a la radio, los reporteros pusieron en contacto telefónico a la señora Pachón con el padre García Herreros. "Usted es el hombre más valiente y generoso del mundo; el amor que tiene por la paz de Colombia es inmenso", dijo la señora Pachón, y el padre respondió: "Gracias a Dios por su retorno. Don Pablo se está portando a la altura. La mano de Dios está visible".

Sobre este episodio tuve oportunidad de hablar un fin de semana con Pablo, cuando sus hombres me llevaron a una caleta en las montañas de Envigado. Allí me contó que el sacerdote estaba muy nervioso de asistir a la cita con él porque temía perder la vida por el clima de violencia que se vivía por aquellos días en Medellín. Incluso, puso varias trabas para dilatar el viaje, entre ellas que se le habían perdido los anteojos, pero todas se las resolvieron. Finalmente, el padre García Herreros llegó a la finca La Loma, donde lo esperaba don Fabio Ochoa, y una hora más tarde un hombre conocido como *el Médico* lo llevó a un departamento en El Poblado.

Recuerdo que mi encuentro con Pablo ese fin de semana fue diferente porque hacía mucho tiempo no lo veía alegre, con esperanza:

—Tata, ahora sí creo que se están alineando las estrellas. La Constituyente va a eliminar la extradición de la nueva Constitución y el contacto de don Fabio con el padre García Herreros está funcionando porque el gobierno lo escucha.

A partir de ese momento me propuse ver todas las noches *El Minuto de Dios* y rogué para que la gestión del padre García Herreros sirviera para terminar la pesadilla que vivíamos.

Con todo, los acontecimientos sucedían de manera vertiginosa. El 21 de mayo, un día después de la liberación de los secuestrados, el gobierno expidió el decreto 1303 que prácticamente recogía las exigencias de Pablo para someterse a la justicia. Al mismo tiempo, el padre García Herreros siguió muy activo y el 23 de mayo le envió una carta a Pablo que guardé como si fuera un tesoro el día que la encontré.

Esto decía: "Pablo. Estoy haciendo lo posible por ayudarte en todo. Si quieres determina el día de la entrega. Yo iría con Francisco Santos que está muy agradecido contigo y con Maruja a recibirte, y con la juez de Instrucción Criminal de Medellín, al lugar que tú determines; no sé si quieres donde Fabio Ochoa, o donde tú me digas, para que ningún operativo judicial o policial te toque porque estás bajo el amparo de la República. Hablé con el ministro Botero (general Óscar Botero, ministro de Defensa) y está más o menos a favor; me dijo que Maza (general Miguel Maza, director del DAS) está arrecho; yo quiero librarte totalmente de que caigas en manos de ellos y llevarte a la juez para que quedes protegido. Tuve una reunión con Santos y Maruja, están agradecidos porque te portaste bien con ellos. Escríbeme rápidamente para proceder; lo que no quiero es que te coja ni la Policía ni el DAS. Ten confianza en Dios que todo va a terminar bien. En Envigado están preparando un sitio donde vas a estar muy bien. Ese es el sitio que yo quiero convertir en la Universidad de la Paz. La primera dama doña Ana Milena y el presidente están de acuerdo".

La liberación de los secuestrados y la presencia latente del sacerdote García Herreros produjo una especie de alivio en la presión diaria. Al punto de que a finales de mayo de 1991, y dado que nuestros hijos no se encontraban en el país, Pablo envió por mí y nos escondimos en una humilde casa de paredes de bahareque situada en medio de una espesa vegetación en la loma de los Benedictinos, entre El Poblado y Envigado.

A partir de ese momento permanecimos juntos porque se dedicó a negociar con emisarios del gobierno su sometimiento a la justicia y al mismo tiempo a estar pendiente de la Asamblea Constituyente, que estaba a punto de terminar sus deliberaciones y promulgar la nueva Constitución el 19 de junio de 1991.

Con todo, y pese a que tenía dos ases sobre la mesa, él se veía ansioso, pensativo, porque creía que en algún momento el gobierno podía incumplir los decretos de sometimiento a la justicia.

—Pablo, ¿qué más le pedís a la vida? Mira la oportunidad que te están brindando, no lo pienses más.

Como ya me lo había mencionado varias veces, él estaba seguro de que la extradición sería eliminada de la nueva carta y así lo entendí uno de esos días, cuando lo vi reunido con varias personas que hablaban con él y tomaban notas. Le pregunté a uno de los empleados y me dijo: "Señora, están trabajando en la Constitución".

Era un hecho. Pablo se entregaría una vez que la extradición quedara fuera de la nueva Constitución Nacional y al tiempo se sometería a la justicia, que lo procesaría por los delitos que había cometido en los últimos siete años. Pero tendrían que probárselos y él estaba dispuesto a dar la pelea para demostrar que no todo lo que le achacaban era cierto.

Cuando se acercaba la hora cero para el cierre de la Constituyente, mi marido mantuvo una febril actividad para organizar la manera como llegaría a la cárcel de La Catedral, cuya construcción había sido encomendada, según escuché uno de esos días, a Godoy y a otro muchacho al que le decían *el Monito*.

El padre García Herreros jugó un papel clave en aquellos momentos porque Pablo le envió una carta con un guardaespaldas en la que le explicó su plan para entregarse, que incluyó un helicóptero, cuyo piloto recibiría las coordenadas del lugar donde debían recogerlo, así como los nombres de las personas que debían ir en él.

En esas estábamos cuando en la mañana del 18 de junio de 1991 entró una llamada a la frecuencia UHF del radioteléfono. Eran Juan Pablo y Manuela, que acababan de llegar a Miami después de pasar varios días en Las Vegas, Los Ángeles y San Francisco. Luego de escuchar el relato del viaje, Pablo le dijo a su hijo que al día siguiente se entregaría a la justicia porque ya sabía que la extradición sería eliminada de la nueva Constitución. Juan Pablo respondió que tenía ciertos temores, pero mi marido lo tranquilizó diciéndole que todo estaba previsto según sus planes y que ya no podían extraditarlo. Luego habló con Manuela, a quien le dijo que los problemas serían cosa del pasado y que faltaba muy poco para vivir juntos nuevamente. Antes de colgar le explicó que no se asustara si lo veía en las noticias y en la cárcel, pues era el lugar donde había elegido estar.

Finalmente, a las once de la mañana del 19 de junio de 1991 Pablo me dijo:

—Ordena tus cosas para que te vayas para la casa y te organices para que nos encontremos en La Catedral. Ve a la alcaldía de Envigado y allá te suben.

Una extraña pero agradable mezcla de ansiedad y emoción se apropió de mí y de inmediato fui a buscar a la tía Inés, a mi paño de lágrimas, para que me acompañara a la alcaldía, donde ella era bienvenida. Pasadas las tres de la tarde estuvimos listas y nos encontramos con doña Hermilda para subir a La Catedral, guiadas por lo que decían las emisoras de radio.

Como siempre, muchas inquietudes se agolparon en mi mente. ¿Qué futuro nos espera? ¿Pablo le cumplirá al Estado? ¿Respetará los acuerdos? Eran preguntas sin respuesta. Le pedí a Dios que le diera la sabiduría a mi esposo en esta nueva oportunidad que le daba la vida. Pedí que el padre García Herreros estuviera pendiente para que la oveja negra —mi marido— no se saliera del rebaño.

Ya dentro de la cárcel y después de la especie de acto protocolario en el que hubo discursos y promesas, Pablo se acercó, me dio un largo abrazo y dijo, solemne:

—Mi amor, te prometo que no sufrirás más; te lo prometo porque eres la razón de mi vida y porque me diste dos hijos maravillosos que merecen vivir en paz.

Pablo debió ver que mi mirada le suplicaba que se portara bien, que recuperara a su familia. Desde lo más profundo de mi ser quería que así fuera. Sentía una inmensa alegría por nosotros, por el país, pero al mismo tiempo sentía mucho miedo de que él pudiera ser extraditado.

Genuinamente creí que ese 19 de junio empezaríamos una nueva vida. Confíe en que dejaría atrás su pasado y pagaría sus culpas. Confié, confié, confié.

Pero como decía mi abuela, vaca ladrona no olvida el portillo.

En el capítulo 4, "Las mujeres de Pablo", narro en detalle la ilusión que viví las primeras semanas que siguieron a la llegada de mi marido a La Catedral. Pero también narro que muy pronto habría de desilusionarme.

Aunque ese lugar tenía una apariencia de reclusión, en realidad todo lo que había allí había sido decidido por Pablo, sin intervención alguna del Estado. Los guardias, las visitas, las reformas locativas, y todo lo que tuviera que ver con la cotidianeidad de la cárcel era aprobado o rechazado por Pablo.

Por eso no tardaron en aparecer negros nubarrones que me indicaron que no cumpliría su palabra. Que la promesa de iniciar una nueva vida era mera retórica.

Cuando descubrí que mi marido había vuelto a sus andanzas en materia de mujeres, que los comentarios indicaban que allí empezaron a suceder eventos fuera de la ley, me alejé lo más que pude y solo regresaba por mantener la relación entre mis hijos y su padre.

Aquí ya no vale la pena contar que en La Catedral hubo todo tipo de excesos o qué lujos había en la habitación de Pablo Escobar, porque de alguna manera el Estado lo permitió con tal de que su principal enemigo estuviera a buen recaudo.

Pablo perdió de vista el país, olvidó su compromiso con su tesoro más preciado: sus hijos; perdió contacto con su pro-

pia vida y recuperar su poder económico y militar lo hundió
en su locura.

1992

A mediados de junio de 1992 mi madre y yo fuimos a saludar
a Pablo a la cárcel de La Catedral. Ese día el ambiente se sentía
enrarecido, extraño. La intuición me indicó que allí adentro
estaban sucediendo muchas cosas y que en general la prisión
estaba de cabeza. Mi mamá también tuvo la misma impresión, pero a diferencia de mí, no se quedó callada.

—Pablo, vení, te digo algo.

—¿Qué, suegra?

—Si sigue este despliegue de gente y si sigue este desorden
aquí, mijo, no va a terminar el año en este lugar.

—Tranquila suegra, nada va a pasar.

—Pablo, sos muy cabeza de mármol y nunca escuchas
nada.

Mi madre bajó muy triste y me dijo:

—Mija, todo lo que te he dicho para que dejes a ese hombre, y nada. Vuelvo y te repito, te va a hacer matar y a mis
nietos también. , valoro de ti que nunca te quejas por las decisiones que tomaste, pero dime: ¿es que Pablo te amenaza?
¿Vos le tenés miedo? Algo muy raro debe pasar, y vos no me
decís porque seguro él te lo prohibió.

Mi mamá sabía por qué decía eso y yo también. Y como
si fuera una premonición, cuatro semanas después nuestras
vidas cambiarían en forma dramática porque Pablo había di-
lapidado la gran oportunidad que le dio la vida para reivindi-
carse y purgar sus culpas.

Cerca de las siete de la noche del martes 21 de julio de
1992 recibí una llamada telefónica de Juan Pablo, quien

se escuchaba muy agitado. Dijo que no sabía muy bien qué estaba sucediendo, pero acababa de hablar con Pablo, quien le dijo que estuviera pendiente porque veía movimientos anormales de tropas del Ejército en las afueras de La Catedral.

Juan Pablo me dijo que algo malo podría suceder y acordamos que me iría con Manuela del edificio Torres de Saint Michel para el edificio Altos, donde vivía mi mamá.

Las siguientes doce horas fueron un verdadero infierno porque se notaba que los noticieros no tenían mucha información al respecto y tuve que contentarme con un par de llamadas más de Juan Pablo, quien me dijo que todo indicaba que su padre, su tío Roberto y una veintena de sus hombres serían trasladados a la Cuarta Brigada del Ejército en Medellín. Fue una noche horrible y la incertidumbre no nos dejó dormir. No sabíamos si los habían matado a todos o ya estarían en un avión rumbo a Estados Unidos. Lloramos inconsolables y temimos lo peor.

Ya en la madrugada del 22 de julio, los medios de comunicación informaron con certeza que mi marido había escapado de La Catedral con su hermano y nueve de sus principales lugartenientes. El escándalo apenas comenzaba.

Juan Pablo llegó a Altos en la noche de ese mismo día y contó que había hablado varias veces con Pablo a través de un potente radio de banda ancha, pero perdió contacto con él cuando se fue la luz en la cárcel y se quedó esperándolo en una caleta conocida como la casita de Álvaro.

Mi mamá, Juan Pablo y yo pasamos la noche en vela, pendientes de alguna noticia de mi marido, pero no llegó señal alguna. Los noticieros de televisión informaron que el gobierno solo pudo confirmar, doce horas después, que mi marido se había fugado porque hábilmente les hizo creer que estaba escondido en un túnel dentro de la cárcel, con provisiones para una semana. También dijeron que los hombres de mi marido tuvieron amarrados durante varias horas al viceministro de Justicia, Eduardo Mendoza, y al director de prisiones, coronel Hernando Navas, quienes habían sido designados por el gobierno para ir hasta la cárcel a notificarle a Pablo de la decisión de trasladarlo.

A propósito de mi investigación para este libro, en Medellín encontré a uno de los guardias de aquella época, que pagó varios años de cárcel por colaborar con mi marido. Me contó que Pablo se fugó a la 1:30 de la madrugada del 22 de julio, cuando La Catedral quedó en tinieblas porque ordenó quitar la luz. También me dijo que los militares ocuparon la cárcel a las cuatro de la mañana e hicieron acostar en el piso a los guardias y a los presos que no se habían fugado. Dos horas más tarde los llevaron detenidos a la Cuarta Brigada.

Reflexionando sobre lo que había sucedido en los últimos meses, concluimos que la ocupación de La Catedral era cuestión de tiempo porque los desmanes eran más que evidentes y la cárcel estaba fuera de control. Entre chiste y chanza recordamos varios episodios que habíamos vivido en los últimos meses.

Mencioné el susto que me llevé en febrero de ese año, cuando tuve que enviarle una maleta con ropa a Juan Pablo porque permanecería un par de semanas en La Catedral, debido a que Pablo había descubierto un plan para secuestrarlo durante una competencia de la Liga de Motociclismo de Antioquia. Mi marido consideró que ese era el único lugar donde nuestro hijo podría estar seguro porque sus enemigos estaban al acecho.

Es que la guerra entre Pablo y los capos del cártel de Cali no se detuvo ni siquiera con mi marido recluido en La Catedral.

Lo supimos cuando Pablo nos comentó que había decidido construir algunas cabañas ocultas entre la maleza y no dormir más en las habitaciones dentro del penal porque sus enemigos habían planeado lanzar varias bombas desde un avión. El problema era que las pocas veces que fuimos a dormir en esas cabañas, Manuela y yo nos congelábamos del frío.

Juan Pablo también recordó que, en su proceso de sometimiento a la justicia, Pablo estaba obligado a confesar sus delitos ante los fiscales destinados especialmente para instruir los procesos que se le seguían. Pero en este punto mi marido también incumplió y prácticamente se burló de la justicia. Según me contó un guardia, el día programado para una diligencia sucedía lo siguiente:

—Patrón, son la once, tiene diligencia.

—Cuando escuchen el ruido de los helicópteros me llaman.

—Patrón, se oyen los helicópteros.

—Voy a dormir otro ratico, cuando aterricen me llama.

—Patrón, aterrizaron.

—Deles café y luego almuerzo mientras me baño.

Pablo salía dos o tres horas después a una cabaña acondicionada especialmente para los funcionarios judiciales, y cuando empezaban a leer los generales de ley decía que le acababa de empezar un fuerte dolor de estómago, se ponía de pie y se iba.

Otro día, recordé, llegó más de una docena de cazuelas de mariscos para mi marido y sus hombres más cercanos, pero nadie dio razón de quién las había enviado. Desconfiado, Pablo dijo que les dieran un par a los perros a ver qué les pasaba. Como no les pasó nada, se las regalaron a los soldados, que las devoraron felices. El asunto es que no estaban envenenadas como pensó mi marido y una semana después llegó mi suegra y le preguntó qué le habían parecido las cazuelas. Avergonzado, Pablo entendió lo que había sucedido y respondió:

—Estaban deliciosas, mamá, muchas gracias.

En fin, el anecdotario de las cosas que vimos en La Catedral era infinito, pero también lo que no vimos. Esto debió ser mucho, porque poco tiempo después de la fuga los medios de comunicación informaron que la decisión de trasladar a mi marido había sido precipitada porque había ordenado el asesinato dentro de la cárcel de sus socios, amigos y conocidos de toda la vida, Fernando Galeano y Gerardo *Kiko* Moncada, por asuntos relacionados con dinero. Me resistí a creer esa versión porque sabía del cariño de mi marido por *Kiko* y de la confianza que tenía en Galeano. Sin embargo, la confirmación posterior constató que Pablo había cometido el grave error de retar al Estado y a sus enemigos... pero también a sus amigos.

Lo cierto es que solo cuatro días después de la fuga tuve noticias de mi marido. Sucedió al comenzar la noche del sábado 25 de julio de 1992, cuando *Popeye* llegó al departamento de mi madre y dijo que Pablo nos esperaba en la casita de Álvaro, la caleta situada en la parte alta de Envigado.

Después de un caluroso saludo con mi marido, nos contó algunos detalles de la fuga y en particular uno que lo tenía molesto: que el Ejército afirmara públicamente que se había fugado vestido de mujer. Machista a morir como era, a Pablo le parecía una ofensa esa afirmación y se propuso rectificarla esa misma noche. Pensó que lo mejor era hacerlo directamente con el director de RCN radio, Juan Gossaín, y le pidió a *Popeye* que llamara a la emisora y los comunicara.

Minutos más tarde el periodista y mi marido ya hablaban por teléfono y, por coincidencia, Gossaín estaba reunido con la codirectora del noticiero *QAP* de televisión, María Isabel Rueda, y el subdirector del periódico *El Tiempo*, Enrique Santos Calderón.

La plática inicial de hacer un desmentido sobre una noticia falsa derivó en una gestión encaminada a lograr que mi marido se entregara de nuevo a la justicia. Sin embargo, puso varias condiciones, entre ellas garantía de reclusión en una cárcel de Antioquia y marginamiento de la Policía de cualquier proceso relacionado con él. En esas estuvimos hasta las cuatro de la madrugada y Pablo habló con los periodistas en varias ocasiones, pero no se llegó a nada.

Nuestra permanencia en la casita de Álvaro empezó a alargarse y el encierro se volvió tedioso. El primero que sintió el rigor del aislamiento fue *Popeye*, que habló francamente con Pablo y le dijo que no aguantaría otro confinamiento como el que ya habían vivido. Pronto llegaron a un acuerdo y *Popeye* fue reemplazado por *Angelito*. Recuerdo que por primera vez hubo que hacer turnos de noche para vigilar los alrededores: *Angelito*, Juan Pablo, Álvaro —el caletero— y mi marido hacían relevos cada cuatro horas hasta el amanecer.

Por aquellos meses de finales de 1992 empezaron a pasar cosas que me indicaron que esta vez la clandestinidad sería a otro precio, porque los noticieros empezaron a referirse a la intensidad de los allanamientos realizados por el recién creado Bloque de Búsqueda en Medellín y sus alrededores, y a la posibilidad de que se entregaran los hombres que se habían fugado con Pablo. Así fue, y en días sucesivos Roberto Escobar, *Otto* y *Popeye* se sometieron a la justicia y fueron recluidos en la cárcel de máxima seguridad de Itagüí.

En ese ambiente de guerra, Pablo lamentó la muerte de Brances Muñoz Mosquera —*Tyson*— y Jhonny Edison Rivera —*Palomo*—, dos de sus hombres de confianza, abatidos en

Medellín entre octubre y noviembre en operaciones del nuevo cuerpo especial de la Policía.

La casita de Álvaro era segura, pero Pablo empezó a ver pasos de animal grande y por eso me dijo que era necesario separarse después de su cumpleaños cuarenta y tres, que celebramos el 1° de diciembre con un pastel pequeño y una cena frugal. La velada fue discreta y todos percibimos un raro ambiente de intranquilidad. El peligro era latente. Cerca de la medianoche le dije a Pablo que si era indispensable que yo me fuera con mis hijos para Medellín, lo hiciéramos después del día de las velitas porque llevábamos muchos años celebrándolo y no quería que ese año fuera la excepción.

Él asintió y el domingo 7 de diciembre nos reunimos en el patio trasero de la casa, alrededor de una estatua pequeña de la Virgen, sin saber que esa sería la última celebración de esa fecha tan tradicional para nosotros. Oré en voz alta mientras Pablo y Juan Pablo escuchaban con la cabeza agachada, al tiempo que Manuela jugaba en el patio. Cuando terminé prendimos una vela para la Virgen y una para cada uno de nosotros.

Al día siguiente, antes de partir hacia Altos, Pablo me dijo:

—Dígales a sus hermanas y hermanos que cambien de casa o se vayan del país porque esto se va a poner cada vez más peligroso.

Él sabía que la presión sobre nosotros se intensificaría porque el estallido de bombas y el asesinato selectivo de policías había regresado a Medellín, y eso solo significaba que las autoridades voltearan a mirar hacia el único contacto con su principal enemigo: su familia.

Con todo, en Altos intenté aliviar la presión y el viernes 18 de diciembre organicé la pomposa celebración de la novena de aguinaldos. Los invitados acababan de llegar elegantemente vestidos cuando uno de los escoltas dijo que había "caído" la "Élite", como le decíamos al Bloque de Búsqueda.

Acto seguido, hombres, mujeres y niños fuimos separados en grupos y luego de requisarnos nos pidieron los documentos. Juan Pablo tenía la tarjeta de identidad en su habitación y por eso prefirió decir que se llamaba Juan Pablo Escobar Henao, que tenía quince años y que su papá era Pablo Escobar. El policía que escuchó sus palabras llamó a su comandante, un coronel, y le contó quién era mi hijo.

Lo que sucedió a partir de ahí fue horrible porque el oficial sacó a un lado a Juan Pablo y les dijo a sus hombres:

—Si se mueve o parpadea, dispárenle.

Luego, el oficial llamó por radioteléfono a la escuela Carlos Holguín —sede del Bloque de Búsqueda— y dijo en voz alta que tenían al hijo de Escobar y que lo llevarían para interrogarlo. Por fortuna, pocos minutos después llegó en pijama el exgobernador de Antioquia, Álvaro Villegas Moreno, quien vivía en Altos, y le dijo al coronel que quería verificar que el allanamiento estuviera ajustado a las normas legales.

La oportuna aparición de Villegas alentó a los asustados asistentes, que se quejaron del trato hacia sus hijos y exigieron que al menos los dejaran comer. Los policías accedieron.

Después, el oficial le dijo a Juan Pablo que lo siguiera y él preguntó a dónde, pero dos policías hundieron los cañones de sus fusiles en su vientre y lo sacaron de la fila. Alcancé a observar que caminaron hacia el pasillo y se detuvieron justo en el momento en que aparecieron unos treinta hombres encapuchados. Me llené de terror porque pensé que algo le iban a hacer a mi hijo.

—¡Dos pasos al frente! Gire a la derecha, ahora a la izquierda, ahora de espaldas, diga su nombre y apellido en voz alta... más fuerte! —ordenó uno de los encapuchados.

Enseguida hicieron lo mismo con cada uno de los hombres que asistían a la celebración. Solo dos mujeres fuimos sometidas al mismo procedimiento: Manuela y yo.

Dios es grande porque cuando el coronel empezó a dar instrucciones para llevarse a Juan Pablo, a las tres de la madrugada llegó un delegado de la procuraduría que desautorizó la captura de un menor de edad y pidió que le quitaran las esposas. Sin embargo, el oficial insistía en capturar a mi hijo y luego de una agria discusión con el funcionario terminó por retirarse del edificio.

La aterradora experiencia de esa noche evidenció que la búsqueda de mi marido, ahora sí, incluía de manera indiscriminada a su familia.

El susto que pasamos aquella noche en Altos me llevó a tomar la decisión de irme a otro lado, porque estar allí ya no era seguro. Nos fuimos entonces para el departamento de mi hermano Fernando por la loma de Los Balsos. Era el 21 de diciembre de 1991 y acabábamos de instalarnos cuando los noticieros de televisión y los periódicos locales revelaron escandalizados que mi marido había instalado personalmente dos retenes en la vía Las Palmas con cincuenta hombres armados que se identificaron como funcionarios del DAS. En los dos sitios, decía el reporte, detuvieron decenas de coches que bajaban del aeropuerto José María Córdova y luego de revisar los documentos de los viajeros los dejaban pasar.

Me sorprendió la actitud suicida de mi esposo y no le encontré explicación. También quedé muy angustiada cuando los periodistas revelaron que Pablo estuvo al frente de un grupo armado que en la madrugada del 20 de diciembre voló con dinamita una vivienda utilizada como fachada por el capitán Fernando Posada Hoyos, jefe de inteligencia de la Policía en Medellín. El oficial sobrevivió a la explosión y, según dijeron los periodistas, luego fue rematado.

Así, cinco meses después de fugarse de La Catedral, mis hijos y yo estábamos peor que antes porque cada vez era más difícil encontrar lugares para esconderse en Medellín. La guerra había escalado a otro nivel y la sensación de impotencia se hizo insoportable.

Pablo debió percibirlo porque el 23 de diciembre de 1991, cuando nos encontramos con él en una caleta por el sector de Belén Aguas Frías —donde pasamos Navidad y Año Nuevo—, el ambiente estaba impregnado de mucha preocupación y no hubo ánimo para celebrar nada. Además, todas las noches teníamos que bajar por un camino destapado a una casita de bahareque, donde era más fácil pasar desapercibidos porque las luces no se veían desde la distancia, lo que complicaba más las cosas. No olvido que esa temporada fue especialmente difícil para Manuela, que lloraba durante horas porque el frío era muy intenso y quería estar en otro lado, con su abuela, con sus primos. Pablo la alzaba e intentaba convencerla sin éxito de por qué no podíamos salir de allí. La guerra nos alcanzaba y el futuro se veía muy incierto. Tanto, que ese sería el último fin de año que pasaríamos juntos.

1993

Creo que no me equivoco al afirmar que la hora final de Pablo empezó a correr el 31 de enero de 1993. Ese día la confrontación con sus ya muchos enemigos tuvo un giro radical cuando los medios de comunicación dieron a conocer la existencia de un grupo clandestino que habría de ser letal: Perseguidos por Pablo Escobar, los Pepes.

Los Pepes aparecieron de una manera violenta al destruir ese día la finca de mi suegra Hermilda en el municipio del Peñol, en el oriente de Antioquia, y detonar coches bomba frente a los edificios Abedules y Altos, donde habitaba buena parte de las familias Escobar Gaviria y Escobar Henao.

Una nueva fase de la guerra acababa de aparecer y tuvo efectos inmediatos porque *Angelito* fue a recogernos al cero-cero y nos llevó a un departamento situado sobre la avenida La Playa, a dos cuadras de la céntrica avenida Oriental de Medellín. Mi marido estaba allí y dijo bastante preocupado que si los Pepes concentraban sus ataques en su familia y en la nuestra, le sería muy difícil protegernos a todos porque su fuerza militar estaba diezmada.

Recordó el ataque de mediados de enero, cuando el paramilitar Carlos Castaño destruyó El Vivero —lugar de trabajo de una de mis hermanas— y de su casa en el barrio El Diamante. Y señaló que el panorama tendía a complicarse porque en la segunda semana de enero había perdido a Víctor Giovanni Granados, al Zarco, y a Juan Carlos Ospina, Enchufe, dos hombres de su entera confianza.

Pero ahora, con el surgimiento de un enemigo remozado, los Pepes, mi marido dijo preocupado que lo mejor para nosotros era que Manuela y Juan Pablo se fueran para Estados Unidos y luego lo haría yo, cuando obtuviera una nueva visa de ingreso a ese país porque la actual había vencido. Después de discutir los pormenores del viaje acordamos que mis hijos irían con Martha, esposa de mi hermano Fernando, sus dos hijos y Andrea, la novia de Juan Pablo. También Copito y Algodona, la pareja de perritos French Poodle de Manuela, que se negó rotundamente a dejarlos.

Antes de irse, Pablo advirtió que debíamos redoblar los cuidados para ir al aeropuerto de Rionegro porque era previsible que los Pepes estuvieran al acecho para capturar a nuestros hijos.

Ya en ese momento había empezado la desbandada en mi familia, sugerida por Pablo en diciembre de 1991, cuando las operaciones del recién creado Bloque de Búsqueda demostraban que los hostigamientos a nosotros y nuestro entorno formaban parte de la estrategia para cazar a Pablo. Prácticamente toda mi familia se disgregó y mis hermanos tomaron distintos rumbos y la comunicación entre nosotros fue intermitente, casi nula por largos periodos.

Astado, mi hermana y sus tres hijos salieron despavoridos para una pequeña ciudad del centro de Estados Unidos, y su único contacto con el país era un pequeño radio Sony de siete bandas con el que debían hacer peripecias para sintonizar en las madrugadas alguna emisora colombiana. Allí habrían de permanecer por cerca de dos años, en condiciones muy complejas por la incertidumbre de que el largo brazo de los enemigos de Pablo los alcanzara. Ante la posibilidad de tener que salir corriendo en cualquier momento solo compraron algunos colchones, sábanas, un sofá cama y elementos básicos de cocina. Por esa razón la convivencia familiar se tornó dramática, porque mis sobrinos lloraban todo el tiempo. Mi hermana recuerda con dolor la noche que lograron sintonizar una emisora y escucharon la noticia de que los Pepes habían asesinado en Medellín a tres personas, conocidas de ellos, a quienes les pusieron letreros encima de sus cuerpos y las acusaron de colaborar con Pablo.

En el encierro del departamento del centro de Medellín me enteré con impotencia del grave proceso de deterioro de la salud de mi mamá, quien sufrió un derrame cerebral que la dejó postrada y sin poder hablar. A través de terceros supe que estaba muy mal y deprimida.

Otra de mis hermanas estaba escondida en un departamento remoto en Medellín, pero un día, cuando salió a hacer un trámite en su coche fue descubierta por Carlos Castaño, que la persiguió durante un largo rato, pero ella, hábil, logró burlarlo. Tiempo después, ya muerto Pablo, y cuando debía reunirme con Castaño por aquello de las negociaciones con los cárteles, me habló de ese episodio y dijo que había estado a un paso de capturar a mi hermana para asesinarla. Lo mismo dijo de mí y de Manuela. Nos salvamos de milagro.

Con mucho sigilo logramos organizar el itinerario del viaje de mis hijos a Miami, cuya fecha fue fijada para el 19 de enero de 1993. A las cuatro de la madrugada despedí a Manuela, Juan Pablo y Andrea, y los abracé muy fuerte porque no sabía si era la última vez que los veía. La noche anterior tuvimos que ir a la casa de Andrea a pedirle permiso a la mamá para que la dejara viajar. Hablé con ella durante veinte minutos y cuando se despidieron pronunció una frase premonitoria, como las que solemos decir las madres:

—Mija, ya te vas a ir a sufrir.

El solo desplazamiento al aeropuerto fue una peripecia porque la noche anterior un escolta fue y dejó un vehículo en el estacionamiento del aeropuerto y de paso le entregó las maletas a un contacto de Pablo. Juan Pablo y Andrea bajaron al hotel Nutibara y tomaron un autobús que los llevara a la terminal aérea de Rionegro, al tiempo que *Nariz* y *el Japonés* iban detrás en un vehículo pequeño; los demás se fueron en un vehículo modesto con otros dos escoltas.

Mientras tanto, me quedé sola en el departamento y recé como nunca antes rogándole a Dios que protegiera la vida de mis hijos. Prendí la televisión, escuché la radio y esperé. Pero hacia el mediodía quedé colgada del techo cuando oí en una emisora que no los habían dejado salir del país. Grité en silencio para que no me escucharan los vecinos y me horrorizó pensar que los Pepes podían secuestrarlos. Caminé como loca por el departamento esperando la noticia del secuestro de mis hijos, pero de un momento a otro dijeron que habían salido en un helicóptero hacia el aeropuerto Olaya Herrera, en Medellín. ¿Dónde estaban? Los van a matar, pensé. Perdí el contacto y desde el mediodía alisté un maletín con algo de ropa porque Pablo me había dicho que uno de sus hombres, *el Médico* Omar, iría a recogerme.

Casi enloquezco. Pasaron más de siete horas hasta que llegó *el Médico* y dijo que me tranquilizara porque íbamos a encontrarnos con mis hijos y con Pablo. Subimos a un automóvil, me vendó los ojos y cuando los abrí tenía frente a mí a Manuela, Andrea, Juan Pablo y a mi marido. Los abracé por largo tiempo y lloré sin parar. No alcanzarán los días de vida que me quedan para pedirles perdón, porque ese día tuvieron que jugar a una ruleta rusa a causa de las decisiones absurdas de su padre.

Juan Pablo contó detalles de la aterradora aventura que vivieron ese día, que empezó cuando entraron al aeropuerto de Rionegro y vio hombres sospechosos en varios coches. Luego, en el muelle internacional, el funcionario del DAS los dejó pasar de mala gana porque llevaban los documentos en regla, incluida la visa de turista para entrar a Estados Unidos y la autorización de Pablo y la mía, autentificadas. Pero cuando ya estaban sentados en la sala de espera, Juan Pablo observó movimientos extraños:

—En el pasillo del aeropuerto vi hombres vestidos de civil encapuchados y armados con fusiles y ametralladoras que patrullaban en grupos de a seis. Pude contar más de veinte encapuchados y los empleados de las aerolíneas, de las cafeterías y hasta los del aseo se miraban desconcertados. Nadie sabía quiénes eran ni a qué habían llegado. Eran los Pepes.

El relato de mi hijo era escalofriante. De un momento a otro llegaron varios policías y detrás de ellos cuatro muchachos, empleados de la Aeronáutica Civil que traían sus maletas y dijeron que tenían orden de abrirlas. Impotente, mi hijo observó la parsimonia del procedimiento y notó la intención de demorarlos para que perdieran el vuelo. Dicho y hecho. El avión se fue y no había otro vuelo más tarde.

Juan Pablo dijo que sintió temor de que algo grave les pasara y decidió activar el plan B que había organizado con *el Japonés*, quien tenía en su bolsillo una lista con los teléfonos directos de la Procuraduría Regional, de los medios de comunicación locales y nacionales y los números privados de varios periodistas importantes. La clave consistía en que mi hijo se rascara una oreja como si tuviera picazón y en ese momento *el Japonés* empezaría a llamar por teléfono para advertir lo que estaba sucediendo. La estrategia funcionó y el hombre entendió el mensaje.

Pero las cosas se complicaron muy pronto porque llegó el jefe de la Policía del aeropuerto y les dijo que salieran del muelle internacional porque habían perdido el vuelo. Juan Pablo empezó a discutir con el funcionario, pero de repente llegaron varios periodistas, algunos de los noticieros de televisión y los encapuchados desaparecieron.

El plan original del viaje incluía cómo salir del país, pero nunca previmos cómo salir de una encrucijada como la que se presentó ese día. Después de buscar una opción, Juan Pablo descubrió que en ese momento aterrizaba un helicóptero privado que en aquella época prestaba el servicio de llevar pasajeros entre el aeropuerto de Rionegro y el Olaya Herrera. Entonces se le ocurrió pedirle de favor a una persona que llamara a la empresa y solicitara un servicio. Funcionó y quedaron en enviar un aparato, pero el guardia no los dejaba salir.

Por fortuna apareció un funcionario de la Procuraduría que facilitó su ida al muelle de los helicópteros.

Cuando estaban a punto de subir a la aeronave, después de dejar abandonadas sus maletas por el exceso de peso, pues eran cinco personas y dos perritos, llegó un coronel de la Policía y le dijo a Juan Pablo que la próxima vez no se les escaparían. Luego hizo el ademán de golpearlo con el puño, pero se contuvo porque algunos camarógrafos grababan lo que sucedía en ese instante.

Pero la historia de horror no había terminado. Ya en el Olaya Herrera, Juan Pablo le dijo a un periodista del noticiero del canal regional Teleantioquia que le daría una entrevista en el edificio Altos, con la condición de que no dejara de grabar. Así sucedió y cuando llegaron al estacionamiento mi hijo le contó al reportero pormenores de lo que había sucedido. Después salieron por la parte de atrás del edificio y atravesaron un pequeño arroyo que conducía a un edificio donde teníamos un departamento y un coche. Esa fue la ruta de escape que utilizó Juan Pablo para dejar atrás el peligro. Más tarde nos encontraríamos todos en una nueva caleta, al parecer en el centro de la ciudad, a la que llegamos con los ojos vendados. Pablo estaba allí, pero dijo que se iría pronto.

Al día siguiente, 20 de febrero de 1992, se produjo el primer coletazo del frustrado viaje a Estados Unidos: el embajador de ese país anunció la cancelación de las visas de Juan Pablo y Manuela.

Pablo se fue y nos quedamos con el compromiso de no salir. Ahí celebramos el cumpleaños dieciséis de Juan Pablo, pero el ambiente era tan lúgubre que solo partimos un pequeño postre casero que yo preparé.

No era broma ni exageración. Los Pepes demostraron con una oleada violenta que estaban más que dispuestos a arrasar con todo lo que lo rodeara a mi marido. Así, el 27 de febrero destruyeron la hacienda Corona, propiedad de Diego Londoño White; el 2 de marzo asesinaron a Hernán Darío Henao, HH, administrador de la hacienda Nápoles, a quien equivocadamente relacionaron con mi familia por tener el mismo apellido; el 4 de marzo asesinaron a Raúl Zapata Vergara, abogado de Pablo; el 20 de ese mes cayó *Chopo*, y por las noticias nos enteramos del hallazgo del cadáver de *Pasquín*, quien había desaparecido semanas atrás.

La presencia de los Pepes se sentía por doquier y por eso mismo nos vimos forzados a cambiar de caleta con inusitada frecuencia. Una semana estábamos aguantando frío en Belén Aguas Frías; otra en una finca hirviendo en el Magdalena; otras más en un departamento en la torre Suramericana en Medellín, y una más en un pequeño departamento al lado de la Cuarta Brigada.

Así, poco a poco y a medida que los Pepes y las autoridades golpeaban a Pablo, su capacidad militar y económica prácticamente desapareció. Pero también nosotros, su familia, sufrimos el rigor de la confrontación, porque en su afán de quitarle oxígeno a mi marido los Pepes se ensañaron con las personas más cercanas, con aquellas que nos servían.

En los últimos cuatro meses de 1993, y como está relatado en detalle en los capítulos 1 y 2, los enemigos de mi marido habrían de triunfar. Una conjunción de fuerzas legales e ilegales logró vencerlo y de paso nos dejó, a sus hijos y a su esposa, sumidos en un torbellino del que veinticinco años después no hemos logrado salir.

CAPÍTULO 9

La efímera esperanza de Mozambique

A mediados de febrero de 1994 el fiscal general de la Nación, Gustavo de Greiff, llamó a Medellín a mi abogado, Francisco Fernández, y le dijo que lo esperaba cuanto antes en su oficina porque había surgido una posibilidad para que nosotros, la familia de Pablo Escobar, pudiésemos por fin salir del país.

Fernández tomó un avión inmediatamente y pocas horas después De Greiff le presentó a una señora de tez blanca, como de sesenta y cinco años, vestida de negro, muy elegante, con un sombrero enorme lleno de plumas, que se identificó como la condesa Isabela. A su lado, dos hombres afrodescendientes, de traje y corbata, que parecían ser sus secretarios.

La mujer tomó la palabra y dijo en perfecto inglés que presidía una fundación dedicada a recaudar fondos para obras benéficas en la República Popular de Mozambique y explicó que si los Escobar apoyábamos su causa, el presidente de ese lejano país del sureste de África nos permitiría residir allá. En compensación, nos darían nuevas identidades, pasaportes, una casa bien ubicada en el mejor barrio de Maputo, la capital, y estudio para mis hijos. La condesa le entregó al abogado una carpeta con fotografías e información de Mozambique y acordaron visitarnos días después en el hotel Tequendama, donde continuábamos hospedados.

Una vez que el abogado nos contó lo sucedido, evaluamos la extraña situación que se nos presentaba, pero no la desechamos porque había provenido del propio fiscal De Greiff, quien daba muestras genuinas de querer ayudarnos porque él más que nadie sabía la difícil situación que atravesábamos tres meses después de la muerte de mi marido.

Era una puerta que se abría, una luz al final del túnel, porque en ese momento apenas había iniciado el largo camino de negociar con los enemigos de Pablo, que pretendían quedarse con todas sus propiedades para cobrar decenas de millones de dólares que según ellos invirtieron para cazarlo.

Como tampoco teníamos muchas opciones, porque ya numerosos países nos habían negado cualquier posibilidad de acogernos, recibimos a la condesa y a los hombres que la acompañaban y en una larga conversación hablaron de la ayuda humanitaria que nos brindarían y la nueva vida que tendríamos en Mozambique, porque ante todo eran defensores de los derechos humanos y estaban enterados de la encrucijada en que nos encontrábamos. Al final de la plática, el abogado hizo la pregunta del millón: cuánto costaría la "ayuda humanitaria". Juan Pablo se puso colorado de la vergüenza, pero la condesa salió del apuro y dijo que era muy prematuro hablar de dinero.

Cuando la comitiva se fue, mi hermano Fernando —quien se encontraba con nosotros en el hotel por esos días— dijo pesimista que Mozambique no era tan maravilloso como mostraban las fotos y más bien se parecía a Urabá, la calurosa y deprimida región bananera situada en la frontera con Panamá. Y agregó que todo ese cuento parecía una trampa

LA EFÍMERA ESPERANZA DE MOZAMBIQUE

para matarnos, o en el mejor de los casos para terminar como comida de leones.

Con todo, los contactos continuaron con la mediación del fiscal De Greiff y la verdad es que poco a poco empezamos a entusiasmarnos con la idea de refugiarnos en Mozambique porque en Colombia nuestro futuro era más que oscuro. Del ahogado el sombrero, dice el refrán. A mediados de 1994 el plan Maputo tomó aún más forma porque nuestro abogado tuvo que viajar a Washington para finiquitar con el director de la fundación el valor del aporte que tendríamos que hacer y la manera de pagarlo.

En medio de la convulsión que nos rodeaba, un buen día el abogado Fernández —a quien toda la vida agradeceré su acompañamiento incondicional, la inmensa compasión que tuvo para con nosotros y su actitud positiva en la búsqueda de las mejores opciones— llegó con una idea que sería decisiva en nuestras vidas: cambiar de nombre y apellido. Según explicó, en su ejercicio como abogado sabía que una vieja ley contenida en el Estatuto Nacional de Notariado y Registro permitía corregir errores en los nombres de las personas o modificarlos a través de escritura pública en cualquier notaría. Según dijo, se trataba del artículo sexto del decreto 999 de 1988, que modificó el artículo 94 del Decreto 1260 de 1970.

Incrédulos le dijimos que sí y de inmediato fue al despacho del fiscal De Greiff a explicarle que el procedimiento de cambiar de identidad era fácil, pero debía hacerse con suma discreción. El fiscal preguntó si estaba seguro de que la simple modificación de nuestros nombres y apellidos nos resolvía la situación y él respondió que sí, y que estábamos dispuestos a correr el riesgo porque —entre otras cosas— la fiscalía no podía cuidarnos de manera indefinida.

El fiscal se mostró reacio al principio, hasta que nuestro abogado lo amenazó con aconsejarnos convocar una rueda de prensa para que denunciáramos la evidente cercanía de esa entidad con los enemigos de mi marido. La actitud de De Greiff cambió de inmediato y con su visto bueno nos dimos a la tarea de buscar nuevos nombres y apellidos en el directorio telefónico de Bogotá. La instrucción del abogado fue clara:

—Sus apellidos deben ser normales, que parezcan de buenas familias, que no tengan connotación con el narcotráfico para que no los molesten más; la idea es ser ciudadanos comunes y corrientes.

Tras una larga búsqueda y luego de descartar decenas de opciones, encontramos los nombres y apellidos ideales, pero decidimos dejar uno de nuestros nombres originales para no hacer tan traumático el cambio. Así, en adelante nos llamaríamos María Isabel Santos Caballero, Juan Sebastián Marroquín Santos, Juana Manuela Marroquín Santos y María de los Ángeles Sarmiento del Valle, mi nuera. Mi hermano Fernando se negó a hacerlo con el argumento de que era una falta de respeto con nuestros padres. Por esa razón, meses después no pudo ir con nosotros cuando salimos del país hacia Mozambique.

Una vez que definimos nombres y apellidos, pasamos horas ensayando nuevas firmas en hojas y hojas, que además nos sirvieron para acostumbrarnos a quiénes éramos ahora.

Debo reconocer que desde el despacho del fiscal se hizo todo lo necesario para mantener la privacidad de los trámites que adelantábamos y hasta se encargaron de llevar a la Registraduría Nacional del Estado Civil las fotografías que nos tomamos en un laboratorio situado en la planta baja del Tequendama. Finalmente, el 8 de junio de 1994, Andrea y yo fuimos a Medellín a firmar los documentos ante la notaria 12,

LA EFÍMERA ESPERANZA DE MOZAMBIQUE

Marta Inés Alzate Restrepo. Juan Pablo y Manuela se quedaron en Bogotá porque eran menores de edad y yo firmé por ellos.

El proceso de cambio de identidad y la posibilidad de salir del país iban a buen ritmo gracias a la intervención directa del fiscal De Greiff, pero nos preocupamos sobremanera cuando fue elegido su remplazo: Alfonso Valdivieso Sarmiento, primo de Luis Carlos Galán.

La posesión del nuevo fiscal se produjo el 18 de agosto de 1994 y una semana después el abogado Fernández le pidió una cita para hablar de nuestro caso. Las palabras de Valdivieso lo sorprendieron:

—Estoy al tanto de todo lo que venía sucediendo con la familia de Escobar.

Gratamente impresionado, Fernández recapituló con Valdivieso los hechos ocurridos hasta el momento y al final de la plática estuvieron de acuerdo en propiciar una visita mía a su despacho.

¿Cómo haría para acercarme y pedirle ayuda? ¿Con qué cara? Fueron inquietudes que surgieron cuando me dirigía a su oficina.

Mis dudas no eran infundadas porque justo cuando entré a la oficina de Valdivieso, en la pared del fondo estaba colgada una fotografía de buen tamaño de Galán. Toda una paradoja.

—Doctor Valdivieso, no sé cómo empezar a hablar con usted, cómo pedirle ayuda después de todo lo que—.

—Señora, lo que sucedió es muy doloroso, pero comprendo su condición de mamá y por esa razón y a pesar del daño, le voy ayudar.

No merecíamos ayuda por el inmenso dolor que tuvo que vivir esa familia, sin embargo, sin darse cuenta el doctor Valdivieso fue quizá la primera persona que nos mostró el valor del perdón. Me escuchó, entendió mi dolor, nuestra urgencia para salir del país, la única manera de salvar nuestras vidas.

El resultado de ese encuentro fue gratificante porque el fiscal Valdivieso estuvo dispuesto a ayudarnos. A partir de ahí íbamos al menos cuatro veces a la semana a la fiscalía y se volvió normal que nos ayudaran a la hora de resolver problemas logísticos relacionados con nuestra seguridad, desplazamientos, entre otros aspectos.

En noviembre siguiente y cuando ya había terminado el proceso de entrega de todos los bienes de Pablo a los capos del narcotráfico y a los jefes paramilitares que así lo exigieron, el registrador nacional, Luis Camilo Osorio, nos visitó en el departamento que habíamos arrendado en el barrio Santa Ana, al norte de Bogotá, para entregarnos las nuevas cédulas de ciudadanía y las tarjetas de identidad. Osorio llegó y en el comedor del departamento él mismo diligenció los pasaportes, previa autorización de la Cancillería. De esa manera nunca tuvimos que ir a una oficina del Estado para tramitar nuestras nuevas identidades y, como lo había prometido el fiscal, todo se hizo en privado. La colaboración fue tan eficaz que incluso la Oficina de Protección de Víctimas y Testigos de la Fiscalía se encargó también de sacar la tarjeta militar de Juan Pablo para evitar que el Ejército conociera su nueva identidad.

Entre tanto, las negociaciones con Mozambique siguieron y pudimos empezar a organizar el viaje, luego de depositar una cifra considerable en una cuenta en Nueva York, a nombre de una entidad simbólica del gobierno conocida como el Ministerio de la Nuez.

Con los nuevos documentos en la mano ya podíamos partir, así que lo primero que hicimos fue despedirnos de mi familia. La última semana que estuvimos en Colombia, a comienzos de diciembre de 1994, todos vinieron de Medellín para quedarse con nosotros y compartir los últimos días. No sabíamos cuándo nos íbamos a volver a ver, así que la tristeza era enorme. Mi mamá preguntaba cada rato cómo nos llamábamos y a dónde íbamos, y a pesar de su insistencia y su llanto no le dijimos nada. Era muy doloroso y hasta ofensivo negarse a dar cualquier dato, pero en el fondo sabíamos que era mejor por la seguridad de todos. Habíamos encontrado una posibilidad para sobrevivir y había que cuidarla a como diera lugar.

Finalmente, el 14 de diciembre de 1994 salimos muy temprano del departamento de Santa Ana para iniciar el largo recorrido que nos esperaba hacia el exilio. A las cinco de la mañana y con una camioneta alquilada repleta de cosas, nos dimos el último adiós y partimos Astado, mis dos hijos, Marleny la empleada, y yo. Fue muy triste porque desconocíamos en absoluto el futuro que nos esperaba. Al mismo tiempo, Ángeles —como ahora se llamaba mi nuera—, la esposa y la hija del abogado Fernández viajaron a Buenos Aires, donde nos encontraríamos para tomar el avión a África. Con nuestro abogado nos veríamos en Guayaquil, Ecuador.

Al salir del barrio, Sebastián —como ahora se llamaba Juan Pablo— bajó del vehículo y le pidió a Puma, el jefe de los escoltas del CTI, que no nos acompañara más y le reiteró que había llegado el momento de buscar nuestro propio destino. Tiempo después supimos que había perdido su puesto por dejarnos ir sin averiguar hacia dónde.

El trayecto por carretera hacia el sur del país transcurrió normalmente y hasta tuvimos tiempo de entrar a Palmira a despedirnos de mi tía Lilia y luego a la Basílica del Señor de los Milagros de Buga para pedir que nos protegiera y nos quitara los obstáculos del camino. Esa noche dormimos en Popayán y al día siguiente seguimos a Pasto.

Cuando llegamos al puente internacional Rumichaca tuvimos problemas para pasar hacia Ecuador porque carecíamos de la firma del padre para sacar a los niños del país, así como de la autorización de la empresa que había alquilado la camioneta. Astado, muy hábil como siempre, solucionó lo del permiso de salida de mis hijos. No le pregunté cómo lo hizo y solo dijo que todo estaba listo y que nos fuéramos. La salida de la camioneta fue posible porque la agencia de coches rentados envió por fax el consentimiento que pedían las autoridades migratorias.

Ya en Ecuador y luego de recorrer trescientos ochenta kilómetros desde Tulcán —la ciudad más al norte de ese país— pernoctamos muy cansados en un motel en la ciudad de Santo Domingo de los Colorados, no lejos de Quito, la capital. Al día siguiente viajamos a Guayaquil, donde nos encontramos con el abogado Fernández, y de ahí tomamos un avión a Buenos Aires, donde abordaríamos otro vuelo a Sudáfrica, última escala a Mozambique.

Recuerdo que nos encantó la capital argentina porque el itinerario nos obligó a pasar una noche ahí antes de continuar nuestro periplo. Nos quedamos en el Claridge Hotel, cerca de la calle Florida, y por primera vez en mucho tiempo pudimos caminar tranquilamente y hasta nos quedó tiempo para comer hamburguesas en McDonalds. Después de recorrer por horas esa ciudad tan hermosa, le supliqué al abogado que pasáramos allí la Navidad, pero respondió tajante que de ninguna manera porque no podíamos correr riesgos innecesarios y, por el contrario, en Mozambique estaríamos seguros.

Al día siguiente tomamos un vuelo de Malaysia Airlines a Johannesburgo, donde cambiamos de avión para ir a Maputo. De entrada no nos gustó: era un aparato viejo que más parecía un camión de servicio intermunicipal que un vuelo internacional. Al cabo de dos horas de incomodidad anunciaron el aterrizaje, pero desde el aire solo se veían calles polvorientas sin pavimentar.

En el viejo y muy deteriorado aeropuerto de Maputo nos esperaba una comitiva gubernamental compuesta por cinco hombres altos, de traje y corbata, muy elegantes. Luego de un saludo cordial pero protocolario, nos llevaron al salón presidencial de la terminal aérea: un lugar amplio, con muebles antiguos, llenos de polvo... paupérrimo. Estábamos anonadados. Ninguno se atrevía a decir una palabra, pero las caras de desconcierto lo decían todo. Era domingo y un buen rato después llegaron a recogernos en dos automóviles Mercedes Benz último modelo y en un Toyota Corolla también reciente. Salimos en caravana hacia el mejor barrio de la ciudad, el de las embajadas, donde supuestamente nos esperaba nuestra futura residencia. Al abogado y su familia los trasladaron al Polana Serena Hotel, el mejor de la ciudad.

En el recorrido nos dimos cuenta de que habíamos llegado a un país devastado por la guerra. Las calles estaban polvorientas, a lado y lado había edificios destruidos, llenos de impactos de fusil y cohetes, no se veían muchos coches y los pocos que circulaban portaban emblemas de las Naciones Unidas.

En el trayecto, el automóvil en el que iban Sebastián y Ángeles tuvo un leve choque con otro. El conductor bajó a mirar, regresó y continuó la marcha. Cuando mi hijo le preguntó por qué no le pidió los datos al otro conductor para luego acudir al seguro, contestó que no había aseguradoras ni manera de reclamar.

El mejor barrio de Maputo era un lugar de viviendas de un solo piso, nada elegante, muy normal. Llegamos a "nuestra" casa, que parecía de los años setenta, esa sí de tres pisos, decorada con muebles atigrados y rejas en todas las ventanas. Y olía muy mal.

—Mandamos a poner las rejas para que estén seguros —explicó uno de los hombres de la comitiva.

Muy pronto supimos que el equipaje no había llegado y estaba extraviado, pero nos aseguraron que harían todo lo posible para que la aerolínea lo enviara una vez que lo encontrara. De manera que la situación era muy deprimente: estábamos en un país en guerra, en una casa horrible y sin ropa.

Aun así intenté que todos mantuviéramos la calma y fui a la cocina a preparar algo de cenar, pero en la despensa solo había unos pocos huevos. Marleny fue a un supermercado cercano y puso en un canasto algunos víveres, pero cuando iba a pagar le dijeron que solo podía llevar la mitad de lo que había escogido porque la comida debía ser repartida entre todas las personas. "Mal comienzo", pensé, y le pedí ayuda al Señor para conservar el valor. En otras palabras, no había mucho para comer.

Mientras tanto, Sebastián y Ángeles esperaban en una mesa que había en el jardín, absolutamente decepcionados. Comimos huevos y arroz y en ese momento llegó la esposa del abogado Fernández y nos dijo que fuéramos al hotel porque allá sí había comida.

—¡Vengan, vengan! En el hotel hay hasta helado.

Sebastián dijo que sí inmediatamente, pero propuse que pensáramos bien las cosas y que nos diéramos una oportunidad en esa casa. No me hicieron caso, y la insistencia de Sebastián fue tal que terminamos por aceptar la invitación.

El hotel parecía un oasis en el desierto, y a diferencia del resto de la ciudad, era de un lujo impresionante porque el gobierno lo había renovado para hospedar a los cientos de funcionarios de las Naciones Unidas que ayudaban en la reconstrucción del país. Tenía un pero: a pesar de la hermosa vista al mar, las playas estaban infestadas de tiburones y no se podía nadar. No obstante la elegancia, el desayuno estaba compuesto por unos modestos huevos con jamón o queso y nada más. Al almuerzo solo servían *stroganoff*.

El alojamiento costaba una millonada y con el dinero que llevábamos solo podíamos permanecer allí dos o tres semanas, que podían costar treinta mil dólares. En todo caso decidimos pasar esa noche allí y en la mañana veríamos qué hacer. Antes de acostarme fui al cuarto de Ángeles y Sebastián y noté que mi hijo estaba tan deprimido que solo dijo una frase que me dejó muy preocupada:

—Mamá, no sé si soy capaz de quedarme acá.

Al día siguiente, las maletas seguían sin aparecer. De manera que bajé al *lobby* y encontré una tienda de ropa, pero las únicas camisetas que vendían eran tan costosas que decidimos salir a buscar un centro comercial. Pedimos dos taxis por teléfono y llegaron unos coches totalmente desbaratados. En la calle decenas de niños nos rodeaban pidiendo limosna. La miseria era impresionante y los malos olores inaguantables.

Los taxistas nos llevaron al único centro comercial que había en Maputo: una galería llena de locales vacíos, sin mercancía. Finalmente encontramos unas camisetas de mala calidad, blancas y azules, que decían Maputo. Compramos una para cada uno, y hasta que llegaron las maletas, dos días después, los cinco parecíamos uniformados.

Durante el recorrido por la ciudad decidimos ir a la única universidad que nos dijeron estaba en funcionamiento, pero nos encontramos con una casa en la que había algunos pupitres y solo se podía estudiar medicina. Ese sitio, además, era la morgue donde los estudiantes hacían sus prácticas. Con eso fue suficiente. Regresamos al hotel con el ánimo por el piso y muy decepcionados. ¿Dónde nos habíamos metido? Claramente nos habían engañado.

Para completar, los funcionarios que nos habían recibido no aparecían por ningún lado. Uno de ellos había dicho que descansáramos y que después de las fiestas de fin de año hablaríamos sobre nuestro futuro, pero a estas alturas del paseo no estábamos dispuestos a esperar hasta enero.

Todo era una pesadilla. Ninguno tenía cara de alegría y en la noche la depresión nos invadió a todos. Ese momento tan tenso habría de degenerar en una grave crisis familiar cuando Sebastián, acostado en la cama, se quitó el cinturón y dijo en tono amenazante:

—Mamá, si no nos vamos de este lugar, con esta misma correa me suicido. Regresemos a Colombia porque prefiero que nos maten allá y no morir de tristeza en este lugar tan deprimente.

Las palabras de mi hijo estaban lejos de ser una broma y, consciente de que las cosas se habían salido de control, no dudé un instante y salí a buscar al abogado para pedirle que hiciera los arreglos necesarios porque había decidido salir cuanto antes de Maputo. El abogado Fernández se puso furioso con lo que acababa de plantearle y me regañó muy fuerte. Luego, dijo que no le prestara atención al Principito, en referencia a Sebastián, porque ya había un acuerdo con el gobierno de Mozambique, al que le habíamos pagado una importante cantidad de dinero. Y finalizó diciendo que me acordara de que ningún otro país nos había querido recibir y que por un capricho se iba a perder un año de trabajo.

—Para usted es muy fácil hablar porque mañana se va a pasar el Año Nuevo en París y yo tengo que quedarme con mis dos hijos y con mi nuera —respondí molesta.

De inmediato me puse a buscar boletos, pero no tenía idea hacia dónde y por eso decidimos usar los pasajes de regreso a Johannesburgo. El problema era que solo había vuelos cada quince días. El abogado terció en nuestro drama y propuso que permaneciéramos en Maputo porque él conseguiría unos profesores que nos enseñaran inglés mientras buscábamos otras opciones. La idea me pareció sensata y así se las propuse a mis hijos, pero la rechazaron de plano porque no querían estar un minuto más en Mozambique.

Entonces la situación con el abogado se complicó a tal punto que amenazó con no ayudarnos más porque, según él, debíamos hacer el esfuerzo de quedarnos al menos un año para luego cambiar de nuevo nuestras identidades. Pero Sebastián insistía en que no aguantaba un minuto más en aquel lugar y menos pagando la estrambótica suma de dinero que cobraban en el hotel, en el que ni siquiera había señal de televisión.

Finalmente, el abogado Fernández dimensionó la gravedad de lo que ocurría y fue al aeropuerto a buscar pasajes, con tan buena suerte que llamó de urgencia y dijo que corriéramos porque había encontrado un vuelo que salía en tres horas para Johannesburgo. En ese momento Ángeles jugaba en la piscina con Manuela y tuvieron que ponerse la ropa encima del traje de baño. Metimos en las maletas todas las prendas, mojadas, arrugadas, y salimos a mil por hora. Dejar aquel país era un alivio, pese a que no teníamos un destino determinado.

El vuelo desde Maputo no tuvo complicaciones y cuando llegamos al aeropuerto de Johannesburgo nos detuvimos a mirar los tableros de salidas internacionales y decidimos tomar un vuelo a Sao Paulo, Brasil. Allá veríamos qué hacer después. En principio pensábamos regresar a Colombia, pero sabíamos el gran riesgo que nos esperaba porque el acuerdo con los enemigos de mi marido había incluido irse del país y no regresar.

Mientras nosotros estábamos en semejante dilema, pero ya en Sudáfrica, en Maputo nuestro abogado enfrentaba problemas con las autoridades, que le impedían viajar con su familia a París porque supuestamente había promovido nuestra precipitada salida. Finalmente, y luego de explicar lo sucedido durante varias horas, logró que le devolvieran los pasaportes y de esa manera pudo abordar el vuelo a Francia.

Cuando llegamos a Sao Paulo nos quedamos una noche en un hotel. Brasil nos gustaba, pero la barrera del idioma complicaba las cosas porque no estábamos de ánimo para aprender el portugués.

Luego de darle muchas vueltas al asunto y estudiar los pros y contras, tomamos la decisión de ir a Río de Janeiro y de ahí a Buenos Aires, donde quizá podríamos empezar una nueva vida. Así que nos arriesgamos. Llamé a Astado a Medellín y le pedí que nos encontrara en Argentina. Fue así como llegamos a Buenos Aires a las tres de la madrugada del 23 de diciembre de 1994.

Nuestro abogado regresó a Colombia a mediados de enero de 1995 y de inmediato informó a la fiscalía que habíamos cambiado de planes en forma intempestiva. Las varias veces que le preguntó al fiscal Valdivieso si íbamos a estar bien en nuestro nuevo destino, este le aseguró que no se preocupara. Era obvio: el Estado colombiano siempre había sabido dónde estábamos.

Comenzaba 1995 y el camino que nos esperaba era incierto. ¿Cómo construiríamos un futuro desde la incertidumbre? No lo sabíamos, pero lo cierto es que juntos nos atrevimos a dar los primeros pasos para buscar una nueva identidad. Argentina nos dio una segunda oportunidad en

la vida y desde el primer instante decidimos no desapro-
vecharla. Estábamos más que dispuestos a dar lo mejor de
nosotros, pero no tardaríamos en descubrir que la sombra de
Pablo seguía ahí, siempre ahí.

CAPÍTULO 10

Argentina: una segunda oportunidad

En el primer receso llamé a la casa como siempre lo hacía cuando iba a clase de *coaching* por las noches, pero esta vez nadie contestó a pesar de que allá estaban mi madre, Juana y la enfermera. Aunque me pareció raro, decidí esperar a que terminara la jornada. No podía concentrarme porque desde el fin de semana estaba preocupada por las llamadas amenazantes de los abogados del contador, quienes decían que si no nos íbamos de Argentina y les dejábamos todo, revelarían nuestras nuevas identidades.

Finalmente dieron las once de la noche y la clase terminó. Insistí en llamar a casa, pero seguían sin contestar. Una compañera se ofreció a llevarme y me dejó en la entrada principal del edificio de la calle Jaramillo 2010, del barrio de Núñez, al norte de Buenos Aires, donde vivíamos hacía dos años. Subí al departamento 17N, pero cuando toqué el timbre la empleada se asomó por la puerta lateral, no la principal, e hizo señas desesperadas para que me fuera.

Di media vuelta y caminé hacia el elevador, pero uno de mis perros se salió. Lo alcé y bajé asustada al primer piso.

En el *hall* del edificio lo único que se me ocurrió fue entrar al salón social y meterme a uno de los baños. Saqué el celular y llamé a la notaria.

—Algo raro está pasando en mi departamento —le dije angustiadísima—. La empleada me dijo que me fuera. No sé quiénes están, por favor llama al abogado y que avise en Colombia por si nos pasa algo. He tratado de llamarlo varias veces, pero no contesta. Por favor, ayúdame.

Colgué y en medio de la tribulación decidí que lo mejor era salir del edificio por la puerta trasera. Cuando llegué a la salida le timbré varias veces al portero, pero no abría. Insistí, pero en segundos estaba rodeada de policías federales que gritaban:

—¡Alto ahí! ¡Las armas! ¡Las armas!

—¿Cuáles armas? —respondí aterrada—. Es un perro y mi maletín.

Les mostré que solo llevaba libros y papeles. Ahí me di cuenta de que estaban más asustados que yo.

—Subamos al apartamento señora —dijeron sin dejar de apuntarme.

Cuando entré, vaya sorpresa la que me llevé. Varios policías llevaban algunas horas esculcando y buscando "algo" que realmente no sabían qué era. Mi mamá, de visita en aquellos días, estaba aterrada. Juana, que justo había invitado a una amiga aquella noche a dormir en casa, estaba en su cuarto sin entender lo que pasaba. Ángeles y Sebastián —que habían llegado hacía poco porque los había invitado a cenar— vigilaban a los policías mientras hacían la requisa, para evitar que fueran a meter droga en algún lugar y luego dijeran que la habían encontrado en casa. Ya varios casos de ese tipo se habían dado en Argentina.

Le pregunté a Sebastián qué pasaba y uno de los policías respondió que estábamos detenidos por falsedad de documentos. Los agentes no sabían muy bien qué hacer, pedían un papel y luego otro, pero se notaba que no tenían claro el objetivo de todo aquello. En ese momento me calmé un poco y dije que me iba a bañar y a cambiarme de ropa. Me encerré de nuevo en el baño y volví a llamar a la notaria y al abogado.

Alisté algo de dinero, mis documentos y mi cepillo de dientes y me dispuse para irnos. Después de varias horas de allanamiento, me dijeron que no me asustara, que era solo una indagación. Me preocupaba más la angustia por la que estaban pasando mi mamá y Juana, y cómo íbamos a explicarles a los papás de la amiga de mi hija la presencia de la policía en casa. Pensé en el contador. Sin duda estaba detrás de todo aquello. ¿Hasta dónde llegaba la codicia desmedida de una persona a la que no le importaba destruir una familia por dinero?

Mientras aquello sucedía, en la televisión transmitían en directo la detención de *la Viuda blanca*. Todos los canales daban la noticia de último minuto.

Ángeles se despidió de Sebastián muy afligida porque la policía no quiso contestarle adónde nos trasladaban. Enseguida bajamos. Nos metieron en patrullas separadas y nos llevaron, manejando como locos y en contrasentido por la avenida Libertador, a la Unidad Antiterrorista de la Policía Federal Argentina, Cavia 3302 Buenos Aires, cerca de la avenida Figueroa Alcorta. A las patrullas las seguía un sinnúmero de coches que hacían sonar sus sirenas; parecía una película. Ángeles envió a la empleada de servicio en un taxi para poder saber adónde nos llevaban.

Sebastián me contó que estuvo a punto de lanzarse del coche porque temía que no fueran policías de verdad, pues el primero que se le acercó para notificarle que quedaba detenido estaba en evidente estado de embriaguez y su placa de policía era de tan mala calidad que parecía falsa.

Después de discutir con los agentes sobre qué identidades anotarían en su registro de ingreso de detenidos, nos quitaron el dinero, los papeles y el cepillo de dientes. Nos querían obligar a firmar con nuestros nombres originales, Escobar Henao, mientras mi hijo y yo les decíamos que nuestra identidad legal era la actual, Marroquín Santos. Si firmábamos con nuestros antiguos nombres, eso sí podría ser considerado falsedad de documentos. Eran cerca de las cinco de la mañana del 16 de noviembre de 1999. Enseguida nos metieron en unas celdas con barrotes, piso de cemento, amplias. Cada uno en una.

Yo estaba tranquila en cuanto a lo de falsedad de documento porque el cambio de identidades había sido legal en Colombia. Además, yo era la estafada y extorsionada por el contador y sus abogados y ya los había denunciado. Si éramos las víctimas, ¿por qué estábamos encerrados?

De manera que creí que aquello solo iba a ser un trámite de tres días, a lo mucho. No tenía idea de lo que se nos venía encima. La luna de miel que había comenzado cuando llegamos a Argentina estaba a punto de terminar.

**

A las tres de la mañana del 24 de diciembre de 1994 entramos al hotel Bahuen Suite, en la avenida Callao 1856, en el corazón de Buenos Aires. Alfredo Astado lo había reservado apenas le avisamos que no nos quedaríamos en Mozambique. El sitio me pareció desolador y oscuro. Más tarde habría de saber por qué no me gustó: había sido el centro encubierto de operaciones de la Secretaría de Inteligencia del Estado (SIDE).

Decidí que no nos quedaríamos. Después de un día y medio de viaje, y a pesar de la hora, nos fuimos con Sebastián a buscar algo mejor. Subimos a un taxi y le pedimos al conductor que nos llevara a un apartotel bien ubicado. Un rato después nos dejó en la calle Guido, en Recoleta, frente a un edificio antiguo donde encontramos un lugar con salita, cocineta y dos habitaciones. Era lo que buscábamos. Pagamos un mes por adelantado. Teníamos un lugar seguro por lo menos para los siguientes treinta días, lo que nos parecía una eternidad. Hacía una década vivíamos como nómadas, sin saber dónde estaríamos la siguiente noche.

Ya juntos los cuatro, dormimos todo el día hasta que Astado llamó a las cinco de la tarde. Por el cambio de horarios creíamos que el 24 ya había pasado, pero no, era la Nochebuena de 1994. Había pasado un año desde la muerte de Pablo y sentíamos una profunda tristeza. Nos repartimos las tarjetas de Navidad, una tradición familiar, un ritual que todavía conservamos. A pesar de la aflicción, salimos a caminar por la ciudad decorada y entramos al centro comercial Buenos Aires Design, repleto de gente feliz. Nadie sospecharía jamás que la familia de Pablo Escobar estaba en ese lugar. Nos sentamos en una mesa de las terrazas del lugar y cenamos. Puse el poco de fuerza y el amor que me quedaban para acompañar la incertidumbre y finalmente logramos pasar un rato afectuoso y lindo. Seguíamos con nuestra premisa de vida: un día a la vez.

Los dos primeros meses en Buenos Aires dormimos muchas horas seguidas. El agotamiento acumulado de tantos años, de tantas angustias y miedos, persecuciones, allanamientos y atentados, nos pasó la cuenta. Astado entraba a las doce del día al hotel y nos decía que saliéramos a conocer la ciudad, pero no teníamos ánimo. Lo único que queríamos era cerrar los ojos y olvidar nuestra realidad.

Las pocas veces que salía a la calle, recibía toda la publicidad que repartían sobre clases de canto, de baile, de filosofía, de historia del arte, de cocina... la idea era ir viendo cómo empezábamos a hacer una vida. Sebastián se quejaba del papelerío que se acumulaba, pero mi prioridad era organizar una vida normal, lo que no era tan fácil porque nunca habíamos llevado una vida normal.

Con todo, Argentina nos parecía un paraíso. Para nosotros era extraña esa sensación de tranquilidad en las calles. Tratábamos de abrazar la paz del ambiente, el verde y la majestuosidad de sus parques. Sin embargo, el desasosiego no pasaba. Cuando veía un policía, cambiaba de acera. ¿Hasta cuándo duraría aquello?, era una pregunta constante.

Antes de que terminara el verano me di a la la tarea de buscar colegio para Juana. Visité varios y al final la matriculé en el Jean Piaget. Para ingresar tuvo que tomar clases de nivelación y por ello dos veces por semana la acompañé sin falta. Siempre la esperaba afuera para no dejarla sola ni un momento; la adaptación a un nuevo país y a un nuevo nombre le costaba mucho trabajo. Mientras tanto, Sebastián y Ángeles se dedicaron a buscar universidad y a tomar cursos de computación.

Cuando salimos de Colombia estaba en furor la novela *Café con aroma de mujer*, así que decidimos basarnos en ella para "armar" la historia que le contaríamos a la gente. Así, cuando nos preguntaran, éramos colombianos, oriundos de Manizales, dedicados al cultivo del café, habíamos tenido que dejar el país por amenazas de secuestro y mi marido, Emilio Marroquín, había muerto en un accidente de tránsito.

A partir de entonces, todas las noches nos reuníamos e
íbamos recreando esa historia con más detalles conforme los
necesitábamos. En Argentina la gente hace muchas preguntas
y eso nos incomodaba. En Colombia no pasa tanto. Ese fue
uno de los primeros choques culturales que tuvimos: cualquier persona pregunta a qué viniste, de dónde, con quién,
por cuánto tiempo, por qué. Eso nos aterraba. Con la paranoia
que vivíamos, lo tomábamos muy personal. Así que la prepa-
ración fue más intensa porque debíamos afianzar nuestras
nuevas identidades.

Por otro lado, Argentina fue el lugar donde tuvimos que
poner los pies en la tierra. La época de los lujos y los gastos
desmedidos había terminado y ahora teníamos que cuidar el
dinero que nos habían permitido sacar de Colombia. Como
cualquier otra persona, teníamos que ver cómo ganar dinero
para solventar los gastos del día a día. Además, en aquella
época el país calificaba como uno de los cinco más costosos
del mundo porque el peso estaba a la par con el dólar. Era
como vivir en Suiza.

Fue en Buenos Aires donde Sebastián aprendió a andar
en autobús por primera vez en su vida. Ángeles se ocupó de
prácticamente todo: las compras, el pago de facturas, los útiles de Juana, porque ya no teníamos el séquito de empleados.
Cuando ella se fue a vivir con Sebastián, de nuevo tuve que
hacer todo sola, y admito que aún me cuesta.

Sebastián y Ángeles finalmente encontraron las carreras que querían estudiar. Él entró a diseño industrial en el
Instituto ORT y su novia a publicidad en la Universidad de
Belgrano. Antes de que ellos y Juana empezaran a ir a clases,
me dediqué a buscar un departamento en alquiler, pero era
imposible porque no teníamos cuentas bancarias ni tarjetas
de crédito que nos respaldaran.

Por fortuna conocimos a Ingrid, una chica argentina, que nos prestó un departamento muy pequeño por un par de meses y luego nos prestó la escritura como respaldo ante una inmobiliaria. Así, en marzo de 1995 rentamos un departamento en las calles 11 de Septiembre y Juramento, en Belgrano, donde vivimos dos años. Tenía dos habitaciones y un estudio donde acomodamos dos camas dobles y un escritorio con biblioteca, un sofá negro y unos sillones que se convertían en cama. Usábamos como comedor una mesa de la cocina, único mueble que dejaron los dueños. Optamos por dejar todo en el estado en que lo encontramos porque recordábamos que en la época de las caletas cada vez que empezábamos a decorar teníamos que salir corriendo.

Lo único que compramos fueron tres bicicletas, que duraron escasos dos meses porque un vecino que estaba mudándose se las llevó del estacionamiento. Como no queríamos llamar la atención, no dijimos nada y mucho menos pensamos en denunciarlo.

Acoplarse a Argentina incluyó un episodio que raya entre la risa y el drama. Un día subí a un autobús y cuando iba a mitad de camino entre Belgrano y Santa Fe, el conductor hizo una parada y empezaron a bajar y subir pasajeros. En ese momento escuché un ruido que me pareció de bomba, de metralleta, y lo único que atiné a hacer fue cerrar los ojos muy fuertemente. Pensé que me habían matado. Pasó un largo rato y el chofer se acercó y preguntó en qué estación me quedaba, porque pensó que estaba dormida. Miré a los alrededores y no entendía por qué no estaba herida. Bajé en la calle Juramento, a una cuadra de donde vivía, y llegué a mi casa llorando. Solo cuando les conté a mis hijos lo que acababa de suceder, entendí que en realidad el ruido que escuché había sido producido por los trenes que pasan por arriba de las avenidas, algo muy común en Buenos Aires.

A Juana le empezó a costar mucho trabajo asimilar nuestra nueva vida. Varias veces llegó del colegio preguntando por qué no podía llamarse Manuela, como antes. Aunque trataba de explicarle que se debía a las amenazas de secuestro, era muy difícil que una niña de diez años lo entendiera. Como a veces lloraba toda la tarde y se deprimía bastante, en el colegio me recomendaron llevarla a clases de musicoterapia. Lo hice y resultó eficaz porque gracias a su voz pudo participar en varias presentaciones y conciertos infantiles, con lo que recuperó algo de su alegría y por algún tiempo hizo amigos y llevó una vida medianamente normal.

No obstante, una vez llegó del colegio muy asustada porque un compañero había leído en el periódico que esa institución había recibido amenazas de bomba por ser un centro académico judío. En esos días Ángeles la recogió una tarde y la profesora le dijo que en un simulacro de evacuación Juana se había puesto muy mal, tal vez porque no estaba acostumbrada a algo así; pero cuando salían del plantel, la niña preguntó que si las amenazas eran por ella.

Pese a nuestros esfuerzos por encontrar un lugar en este mundo, las cosas no marchaban de la mejor manera. La tensión entre nosotros en un departamento tan pequeño se volvió pan de cada día y peleábamos mucho. La presión llegó a un punto tal que un día Sebastián dijo que teníamos que dejar atrás la "escobaritis aguda" y empezar a mirar la nueva vida que teníamos por delante.

Por esa razón decidí que fuéramos con un psicólogo, aunque no dejaba de ser muy extraño ir a hablar de una vida ficticia, algo que Sebastián cuestionó varias veces. Igual yo no lo veía así porque entre líneas había cosas de mi vida que sí podía ir sanando, como el duelo de Pablo. Finalmente lo hicimos, pero no sin antes asegurarnos de que nuestra historia era coherente. Por eso, una hora antes de la cita entramos a una cafetería a repasar los datos: éramos de Manizales, mi esposo había muerto en un accidente, etcétera, etcétera. Sebastián entró a regañadientes al consultorio y todo el tiempo hizo mala cara, como si quisiera salir corriendo. Pero bueno, de algo sirvió.

Ese primer año en Buenos Aires fue muy duro tratando de acoplarnos. No teníamos auto, llevábamos una vida bastante sencilla y extrañábamos sobremanera la comida colombiana, entre otras tantas cosas. Mirábamos con detenimiento cada verdulería buscando nuestras frutas y algunas verduras, pero no aparecían por ninguna parte. Hasta que un día entré a un supermercado Jumbo y me emocioné de tal manera cuando vi plátanos que compré como seis cajas. Es que hacía más de un año que no veía uno. Preparé tantos patacones para congelar que no cabían en ningún lado y hasta tuve que hacerme amiga del portero del edificio para pedirle que me guardara patacones en su refrigerador.

A comienzos de 1996 mi madre e Isabel, una de mis hermanas, nos visitaron. Por precaución, viajaron a otro país y allá compraron los pasajes para la capital argentina. Durante mucho tiempo mis parientes no llegaron directo desde Colombia para evitar que los siguieran, y en ocasiones hicieron hasta tres escalas en sitios diferentes antes de aterrizar en Buenos Aires.

Cuando nos visitaban, lo de los nombres era un lío porque también había que cambiarles el apellido. Aquella vez con Isabel, una amiga preguntó extrañada por qué nos habían puesto el mismo nombre a las dos. Claro, no nos habíamos dado cuenta de ello hasta ese momento y tuvimos que inventar una historia y un nombre compuesto para ella.

Durante una de las estadías de mi mamá sucedió un episodio muy simpático que retrata cómo era de difícil adaptarse a otra cultura. Un sábado en la noche varias amigas me invitaron a una discoteca y mi madre, complaciente, dijo que ella e Isabel se quedarían con los chicos. En Buenos Aires se acostumbra salir de fiesta a la medianoche e ir a varios lugares. Estábamos en una conocida discoteca cuando llevaron a la mesa chocolate y pan de hojaldre. Extrañada pregunté la razón y la respuesta me dejó muda:

—Porque ya está amaneciendo, María Isabel.

No lo podía creer. Salí a la calle y en efecto el sol resplandecía. Conociendo a mi madre, inmediatamente pensé que estaría furiosa porque según ella una mujer viuda jamás podía llegar a la casa a la madrugada. Corrí hacia la casa, pero entre más corría más salía el sol, más brillante se ponía. Llegué a las nueve de la mañana, me quité los zapatos, subí muy despacio las escaleras, pero en el segundo piso me estaba esperando. Intenté darle una explicación, pero no me dejó hablar:

—No tengo nada que escucharte, eres una desvergonzada —gritó y cerró la puerta de su habitación.

A pesar de mis treinta y cinco años, todavía le tenía miedo a mi madre. Por fortuna, media hora después llegaron la doctora Hebe San Martín y otro colega, con quienes había concertado una sesión de terapia familiar. Ellos se enteraron de lo sucedido y enfocaron su plática hacia la falta de valores y el respeto a los hijos. De esa manera le explicaron a mi madre que así se comportaba la cultura gaucha y que era normal que los jóvenes y los mayores llegaran a mediodía después de salir a una noche de diversión. Enhorabuena, porque mi mamá estaba tan furiosa que pensaba regresar ese mismo día a Colombia.

En nuestro departamento de 11 de Septiembre y Juramento también tuve uno de los grandes sustos de mi vida, cuando una tarde sonó el interfón y un policía federal preguntó por Sebastián.

—Ya bajo —respondí muy asustada y de inmediato le dije a mi hijo que se escondiera en el estacionamiento mientras averiguaba de qué se trataba.

Bajé por el elevador presa del pánico, y lo único que pensaba era que ya nos habían descubierto.

—Señor, buenas tardes, le dije al uniformado.

El policía debió verme pálida y con la voz entrecortada, pero no debía saber nada porque se limitó a explicar que había ido a cobrar una cuenta que Sebastián y un amigo no pagaron en el Club de Tiro Federal, a donde fueron una vez a practicar. El policía dejó la factura y le aseguré que iría a saldar la deuda cuanto antes. Sentí que el alma me volvía al cuerpo. Después de que nos pasó el susto, le dije a Sebastián que tuviera cuidado porque cualquier descuido de esos podía ponernos en evidencia y arruinar lo que tratábamos de construir. Era la primera vez que iba a ese lugar y lo hizo para complacer a un conocido que lo había invitado varias veces, pero habíamos quedado en que sería la primera y única porque no nos convenía que lo vieran manejando armas, así fueran deportivas.

Rigurosamente, cada dos años nos mudábamos de departamento para cambiar de vecinos, de relaciones, de todo, y evitar que nos descubrieran. En cuanto a la correspondencia con mi familia creamos una línea de correo que iba primero a Estados Unidos, luego a Canadá y de ahí a Colombia. En cada lugar le quitaban los sellos de procedencia y le ponían nuevos para borrar nuestro rastro. Además, llamábamos muy pocas veces y siempre desde cabinas públicas. Intentábamos desaparecer del mundo y cada paso que dábamos buscaba preservar nuestro gran secreto.

Precisamente uno de los asuntos de mayor cuidado era el de mantener en regla la estadía temporal en Argentina y para hacerlo cada tres meses cruzábamos a Uruguay y reingresábamos con un nuevo visado de turismo. Pero esos paseos no dejaban de ser un riesgo y por eso decidimos que lo mejor sería iniciar el proceso migratorio para obtener el permiso de residencia. Ahí conocí al abogado Tomás Lichtmann, recomendado por mi terapeuta. Pero el trámite en la Dirección de migraciones era muy complicado porque nos dimos cuenta de que los documentos que solicitábamos a Colombia no tendrían ninguna utilidad si no les ponían las nuevas identidades, así que algunos los gestionamos con el aval de la fiscalía en Colombia y otros, como las calificaciones de los colegios de mis hijos, hubo que arreglarlos con la copia de la escritura pública del cambio de identidad para solicitar que con la máxima discreción se hicieran las correcciones correspondientes. Además, cada vez que hacíamos fila para llevar algún papel a una oficina pública nos moríamos de susto de que alguien nos reconociera o de que al poner la huella dactilar saltara alguna alerta roja en las bases de datos de la Interpol. Aun así, corrimos el riesgo porque estábamos decididos a pedir la residencia y a echar raíces en el país austral.

En esas estábamos cuando un día llamó mi madre desde Medellín y la oí muy desesperada por el inmanejable estado de adicción a las drogas de mi hermano Fernando, quien llevaba en esas más de cuarenta años. Desde siempre sentí mucha culpa por su drogadicción y por el infierno que él y su familia vivían. Varias veces lo acompañé a clínicas de recuperación y pude comprobar el drama tan espantoso de quienes están involucrados en esa tragedia.

Sin pensarlo, le dije a mi madre que enviara a Fernando a Argentina para ver cómo le ayudábamos y de inmediato me puse en contacto con el famoso psiquiatra Kalina, quien me dijo que lo llevara, que él lo sacaría adelante.

Mi hermano llegó días después y fuimos a consulta con el doctor Kalina, quien le ordenó toda una serie de exámenes para evaluar su ingreso a la clínica.

Pero todo se fue al traste cuando Fernando supo que sería hospitalizado. Oír hablar de esa opción lo descomponía, lo ponía furioso y empezaba a decir cualquier cosa. Fuera de sus cabales, buscó la manera de hablar con el especialista y sin medir las consecuencias le reveló que su hermana era la esposa de Pablo Escobar.

Inmediatamente el doctor Kalina me citó a su consultorio y me contó lo que le había dicho mi hermano. No caí desmayada en el piso porque estaba sentada, pero entendí que la situación era muy peligrosa. Afortunadamente, el médico fue compasivo y escuchó mi explicación:

—Doctor, a cualquier persona que ve, mi hermano le dice que somos familiares del presidente, que tenemos que ver con la guerrilla, que pertenecemos a la mejor familia de Colombia... las drogas lo tienen así y ya no sabemos qué más hacer.

El doctor Kalina me veía llorar desconsolada y cuando hice una pausa dijo:

—Tranquilícese, señora, si usted no es la esposa de ese Escobar no sufra, déjelo que hable.

Salí de la clínica, llamé a Colombia y dije desesperada que vinieran por Fernando porque podía delatar nuestras identidades. Tres días después una de mis hermanas y su esposo llegaron y lo llevaron a La Habana, Cuba, y como tampoco aguantó terminó regresando a Medellín.

Superado semejante peligro, poco tiempo después me recomendaron una psicóloga entrenadora, dueña de una institución llamada Escuela de Vida, en la avenida Independencia. La psicología siempre me había gustado, así que comencé a hacer el proceso de *coaching*, pero al principio no era fácil porque tenía que reflexionar sobre una vida que no podía hacer pública y hablar frente a mis compañeros con los datos inventados. Toda una odisea. La gente se daba cuenta de que yo hablaba muy poco, en voz muy baja, y me lo decían. Aseguraban que yo parecía ausente de este mundo y tenían razón porque el miedo me impedía hacer contacto con mis emociones, a pesar de mis treinta y cinco años. El pavor de que alguien nos reconociera seguía siendo real, pero por encima de todo eso acabé mi carrera de Liderazgo y *Coaching* Ontológico.

Con el paso de los meses también llegó la necesidad de trabajar y hacer algo que nos proporcionara ingresos para vivir mejor. Mi abogado en ese entonces, el doctor Tomás Lichtmann, me aconsejó presentarme como migrante con capital. Para ello tenía que hacer una inversión de cien mil dólares y desarrollar un proyecto que generara empleo para los nacionales. Fue entonces cuando Lichtmann me presentó al contador, que además era propietario de una pequeña inmobiliaria, para que llevara la contabilidad que yo necesitaba, según la ley, requisito indispensable en las peticiones de residencia.

El contador empezó a orientarnos y a través de su inmobiliaria busqué un lugar en las afueras de la ciudad. Sentía que mi familia necesitaba un lugar propio para estar alejados del ruido de la gran metrópolis y encontrar algo de paz en la naturaleza, así que llegué diciéndoles: "Invertí en salud, invertí en salud", mientras me miraban sin entender de qué se trataba. De esa manera compré una casa en el Club Campos de

Golf Las Praderas de Luján, donde pasamos un par de veranos y todos los fines de semana durante dos años. Sebastián me decía que cómo se me había ocurrido esa locura de comprar una casa en las afueras sin tener siquiera un coche para ir, pero no me importaba. Al principio alquilamos uno para ir los fines de semana y luego compramos en pagos un pequeño Mazda 121 en el que nos acomodábamos con cuatro perros y más personas de las permitidas.

La compra de la casa no estuvo exenta del engaño, lamentablemente una práctica común de la que hemos sido víctimas muy a menudo en Argentina. Había convenido con sus antiguos dueños que la casa me la venderían amueblada, y acordamos y marcamos algunos pocos objetos que se llevarían, pero se quedaría el resto del mobiliario, entre el que se encontraba un piano de cola negro gigante de la reconocida marca Steinway & Sons. La pareja dueña de la casa no dudó en reemplazarlo por una baratija hecha en china que ni se le parecía siquiera al original que estaba incluido en el precio. Por más que intenté reclamarle, el dueño fue tan irrespetuoso, maleducado y grosero que una vez concretamos la venta decidí dedicarme a disfrutar de mi familia en ese nuevo espacio.

Con su actitud de servicio y el compromiso de ayudar a una familia extranjera, el contador se fue ganando nuestra confianza y amistad y empezamos a consultarle cada paso que dábamos. Solíamos invitarlo a casa, adonde iba con su esposa, su hija y sus dos empleados de la inmobiliaria, y pronto hizo parte de nuestro círculo íntimo. Juana en especial le tomó mucho cariño, algo que después, cuando llegaron los problemas, se convirtió en un gran lío porque la manipulaba con facilidad a sabiendas de que se trataba de una menor de edad.

En virtud de que Migraciones me exigía presentar un plan de inversión en el país me puse a buscar opciones de negocio con el contador, y decidí comprar un lote que en apariencia no tenía ningún futuro porque estaba en una zona llena de personas en situación de calle, recicladores de cartón y camioneros por la que a nadie le gustaba pasar. Siempre sentí que tenía visión para los negocios inmobiliarios y pude advertir con antelación que en unos años escasearía la oferta de los lotes en Puerto Madero debido al *boom* de viviendas de lujo, restaurantes y oficinas corporativas que lo mostraban como el mejor lugar para vivir en la ciudad cerca del río de La Plata. Supe que ese era el lugar indicado y el tiempo corroboraría que no me equivoqué. Compré el terreno más pequeño de la manzana con escasos 223 metros cuadrados, en la esquina de la avenida Ingeniero Huergo con la calle Estados Unidos. Pagué una suma cercana a los doscientos mil dólares estadounidenses y tiempo después me enteré de que el contador había subido el precio de venta para sacar un beneficio personal extra, además de su comisión inmobiliaria.

No obstante, el dinero que teníamos alcanzó para el predio, pero no para desarrollar el proyecto que pedía inmigración, así que lo dejamos congelado hasta 1998 cuando decidimos venderlo. Fue así que empezamos negociaciones con la multinacional Shell que se mostró interesada en adquirirlo, según una carta de intención por la suma de quinientos mil dólares. Pero justo en ese momento empezaron a publicitar por la ciudad un documental que el canal People & Arts presentaría sobre la vida de Pablo Escobar. Entramos en pánico, temíamos que nuestros rostros aparecieran en el especial de televisión.

En medio de esa agitación, el contador me citó una noche en el restaurante Cló Cló, sobre la costanera, con el pretexto de que quería conversar conmigo. Para mi sorpresa, durante la cena subió el tono de la voz y de manera agresiva dijo que lo habíamos engañado y que ya sabía quiénes éramos; agregó que se había enterado por una entrevista que años atrás nos habían hecho en el hotel Tequendama en Bogotá y que salió publicada en una revista de Argentina.

Quedé helada con lo que acababa de escuchar y busqué una excusa para ir al baño. Llamé a Sebastián y dijo que no quedaba otra, que me las arreglara para llevar al contador al departamento. Una vez allí, mi hijo narró toda nuestra historia con lujo de detalles. El contador se conmovió sobremanera, lloró a la par conmigo y aseguró que nos ayudaría de manera incondicional.

Pocos días antes de la emisión del documental sobre Pablo decidimos cerrar el departamento y llevar nuestros muebles a una bodega previendo que pasara cualquier cosa. Les dijimos a los pocos amigos que teníamos que saldría de viaje con mi madre —de visita aquellos días—, mis dos hijos, los perritos y el equipaje de la familia para instalarnos en la costa hasta el fin del verano. De nuevo le tocó a Ángeles hacer sola la mudanza porque nosotros sentíamos la necesidad de permanecer lejos de la ciudad por seguridad. Así que ella llegaría después de que todo estuviera en orden.

En medio de esas horas de incertidumbre, antes de irnos a la costa cometí uno de los peores errores de mi vida: le dejé al contador un poder y documentos firmados en blanco para que a través de su inmobiliaria adelantara el proceso de venta del lote y de la casa de Luján. No sabía entonces que sus intenciones ya no eran buenas y que en realidad estaba maquinando una estrategia para quedarse con todo.

En la costa alquilamos una pequeña casa en Cariló, a trescientos sesenta kilómetros de Buenos Aires, muy retirada de la playa, y nos fuimos a pasar allá el fin de año de 1998 para evitar que los conocidos nos relacionaran con la historia de Pablo. Por suerte mi madre nos acompañó. Para mis hijos era un regalo poder estar con ella, que tenía un gran humor y le gustaba jugar a las cartas; durante ese corto tiempo nos entretuvimos mucho, cocinamos, salimos a caminar por los bosques, jugamos con los perros y esperamos a ver si algo pasaba. La casita no tenía televisión por cable, así que no supimos qué pasó con el documental, pero sí veíamos las noticias por si acaso decían algo.

Pero esos días de esparcimiento fueron cortados de tajo por una visita inesperada del contador, que llegó a hablar con Sebastián y conmigo. Fue ahí cuando salieron a la luz sus negras intenciones porque exigió un pago mensual de veinte mil dólares para "cuidar" de nosotros y de sí mismo, dado el peligro que podía acarrear trabajar con una familia como la nuestra.

—Usted sabe que no tengo de dónde sacar esa suma de dinero. ¿Qué le está pasando? Además, no tiene por qué cuidarme de nada, mi seguridad está en el cambio de identidad —le repliqué.

El contador respondió que no nos preocupáramos, que después hablaríamos del asunto, y se fue. Él especulaba con que nuestras nuevas identidades fueran falsas, ignorando que justamente el procedimiento legal por el cual las obtuvimos era nuestra única fortaleza. Pero empezó a pasar el tiempo y él no aparecía por ningún lado, no contestaba el teléfono y se negaba en todos lados. Mi preocupación era enorme. En sus manos estaba nuestro dinero y por eso decidí ir a buscarlo personalmente a su oficina, donde me esperaban sus socios y cómplices, quienes dijeron que estaba en una clínica muy enfermo, con un pico de estrés y no podía atender a nadie. Desconsolada y a punto de salir, se me ocurrió pedir prestado el teléfono de la oficina y llamé al contador al celular. Contestó. Todo era mentira.

—¿No dizque estabas en cuidados intensivos?

—María Isabel, te pido que comprendas que solo estoy tomando un recaudo mientras se aclaran las cosas. Habla con el abogado Lichtmann.

—Entrégueme las cosas y no nos volvemos a ver; usted nos ha llevado la contabilidad unos pocos años, así que no tengo nada que temer.

Aun así, me comuniqué con el doctor Lichtmann, pero respondió que las "papas estaban calientes" y que de ninguna manera le interesaba ayudarme a sabiendas de quiénes éramos. Fui a su oficina, le lloré, le supliqué que no me dejara sola, que tenía dos chicos adolescentes y una niña, pero insistió en que no quería saber nada de nosotros. Literalmente nos abandonó y no quiso siquiera hacerse cargo de la situación en virtud de que fue él quien me recomendó al contador, a quien presentó como un buen "chico de barrio".

A pesar de que la situación estaba muy tensa, el 25 de mayo de 1999 decidí celebrarle los quince años a Juana. Sebastián, mi madre y mis hermanos se opusieron porque no les cabía en la cabeza que en medio de las amenazas del contador yo hiciera una fiesta. Pensé que después de tantos años de dolor y zozobra podía ser una buena idea y con unos pocos amigos y parte de mi familia que llegó de Colombia festejamos el cumpleaños de mi hija en el Círculo Italiano. Ya resignado, Sebastián había dedicado horas y horas a aprender a bailar el vals, de manera que fue conmovedor verlo bailando con su hermana. Juana también cantó durante la celebración. Por unas pocas horas amainó la tormenta que se avecinaba.

Recuerdo que la profesora de música de Juana era muy amiga de los directores de la orquesta sinfónica del Teatro Colón de Buenos Aires y gracias a ella logré que tocaran el vals por un precio muy razonable. El director de la agrupación me dijo que nadie en la capital lo había contratado para interpretar ese clásico y como él solo tenía hijos varones nunca le había dado ese gusto a alguien.

Cuando estábamos en plena celebración me llevé otro gran susto, porque a medianoche llegó un policía a la puerta del Círculo Italiano. Una tía que había venido de Colombia se acercó y en voz baja me dijo que saliera, que me necesitaba un federal. Mientras caminaba a atenderlo, sentí que el corazón se me salía.

—Señora, buenas noches. Es para avisarle que hay unos autos mal estacionados en el lugar.

De ahí no pasó a mayores. La celebración se terminó en paz, pero ver crecer a Juana y saber que a su edad yo ya estaba casada con Pablo, fue todo un choque emocional. ¿Cómo había sido posible que siendo una niña sostuviera una relación con un hombre tan mayor? Solía mirarla detenidamente y me sorprendía su inocencia, su manera de hablar, de comportarse. Ahí entendí los reclamos de mi mamá, mi rebeldía y el dolor de mis padres al verme viviendo esa relación siendo tan niña.

Las cosas con el contador se pusieron peor. Durante buena parte de 1999 intenté negociar con él, con la mediación de los abogados, pero a cada acuerdo que llegábamos terminaba cambiándolo. Su ambición era desmedida y cada día quería un poco más. Así que al final todo fue inútil porque hice hasta lo imposible por preservar la nueva vida que habíamos construido con tanto cuidado y evitar que nuestra verdadera identidad saliera a la luz, pero el contador me puso de tal manera entre la espada y pared que una noche hablé con Sebastián y con Ángeles y les dije:

—Tenemos dos opciones: irnos del país o denunciar al contador. ¿Qué opinan?

—¿Madre, estás dispuesta a ir a una cárcel? —preguntó mi hijo.

—Sí, Sebas, porque no hemos hecho nada por fuera de la ley. No vamos a ir a la cárcel por eso.

Al día siguiente busqué a mi abogado y le pedí que me acompañara al Juzgado. Así, me lancé al agua y en octubre de 1999, en el Juzgado 65 de la Capital Federal, demandé al contador y a sus socios. En el despacho judicial me atendió una jueza, a quien le revelé que yo era la viuda de Pablo Escobar, que el Estado colombiano nos había cambiado las identidades y que desde hacía once meses era objeto de amenazas de los sujetos anteriormente mencionados, y que me habían robado varias propiedades.

En el despacho judicial también relaté que desde el momento en que supo quiénes éramos, el contador se dedicó a cortar mis relaciones con las personas que nos rodeaban. Lo primero que hizo fue hablar con las mamás de las compañeras de Manuela en el colegio y luego de contarles mi historia les dijo que yo era un peligro, que no se acercaran a mí. Luego visitó a la notaria, Susana Malanga, y la aterrorizó de tal manera que salió corriendo. Igualmente dije que en un momento de desesperación compré un teléfono con grabador de llamadas para dejar prueba de que el contador acudía a todo tipo de artimañas para atemorizarme, entre ellas que sus principales clientes eran narcotraficantes dispuestos a declarar en mi contra. Yo guardé en sobres lacrados las grabaciones de todas las barbaridades que me dijo y luego las llevé a dos notarías de Buenos Aires para dejar constancia de lo que me estaba sucediendo.

En respuesta, el contador contrató a un abogado muy controvertido en Argentina, quien varias veces me amenazó con revelar nuestra identidad si seguíamos reclamando lo nuestro.

ARGENTINA: UNA SEGUNDA OPORTUNIDAD

Mientras esto sucedía entre el contador y nosotros, la noticia llegó a las autoridades. Según se pretendió justificar en el expediente, a comienzos de octubre de 1999 Roberto Ontivero —un policía de rango medio— aseguró que me había identificado por casualidad en el pare de un semáforo en el cruce entre Cabildo y Juana Azurduy, a partir de unas fotos que había visto veinte años atrás en la División de Drogas Peligrosas de la Policía y allí aparecía que yo era Victoria Eugenia Henao, la esposa de Pablo Escobar. Dice la investigación que Ontiveros apuntó las placas de la camioneta en la que me movilizaba y que luego indagó a quién pertenecía: la compañía uruguaya Inversora Galestar, S.A., de mi propiedad, que lo llevó a mi nombre, María Isabel Santos Caballero. Por eso sospechó que me había cambiado la identidad ilegalmente. Con esos datos, Ontiveros, quien "por coincidencia" estaba cerca de mi departamento, pudo averiguar que allí vivía una señora colombiana, con su hija y una pareja joven.

Con la información recogida, Ontiveros puso al tanto al comisario Jorge *el Fino* Palacios, su superior, jefe del Departamento Unidad Investigación Antiterrorista (DUIA), de la Policía Federal Argentina, quien a su vez le notificó la novedad al juez federal Gabriel Cavallo. Así, la justicia se empeñó en justificar un supuesto origen lícito de la investigación que buscaba "todas las diligencias investigativas tendientes a corroborar la existencia o no de actividades ilegales especialmente en lo que respecta el lavado de dinero u otra conducta tipificada en la ley de estupefacientes".

El expediente señala que Cavallo tomó la decisión de capturarnos a Sebastián y a mí el lunes 15 de noviembre de 1999, cuando supo que un programa de televisión revelaría esa noche que en Buenos Aires residía la viuda de Pablo Escobar.

El operativo fue realizado por *el Fino* Palacios junto con otros quince agentes.

Así terminamos detenidos Sebastián y yo. Las dos primeras semanas de cautiverio nos llevaron a varios calabozos en la ciudad y se notaba que no sabían qué hacer con nosotros. Una noche nos dejaron en Tribunales, un edificio antiguo, sucio y lleno de roedores. Hasta ese momento no nos habían dejado bañar. Le supliqué al juez que nos permitieran llevar ropa y comida, y accedió. Una noche me metieron a una celda gigante, enorme, y a las dos de la mañana pude bañarme con agua helada que me reconfortó notablemente.

Como a las cuatro de la mañana empezaron a llegar varias mujeres, una más aterradora que la otra. En medio de la furia y los insultos que les gritaban a los guardias, comenzaron a contar las razones que las habían llevado a aquel lugar: maté a mi esposo porque estaba con otra, le robé a fulanito, le di una cuchillada a zutanito... cada cuento era peor que el anterior. Yo escuchaba horrorizada y pensaba: "Dios mío, qué historia voy a contar cuando me toque el turno de hablar". Por fortuna, aparecieron los guardias para llevarme a declarar a los Juzgados Federales de la calle Comodoro Py.

En ese lugar los calabozos eran más pequeños, con una puerta de barrotes de hierro de techo a piso, una plancha de cemento que hacía las veces de cama y en la que no podía estirarme pues no medían más de 1.3 metros de largo. Ahí permanecíamos el día entero esperando que nos llevaran a declarar. Varios días me ofrecieron mate cocido, pero no lo acepté. En las tardes nos daban hamburguesa, pero la carne se veía descompuesta, de color morado. Era horrible. Me dediqué a tomar agua, pero el hambre me llevó a aceptar el mate cocido con pan. Mi hijo Sebastián no probó bocado en cuatro días porque le daba temor que lo envenenaran. Cuando ya no aguantó pidió agua, que los guardias le sirvieron en un cenicero. Todo era a los gritos, cada que entrábamos a una nueva celda nos querían hacer firmar con nuestros antiguos nombres y siempre nos negábamos; eran discusiones eternas y horribles que nos hacían sentir cada vez como animales.

La situación era desesperada. En forma insistente le pedí al juez que no nos enviara a una cárcel común porque nuestras vidas podían correr peligro y recalqué que si eso ocurría el culpable sería él y así se lo harían saber nuestros abogados a los periodistas. Fue tal mi persistencia que el juez aceptó enviarnos a la Superintendencia de Drogas Peligrosas en la Avenida Belgrano, cerca del Palacio del Congreso Argentino en la Ciudad Buenos Aires.

Durante los tres primeros meses no me permitieron salir de la celda, que tenía dos metros de largo por uno y medio de ancho, una fría banca de cemento de sesenta centímetros, y una letrina. En las deterioradas paredes se podían leer frases escritas por personas que debían estar muy desesperadas. Durante mi cautiverio, las luces estuvieron prendidas todo el tiempo para vigilar mis movimientos y seguramente para deteriorar mi psiquis, porque ¿quién podría descansar con una intensa luz blanca dentro de un calabozo?

El ambiente era tenso y deprimente. Al principio me trataban muy mal y me insultaban. Idéntica situación vivía mi hijo, a quien podía verle los ojos y hablarle a la distancia a través de un pequeño rectángulo de la puerta por donde los guardias vigilaban a los internos de vez en cuando en sus rondas. Era como si en esa celda estuviera el mismísimo Pablo Escobar y no yo. Esos primeros meses muchos policías y funcionarios de la ciudad pasaron a "mirarnos". ¿Cómo perderse el espectáculo de ver presa a la viuda de Pablo Escobar? Cuando

me observaban me sentía como un mono de zoológico dentro
de su jaula.

Desesperada con el encierro, les propuse a los guardias que
me dejaran lavar los calabozos que quedaban vacíos cuando
se llevaban a los presos para otras cárceles. Por fortuna accedieron. Así, a eso de las once de la mañana salía de mi celda,
iba a un baño a recoger agua en baldes y luego limpiaba cada
celda con jabón. A veces hacía hasta cincuenta viajes, pero no
me importaba porque en esa tarea tardaba hasta tres horas.
Agradecía no estar encerrada. Además, cuando terminaba me
dejaban dar un baño que yo trataba de alargar lo que más podía.

El trabajo intenso y continuo me permitió conocer a los
guardias, que poco a poco se dieron cuenta de que yo no era
una loca ni una criminal y comenzaron a verme como a un
ser humano. Mientras Sebastián estuvo preso conmigo, me
asomaba por la ventanita de su celda y le decía que me ayudara a hacer el aseo para que no se quedara encerrado, pero
respondía que no, que estaba tranquilo leyendo.

—Madre, usted fue la que se ofreció, yo no les voy a limpiar
el lugar a los que nos metieron acá injustamente.

Mientras en el penal intentaba sobrellevar mi dura situación, afuera las cosas estaban muy, muy complicadas. El *bullying* de la prensa argentina era inmisericorde con nosotros.
Los medios publicaban todo tipo de infamias y falsas noticias,
y nadie en mi familia estaba preparado para ello.

La más afectada era Juana, porque fue por una noticia de
un periódico que se enteró de que la "millonaria familia cafe-
tera" era en realidad la familia de un narcotraficante. Claro,
nunca le habíamos contado qué hacía su padre. En cuestión
de días los alumnos del colegio empezaron a hacerle *bullying*
y los padres de familia exigieron que le cancelaran la matrícula o retirarían a sus hijos. Al mismo tiempo, los profesores

de Juana se negaron a darle clases por ser la hija de Pablo Escobar. La sacaron del colegio sin compasión. Mi hija entró en choque emocional. No entendía por qué los adultos la rechazaban. Juana no conocía su historia, se había escondido durante años por pedido de sus padres, pero nunca preguntó por qué tenía que ocultarse. Solo obedecía. Era muy niña cuando Pablo desencadenó nuestra tragedia. La crueldad de los adultos la ha llevado a un desorden emocional doloroso.

Juana entró en una depresión muy aguda y su situación se tornó tan preocupante que el psicólogo le pidió al juez que me dejara recibir sus llamadas. A partir de ese momento hablábamos hasta cinco veces al día y ella, atacada llorando, hacía todo tipo de reclamos: que qué bruta, que cómo se me había ocurrido casarme con un hombre así, que a quién había escogido como marido, que por qué le había mentido durante tantos años. Yo no sabía qué hacer. Toda la vida había tratado de protegerla evitando que supiera la verdad y ahora me daba cuenta de mi terrible equivocación. Lo cierto es que nunca tuve el valor suficiente para explicarle la tragedia que habíamos vivido en Colombia.

El drama familiar que vivíamos era inenarrable. Ángeles tuvo que lidiar durante unos días con Juana y con mi mamá hasta que dos de mis hermanas llegaron de Colombia a apoyarnos. Mi mamá ya padecía diabetes y había tenido varias isquemias cerebrales y la angustia del día a día no la ayudaba mucho. La presión mediática también hizo que Ángeles perdiera a sus amigos de la universidad. La gente huía de nosotros.

Hasta los cuatro perros que tenía —unos French Poodle que habíamos traído desde Colombia para que Juana no se deprimiera tanto— también se estaban muriendo de la tristeza. Por recomendación del veterinario debía dormir con camisetas y enviárselas luego para que percibieran mi olor.

A medida que pasaban los días, el proceso judicial continuaba su marcha. Sebastián y yo rendíamos declaración durante largas horas, explicando uno por uno los documentos que la policía había incautado el día de la captura; la mayoría eran folletos de edificios que yo visitaba para no perder el contacto con la arquitectura y la decoración, pero el juez aseguraba que eran de mi propiedad, llegando al extremo de citar a todas las constructoras y arquitectos que aparecían en los folletos que me daban en la calle. La enorme fantasía que el juez había construido con su imaginación sobre mí y mi familia hacía imposible que fuera imparcial con nosotros.

Cada vez que el juez Cavallo me citaba a declarar me miraba con cara de furia y me llamaba por mi nombre anterior, Victoria Eugenia, como queriendo decir que yo era una mentirosa y que tenía un nombre falso. Nunca usó el de María Isabel. Me decía que los había engañado, que si le informaba sobre mis cuentas bancarias en Colombia y en otros países me dejaba en libertad. Mi impotencia era mayor cada vez que escuchaba lo absurdo de sus pedidos. No le podía dar esa información porque no existía.

Los días empezaron a alargarse y el proceso de instrucción de la causa armada también. Mi hermana Isabel fue a verme, pero no aguantó estar en la celda y tuvimos que pasar a un habitáculo adecuado para recibir visitas. No olvido su cara de espanto cuando entró al calabozo. Mi mamá también me visitó varias veces antes de regresar a Colombia. Un día ella estaba conmigo y empecé a grabar un casete para que se lo llevara al psiquiatra de Juana, pero me demoré más de una hora y cuando salió los guardias la retuvieron porque pensaron que la grabación contenía información que podrían usar en mi contra. Y para colmo de males, uno de mis abogados comentó muy imprudente que mis hermanas también serían detenidas. El resultado fue que una de ellas salió corriendo para Colombia y se llevó a mi mamá.

Mes y medio después de nuestra detención, por fin llegó una buena noticia: el 29 de diciembre de 1999 Sebastián salió de la cárcel. Más que justo porque nunca debió estar ahí. No trabajó con el contador ni realizó operación alguna con él. Fue muy duro para él dejarme sola en ese lugar. Lloramos juntos por largo rato. Lo abracé y le dije que tuviera valor, que todo se arreglaría, y agregué que el mejor regalo que me podía dar era llevarme su credencial de estudiante de arquitectura de la Universidad de Palermo. Replicó que cómo iba a ponerse a estudiar con la cantidad de problemas que teníamos. Sin embargo, un día cualquiera me llenó de orgullo porque apareció en la cárcel con su credencial.

A Ángeles, que ha sido otra hija para mí, le hablé de lo importante que sería hacer la carrera de *coaching* para aprender a fortalecerse en momentos tan duros como los que vivíamos, y también para renovar su círculo de amistades. Esgrimió el mismo argumento que Sebastián, pero al final me escuchó.

Las habilidades que adquirí con el *coaching* me permitieron, además, establecer relaciones más amables con los guardias. Solía preguntarles por sus vidas y escucharlos con atención, de modo que de un momento a otro pasé de delincuente a terapeuta consejera. Producto de esa cercanía me permitieron bajar al segundo piso del penal, a un calabozo más grande que tenía sanitario decente, lavadero pequeño y cocineta; además, pude poner mi colchón en el suelo. Las cosas se tornaron más llevaderas.

Por el encierro y la difícil condición emocional, comía de manera desenfrenada. Tanto, que le pedía a Ángeles que me llevara más y más comida. A los cinco meses ya pesaba ciento veinte kilos. Preocupada, Ángeles me dijo un día que si no paraba de comer, la próxima ropa que llevaría eran sábanas para que me enrollara en ellas porque ya nada me cabía. Así empecé a tomar conciencia del grave daño que le estaba haciendo a mi salud y por fortuna un preso de la celda de enfrente me dio la receta de una sopa para bajar de peso; así, entre sopa, mate y sesiones de yoga que hice todos los días en la mañana y en la noche cuando me permitieron ver televisión, logré bajar casi la mitad del peso que había ganado.

Como la luz de la celda siempre estaba prendida, escribía y leía mucho. Y para no estar encerrada, hacía lo que fuera. Por eso me ofrecí también para pintar las celdas con todo y barrotes, lavar las cortinas y en ocasiones hasta hacer la comida de los guardias. Por las noches, cuando terminaban de hacer las rondas para verificar que los detenidos estuvieran completos, invitaba a comer al comisario y al subcomisario. A las guardias mujeres las ayudaba con el maquillaje cuando tenían algún evento especial después del trabajo. Llegó un momento en que mi celda parecía un consultorio terapéutico porque al finalizar la jornada de trabajo llegaban a hacerme todo tipo de preguntas los guardias de la Superintendencia de Drogas Peligrosas.

Entre tanto, el accidentado proceso judicial en mi contra avanzaba muy lentamente. De resaltar, varias cosas: el fiscal de instrucción Eduardo Freiler se enteró por una llamada de su esposa que lo habían designado fiscal titular del caso; la fiscalía argentina le solicitó a la fiscalía colombiana toda la información relacionada con nuestras identidades. La respuesta llegó rápido y fue concluyente: el cambio de nombres había sido legal y concertado para que pudiéramos salir del país; y los medios de comunicación aseguraron que hubo un acuerdo entre los gobiernos de los dos países para que entráramos en forma encubierta a Argentina. Desde luego, no era cierto.

El viento de la verdad empezó a soplar a nuestro favor porque el fiscal federal Eduardo Freiler estudió los documentos incautados y nuestras declaraciones y le notificó al juez Cavallo que no halló elementos suficientes para avanzar en la causa procesal y pidió el sobreseimiento.

Presionado, Cavallo elevó una consulta a la Sala I de la Cámara Federal para que analizara si se continuaba con la investigación y, en ese caso, remplazar al fiscal Freiler, y a cuanto fiscal se atreviera a cuestionar sus violaciones al debido proceso.

Así fue como en tiempo récord mi caso pasó por las manos de siete fiscales. El fiscal Carlos Cearras se vio forzado a elevar la causa a Juicio Oral, pero con serias reservas que dejó por escrito ante las tremendas inconsistencias y falta de evidencias condenatorias; por eso cambió la acusación en mi contra, lo que facilitó mi excarcelación, al no considerarme jefa de la asociación ilícita de la que me acusaba con vehemencia el juez Cavallo. Fue así como el viernes 5 de abril de 2001 no le quedó más opción que dejarme en libertad.

Lo que sucedió después nos favoreció ampliamente porque el reconocido fiscal del juicio oral, Jorge Aguilar, no solamente ratificó nuestra inocencia ante los tres jueces que componían el Tribunal Oral Federal No. 6, sino que fue mucho más allá al acusar al propio juez, Gabriel Cavallo, de privación ilegítima de la libertad, abuso de poder y prevaricato. Sostuvo que se habían vulnerado todos nuestros derechos.

Uno de mis abogados, Ezequiel Klainer, le llamó a Sebastián para contarle la buena nueva, justo en el momento en que se dirigía a la universidad a suspender su semestre de arquitectura para dedicarse de lleno a mi causa. No obstante, el abogado le aclaró que el juez había impuesto una fianza de doscientos mil dólares y si no los consignábamos no podría salir de prisión, a lo que mi hijo respondió agradecido que por lo menos ya mi libertad estaba concedida, y que comenzaría a ver cómo reunía el dinero para pagar la salida.

Feliz por la noticia, pero preocupado porque no teníamos el dinero de la caución, Sebastián llamó numerosas veces a la cárcel, pero no pudo comunicarse conmigo porque el teléfono siempre estaba ocupado.

El día transcurría normalmente, hasta que de un momento a otro un guardia me dijo que tenía una llamada desde Medellín. Era Astado, quien quería felicitarme por recobrar la libertad. Extrañada, le dije:

—Cuál libertad, Alfredo, si no me han dicho nada.

Quedé sumida en la incertidumbre, pero como no sabía nada oficialmente y en los noticieros no parecían estar enterados, me distraje con dos compañeras de *coaching* que habían ido a estudiar conmigo.

Mientras tanto, las horas pasaban y no teníamos el dinero de la fianza. Pero según me contó después Sebastián, providencialmente se encontró en las escaleras del juzgado con Ricardo Solomonoff, otro de mis abogados, quien acababa de regresar a Buenos Aires proveniente del sur de Argentina.

Mi hijo le contó que había sido imposible conseguir la suma establecida por Cavallo, pero este le dijo que no se angustiara, que él la prestaría.

—Doctor, sepa que si me presta el dinero de la caución no tengo manera de garantizarle que se la puedo pagar y no quiero quedarle mal. Sé que se trata de la libertad de mi madre y cualquiera aceptaría sin pensar —le dijo, consciente de nuestra realidad económica.

—Su mamá sale hoy, Sebastián, si no Cavallo se le inventa otro delito para el lunes con tal de dejarla encerrada sin justificación. Ya subo a notificar que el pago de la caución se hace hoy mismo. Espéreme acá para que vayamos juntos por la plata —respondió sin titubeos.

Pero el juez Cavallo le dijo de mala manera a mi abogado Solomonoff que no le recibía el dinero porque era viernes y no podía dejarlo en la oficina.

Muy disgustado, Solomonoff, escribió una carta a mano en la que le pidió a Cavallo que le ordenara al Banco Nación Argentina recibir el dinero, o de lo contrario lo demandaría por privación ilegítima de la libertad. El juez accedió a regañadientes y pidió reabrir la Casa Central del Banco fuera de horario para que se depositara el dinero en una cajilla de seguridad, una vez que lo contaran.

A las diez de la noche, el abogado y mi hijo llegaron a la Superintendencia de Drogas Peligrosas, donde yo estaba detenida. Se veían agotados. No lo podía creer. Sebastián me abrazó y lloramos juntos en un momento de emoción muy fuerte y luego me dijo que me vistiera y preparara mis cosas porque nos íbamos. Oré. Le agradecí a Dios.

Ahí tuve oportunidad de contarle a Solomonoff que Cecilia Amil Martin, secretaria del Juzgado de Cavallo, había ido a mi celda a interrogarme por el origen del dinero de la fianza. El abogado entró en cólera, no podía creer las arbitrariedades a las que era sometida aún a punto de recobrar mi libertad.

Más de dos horas duró el papeleo, hasta que finalmente firmé la boleta que me daba la libertad. Bajé a mi celda, la miré por última vez, cerré la puerta, puse el candado y me fui. Me fui de otro encierro, uno muy distinto de los que ya había vivido al lado de Pablo, pero quizá el más doloroso que había afrontado.

Salí con libertad condicional hasta el 14 de noviembre de 2005, cuando el tribunal oral nos sobreseyó y el 31 de agosto de 2006 la Cámara de casación penal confirmó el fallo. Todo se resumía en que alguien había querido canjear nuestro anonimato por dinero y por puestos en la rama judicial. Viví los dieciocho meses más dolorosos de mi vida. Fui castigada sin condena alguna por la justicia y privada de mi libertad durante ese tiempo por ser la viuda de Pablo Escobar.

Lo más irónico es que a nadie le importó el acoso moral que sufrí a manos de cuatro hombres: un abogado, un contador y dos empleados. Durante diez meses fui víctima de sus intimidaciones porque me vieron muy vulnerable, con una niña y dos adolescentes. Encima, de tonta e ingenua le firmé documentos en blanco con los que facilité que me quitaran lo mío. Me extorsionaron, me amenazaron de muerte, me dieron días para salir del país, prometieron "cargar" mis autos con cocaína para que nos apresaran...

El contador también cayó preso, pero acusado de lavado de activos. Lo enviaron a la cárcel de Devoto, donde los reclusos casi lo linchan por haberse atrevido a robarle a la viuda de Pablo Escobar. Luego tuvieron que trasladarlo al edificio donde estábamos nosotros, pero un piso más arriba. Fue muy desagradable saber que estaba en el mismo lugar.

Un día tuve que subir y lo vi con los ojos muy rojos porque fumaba mucho y su cara reflejaba la congoja por estar en esa situación. No quise hablarle. Estaba muy dolida con él, sentía mucho rencor, seguía sin entender cómo había llegado tan lejos. De lo que sí estoy segura es de que nunca imaginó que también sería detenido. Se supone que había hecho un trato con el juez Gabriel Cavallo para entregar a la viuda de Pablo Escobar con sus millones de dólares y por ello no lo iban a tocar. El juez, decepcionado por no poder encontrar tal fortuna, tuvo que apresarlo.

El contador usó la misma estrategia que yo para no estar encerrado y se ofreció como voluntario para pintar las paredes. Afortunadamente nunca nos cruzamos ni nos dirigimos la palabra. Él alcanzó a estar cerca de dos años en la cárcel y salió dos meses después que yo. Hace un tiempo lo vi a la salida de un supermercado y aunque me llamó le di la espalda y seguí mi camino.

¿Qué quedó del supuesto fraude y la estafa? El Estado argentino nos devolvió dos propiedades que nos habían quitado el contador y sus socios.

La noche que recobré mi libertad regresé al departamento de la calle Jaramillo. Otra vez estaba bajo el mismo techo con mis hijos y con mis cuatro perros. Abrazar a Juana por largo rato fue inolvidable. Sebastián estaba tan agotado por lo que había tenido que lidiar aquel día, que apenas se mantenía en pie. Se presentaron en casa varios amigos para saludarme. Recibí mil llamadas de Colombia. Esa noche decidí no acostarme porque llevaba casi dos años sin ver el amanecer, así que esperé con paciencia que saliera el sol. En la madrugada le tomé fotos al paisaje y le di gracias a Dios por estar libre otra vez. No obstante, me sentía muy extraña de estar en la casa y de poder dormir de nuevo con la luz apagada.

CAPÍTULO 11

El fantasma de Pablo
no nos deja en paz

—María Isabel, métete a internet, lee lo que publica *El Tiempo* y hablamos más tarde.

Una sensación de frío y miedo recorrió mi cuerpo cuando escuché el tono grave del editor de mi libro, quien me dio a entender que no encontraría una buena noticia. Era el mediodía del 22 de octubre de 2017.

Entré a la página del periódico colombiano y el titular que vi me dejó consternada: "Los 'narcogiros' que enredan a la viuda de Escobar y al 'Chicho' Serna. Millonario argentino acusa al futbolista y herederos del capo de recibir plata de José Piedrahíta". El artículo estaba ilustrado por una fotografía en la que aparecíamos mi hijo Sebastián y yo.

Nunca me he opuesto a que se haga pública la verdad sobre la vida de Pablo ni la de su familia. Por eso decidí penetrar en mi propia historia para hacerla pública en este libro; por ello esperé un cuarto de siglo antes de atreverme a mencionar palabra alguna. Mi silencio absoluto ha permitido, también, que buena parte de los medios de comunicación del planeta hayan mentido sobre mí y sobre mi familia.

El tono del artículo de la Unidad Investigativa del citado periódico me resultaba habitual porque no era la primera vez que sacaban conjeturas contrarias a la verdad. Es triste ver cómo nos atacan y deslizan sobre nosotros todo tipo de sospechas, amparados en el escaso honor que le queda a mi familia por cuenta de Pablo Escobar.

El artículo aseveró que el detenido empresario y abogado argentino Mateo Corvo Dolcet habría admitido ante la justicia de su país que nos pagó una jugosa suma por presentarle a José Bayron Piedrahíta, un reconocido ganadero y empresario colombiano detenido el 29 de septiembre de 2017 por solicitud de una corte de Estados Unidos que lo requiere por, presuntamente, sobornar a un agente federal para que borrara sus antecedentes. La publicación también afirma —citando a uno de los fiscales de la nueva causa— que teníamos que saber quién era Piedrahíta, así como el origen de su dinero. Al final aseguraba que en las próximas semanas un juez argentino nos llamaría a declarar y seguramente terminaríamos en la cárcel.

En ediciones posteriores llegaron incluso al extremo de sentenciar: "El dosier que hundió a los Escobar. Audios y documentos prueban que fueron parte de una operación de lavado de un poderoso capo". Pero luego de un bien fundado reclamo de Sebastián rectificaron y en ediciones posteriores titularon: "Cero audios de la viuda. El Tiempo estableció que no existen interceptaciones como se dijo inicialmente. De hecho, los números de los Escobar no aparecen entre los nueve móviles que la justicia interceptó".

El 14 de mayo de 2018, cuando Sebastián y yo fuimos citados a declarar, decidimos que lo mejor era dejar por escrito nuestros descargos. Esta es una reseña de mi defensa:

Me presento ante Vuestra Señoría para explicar quién soy, cuál ha sido mi actividad desde que llegué a Buenos Aires hace veinticinco años, mi falta de participación en cualquier acción criminal, en cualquier grado, ya sea vinculada con Mateo Corvo Dolcet, José Bayron Piedrahíta Ceballos o cualquier otra persona pues jamás intervine en acción u omisión ilícita, ni aquí, ni en Colombia, ni en ningún otro lugar, ni siquiera los pocos años que conviví con quien fuera mi esposo, Pablo Emilio Escobar Gaviria. También para demostrar la inexistencia de cualquier conducta propia de lavado de activos.

Digo que es lamentable tener que defenderme recurriendo a ese pasado cruel, amargo y devastador, no solo porque ello implica reabrir heridas mal cicatrizadas cuyo trauma no he superado aún, sino porque por portar ese vínculo, por ser la "viuda de...", ya he tenido un paso amargo por los tribunales federales de este país, en una causa en la que estuve detenida injustamente solo por eso, por haber estado casada con Pablo Escobar.

Este calificativo, Señor Juez, que me ha quitado —esta causa es la prueba más clara de ello— toda identidad más allá de ese rótulo, a punto tal que la comunicación en la propia Agencia de Noticias del Poder Judicial a través del Centro de Información Judicial (CIJ) que hizo pública mi convocatoria a esta audiencia se titula "El Juez Barral citó a indagatoria a la viuda e hijo de Pablo Escobar..."

En la oportunidad anterior en que fui juzgada por la justicia federal con igual menoscabo, el trance encontró remedio en la justa decisión que adoptó la justicia argentina reivindicando mi conducta leal al derecho y, sobre todo, revisando el origen de mi patrimonio. Patrimonio que, nuevamente, desde octubre de 2017 ha sido puesto bajo la lupa como consecuencia de esta causa y como si ello fuera legal.

Aún me despierto de noche sobresaltada por el miedo causado por los momentos que vivimos en Colombia y esa es una de las tantas razones por las que siento una inmensa gratitud con Argentina, porque vivir en este país nos devolvió el aliento para existir y me abrió las puertas para poder educar a mis hijos, ayudarlos a crecer y a transformarse en personas adultas de bien. Aquí estudiamos, trabajamos y la vida me honró convirtiéndome en abuela. Parte de mi lucha diaria, la que me llevó a transitar la casi insoportable rememoración de los peores años de mi vida para convertirlos en un libro, la doy para que, en lo posible, mi nieto sea un feliz niño argentino con antepasados en Colombia y no "el nieto de..."

Desde que nos radicamos en Argentina, me dediqué a trabajar en el país como cualquier persona, para vivir el día tras día. No soy ni fui heredera de los millones de dólares que la mitología de la historia de mi marido cuenta. De hecho, el Estado colombiano decomisó casi el 100% de los bienes y las propiedades que pertenecieron a mi esposo. Hubo otro porcentaje de bienes que se lo apropiaron los enemigos de mi marido.

De no haber sido así, jamás el Estado colombiano me hubiera protegido a mí y a mis hijos, muy a pesar de las barbaries cometidas por mi esposo. No dude en creer Vuestra Señoría, que fuimos nosotros también víctimas de sus horrores.

Fomentado por el Gobierno colombiano, como símbolo de paz, me reuní con los Carteles del país para colaborar en la interrupción de la guerra que había iniciado Pablo Escobar contra el Estado colombiano y los carteles contra los que se disputaba el poder sobre sus actividades delictivas. Estas reuniones fueron trascendentales para Colombia para evitar más derramamiento de sangre y permitieron salvar la vida de muchos colombianos, entre ellos abogados, amigos, familia. Sepa Vuestra Señoría que mis hijos y yo, el 13 de enero 1988 vivimos un atentado en el que pusieron setecientos kilos de dinamita que explotaron encima de nuestras cabezas.

Cuando Pablo Escobar empezó la guerra yo escuchaba que era con el cartel de Cali. Cuando murió, aparecieron cuarenta jefes de carteles de diferentes ciudades que yo no conocía con los que a instancias y bajo la protección del gobierno, hubo que negociar durante un año, mientras seguíamos expuestos a la muerte. Aunque me adelante a los hechos, tenga presente Vuestra Señoría que jamás dentro de estos carteles o encuentros; jamás, jamás, conocí al señor José Piedrahíta, nunca se sentó en una mesa de negociación, nunca "mandó razones" como decimos los colombianos, nunca nadie quiso cobrar ni se cobró en su nombre, jamás nadie lo nombró. Yo conocí a José Piedrahíta catorce años después de que mi marido muriera y por fuera de cualquier contexto relacionado con el mundo del narcotráfico o las actividades de mi esposo.

A partir de ello me dediqué a trabajar para sostener a mis hijos. Ambos terminaron su escolaridad y se transformaron en profesionales con título universitario. Especialmente Sebastián dedicó sus mayores esfuerzos para transformarse en un profesional exitoso. Es un hijo y hermano dedicado y cariñoso y se convirtió en nuestro sostén emocional.

En el año 1999 sufrí una extorsión por parte de un contador, a quien confié mi anterior identidad, recibí amenazas constantes para que me fuera del país y relacionadas con que me iba a cargar mis autos con cocaína. La historia, lamentablemente, hoy se repite en este proceso.

A Mateo Corvo Dolcet no volví a verlo por varios años. Yo me gradué como *coach* organizacional y he ocupado distintos cargos nacionales e internacionales en esta disciplina. Llevo una vida austera, me levanto todos los días como cualquier ciudadana común y me dedico a trabajar.

Hace veinticinco años que alquilo los distintos departamentos en donde he vivido porque no tengo dinero para comprar una propiedad. El único bien que tuve lo vendí, lo declaré y el producido de ello lo doné a mis hijos, tal y como el Fisco Nacional conoce por mis propias declaraciones juradas, para que ellos pudieran desarrollar su vida.

Como dije, desde hace treinta y cinco años que no vivo con Pablo Escobar (viví con él entre mis 15 y mis 22 años solamente), hace 25 años que él murió y vivo exiliada en este país hace 24. Entonces, llevo 35 años sin su presencia física pero aún perseguida por sus actos.

He sido investigada por el Estado colombiano durante años, también en vida de mi marido, por la DEA, la CIA, Interpol, solo por ser la viuda de Pablo Escobar y la única conclusión que todos esos entes obtuvieron es que soy y fui ajena a toda conducta criminal. Carezco de antecedentes en este país o en cualquier lugar del mundo. Solo me dediqué a ser madre y, ya en Argentina, a estudiar y trabajar.

Pablo Escobar tan solo nos dejó de herencia, horror y guerra. Nada más. El Estado colombiano nos quitó casi todos los bienes que poseíamos y el resto fue el botín de los enemigos de mi marido.

He tenido un perfil bajo, vivo como una ciudadana común, pero no ocultándome. Mi hijo, Juan Sebastián Marroquín hoy tiene 41 años, hace diez años tuvo la fortaleza de mostrar su cara al mundo, de pedir perdón por los horrores cometidos por su padre. Ha escrito dos libros, *Pablo Escobar, mi padre* y *Pablo Escobar, in fraganti* que están traducidos a quince idiomas contando el periplo por el que ha pasado su vida. Realizó dos documentales: *Pecados de mi padre* y *Escobar Exposed*, razón por la cual fue invitado por la ONU para celebrar el Día Mundial de la Paz en el año 2010 y hace más de cinco años da conferencias por el mundo hablando del Narcotráfico, mostrándole a los jóvenes que ese es el camino que no se debe seguir. Ha llegado a reunir 6 200 chicos en una sola conferencia, mostrándoles el precio que ha pagado en su vida por el accionar de su padre y solo en México a la fecha, más de 100 000 jóvenes han escuchado su testimonio. Aprendió la lección y no osaría repetir ni siquiera mínimamente el sendero ilegal de Pablo. Al final de su libro agradeció a su padre el haberle mostrado el camino que no debía recorrer.

Mi hija Juana, de 33 años, aún vive paralizada. No ha podido salir del asombro del dolor que le dejó la guerra a esta familia pues el horror la acompañó desde que estaba en mi vientre. Lamentablemente, hasta hoy siente que no cabe en este mundo a pesar de su buen comportamiento, pues la discriminación no la deja crecer y el dolor la persigue como la sombra.

La actividad inmobiliaria la realicé a través de una sociedad, Nexo Urbano S.A., la que constituí a ese efecto pues mi nombre ya era conocido y siempre podía perjudicar la imagen comercial de un proyecto su asociación a "la viuda de..."

Cuando desempeñé esa actividad, Sebastián ya estaba dedicado 100% a su tarea profesional como arquitecto. El proyecto en el que convergíamos era el que él había ideado con el terreno que me pertenecía en la Av. Ing. Huergo 913/5, esquina Estados Unidos de esta Ciudad, el cual me había sido restituido por orden judicial al ser sobreseída y que con el paso de los años, pese a haber sido adquirido por un valor exiguo, se revalorizó en función del desarrollo del barrio de Puerto Madero y la puesta en valor por la posibilidad de explotar mayor cantidad de metros cuadrados.

En ese contexto, creo que por el año 2007, me reencontré con Mateo Corvo Dolcet en un evento inmobiliario. Me contó que se había retirado del ejercicio profesional como abogado y que estaba totalmente abocado al mercado inmobiliario y, en particular, al desarrollo de su propio proyecto en Pilar. Con la cordialidad que lo caracteriza me preguntó por Sebastián, lo puse al tanto de sus logros y consensuamos mantener el contacto pues evidentemente podíamos aunar esfuerzos para nuestras actividades comerciales. Mateo me dijo, específicamente, que requería de inversores para el desarrollo de un ambicioso plan inmobiliario en dicha localidad.

Promediando el año, creí productivo realizar un evento en Medellín, la ciudad de la que soy oriunda y donde podía recurrir a algunos contactos sociales a través de mi familia, para buscar inversores porque la plaza inmobiliaria argentina tenía condiciones atrayentes. Me interesaba hacerlo para obtener financiamiento para el proyecto de Sebastián en mi terreno de la Avenida Huergo y también para intermediar en cualquier otra operación para la que hubiera interesados.

La actividad profesional de Sebastián como arquitecto y su excelente desempeño lo habían hecho vincularse estrechamente con el reconocido arquitecto, por entonces Presidente de la Sociedad Central de Arquitectos, Daniel Silberfaden. Le ofrecí a Silberfaden participar del evento en Medellín y promocionar su actividad y proyectos, a lo que este accedió gustoso.

Cuando viajé a Colombia me alojé en casa de mi familia, como lo hago siempre desde que he podido regresar a aquel país, mientras que Silberfaden lo hizo en el mismo hotel donde realizaríamos el evento. Se trata de uno de los más reconocidos de Medellín.

Acompaño un total de catorce fotografías, que aún poseo entre mis archivos, que dan cuenta de ese evento y lo ubican a Silberfaden en el evento y en la Ciudad de Medellín. También en ese anexo acompaño un CD que contiene la presentación institucional con la que exhibíamos a los participantes de los eventos los diversos proyectos inmobiliarios en los que podían invertir.

Solicito al Tribunal que proceda a su visualización y análisis, su mera existencia desnuda lo descabellado de la imputación; ¿se pretende seriamente sostener que mi hijo y yo nos beneficiamos con US$ 100 000 provenientes del narcotráfico y para hacerlo incurrí en todos los gastos, desarrollos, convocatorias, presentaciones, elaboración de proyectos y viajes que serán aquí explicados?

Invité para ese evento al Presidente de la Sociedad Central de Arquitectos de Medellín, Diego León Cierra que por temas de agenda no pudo participar. Pedí a mis amigas y hermanas que me ayudaran a convocar a desarrolladores reconocidos y así sucedió. Llegó el día del evento y con Silberfaden realizamos dos reuniones por día, durante tres días, las que pude reconstruir a través de la consulta de una vieja agenda.

La mecánica fue una reunión diurna bajo la modalidad de desayuno y una vespertina con la invitación a un té. A cada reunión asistieron alrededor de quince personas por grupo. Eran desarrolladores que al día de hoy llevan, varios de ellos, cincuenta años en el rubro inmobiliario. Entre otros, asistió el reconocido arquitecto colombiano Laureano 'Nano' Forero y muchas otras personalidades de alto nivel interesadas en hacer negocios genuinos.

Fueron un total de seis encuentros a los que asistieron aproximadamente sesenta personas (arquitectos, desarrollistas, empresarios y banqueros). Cuando terminábamos cada reunión la gente se acercaba a saludarnos y a preguntarnos sobre concretas oportunidades inmobiliarias en Argentina.

Como explicó en su testimonio una de mis hermanas, Piedrahíta concurrió al evento con su esposa invitado por aquella. Ahí lo conocí, se presentó como el gerente del Frigorífico Subagauca. Me entregó su tarjeta, la que aún conservo y acompaño con esta presentación.

Su solvencia económica y la trascendencia de sus negocios era un hecho público en Colombia, pues casi todos los que participaron en la reunión lo conocían y trataban naturalmente. De hecho, sus emprendimientos ganaderos aparecían en las revistas económicas de la región. Piedrahíta nos felicitó por la presentación y mostró interés solicitándonos nuestros datos de contacto.

No lo volví a ver hasta finales del año 2007 pues visitó la Argentina en ocasión de una feria ganadera, oportunidad en la que me llamó y nos entrevistamos por una hora. Me hizo saber sus deseos de invertir en el país para lo que me solicitó que explorara opciones, las que analizaría en los meses siguientes cuando regresara. Lo hizo en los primeros meses del año 2008, con toda su familia.

Para entonces busqué varias opciones de inversión, entre las que incluí, obviamente en primer término, el proyecto de Sebastián y Silberfaden para el terreno de mi propiedad, proyectos propios de Daniel Silberfaden, el proyecto de Corvo Dolcet y algunos otros.

Pues bien, al llegar Piedrahíta a Buenos Aires a inicios del año 2008, en compañía de su familia, le presenté a mi hijo y compartimos con él algunos almuerzos familiares a los que nos invitaron por ser compatriotas. Mientras, Piedrahíta daba muestras de su capacidad económica y seriedad pues dejaba claro que quería hacer las inversiones a título personal, que contaba con fondos bancarizados para ello y que, incluso, no descartaba radicarse o tener un segundo lugar de residencia en Buenos Aires. Creo que la razón por la que eso finalmente no se dio fue porque la familia no se adaptó a la vida fuera de Colombia.

Incluso Piedrahíta nos contó de muchas de las actividades filantrópicas que desarrollaba en Colombia, todas ellas a título personal. Por entonces, uno de los medios indiscutiblemente más destacado y respetado de Colombia sindicaba a su emprendimiento ganadero como uno de los más importantes de la región. Acompaño la *Revista Semana*, artículo titulado "Con marca regional" publicado en el especial "El poder paisa" en octubre 2007.

Tomé conocimiento de la existencia de la publicación dado que Piedrahíta me la entregó en mano. Vaya si esa no es una carta de presentación, dudo que Vuestra Señoría encuentre un solo colombiano que se permita dudar de la seriedad periodística e imparcialidad a la hora de informar de esa revista.

Así, acompañé a ese publicitado ganadero a conocer distintos proyectos. Lo hice siempre en calidad de agente inmobiliario, rol que, como dije, desempeñaba a través de la empresa Nexo Urbano S.A.

Primero le mostré el proyecto que Sebastián y Silberfaden habían hecho sobre el terreno de mi propiedad en la Av. Huergo pero, lamentablemente, este no fue de su agrado. Luego le presenté a un reconocido constructor local, quien lo interesó, sin éxito, en los proyectos que estaba emprendiendo por entonces.

Finalmente, lo contacté con Mateo Corvo con quién se coordinó un encuentro en la zona hotelera de Puerto Madero, donde se alojaba Piedrahíta con su familia. Esa coordinación estuvo a cargo de Sebastián a quién le pedí que lo hiciera, pues en las ocasiones en que visitamos a Mateo Corvo Dolcet entre ellos siempre se dio un diálogo más fluido. Por otra parte, luego de mi reencuentro con Mateo, al conocer sus proyectos, incentivé la reanudación de la relación entre Mateo y Sebastián pues creí que ello ofrecería a mi hijo oportunidades profesionales. De hecho, el contacto se reactivó en esos meses y más aún luego de la presentación de Piedrahíta, por cuestiones absolutamente ajenas a aquel y a mí misma y solo vinculadas con proyectos del estudio de arquitectura de Sebastián.

Obviamente, antes del encuentro le aclaré a Corvo que el acercamiento de este o cualquier potencial inversor era parte de mi trabajo de intermediación inmobiliaria y que de ser exitosa la comisión por esa gestión debía ser la de mercado, por entonces rondaba entre el 4 y el 5%. Corvo accedió sin dudarlo. Este último y Piedrahíta se conocieron y rápidamente se interesaron recíprocamente en hacer negocios.

Insisto, la solvencia que exhibía Piedrahíta, su don de gente, su especial dedicación a la familia, el modo de solventar sus gastos —siempre con tarjeta de crédito— impedían pensar siquiera que se trataba de un hombre asociado a una actividad ilícita. De hecho, solía contar sobre sus esfuerzos para crear la empresa ganadera que explotaba con evidente éxito.

Incorporo una serie de documentos que he obtenido de parte de distintas entidades en Colombia que validan la probidad de la actividad de Piedrahíta. Este último decidió invertir en el proyecto de Pilar. Los detalles de esa inversión me fueron absolutamente ajenos y los manejaron Corvo Dolcet y Piedrahíta.

Corvo me explicó que se trataría de una inversión gradual y que a medida que Piedrahíta fuera concretando sus pagos me rendiría el equivalente a la comisión. Allí pactamos lo que recibiría por cualquier tipo de inversión que efectuara Piedrahíta en Argentina por intermedio de Corvo, 4.5%.

Debo aquí detenerme un instante; Señor Juez, más allá del imaginario popular, nuestra familia vive de lo que generamos sus integrantes con nuestros trabajos.

Entonces, mi principal interés fue que ese renombrado y exitoso ganadero colombiano, que conocí en Colombia a donde me había dirigido con el Presidente de la Asociación Central de Arquitectos de Argentina en búsqueda de inversores, comprara mi terreno. De tal modo, podría donarles parte del dinero que obtendría a mis hijos para que accedieran a tener casa propia. Logré hacerlo años más tarde, con la venta del bien a un tercero. Pero fracasado ese negocio, como intermediaria, pretendí interesar a Piedrahíta en otras oportunidades inmobiliarias en las que, como es de práctica, sus desarrolladores reconocieran mi participación como tal.

¿Fue entonces Piedrahíta el único interesado en invertir en los proyectos de Corvo Dolcet que le acerqué? Pues no, le presenté varias personas que por diversos motivos, finalmente no invirtieron, pero sí se interesaron seriamente en hacerlo. Fueron al lugar, se reunieron y creo que en algún caso llegaron hasta negociar con Corvo.

Mi hijo cuenta con correos electrónicos que acreditarán lo que expongo y él ahondará en su presentación al respecto. Recuerde el Tribunal que por entonces la actividad profesional de Sebastián era la de arquitecto y diseñador industrial, por tal razón, siempre que por mi trabajo me relacionaba con gente que consideraba que podrían enriquecer la carrera de mi hijo o darle trabajo, trataba de contactarlos.

Por ese entonces, mi hijo había cosechado una profunda amistad con otro estudiante extranjero de origen ecuatoriano, el arquitecto Rafael Carrasco, con quien montó su estudio de arquitectura Estudio-Box, que finalmente pasaría a llamarse BOX Arquitectura Latinoamericana. Por su intermedio conocimos un director de una empresa de Nueva York, Estados Unidos. El nombrado se reunió a través mío con Mateo Corvo para invertir, aunque al final no se pudo concretar el negocio por razones que desconozco.

Entonces, una vez que presenté a Piedrahíta y Corvo Dolcet, prácticamente dejé de tener trato con el primero y, al tiempo, al sentirme defraudada por Corvo, también dejé de relacionarme con él. El motivo de mi desvinculación con Corvo Dolcet fue simple; nunca fue claro en la rendición de cuentas del porcentaje que habíamos pactado ni me transparentaba si, por su intermedio, Piedrahíta hacía otras inversiones.

Concretamente me fue entregando remesas de dinero pequeñas que nunca superaron los US$. 5 000 de manera paulatina y, a medida que avanzaba el tiempo, cada vez lo hacía de manera más reticente. Yo no tenía trato con Piedrahíta y resultaba de mal gusto contactarlo para saber el estado de sus inversiones por lo que debía confiar en la información que me brindaba Mateo Corvo.

Jamás Corvo Dolcet me entregó suma de dinero alguna espontáneamente, siempre fue como consecuencia de algunos llamados o correos electrónicos míos. En algunos casos, lo copiaba a Sebastián o le reenviaba las respuestas porque cada vez los pagos retaceaban más. Sebastián, por entonces, seguía intentando avanzar con un proyecto arquitectónico de viviendas para gente mayor en el predio de Pilar.

Es por eso que, pese a ser absolutamente ajeno a Nexo Urbano S.A. o la comisión misma, Sebastián se involucró reclamándole a Mateo que me pagara el saldo adeudado. Lamentablemente aún anida en mi psicología la concepción machista que rige en Colombia; de tal modo, pensaba, si involucro a Sebastián, no solo colaboro con sus posibilidades de conseguir trabajos arquitectónicos sino que, al ser hombre, será respetado por Mateo y hará que me pague en tiempo y forma. Esta causa demuestra mi doble error; Corvo me participó en mucho menos dinero del que Piedrahíta invirtió en sus emprendimientos y, de no haber involucrado a mi hijo, no estaría convocado a prestar declaración indagatoria.

Reconozco haberme puesto insistente y a inicios de 2011 la relación entre Mateo Corvo y yo estaba resquebrajada. Las gestiones de Sebastián y el interés de Corvo y de mi hijo por llevar adelante el proyecto de arquitectura que había diseñado Sebastián con su socia generaron que Corvo Dolcet me diera una rendición "casera" de lo invertido por Piedrahíta y me dijera que el 4.5% de esa inversión equivalía a US$ 101 950. Inicialmente me presionó para que dicho monto fuera abonado mediante la entrega de acciones del emprendimiento Ínsula Urbana, a lo que no accedí de modo alguno.

Mi insistencia hizo que el saldo final del monto referido fuera saldado a inicios del año 2011. Como dije, este proceso me permitió saber, por las mismas manifestaciones de Corvo, que esa rendición no fue proporcional a la inversión de Piedrahíta. Luego, le dijo a Sebastián que quería dejar constancia de ese pago, por lo que redactó el documento que Vuestra Señoría encontró en su domicilio, que firmó solo Sebastián porque yo no me encontraba presente. Ese documento, en realidad, ni siquiera debió ser firmado por mi hijo pues no había participado de la intermediación que dio lugar a la comisión pero, al parecer, Corvo le pidió que lo suscribiera como una especie de garantía de la ausencia de reclamos posteriores.

Hasta ahí llegó mi única participación en los hechos, lícita desde todo punto de vista. La ausencia de mayores detalles tiene que ver con que han pasado más de diez años desde que presenté a Corvo Dolcet y a Piedrahíta. Luego de cuanto explico perdí contacto con Corvo. Sebastián lo mantuvo algún tiempo más intentando avanzar con aquel proyecto y como eso no fue posible también dejó de tener contacto con él. Al mismo tiempo comenzó su trabajo como escritor, conferencista y productor de documentales, con tanto éxito, repercusión y satisfacción personal que abandonó su profesión de arquitecto.

El trabajo inmobiliario tampoco rindió frutos para mí, por lo que Nexo Urbano S.A. dejó de tener actividad. A partir de ello, comencé a dedicarme y especializarme en el área de *coaching* y en octubre de 2016 hice un contrato con la Editorial Planeta para escribir mi primer libro, lo que también me permitió iniciar mi trabajo como conferencista.

Con sorpresa y desazón recibí la noticia de los medios de comunicación acerca de mi vinculación a esta causa y todas las pesadillas se reeditaron. Pese a ello, confío que el buen juicio de V.S. sepa revisar los hechos y advierta la ausencia de conducta reprochable alguna de mi parte.

Sobre la composición de mi patrimonio, los medios de comunicación, a partir del dictado del auto de procesamiento de Mateo Corvo Dolcet, han llegado a señalar que todo el emprendimiento era mío, creo incluso que se mencionó que también lo sería ¡la explotación del tren!

Nuevamente quieren ser noticia la "viuda" y los "millones" de Pablo Escobar. A medida que pasa el tiempo, la noticia se vuelve más inverosímil y ni siquiera atrayente para un guión cinematográfico, pues la verdad se impone y es que trabajo día tras día para asistir mis necesidades económicas.

El llamado a prestar declaración indagatoria de conformidad con la petición del Ministerio Público, destaca también un hecho "autónomo" desplegado entre los años 2011 y 2012 vinculado con la compra del inmueble —un departamento de 100 metros cuadrados— donde mi hijo y su familia viven en la actualidad.

Sobre esa operación mi hijo Sebastián aportará la información precisa que acreditará la secuencia financiera con la que se llevó a cabo pues no participé en ella; el inmueble lo adquirió como consecuencia de su trabajo y de mi ayuda. Sí es cierto que antes de esa adquisición le realicé dos donaciones de dinero. Una cuando recibí fondos por el boleto de compraventa y otra cuando escrituré la operación. En ambos casos se trata de la operación de venta del inmueble de la Av. Ing. Huergo 913/15 de la Ciudad de Buenos Aires que relaté en el apartado anterior, cuyo origen ya ha sido judicializado, revisado con un rigor pocas veces visto y legitimado como lícito después de que los peritos contables de la Corte Suprema de Justicia Argentina así lo determinaran.

La donación es calificada como un indicio de cargo señalándose que no constituye respaldo documental lícito. Sin dudas, a la luz de cuanto relato, esto solo es así pues antes que nada para Vuestra Señoría y los fiscales soy la "viuda de Pablo Escobar Gaviria". Si así no fuera, el sentido común encontraría como usual que una madre sola, al vender su principal activo, separe del dinero obtenido de esa venta partes iguales para ayudar a sus hijos y colaborar con que estos accedan a su primera vivienda propia.

No tengo duda alguna que, dado el rol protagónico que tiene la familia para los habitantes de este país, la donación de padres a hijos sea, lejos, la más usual. Mientras que para mis conciudadanos permitir que sus hijos puedan contar con sus propias viviendas es entendido como el cumplimiento del sueño de la casa propia, lo que genera orgullo, confraternidad y alegría, esa misma donación dada en "la familia de..." es vista como un acto presumiblemente delictual.

La licitud del origen de mi patrimonio podrá ser acreditado al compulsar el contenido de la causa no. 623 del registro del Tribunal Oral Federal no. 6 a la que ya he hecho referencia. Acompaño copia de los documentos que acreditan las donaciones, las declaraciones juradas que acreditan con fecha cierta las mismas, el boleto de compraventa y una copia certificada de la escritura de venta sobre el inmueble de la Avenida Huergo.

Además, mediante el libramiento de un oficio al Banco Galicia podrá acreditarse que ante el mismo se efectuó la operación de venta y desde ese mismo banco transferí desde mi cuenta a la cuenta de Sebastián en dólares la suma de US$ 50 000.

Me encuentro absolutamente sometida a la jurisdicción del Tribunal, mas no puedo dejar de reclamar que esta convocatoria se ha dispuesto a mi respecto por ser "la viuda de..." Por ese rótulo, se considera que sabía hace más de diez años que un inversor inmobiliario, conocido por todos como importante empresario ganadero, era un narcotraficante, cuando por entonces nadie lo sospechaba.

Por ese rótulo se considera que mi hijo utilizó fondos ilícitos para adquirir sus bienes. Por ese rótulo se desconfía de mi conducta como madre, al donar fondos a mis hijos para ayudarlos a obtener su vivienda.

Mi trato con la justicia federal antaño, si bien con resultado justo y coherente con la verdad, solo me ha sumado mayores estigmas y daños. Me presento ante este tribunal con la esperanza de que el acceso a una decisión justa en este proceso no sea tan costoso para mi salud; para lo cual espero que mi relato sea imparcialmente valorado, que toda duda sea despejada mediante la prueba de la que pretendo valerme y que, a la hora de juzgarme, Vuestra Señoría y el mundo evalúen la conducta de "María Isabel Santos Caballero" despojada de todo rótulo o condicionamiento por mis pasados y superados vínculos familiares.

***

Al día siguiente de la publicación de la noticia ya éramos la comidilla de la prensa argentina y periodistas de diversos medios se apostaron frente al edificio donde vivo. La pesadilla empezaba de nuevo. Y aunque en el fondo estaba tranquila porque no habíamos cometido delito alguno, me aterraba pensar cómo afectaría todo esto a mi nieto de cinco años. Por eso entré en pánico. Pensé que en cualquier momento llegaría la Policía Federal Argentina a allanar mi departamento y a llevarme detenida.

El fantasma de Pablo aún no nos deja en paz. Esta nueva causa trajo otras consecuencias, no menos dolorosas. Yo solía participar mucho del proceso de formación de Juan Emilio, haciendo manualidades, disfraces, contando cuentos para uno de los grupos a los que pertenece como pequeño. Pero es asombroso cómo muchas personas adultas prefieren creer ciegamente, y al instante, en las noticias donde me pintan de nuevo como la persona que no soy.

Sufrí en respetuoso silencio durante veinticinco años esta condena por el irrevocable título de ser "la viuda de...". Y como consecuencia de ello he tenido muchas veces que renunciar a mis derechos como mujer. Me pregunto: ¿qué puedo enseñarles de bueno a mis hijos si continúo resignándome a renunciar a tales derechos? La brutal fuerza del prejuicio me hizo percatarme de nuevo de que aunque no había sido condenada —aun sin formar parte de ningún proceso y sin ser llamada a indagatoria siquiera—, ya no era bienvenida en un grupo que se reunía con el propósito de no negarles a nuestros nietos el derecho al amor. Estas muestras de rechazo no solamente me mandan a mí al ostracismo social, sino a mi pequeño e inocente nieto.

Me siento forzada a protegerlo ocultándole la anterior realidad que me duele en el alma, porque es tan injusta como la persecución de la que hoy soy víctima junto a mi hijo Sebastián. ¿Qué podría como abuela enseñarle a mi nieto si hago perpetuo mi silencio absoluto? ¿Sería ese un buen ejemplo para él? Sigo comprometida en muchas maneras con su crecimiento, y no renunciaré a mi derecho como abuela, a darle todo el amor y el respeto, y a compartirle mis experiencias de vida para que pueda crecer con los mismos valores humanos y el respeto por la vida con los que yo crié también a mis hijos.

Luego de comentar con mi nuera los alcances de las noticias de la investigación acordamos buscar a Sebastián, quien en ese momento asistía en Cannes, Francia, a la feria para productores de cine y televisión, MIPCOM. Después de insistir por más de una hora, Ángeles lo localizó y él se quedó muy preocupado y triste porque siempre ha elegido ser un hombre de bien que —a pesar del mal ejemplo de su papá— abandonó la ambición de querer ser millonario por segunda vez en su vida por la vía de la ilicitud, porque aprendió mejor que nadie las lecciones del pasado letal de su padre, y hoy —al contrario— se dedica a invitar a todos los jóvenes y adultos en sus conferencias por el mundo para prevenirlos de que no repitan la historia de Pablo.

Aun así, mi hijo decidió que no interrumpiría su agenda porque debía viajar a otras tres ciudades francesas donde presentó con gran éxito y una inusitada afluencia de público la versión traducida al francés de su primer libro, *Pablo Escobar, mi padre*, y decidió luego viajar a Barcelona para reunirse con sus editores en España para darles la cara y explicarles los pormenores del caso. De allí partió a la Ciudad de México para dar conferencias a más de cinco mil alumnos de varios centros educativos.

El ruido generado por las publicaciones de prensa desencadenó otro daño colateral: el Banco Caja Social le canceló a Sebastián la cuenta de ahorros en la que recibía exclusivamente las regalías de sus dos libros. No olvido la desazón e indignación de mi hijo, que no sabe qué más hacer para que no lo comparen inmerecidamente con las actividades ilícitas de su padre. Pareciera como si los bancos quisieran obligarlo a ser y parecer un delincuente porque si no tiene derecho como ciudadano a una simple cuenta de ahorros, entonces ¿cuál será el futuro que le espera? ¿Cómo podrá vivir dentro de la legalidad a pesar de esa exclusión financiera?

Después de cumplir todos sus compromisos en el exterior, Sebastián regresó a Buenos Aires. Había pedido que no fuéramos al aeropuerto a recogerlo porque era previsible que los periodistas estuvieran al acecho o que, en el peor de los casos, lo detuvieran en inmigración, así que venía con el corazón en la mano pensando que no llegaría a su casa. Dijo que había sido el vuelo más largo, doloroso y angustiante de su vida, pero gracias a Dios no tuvo inconvenientes para entrar al país y tampoco había prensa esperándolo. Cuando estuvo en su hogar lloró largo tiempo abrazado con Ángeles y le agradeció al altísimo por haberle permitido ver a su hijo.

Al cierre de este libro han transcurrido diez meses desde cuando anunciaron la acusación en contra nuestra. Durante ese tiempo y como nunca lo había visto antes, mi hijo no ha podido ocultar su irritación. Incluso, su rostro ha cambiado. Quizá ahora lo siente más porque es papá. Lo entiendo. Más temprano que tarde salieron a flote los miedos que siempre tuvo cuando se planteaba la posibilidad de ser padre. La saga criminal de Pablo ha alcanzado a Juan Emilio, su único hijo.

Desde cuando la fiscalía argentina hizo pública la investigación, algunos amigos se han alejado, pero también la gran mayoría nos ha apoyado. No deja de ser doloroso. Es el caso de un vecino del edificio donde vivo que durante años quiso proponerme negocios y entrevistas con los medios, que me conoce y aun así me hizo un comentario desagradable en el estacionamiento.

—Señora, ¿cómo está?

—Bien, gracias.

—No se le olvide que soy periodista —respondió con una actitud innecesaria.

A Sebastián también le han cancelado algunas conferencias en el exterior, algo que me preocupa porque esa es una de sus fuentes de ingreso y esta nueva imputación ha implicado el pago de asesorías legales, que no estaban contempladas y que afectan los planes de su familia. La gente sigue creyendo

que tenemos millones de dólares, nada más alejado de la realidad. Mis hijos y mi nuera trabajan y viven de sus respectivos
trabajos, como cualquier otra persona.

El mejor favor que le hicieron los enemigos de Pablo a su
propia familia fue quitarnos toda esa herencia perversa, pero
lo más difícil es que a pesar de que reposa en otras manos,
cada tanto aparecen soñadores e incrédulos que aún creen
que nosotros hemos escondido durante décadas una fortuna que en realidad no tenemos.

Este nuevo requerimiento de las autoridades, que ha ocupado importantes espacios en los medios de comunicación, ha
arrasado con nuestra tranquilidad. Pero también con nuestra
intimidad. Lo que le hicieron a mi hija el 24 de abril de 2018
es indignante. Una revista local publicó fotos de ella cuando
salía de mi departamento. El titular era infame: "Obesa y deprimida, reaparece Manuela la hija de Pablo Escobar". Enrique
García Medina fue el hombre que tomó la foto y lo mismo
intentó hacer conmigo al arrojarse al cofre de mi camioneta.
Un comportamiento censurable a todas luces, una falta de
respeto a una familia que busca un espacio en el mundo.

De Manuela poco se sabe porque ha querido mantener su
vida en privado y está en todo su derecho; quiere que así lo
entienda la gente y que le permitan vivir en paz. Sin embargo,
no falta uno que otro periodista o escritor oportunista que ha
querido beneficiarse a costa de publicar falsas historias sobre
su vida. Se han dicho tantas mentiras sobre ella que quizá este
sea un buen momento para contar algunas verdades.

Manuela fue una hija muy deseada y buscada. Antes de
concebirla tuve cuatro abortos y uno ectópico, y Pablo y yo
nos sometimos a diferentes tratamientos de fertilización que
requerían de tiempo y constancia. Finalmente en septiembre
de 1983 quedé embarazada.

Mayo 25 de 1984: Pablo y yo en la clínica Paitilla de
Ciudad de Panamá con Manuela, recién nacida.

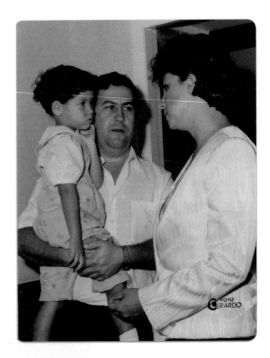

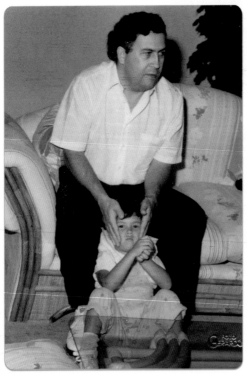

Pablo y Manuela siempre
tuvieron una conexión
especial. Aunque él estuvo
ausente mucho tiempo
debido a la clandestinidad,
ella disfrutaba de su compañía
Eran momentos fugaces en
familia.

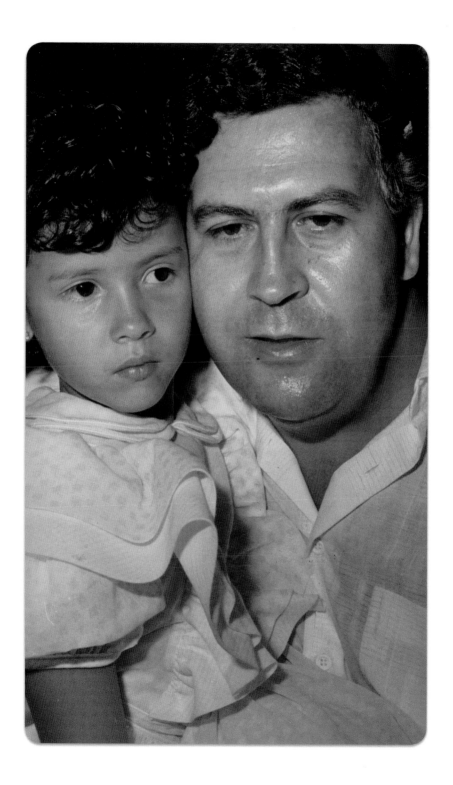

Hacienda Nápoles, celebración del cumpleaños de mi
hija. Manuela bailando sola; era una cajita de música.

Así era el cuarto de Manuela en el edificio Mónaco. Al fondo, el mural pintado por el artista Ramón Vásquez.

Esta es la cuna donde Manuela tomaba tetero en la madrugada del 13 de enero de 1988, cuando estalló el carro bomba. Se salvó de milagro.

Fueron muy concurridas las fiestas temáticas que organizaba en el edifico Altos, como esta, en la celebración de los 500 años del descubrimiento de América. Eran momentos de sosiego mientras Pablo huía de la justicia.

En este estado quedó una parte del *penthouse* del edificio Mónaco, después del atentado con el carro bomba en 1988. Muchas obras de arte quedaron averiadas por las esquirlas.

Pablo y yo intentábamos llevar una vida normal, pero la guerra se interpuso.

Esta es la famosa mansión de Pablo en Miami. Allí, el 9 de mayo de 1981, se realizó el matrimonio de una de mis hermanas. La residencia fue confiscada en 1987.

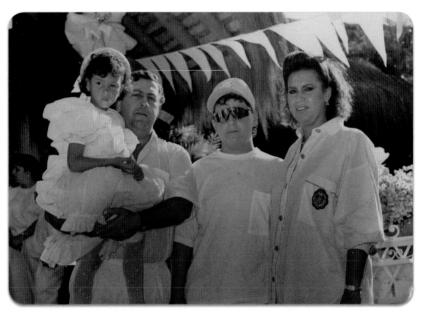

La familia completa en el cumpleaños número cuatro de Manuela, en la hacienda Nápoles.

Esta foto prueba la inexistencia del mito del supuesto "unicornio" que Pablo le regaló a Manuela en su cuarto cumpleaños.

Celebración del cumpleaños de Manuela en La Catedral, mayo de 1992.

Esta fue la única Navidad que pasamos con Pablo en la cárcel de La Catedral.
Era el 24 de diciembre de 1991.

En la cárcel de La Catedral, Pablo y Manuela, en la celebración de los
ocho años de la niña, 25 de mayo de 1992.

En Jardines Montesacro en Medellín asistimos, escoltadas por la Fiscalía, al primer aniversario de la muerte de Pablo.

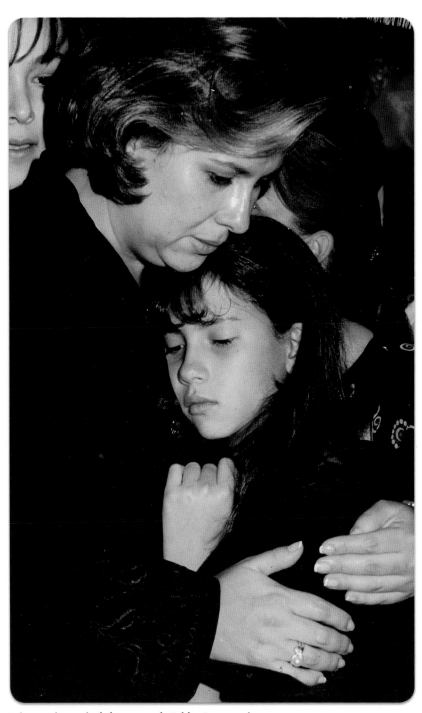

Primer aniversario de la muerte de Pablo. Cementerio
Jardines Montesacro en Medellín, 1994.

El 7 de mayo de 1994, cinco meses después de la muerte de mi marido, celebramos la Primera Comunión de Manuela en el apartamento del barrio Santa Ana en Bogotá.

Calabozo que ocupamos Juan Pablo y yo en el cuartel de la Superintendencia de Drogas Peligrosas en Buenos Aires, 1999. Mi hijo estuvo ahí 45 días y yo 540.

Juan Pablo y su hijo Juan Emilio, mi nieto, 2012.

Sin embargo, a los ocho meses y quince días de gestación me tocó huir del país debido a la muerte del ministro de Justicia, Rodrigo Lara Bonilla. Manuela nació el 25 de mayo de 1984 en Panamá y a los pocos días Pablo me forzó a enviarla a Medellín porque era muy peligroso tenerla con nosotros. Solo dos meses después me reencontré con ella, pero me desconoció completamente. Por el tiempo que estuvimos separadas, ya no se dejaba cargar ni me recibía los biberones.

En sus dos primeros años de vida Manuela no tuvo contacto cotidiano con su papá porque él estaba en la clandestinidad. Yo vivía con mi madre, siempre en ascuas, por los continuos allanamientos de policías y militares armados que llegaban de manera intempestiva. Estos hechos quedaron grabados para siempre en la mente de mis hijos.

En 1985, cuando nos mudamos al edificio Mónaco, bautizamos a Manuela en la iglesia de Santa María de los Ángeles, pero como sucedería en tantas otras ocasiones en la vida de mi hija, Pablo no estuvo presente. Las pocas veces que él llegaba a visitarnos comíamos en familia, luego se acostaba en la cuna con Manuela y le contaba cuentos hasta que se dormía. Después, jugaba un rato con Juan Pablo y se iba de nuevo.

Mi marido logró vivir tres meses con nosotros en 1987, porque había quedado libre de apremios judiciales, y todos los días llevó a la niña al kínder. Para Pablo, Manuela era su ángel de la guarda, su bailarina, su cantante, su princesa, como solía decirle. Y logró mantenerla en una especie de burbuja de cristal porque nunca le contó quién era él o qué hacía.

Hasta que en 1988 las cosas cambiaron drásticamente porque los enemigos de mi marido detonaron un coche bomba en el edificio Mónaco y tuvimos que salir de ahí para siempre. Manuela tenía entonces tres años y medio y nos fuimos a vivir un tiempo con una de mis hermanas; en adelante los momentos con Pablo fueron esporádicos porque estaba prófugo de la justicia, y sus amantes y aventuras también le ocupaban buena parte del tiempo.

Cuando Manuela cumplió cinco años, en 1989, le celebramos el cumpleaños en la hacienda Nápoles. Ese día Pablo asistió durante un rato y le regaló una yegua y su cría de color negro, pero la niña nunca los pudo disfrutar porque siempre había que correr a esconderse. De ese cumpleaños surgió una historia mentirosa que ha trascendido en el imaginario y al día de hoy muchos asumen que fue cierta. Me refiero al famoso unicornio que dizque Pablo le regaló a su hija. Qué locura. Llegaron a afirmar que Pablo ordenó que le clavaran un cuerno en la frente a un caballo blanco y que le pegaran alas con grapas para que pareciera un unicornio. También dijeron que el animal había muerto por la infección que le causaron las heridas. No sé de dónde salió ese cuento tan atroz, pero lo cierto es que jamás sucedió.

Manuela y Juan Pablo crecieron en medio del miedo. Las circunstancias en que vivía Pablo, derivadas de las persecuciones, los allanamientos, repercutían directamente en nuestros hijos, que tuvieron que asumir conductas no propias de sus edades. En el caso de Manuela, por ejemplo, Pablo le daba instrucciones de cómo comportarse si alguien le preguntaba algo. Él no le explicaba nada, simplemente le decía:

—Si un policía o una persona te pregunta algo, siempre responde: "Pregúntele a mi mamá". Nunca vayas a decir nada.

Hoy, después de tanto tiempo, ella sigue obedeciendo ese mandato y cuando le preguntan algo, por trivial que sea, siempre responde: "Pregúntele a mi mamá".

En fin. Contar una parte de la historia de mis hijos tiene como objetivo mostrar que su camino ha estado lleno de espinas. Es admirable que hayan logrado rehacer sus vidas dignamente. Por eso es tan doloroso lo que sucede actualmente con la investigación que nos siguen, porque mis hijos, y ahora mi nieto, están en medio de una tormenta que no da señales de amainar.

Entre tanto, Ángeles ha sido muy fuerte en esta nueva prueba. Como en muchísimas más en el pasado. Llegó a nuestras vidas cuando apenas tenía veinte años y eligió acompañar a mi hijo en un momento de turbulencia. Hoy me pregunto: ¿qué la llevó a subirse a un barco que se estaba hundiendo? ¿Por qué no se fue? Ella ha sido mi ángel guardián. Hemos compartido la vida desde hace ya treinta años y nuestros propósitos se volvieron comunes. Me encontré con un ser humano maravilloso que me ha acompañado en mis dolores y me ha mostrado mis fortalezas.

Me parece oportuno contar aquí que durante muchos años Sebastián se negó a tener un hijo porque podría pasar por el mismo padecimiento que sufrieron él y su hermana. Lo asaltaba el temor de que un nuevo integrante en la familia fuera alcanzado por la saga criminal de su abuelo. Sin embargo, después de pensarlo durante mucho tiempo decidieron que su deseo de ser padres podría sobreponerse a cualquier contingencia. Fue así como Juan Emilio nació el 21 de diciembre de 2012 y desde entonces nuestra familia se llenó de luz y esperanza.

Juan Emilio significa reconciliarme con la vida, es el contacto más genuino con la alegría. Cuando estoy con él me conecto con su inocencia, sus mimos y sus caprichos. Soy una abuela muy presente, en todos y cada uno de sus momentos. Cuando se queda en mi casa se pierde el orden. Y si sus padres llaman para decir que vienen a recogerlo, él les dice: "¡No, por favor, no se preocupen por mí que estoy bien!"

Pero la realidad es despiadada e impostergable porque él va creciendo a toda velocidad. Ángeles le habla a su hijo de los libros que ha escrito su papá; Sebastián le muestra a su hijo fotos de su abuelo y tiene el propósito de que cuando llegue el momento no le ocultará la verdad. Yo estoy comprometida en contarle a mi nieto quién fue el hombre con el que me casé, pero siguiendo los lineamientos de sus padres. Una tarea nada fácil para los tres.

A medida que pasan los días se hace más complejo hablar con Juan Emilio. Como el día que íbamos en mi automóvil y preguntó:

—Abuela, ¿cómo se murió mi abuelo?

Quedé petrificada. No sabía cómo responderle y tampoco quería mentirle y por eso les escribí a Ángeles y a Sebastián para que me aconsejaran qué hacer. Preguntó de nuevo y se me ocurrió lo siguiente:

—Ese recuerdo es muy doloroso, mi amor... espera un poco para contártelo.

En ese momento entró un mensaje de Sebastián, quien sugirió decirle que el abuelo había muerto en un tejado. Así lo hice, pero Juan Emilio tuvo una nueva pregunta:

—Pero, ¿cómo abuela?

—Mi amor, me pongo muy triste cuando tengo que recordar eso. Además, yo no estaba con el abuelo cuando pasó.

—Y, ¿tú dónde estabas? ¿En otra ciudad? ¿Por qué no estabas con el abuelo?

—Estaba enojada con él y por eso no estábamos juntos.

Y cambié de tema.

En estos dos años de reflexión, a propósito de mi libro, entendí a cabalidad la presión a la que Juan Pablo y Manuela fueron sometidos psíquica y físicamente; apenas ahora pude darme cuenta de que tengo muchas conversaciones pendientes, muchos pedidos de perdón por el horror, el encierro, el no poder ir a estudiar, el aislamiento que evitó que tuvieran contacto con otros niños y con su propia familia. Hoy, a pesar de todo, mis hijos le siguen apostando a la vida e implorando que la sociedad los mire como los seres humanos que son. Solo le pido a Dios que mi nieto no sufra las consecuencias de esta nueva prueba de fuego y que el fantasma de Pablo nos deje en paz.

EPÍLOGO

El secreto que guardé por años

Tuve que conectarme con mi historia y sumergirme en las profundidades de mi alma, para tener el coraje suficiente que me permitiera revelar el triste secreto que había guardado durante cuarenta y cuatro años.

Una noche, en las emociones que despierta escribir y cuando la premura del cierre de este libro no permitía espera, decidí abrirle mi corazón a Sebastián, mi hijo. Enterarse de este secreto fue devastador para él, pues tenía la percepción equivocada de que su papá y su mamá habían vivido una relación bastante menos cruel que la que decidí revelarle. Desde entonces, el vínculo que mi hijo sentía hacia su padre no volvió a ser el mismo.

Muy probablemente al lector le suceda algo similar y le despierte muchas contradicciones si contrastan mi siguiente revelación con el Pablo que había descrito hasta ahora. La escribí como la viví y sentí. Apenas terminando este libro fue que tuve la necesidad de compartir este secreto, para contar esta verdad que seguramente empeorará aún más la percepción que se tiene sobre el verdadero hombre que fue mi marido.

Le conté a Sebastián que en ese entonces yo tenía catorce años y Pablo, mi novio, veinticinco. Un día me abrazó, me besó, y en ese momento me sentí paralizada y helada del miedo. No estaba preparada, no sentía aún la malicia sexual, no contaba con las herramientas necesarias para entender lo que significaba ese contacto íntimo e intenso. Pasaron tres semanas, y sin imaginar los efectos secundarios muy pronto me di cuenta de que algo extraño me sucedía, pero jamás se me ocurrió pensar que estuviese embarazada.

Días después, Pablo me buscó cuando caminaba cerca de la casa y me preguntó cómo me sentía. Respondí que estaba bien y me pidió que lo acompañara a ver a una señora. No vi nada anormal en su actitud y un rato más tarde llegamos a una casa en un lugar alejado y deprimido de Medellín.

Casi inmediatamente, una señora ya mayor, que escasamente saludó, dijo que me recostara en una camilla y acto seguido introdujo en mi vientre varios tubos plásticos, de esos que se usan para canalizar venas, y se limitó a decir que servirían como prevención. En mi ingenuidad le pregunté: "¿Prevención de qué?", y respondió con seguridad: "De que puedas estar embarazada". Luego, la señora me dijo que debía tener mucho cuidado y cuando comenzara a sangrar debía sacar los tubos plásticos.

No sabría definir bien ese momento, pero no entendía nada, solo obedecía en silencio. Luego de la "intervención", Pablo me dejó en la casa y me pidió que siguiera al pie de la letra las recomendaciones y lo mantuviera informado si algo pasaba. Pero no era tan fácil manejar esa situación porque en casa éramos ocho hermanos y solo había un baño, así que teníamos que usarlo sin mayor demora. Durante los siguientes días me acosté con esos cuerpos extraños dentro de mí y tuve que ir al colegio así para que mi madre no sospechara nada.

Estaba con dolores intensos, pero no podía contarle nada a nadie. Solo le pedía a Dios que aquello terminara pronto.

Después de contarle a Sebastián, tuve muchas dudas sobre si debía decirle a Manuela. Ya a lo largo de nuestras vidas le había ocultado cosas para evitarle aún más dolor, pero consideré que había llegado el momento. La reacción de Manuela fue muy fuerte porque hizo varias preguntas que no pude responder respecto a por qué Pablo hizo lo que hizo sin preguntarme y por qué no me advirtió los riesgos de practicar un aborto en esas condiciones. La conducta de Pablo le pareció aún más reprochable porque pudo poner en riesgo mi salud e incluso afectar mi capacidad de tener más hijos.

La plática de mujer a mujer con mi hija se hizo más dolorosa cuando ya no tuve más argumentos para explicar por qué dejé pasar tanto tiempo para contarles. Respondí que jamás había hablado con nadie de ese tema, ni siquiera con mi mejor amiga, porque un aborto todavía hoy es catalogado como un pecado imperdonable. Pensé en irme con este secreto a la tumba.

Al revelar lo que sucedió busco enfrentar mi pasado y asumir la responsabilidad; no me siento cómoda autorretratándome como una víctima de mi marido por el gran respeto que les debo a sus otras víctimas. Fueron muchas las preguntas que no me atreví a hacer, que tuve que callar porque en el hogar de mis padres no hubo un espacio para dialogar, para ventilar cosas como la que me ocurrió por los condicionamientos culturales y morales. Era un tabú, un tema del que no se hablaba.

Confieso que todo esto sucedió porque estaba alejada totalmente de la realidad. En las terapias del trauma a las que asisto con regularidad le pregunté a mi doctor después de darle detalles, y respondió que lo que me pasó debe ser considerado una violación. Es que en aquella época —década de los setenta— vivíamos en un contexto social en el que tener relaciones sexuales con el novio era toda una transgresión, algo muy mal visto, especialmente en una familia con hondas creencias religiosas. Se supone que debía comportarme como una adolescente sin derecho a opinar, obligada a guardar silencio, sumisa ante el futuro marido y, sobre todo, virgen al llegar al matrimonio.

Para soportar un poco más desde la ciencia lo que me había pasado, busqué un concepto profesional que me ayudara a enfrentar y a desenredar esta parte de mi intimidad. Y claro, el diagnóstico me dejó sin alientos:

"Se puede vislumbrar el comienzo de una carrera de un psicópata, un manipulador. Aquí se pone de manifiesto cómo Pablo Escobar concibe la relación de pareja: la mujer es de su propiedad. Él puede disponer de su cuerpo, tanto para tener relaciones sexuales como para imponer un aborto, sin tener en cuenta la opinión de la mujer y sin siquiera informarla de qué se trata el procedimiento. Arriesga la vida de su mujer, la pone en peligro frente a su familia fríamente. A lo largo del tiempo, estas características se van acentuando y agravando.

Se puede considerar que aquella niña de catorce años fue abusada (técnicamente se requiere una diferencia de cinco años entre el perpetrador y la víctima para considerarlo un abuso, y en este caso se trata de una diferencia de once). Por un lado, la víctima es presa de un hechizo que le expropia la voluntad. El abusador la aísla de la realidad exterior, convirtiéndose en su único punto de referencia, manipulando así su realidad psicológica. Por el otro, el complemento es el miedo. El miedo de enfrentarlo, y las consecuencias que podría acarrear, que podrían llegar a la muerte (como sucedió en otros casos).

Atenazada por estos dos elementos, la víctima se ve envuelta en una realidad psíquica que le nubla el entendimiento y le vela la realidad. Su comportamiento se guía más por el estado interno del abusador que por sus propias emociones o juicio, en un intento —muchas veces infructuoso— de apaciguarlo, de no provocar su reacción abusiva".

No es sencillo hablar de todos estos secretos que abrieron heridas que hasta ahora no tuve el valor, las ganas, las emociones o la fuerza para volver a mirar y cerrar. Apenas hoy en este último minuto logro dimensionar esto que me hizo Pablo siendo mi novio de entonces, convirtiéndose luego ¡en mi marido!

Quiero que sepan que a pesar de todo, en ese momento yo no me sentí obligada, o no lo quise ver así, o simplemente tampoco encontré otra salida. Pero perdono a Pablo porque siento que al fin una parte salió bien: tenemos dos hijos que nacieron de esa unión, con la que honramos sus vidas. A ellos les doy gracias, porque son la fuerza para quedarme en la vida.

Me pregunto, en la más absoluta intimidad, si mi incondicionalidad por ese amor hacia Pablo tiene que ver con mi reacción personal a toda esa violencia a la que me sometió a mis catorce años, o si, por el contrario, nunca se perdió esa esencia de mi relación con él.

Al final de esta historia de dolor que hoy les comparto siento que pude revivir la crueldad de Pablo y meditar si realmente lo que me unió a él fue el miedo o el amor.

Planeta

España
Barcelona
Av. Diagonal, 662-664
08034 Barcelona
Tel. + 34 93 496 70 01
Fax + 34 93 217 77 48
Mail: comunicacioneditorialplaneta@planeta.es
www.planeta.es

Madrid
Josefa Valcárcel, 42
28027 Madrid
Tel. + 34 91 423 03 03
Fax + 34 91 423 03 25
Mail: comunicacioneditorialplaneta@planeta.es
www.planeta.es

Argentina
Av. Independencia, 1682
C1100 Buenos Aires (Argentina)
Tel. (5411) 4124 91 00
Fax (5411) 4124 91 90
Mail: info@ar.planetadelibros.com
www.planetadelibros.com.ar

Brasil
R. Padre João Manuel, 100, 21o andar –
Edifício Horsa II
São Paulo – 01411-000 (Brasil)
Tel. (5511) 3087 88 88
Mail: atendimento@editoraplaneta.com.br
www.planetadelivros.com.br

Chile
Av. Andrés Bello 2115, piso 8
Providencia, Santiago (Chile)
Tel. (562) 2652 29 10
Mail: info@planeta.cl
www.planetadelibros.cl

Colombia
Calle 73 N.º 7-60, pisos 8 al 11
Bogotá, D.C. (Colombia)
Tel. (571) 607 99 97
Fax (571) 607 99 76
Mail: info@planetadelibros.com.co
www.planetadelibros.com.co

Ecuador
Whymper, N27-166, y Francisco de Orellana
Quito (Ecuador)
Tel. (5932) 290 89 99
Fax (5932) 250 72 34
Mail: planeta@access.net.ec
www.planetadelibros.com.ec

México
Masaryk 111, piso 2.º Colonia Polanco V
Sección Alcaldía Miguel Hidalgo 11560
Ciudad de México (México)
Tel. (52) 55 3000 62 00
Fax (52) 55 5002 91 54
Mail: info@planetadelibros.com.mx
www.planetadelibros.com.mx

Perú
Edificio Prisma Business Tower
Av. Juan de Aliaga 425 of 704
Magdalena del Mar, Lima (Perú)
Tel. (511) 440 98 98
Mail: info@eplaneta.com.pe
www.planetadelibros.com.pe

Portugal
Planeta Manuscrito
Rua do Loreto 16, 1ºD
1200-242 Lisboa
Tel. + 351 213 408 520, Fax + 351 213 408 526
Mail: info@planeta.pt
www.planeta.pt

Uruguay
Cuareim 1647
11.100 Montevideo (Uruguay)
Tel. (54) 11 2902 25 50, Fax (54) 11 2901 40 26
Mail: info@planeta.com.uy
www.planetadelibros.com.uy

Venezuela
Final Av. Libertador con calle Alameda,
Edificio Exa, piso 3, of. 302
El Rosal Chacao, Caracas (Venezuela)
Tel. (58212) 526 63 00
Mail: info@planetadelibros.com.ve
www.planetadelibros.com.ve

Grupo Planeta   Planeta es un sello editorial del Grupo Planeta www.planeta.es